청년 니체

Der junge Nietzsche

청년 니체

예술과 문화 비판

윤병태 지음

용의 숲

머리말

이 책은 1869년부터 1874년까지의 초기 니체 사상을 비판적으로 분석 검토한 글이다. 필자가 특히 『비극의 탄생』과 『반시대적 고찰』에 주목한 것은 두 가지 이유 때문이다. 서술의 진지성이 그 이후의 글보다 탁월해서 논리적 · 사실적 분석의 기준으로 평가해볼 수 있겠다는 생각이 든 것이 그 하나요, 19세기 중 · 후반 서구의 역사적 상황과 문화사상적 상황을 조명함에서 역시 이후 글보다 더 효과적일 수 있겠다는 나름의 판단이 다른 하나이다.

세상을 조롱하는 그의 문체에 매료되어 젊은 시절부터 니체를 음미하며 오늘에 이르렀으나 그의 사상을 심각하게 수용한 적은 별로 없었다. 현실과 이상의 조화를 학적 과제로 삼으면서 절실하게 요구되는 것은 합리적 이성이라고 확고하게 믿었고 이 믿음을 객관화하기 위한 철학과 철학사 탐구에 매달렸기 때문이다. 그러나 이 과정에서 필자는 시대와 시대사상이 불가분의 관계에 있다는 것과 오늘의 시대 문화를 지배하는 가장 강력한 물줄기 중 하나가 비합리적 반이성이라는 것을 직시하게 된다. 역사와 철학사에서 이성과 반이성의 대립과 조화는 자연스러운 현상이지만 오늘날처럼 그 대립이 분열의 극에 달한 적은 없다. 이것을 혼란의 전형이며 위기의 분화로 이해하자마자 이성적 낙천주의보다 반이성적 허무주의가 보다 절실하게 다가온다. 이전까지만 해도 철학적 탐구에서 끊임없이 생기는 모호함과 어두움과 방황과 고민을 잠시라도 잊으려는 휴식 공간과 산책로로 니체를 이용하는 편이었다. 선명함과 밝음과 확신과 후련함을 그에게서 느낀 데는 그가 철학자가 아니라 시인이라는 나름의 평가가 자리 잡고 있었다. 시인은 미적 · 예술적 감수성으로 세상을 느끼고 느낀 것을 노래하므로 독자 역시 그 시를 읽고 동감하면 되지 굳이 시시비비를 따질 필요가 없다. 그의 서술 역시 문제에 대한 철학적 탐구나 자료의 분석에 토대를 둔 연구의 성과가 아니라 풍자와 은유와 직관의 미감적 표현이라는 점 역시 필자의 주관적 생각을 객관적으로 강화하는 주요 요인이 되었다.

니체를 시인이 아니라 철학자로 보기로 마음먹은 것은 지금부터 십수 년 전 즈음이다. 사적(私的)인 이유는 젊은 날부터 읽어온 그의 사상에 대한 나름의 생각을 정리해보고 싶은 욕심에 있었다. 이 욕심을 채울 만한 논리적 근거는 물론 사실적 사안도 충분히 고려하고 수집해왔고 이것을 발표하면 니체에게 진 마음의 빚과 그로부터 얻은 빛을 어느 정도 되돌리고 밝히 수 있다는 생각이 든 것이다. 학적(學的)인 이유는 지금까지 니체 연구가 국내외를 막론하고 지나치게 종합적이거나 거시적이어서 숲은 보되 그 숲의 성격을 규정하는 구체적 나무들의 종류와 특징을 보지 않는다는 불만에 있었다. 막상 그를 철학자로 대상화하자 서술 내용의 철학적 합리성과 체계성에서 가장 돋보이는 곳은 바로 초기 저술들에 제한된다는 문제가 나타났다. 이 저술들은 실은 시적 독창성과 미적 도발성에서 가장 뒤떨어지는 곳이지만 니체 사상의 탄생지이고 고향이다. 이런 점들이 필자가 초기 니체 사상을 비판적 시각으로 되새겨보는 소이라 하겠다.

'신은 죽었다'는 말은 니체 사유의 간판이다. 그러나 이 말은 르네상스 시대에 이미 여기저기서 터져 나오기 시작한 것이다. 물론 그 시대에 이 말은 일종의 유언비어로 생의 이승도 저승도 확신할 수 없었던 예술가들의 고뇌에 찬 절규이거나 그 절규조차 조롱하는 이들의 단말마 같은 비아냥이었다. 당시 역사와 문화의 주도권을 장악한 첫 번째 부류는 예술가들, 특히 화가와 시인들이다. 그들은 신을 찬미하고 교회를 치장하는 데 헌신하는 대신 인간과 인간의 삶을 찬미하며 저승을 이승으로 끌어내리고 종교적 권위 대신 예술적 아름다움을 강조하게 된다. 교회의 세속화와 부패는 문객들의 풍자와 우유의 좋은 대상이 되고 성경 내용의 표현과 성화는 그리스 신화의 형상화로 대치된다. 종교의 신비성과 내세성은 퇴락하고 평범한 인간들의 소원과 기도와 고뇌가 더욱 설득력 있게 묘사된다. 또 다른 부류는 자연과학자들이다. 그들은 사물의 운동과 구조를 관찰하고 그 결과를 정리하여 자연의 물리학적 법칙을 찾아내어 그것을 수식화하는 것으로 확실성을 제한한다. 이들에 의해 자연의 법칙이 곧 신의 법칙이며 신은 바로 자연 이외에 아무것도 아니라는 세계관이 암암리에 확산된다. 과학은 항해술과 전쟁 방식을 결정적으로 바꾸어놓는다. 신대륙을 침략하고 총과 대포의 기술적 우위가 전쟁의 승패를 갈라놓는 지표가 되자 교회의 권위는 급락하고 믿음과 확실성의 대상은 신에서 과학으로 옮겨 간다. 이것은 종교개혁과 교권에서 왕권으로의 권력추 이동이라는 두 가지 세계사적 사건의 근본 동인이 된다. 이때까지 200여 년 동안 철학은 예술에 대해서도 과학에 대해서도 침묵한다. 이 침묵 뒤에 철학은 과학과 종교를 절묘하게 붙이는 이성이라는 하나의 접착제를 들고 나타난다.

기독교에서 성령은 정신이고 정신의 본질은 이성이다. 이성을 신으로부터 위임받은 자아의 정신으로 간주하고 이 정신이 자연의 질서와 법칙을 사실 그대로 파악할 수 있다면, 성령의 근본이념을 손상시키지 않고도 자연에 대한 경험적 탐구와 탐구 내용에 대한 합리적 체계화에 적극적으로 동참할 수 있는 권리를 확보할 수 있다. 종교적 은총과 구원 신앙을 철학이 나서서 부정하지 않아도 이성의 본성을 인정하면 그것으로 족하다. 경험과 오성의 합작은 믿음의 대상을 현상계와 현상 인식론으로 향하게 한다. 철학의 속내는 인간 이성을 존재의 영혼으로, 수학과 물리학을 학문의 영혼으로 규정함으로써 기독교의 시녀 위치에서 과학의 여왕으로 등극하는 것이다. 그러나 이 지점에서 실은 철학은 종교에 대한 봉사에서 과학에 대한 봉사, 즉 과학의 시녀로 전락하며 믿음(신앙)의 대상을 종교적 신에서 합리적 과학으로 주인을 확실하게 바꾸게 된다. 종교와 교회는 이제 세속 왕권에 정치적 유용성이 있다고 여겨지는 경우에만 연회에 초청되는 지경에 이르고 세속 왕조는 세를 불리기 위해 과학과 기술을 구원의 수단으로 믿게 된다.

근대 철학은 자신이 일해야 할 곳이 교회가 아니라 과학임을 천명하는 데서 시작한다. '아는 것이 힘이다'와 '나는 생각한다. 그러므로 나는 존재한다'는 명제는 논리적 수학을 영혼으로 하고 경험적 과학을 몸으로 하는 학문만이 구원의 권능을 가지며 이에 도달하는 것은 이성적 합리성이라는 선언이다. 아는 것은 경험과 오성을 가지고 인간 자신은 물론 자신을 둘러싼 물리적·사회적 자연과 그 이치를 확실하게 인식하는 것이다. 내가 생각하는 것은 존재와 존재 경험에 대한 것이고 그 본원적 근거는 생의 지속과 구원을 스스로 해결해야 하는 당위 위에 있다. 이 시기 의심의 여지 없는 확실성을 극단으로까지 추구한 데는 저승에 대한 믿음의 불확실성을 반증하려는 의도가 무의식적으로 깔려 있다. 맹목적 광신도들은 그들만의 믿음이 용납되는 그들만의 공간으로 서서히 폐쇄되어가고 이성과 경험이 참으로 믿을 수 있으므로 인간과 자연 모두를 지배해야 한다는 새로운 복음이 전 유럽을 전도한다. 18세기 중반 이성은 더 이상 복음이 아니라 명령이 된다. "계몽이란 인간의 미성숙 상태로부터의 탈출을 의미한다. …… 그 미성숙과 미완성의 원인은 이성의 결여에 있는 것이 아니라 타인의 지도와 안내 없이 이성을 사용할 뜻과 용기가 결여되어 있기 때문이다. 그러므로 앎과 지식을 구하라. 그리고 그대의 이성을 사용할 용기를 가져라." 종교는 이제 이성의 한계 안으로 들어와야 한다. 반이성적 세계에 대한 믿음은 신에 대한 죄악이며 어리석은 원시인들의 미신과 같을 뿐이다. 이제 부활도 원죄도 기적도 이성의 관점에서 재해석되어야 하며 초이성적 세계에 대한 믿음 역시 자신에게나 남에게 해를 끼치지 않는 범위에서만 용인될 수 있으며 그 세계의 내용 역시 이성에 의해 정체가 밝혀져야 한다. 초월 신이 논증 대상이 아니라 신앙 대상이라 해도 그 신앙은 이론적으로뿐 아니라 실천적으로 실재와 가치와 의미가 검증되어야 한다. 종교가 개인에게나 사회에 타당한 존재 이유를 가지려면 윤리에 위배되어서는 안 된다. 요컨대 종교는 이성 종교가 되어야 한다는 말이다. 신과 영혼 불멸과 자유의지는 초월 세계의 뜬구름이나 구복을 위한 절대 인격으로부터 유도되는 신앙의 기원으로서가 아니라 실천적 공동 삶의 윤리 법칙의 권위 근거로서만 의미 있다. 이것은 지금까지 맹목적으로 믿어왔던 성경 속의 초감성적 세계의 서술들을 유추와 상징으로, 그리고 그 유추와 상징 속에 있는 이성적 내용을 간취해야 한다는 뜻이다. 원죄는 살아가면서 극복되어야 한다고 인식되는 생에 대한 지적 반성의 개념이지 시간적 최초의 인간인 아담과 이브로부터 물려받은 유전 죄도, 태어나면서부터 찍혀 있는 유전병도 아니다. 인간 밖에 천당과 지옥이 있어 선악이 구분되는 것이 아니다. 인간 본성 안에 선과 악에 대한 욕망이 동시에 있고 이성이 아니라 감성적 욕망에 붙들려 의지가 결정될 때 악을 생각하고 행하게 되는 것이니 그 책임 소재는 우리 자신이라는 것, 이것이 원죄의 진실이다. 그렇다면 하느님이 창조한 아담과 이브가 하느님의 뜻을 어긴 것이 아니라 인간 개개인이 스스로를 정립하고 살면서 죄를 짓고 회개하는 윤리적 행위, 따라서 지금 여기의 개개인 각자가 아담이고 이브이며 이들이 삶의 행로에서 짓는 죄가 원죄이며 이것을 반성적으로 깨닫는 것이 회개이다. 결국 죄는 자기 자신이 자유의지를 가지고 자유로이 행위함의 결과 판정에서 생겨나는 것이다. 인간은 실천적 행위를 통해 자신의 인격적 자아를 형성하고 창조한다. 예수를 하느님의 아들이라 한 것은 완전한 인격 이념의 상징적 표현일 뿐이다. 신이 완전한 인격 이념을 모범으로 인간에게 준 것은 인간 누구나 그렇게 되기를 지향하라는 가르침이다. 인간의 영혼 속에 있는 완전한 인격성은 그 자체가 신이며 모범으로서 예수의 죽음은 인간에게 삶의 고통의 본질을 일러주기 위함이지 우리를 위한 것이 아니다. 이것은 예수가 자아 외부의 타자존재로서의 메시아가 아니라 우리 내부에서 죽음의 고통과 희생을 체험하고 실현하여 새로운 자아를 형성하라는 상징의 메시지이다. 내 안에 있는 감성적 욕망이 의지를 결정하려는 경향성을 죽이는 고통은 우리가 사람으로 되어가야 하는 이성의 힘든 노동이며 그 고통이다. 그렇다면 이성적으로 다시 태어나는 인격이야말로 부활의 본질이요, 기적의 제일 본보기이다. 이성의 눈에 감성적 의미의 기적은 없다. 이병오어(二餠五魚)의 기적도, 죽은 자가 되살아남의 기적도 단지 상징적 표현일 뿐이다. 기적을 단지 감성으로 믿으려는 사람은 이성의 명령과 의무를 내동댕이친 얼뜨기들이다. 완전한 인간 이념으로서 그리스도의 형식은 역사적 인물로서가 아니라 우리 속에 있는 삶의 변화와 고양의 원천이요 힘이며 따라서 기적은 언제나 이성의 자기 고양이며 부활은 자신 안에 있는 죄의 죽임을 통한 새로운 인격의 탄생을 의미한다. 칸트 사유에서 전통 기독교의 신이 죽은 대신 인간 이성이 그 자리를 대신한다.

칸트보다 훨씬 오래전 이미 프랑스에서는 '신은 죽었다'는 노골적 아우성이 소나기처럼 문화계를 적시고 있었다. 벌써 18세기 입구에서 신은 이 땅과 우주를 창조하고 거기에 법칙을 부여한 뒤 자신의 창조물로부터 떠났으며 이때부터 우주와 그 법칙의 파악은 신에 기댄 종교에 의해서가 아니라 이성에 기댄 과학이라는 생각이 지성계의 상식이 되어 있었다. 상류사회의 귀족들과 부자들이 주일에 예배를 보는 것은 신앙 때문이 아니라 관습과 타성 때문이었다. 화가와 문인들은 자기들이 그리고 쓰는 것은 교회와 신을 치장하고 찬양하기 위해서가 아니라 작품을 팔아서 돈을 벌기 위해서라는 것을 도처에서 천명하고 선전한다.

과학을 믿는 것은 여러 면에서 편리하다. 경건함도 필요 없고 진지하지 않아도 되고 놀이와 접목할 수 있는 기회도 얼마든지 있다. 현미경과 망원경은 훌륭한 놀이 기구여서 여유 있는 사람들은 이것들을 구입하고 밤하늘의 별들의 운행이나 동식물의 미세한 부분이나 움직임을 관찰하고 그 결과를 지인들과의 모임에서 이야기하는 것이 일종의 자랑이며 그것을 재밋거리로 여기게 된다. 볼테르는 물론 그의 애인도 인격에 관한 논문을 쓰고 영국의 조지 3세는 식물학 연구를, 어떤 귀부인은 곤충의 습성을 탐구하였지만 그 동기나 과정 역시 놀이의 재미 때문이지 자연에 대한 진정한 학문적 탐구욕 때문이라 하기는 어렵다. 그렇다고 연구 결과가 쓸모없는 것은 아니었고 상호 간 교류에서 진리와 진실로 인정받으면 명성이 뒤따른다는 것 때문에 서서히 진지성으로 학적 축적과 체계를 형성해가는 계기가 되었다.

이 시기 기독교의 삼위일체나 동정녀 마리아, 예수 등등에 대한 불경스러운 시를 쓰고 모임에서 낭송하고 즐기는 것은 일종의 유행이었다. 영국의 신학자 토머스 울스턴(Thomas Woolston) 같은 신학자조차 1727~1729년의 글에서 "예수의 부활 이야기는 지금까지 인류가 속은 가장 악명 높고 터무니없는 사기"라는 말을 서슴지 않는다. 1764년 볼테르는 『철학백과』에서 더욱 노골적으로 묘사한다. "기독교의 가치 있는 유일한 요소는 위대한 철학자들의 가르침과 일치하는 것뿐이다. 그 이외의 모든 것은 무의미하다. 성서에 나타난 이른바 선민이라 칭하는 유대인은 문화 정도가 낮고 부도덕하며 원시적 종족으로 대부분은 도둑놈이나 살인자들이다. 초기의 교부들은 이보다는 좀 나은 편이지만 역시 무지막지한 미신가들이며 권력을 탐하는 호전적 무당패들이다. 성서는 그것이 구약이든 신약이든 모두 대수롭지 않은 격언과 황당무계한 이야기를 엮은 것이며 범죄와 부조리를 백일하에 드러내고 있다. 기독교 역사는 별로 쓸모없는 입씨름의 역사요, 범죄와 잔학과 전쟁의 역사였다. …… 신학은 재미있다. 거기에서 우리는 인간의 온갖 광기를 목도할 수 있기 때문이다." 이때쯤 왕권은 교권을 완전 제압하고 세속의 일체를 지배하게 되며, 권력 유지에 필요한 것은 정치적 술수와 돈과 백성들에 대한 최소한도의 배려이다.

주지하듯 루이 14세는 신전이나 교회보다 크고 화려한 궁전을 짓고 스스로를 태양왕으로 호칭한 프랑스의 임금이다. 태양은 신이므로 태양왕은 신 중의 신, 왕 중의 왕이라는 뜻이다. 그는 입이 아니라 몸으로 신의 죽음을 증거하려 한 대표적 인간이다. 그는 궁정 사교 모임을 만들고 그 모임의 규칙과 예절을, 그 모임에서 자신과 가족과 친지들을 즐겁게 하기 위한 시 낭송과 춤과 노래 의식을 만들게 하여 찬송과 기도 같은 교회 예배 의식을 대신하게 한다. 궁전과 궁중 의식을 화려하게 장식하는 데는 비용이 필요하지만 그 비용을 조달하는 것이 쉽지 않았다. 결국 왕가는 자유 부자들과 은행가들에게 거금을 빚으로 빌리면서 이권을 넘겨주어 부자들의 위력은 점점 커져갔고 백성들에게는 가혹한 세금으로 원성을 사게 된다. 시간이 흐르면서 궁정 연회의 예식들과 그 모양새들은 궁정에서 시내로 흘러나와 부자와 건달들의 살롱문화를 형성한다. 살롱을 꾸미기 위해 온갖 화려한 그림과 조각과 음악이 필요하게 되고 연극과 오페라와 발레가 발명되어 시 낭송과 연애가 술잔과 함께 어우러진다. 판을 키우기 위해 대형 극장이 세워지고 극장 건축과 그 운영 자금을 위해 문화는 더욱 대중화된다. 글자를 알게 되자 문맹층이 사라지면서 신앙으로 강요되는 종교적 교리에 대한 의구심은 점점 대중 속으로 파고든다. 대중들은 재미를 위한 소설과 그림을 찾으면서 더욱 천박해진다. 계몽사상과 함께 대부분의 가난뱅이들의 의식은 시민화될 대로 되었는데도 왕궁과 귀족들이 수탈을 강화하자 폭동은 시민혁명으로 불타오른다. '왕은 죽었다.' 이것은 신의 죽음 선언에 이은 두 번째 세계사적 사건이다.

시민혁명으로서 프랑스혁명은 종교에 대한 이성의 확실한 승리 선언이다. 하늘 아래 모든 인간은 이성 앞에 평등하고 이성 존재로서 자유롭다. 이성은 신이 이 땅을 떠날 때 놓고 간 최고의 불이요, 빛이다. 이성으로 알 수 없는 것은 없으며 아니 되는 일도 없다. 이성의 빛과 과학의 칼로 인간은 초월적 어떤 누구의 도움도 없이 스스로의 천국을 저승이 아니라 이승에 세울 수 있고 세워야 한다. 계몽주의의 극단으로서 새로운 이성주의인 독일 관념론 철학, 특히 헤겔 사유는 프랑스보다 훨씬 늦게 사회 개혁과 의식 개혁을 주도한다. 헤겔의 평생 작업은 이 땅 위에서 일어난 모든 역사적 사건들은 변증법적 의식 발전의 사건이라는 것, 따라서 한 나라의 언어와 문화와 예술과 학문과 인륜은 의식이 도달한 최고 정신의 단계라는 것, 그리고 이 단계는 게르만 프로이센에서 완결점에 도달한다는 것이다. 이 이데올로기는 독일 민족주의를 깨워 문화와 예술계의 근본이념으로 정착되고 정부는 이것을 십분 이용하여 정치적 통일과 산업화에 성공적 결과를 얻는다. 그 결과가 확실하게 나타난 사건은 헤겔 사후 한 세대 뒤인 1870년 보불전쟁의 승리이다. 니체가 『비극의 탄생』을 쓰다 참전한 이 전쟁은 독일 지성계에 엄청난 영향을 준다. 그는 이 전쟁의 승리가 이성의 독일적 수용 결과로 군인정신과 무기의 우세에 기인하며 이 승리가 당시 '힘에의 의지'로 이미 문화계의 유행어를 만들어내는 것을 주시하면서 그 결과에 대해 반성한다. 세련되고 아름답다고 믿었던 프랑스 예술의 추락, 그 추락을 부채질한 애국심과 실용적 합리주의, 그리고 철도와 병력 이동의 절묘한 결합과 일사불란한 지휘 체계와 새로운 무기의 탁월한 효능이 전쟁의 결과이다. 이것은 승리한 독일의 희망보다 더 엄청나게 큰 문화의 절망이라고 니체는 직시한다. 이성의 세속화는 세속의 기계화와 기술화로 전락하고 이것은 예술뿐 아니라 이성 자신의 몰락을 자초한다. 이성이 지시하는 낙천주의와는 반대의 결과인 것이다. 이것은 비극이지만 비극적으로 생각할 필요는 없다. 어차피 생과 생의 과정 자체가 비극이며 디오니소스적 도취이기 때문이다. 이 비극을 예술적 비극으로 생각하면 새로운 지평이 열린다. 신의 죽음이 인간 탄생의 시작인 것처럼 이성의 죽음은 비극의 탄생지이다. 그리고 이 비극의 인정이야말로 예술을 생으로, 또 생을 예술로 승화시키는 첩경이다.

'이성은 죽었다.' 죽지 않았으면 우리가 죽여야 한다. 진리가 온갖 은유와 환유와 상징으로 범벅이 되어 이리저리 굴러다니는 둥근 공 같은 것이며 시적 수사로 과장된 인간관계의 총체라는 것을 보면, 이성은 진작부터 진리의 주체는 아니다. 진리는 환영이고 허깨비이며 순간이다. 형상은 닳아서 문드러지는 것이 만고의 이치 아닌가? 어디에서 어떤 조건과 상황과 관점에 서 있느냐에 따라 원도 되고 사각형도 되는 것 이것이 진리의 내용이며 실존의 본질이다. 전쟁의 승리는 한쪽에는 국민적 축제이지만 다른 한쪽에는 국민적 비탄이며 개인에게는 어느 쪽에 있든 실존과 생의 내면적 고유성의 상실이다.

'니체는 죽었다.' 더 이상 니체는 존재하지 않는다. 그럼에도 그의 사상이 여전히 오늘날의 감성적 분위기를 자극하고 지배한다. 보불전쟁 후 독일의 상황이 오늘 우리의 그것과 다름에도 불구하고 천박한 저널리즘적 사유들, 여론 조작을 통해 시비 구분점을 흐리게 하는 정치적 성향의 학자들, 자신의 사적 지평을 작품 생산의 절대 기준으로 삼는 반(反)예술적이고 비예술적 사이비 예술가들의 어리석은 난무에서 그때나 지금이나 달라진 것이 없기 때문이다. 상품화되고 기계화되는 비인격적

인격들의 어지러운 군무, 과거도 꿈도 지향점도 미래도 사라진 일상의 한심함, 이것이 비극적 희극이라는 점에서 그때나 지금이나 동일하기 때문이다.

이 책이 나오게 된 내력이 있다. 초기 니체 사상을 체계적으로 정리한 연구서를 기획한 때가 1990년 중반이고 그때부터 6년 남짓 틈틈이 정리하여 초고를 완성하였다. 이것을 좀 더 다듬어 단행본으로 출간하려 한 때가 2002년이었고 이즈음부터 지인에게 이 계획을 알리게 되었다. 그러던 중 학술지에 논문을 게재하여야 할 사정이 생겼고 새로운 주제에 집중할 여유도 없어 초고의 일부를 보완하여 싣게 된다. 이런 꼼수가 단번에 습관이 되었다. 논문 십여 편 분량을 한 권의 단행본으로 실속 없이 출간하는 것보다 십여 편의 독립 논문으로 만들어 싣는 것이 여러모로 더 유리하다는 장사꾼 심리가 작동한 것일지도 모른다. 결국 습관은 타성이 되고 타성은 다시 습관을 강화시켜 차일피일 미루어오다 여기저기 흐트러진 글들을 묶어 이번에 한 권의 책으로 내게 되었다. 눈에 띄는 탈자 오자를 고치고 몇 군데 소주제 제목을 바꾸었으나 내용은 크게 손대지 않았다. 이 내력이 여기저기 실린 글들을 긁어모았어도 크게 산만하지 않고 주제 의식, 즉 청년기 니체 사상을 체계적으로 정리한다는 하나의 주제 의식으로 통일되는 이유가 된다. 출간을 위해 수고해주신 도서출판 용의 숲 편집진에게 진심으로 감사드린다.

2012년 2월 윤병태

차례

II. 문화론

I 부
예술론

Nietzsche
Gedenkstätte

제1장

초기 니체의 예술론

『음악정신으로부터 비극의 탄생』(1872)에서 아폴론적인 것과 디오니소스적인 것에 대한 비판적 분석

1
허무적 낭만주의 고백서로서 『비극의 탄생』

1872년 『비극의 탄생』의 출간은 니체의 운명을 바꾸는 결정적 계기가 된다. 이 책은 문헌학자로서의 니체와 별난 기질을 가진 개인으로서의 니체를 하나로 뒤섞어놓은 작품으로 이해되지만, 당시 학계의 반응은 냉소적이었다. 학생 시절부터 니체의 재능을 인정하고 교수가 되는 데도 헌신적으로 도와주던 지도 교수 리츨조차 이 책을 헌정받고 난 뒤 자신의 일기장에 "재치에 가득 찬 술주정"이라 쓰고 있다. 이때부터 리츨 교수는 학자로서의 니체를 주목하지 않는다.

칭찬이 전혀 없었던 것은 아니다. 바그너와 그의 부인 코지마와 코지마의 전 남편 한스 폰 뷜로우, 기질에서나 취미에서 니체와 비슷했던 대학 동기생 로데, 바젤에서 함께 방을 얻어 기숙했던 교회사 전공 젊은 교수 오버백과 예술 전공 교수 부르크하르트 등은 정도의 차이는 있으나, 이 책을 긍정적으로 평가했다. 그러나 전문 학계에서는 이 책에 대해 비난과 조소와 거부가 대부분이었다. 문학지 『리터라리셰스 첸트랄블라트』는 이 책에 대한 로데의 서평조차 거절한다. 훗날 저명한 문헌학자가 되지만 당시에는 막 학위를 취득한 신진 학자 빌라모비츠 묄렌도르프는 논쟁적으로 조목조목 이 책의 결함을 열거하여 발표한다.[1] 문헌학 연구도 아니고 학문의 이념이나 진리론을 다룬 것은 더더욱 아니며, 철학도 종교도 모르는 무식한 음악인 바그너에 대한 유치한 우상숭배에 불과한 책이 바로 『비극의 탄생』이라는 것이었다. 빌라모비츠 묄렌도르프는 니체가 학문에 관한 기본적 글쓰기인 논증과 논리도 제대로 지키지 못하고 서술에 동원된 철학과 문헌학의 지식 또한 엉터리인 데다, 논지를 위해 읽어야 할 문헌들은 읽지도 않고, 읽었다고 하는 책들조차 제대로 이해하지도 못하고 있으며, 역사 연대를 무시하고, 혼동과 착각을 뒤범벅하고 있다고 비판한다. 이 비판은 단순히 악의적 의도에 의한 것이라기보다 당시 문헌학계의 일반적 여론이었다.[2]

이 책 출판 이전 니체는 스물여덟의 젊은 나이에, 교수로서 바랄 수 있는 거의 모든 것의 정점에 도달한다. 누구보다 빠르게 정교수가 되고, 학생들에게 좋은 스승이며 유능한 학자로 인정받으면서 바젤 시의 학술원에 초빙되어 여러 차례 강연을 하기도 한다.[3] 이와 같은 조기 출세는 니체로 하여금 바로 그 출세의 기반이 된 요인들에 대한 존경이 아니라, 문헌학과 바젤 시는 물론 학문 전체와 문화 전반에 대한 경멸로 나타나게 한다. 자신을 사랑하고 존경하는 이를 업신여기고 증오하는 일종의 병

1 '리터라리셰스 첸트랄블라트' = Literarisches Centralblatt, '빌라모비츠 묄렌도르프' = Wilamowitz-Möllendorff

2 Wilamowitz-Möllendorff, *Zukunftsphilologie-Eine Erwiderung auf die Rettungsversuche für Friedrich Nizsches "Geburt der Tragädie"*, Berlin 1974, 참조. 이브 프렌첼, 『니체』, 강대석 역, 한길사 1977, 81쪽 이하 참조. 빌라모비츠 묄렌도르프의 반박에 대해 바그너(Wagner)의 되비판이 신문에 실렸으나 능력 부족을 보였고, 로데(Rode)의 니체 변론 역시 별 성과를 이루지 못한다.

3 그럼에도 불구하고 니체는 자신에게 호의를 베푼 바젤의 인사들에 대해 "시정잡배"라 욕한다. 이브 프렌첼, 위의 책, 58쪽.

적 의식이라고 할 수 있을지 모른다.

텍스트에 대한 인용도 각주도 없는 『비극의 탄생』은, 전통적 관점에서 보든 당시의 관점에서 보든, 고증이나 논증과 역사를 중시하는 문헌학이나 철학은 아니며, 그렇다고 문화학이나 예술학을 정초하기 위한 진지한 예비학도 아니다. 차라리 전통문화와 예술에 대한 비판적 수필 또는 글쓰기로 분류되며, 이 지평이 니체 사후 현대 철학의 새로운 영역으로 또 그 전개 방식의 독특함으로 재평가되는 곳이다. 하여간 니체는 이 책과 더불어 문헌학자로서의 명성과 교수로서의 권위와 미래를 동시에 잃어버린다.[4]

『비극의 탄생』은 '리하르트 바그너에게 부치는 서언'에서 시작하는데, 바그너에 대한 사랑과 존경의 헌사를 빼고 보면, 독일의 문제와 예술의 현재성에 대해 다루되 "현존의 진지성"에 대한 고민을 토대로 한다는 점을 강조하면서 "예술은 삶의 최고 과제이며 진정한 형이상학적 활동"이라는 것을 계몽하고자 한다.[5] 말하자면 당시에 "미래의 음악"으로 불리던 바그너의 예술 정신으로 무장하고 기존의 문화 체계를 비판하는 것을 "미래의 문헌학"인 『비극의 탄생』의 과제로 삼는다고 하겠다.[6]

'예술은 삶의 과제다'라는 명제는 예술을 단순히 놀이이며 동시에 놀

4 1872년 겨울 학기 '그리스와 로마의 수사학'에 관한 강의에서 두 명의 학생이 수강생으로 등록했는데 한 명은 독문학도였고 한 명은 법학도였다. 그의 '문헌학 강의'에는 수강 신청생이 한 명도 없어 폐강된다. 이것은 그가 문헌학자나 철학자로서의 심대한 타격을 받은 것을 의미하며 이때부터 그의 심리 상태는 더욱더 냉소적으로 바뀐다.

5 '현존의 진지성'=Ernst des Daseins, '예술은 삶의 최고 과제이며 진정한 형이상학적 활동'=Kunst als der höchsten Aufgabe und der eigentlich metaphysischen Thätigkeit dieses Lebens.

6 '미래의 문헌학'은 현재 문헌학일 수 없는 수준의 『비극의 탄생』에 대한 빌라모비츠 묄렌도르프의 독설이다. Wilamowitz, 위의 책, Berlin, 1873. 뢰비트(K. Löwith)는 '바그너의 예술적 파토스가 1840년대의 혁명적 헤겔주의에서 시작한다'고 이해한다. 칼 뢰비트, 『헤겔에서 니체로』, 강학철 역, 민음사, 2006, 227쪽 이하 참조.

이의 결과로 이해하는 이들에게 기분 좋은 주장일 수 있다. 인생이 나들이라면 이 얼마나 신나는 기분인가? 자유로운 기분으로 목적지를 정해 놓지 않은 채로 산책하고 쉬고 주변을 감상하는 나들이를 인생이라고 믿는 이들에게는 산책과 휴식과 놀이의 전체 행위 과정이 삶의 진정한 방식일 수 있다. 그러나 삶을 노동의 과정이며 그 결실이라고 믿는 이들에게, 또 산다는 것은 결코 장난이 아니라 살아야 하는 당위의 결과요, 따라서 살기 위한 활동은, 진땀 나는 강제노동일 수밖에 없다고 믿는 이들에게, 예술이 삶의 최고의 과제라는 주장은 우스갯소리로도 들리고 거짓말로도 들리며, 상황에 따라서는 자신들을 조롱하는 소리로도 들린다. 예술은 놀이요, 놀이는 삶의 과제라는 주장을 일반인은 물론 학자들에게 참말이라고 확신시키기 위해서는 진지한 설명과 그 설명의 근거 제시가 필요하다. 비록 설명의 진솔성에 의혹이 없지는 않으나 이 설득의 필요성을 충족하기 위한 것이 『비극의 탄생』의 전 내용이라 믿어도 좋을 것이다.

『비극의 탄생』은 낭만주의 관점의 예술철학이다. 첫 절부터 니체는 생의 로고스적 특성이나 개인적 삶의 사회성에 대한 역사적 · 사회적 지평의 해석이나 분석이 아니라 예술 발전의 원동력에 대한 심미적 자기 주장과 선언으로부터 시작한다. 고지식하게 읽으면 '리하르트 바그너에게 부치는 서언'은 『비극의 탄생』의 머리말이라기보다는 글자 그대로 존경하는 바그너에게 보내는 모두발언으로서의 헌정사 이상이 아니다. 내용의 어디에도 삶의 현존의 진실성에 대한 진지한 논증은 나타나지 않기 때문이다.

니체는 『음악 정신으로부터 비극의 탄생』 출간 2년 후 별다른 수정 없이 재판을 내고, 그 후 12년이 지난 1886년 '자기비판의 시도'라는 서문을 덧붙여 제목도 『비극의 탄생 혹은 그리스 문화와 염세주의』로 바꾸어 출간한다.[7] '자기비판의 시도'는 저서의 통상적인 서론이나 서문이 아니라, 초·재판 『비극의 탄생』에 대한 니체 자신의 비평이며 성격 규정이며 또한 새로운 고백이다. 특히 다음의 '자기비판의 시도'의 §7은 『비극의 탄생』은 물론, 그의 앞으로의 모든 저술과 문학적 파토스의 특징과 방향의 전체 윤곽을 묘사한 것으로 평가된다.

> 그러나 이보게, 당신의 책이 낭만주의가 아니라면 이 세상에서 낭만주의란 도대체 무엇이란 말인가? 당신은 "지금 이 시간", "현실", "현대적 이념들"에 대해 그대의 예술가 – 형이상학에서 행했던 것보다 더 깊은 증오심을 일으키려하는가? — 당신의 예술가 – 형이상학은 "지금"을 믿기보다는 차라리 무를 믿고, 아니 차라리 도깨비를 믿는 것이 아닌가? 당신의 끊이지 않고 이어지는 모든 목소리 – 예술과 귀를 유혹하는 재주 아래서 분노와 파괴 도락의 기본 저음이 울려 퍼지고, "지금" 존재하는 모든 것에 대한 분노의 결단성, 실천적 허무주의와 결코 멀지 않은 의지가 울려 퍼지는 것이 아닌가? "그대가 옳다면, 그대의 진리가 권리를 주장한다면, 오히려 진리인 것은 아무것도 있을 수 없다"라고 말하는 것처럼 보인다. 염세주의자이며 예술 숭배자인 당신이여, 당신의 책에서 유일하게 선택된 한 대목을 펼치고 귀를 기울여보라. 젊은 귀와 가슴에 이상하게도 유혹적으로 울리는 의미심장한 용을 죽인 영웅이 나오는 대목에 귀를 기울여보라, 어떠한가? 그것은 1850년대 염세주의의 가면을 쓴 1830년대의 낭만주의의 참으로 진정한 고백이 아닌가? 이 고백의 뒤에서는 늘 그러하듯 이미 낭만주의의 마지막 장의 전주곡이 울려 퍼진다. — 옛날의 믿음 앞에서, 옛날의 신 앞에서 붕괴하고 와해하고 회귀하며 나뒹군다. 어떠한가? 당신의 염세주의 책은 그 자체 하나의 반그리스주의요 낭만주의이며, 그 자체 "도취적인 것이요 몽롱케 하는 것"이니 마취약 아닌가? 한 편의 음악, 독일 음악 아닌가? …… 전적으로 완전하게도 '단호하게

7 『음악 정신으로부터 비극의 탄생』= Die Geburt der Tragödie aus dem Geiste der Musik, 『비극의 탄생 혹은 그리스 문화와 염세주의』= Die Geburt der Tragödie oder Griechentum und Pessimismus. 앞의 두 명칭을 이하 『비극의 탄생』과 'Die Geburt der Tragödie'로 통일함.

살기 위해' 낙천주의의 모든 나약한 교리들에 등을 돌리는 이 의기양양한 뻔뻔스러움을 생각해보라. 이런 문화의 비극적 인간은 진지함과 공포를 향한 자기 교육에서 하나의 새로운 예술을, 즉 형이상학적 위안의 예술을, 요컨대 자신에게 어울리는 헬레나로서의 비극을 열망하며 파우스트와 함께 다음과 같이 소리쳐야 할 필요가 있겠는가? 그리고 나는 가장 커다란 동경의 폭력으로 생명을 불어넣어서는 안 되는가? 가장 유일한 모습에?

…… 그럴 필요가 없는가?…… 아니다. 재삼 말해도 아니다! 너희들 젊은 낭만주의자들이여, 그럴 필요가 없다. 하지만 그렇게 끝나는 것, 너희들이 그렇게 끝나는 것, 즉 그렇게 쓰여진 것처럼 진지함과 공포에 대한 모든 자기 교육에도 불구하고 형이상학적으로 위안을 받는 것처럼 그런 식으로 '위로받으면서' 끝나는 것, 이것은 낭만주의가 기독교적으로 끝나는 것과 마찬가지로 참으로 그럴듯한 것처럼 보인다…… 아니다. 너희들은 우선 이승의 위로의 예술을 먼저 배워야 한다.

젊은 친구들이여 너희들이 달리 철저하게 염세주의자로 남아 있으려 한다면 웃는 것을 배워야 한다. 아마도 너희들은 웃는 자로서 언젠가 한번 모든 형이상학적 위안부질을 악마(Teufel: 도깨비)에게 던져주게 될 것이다! — 먼저 형이상학을 던져주게 될 것이다! 또는 차라투스트라라고 불리는 저 디오니소스적 악마의 언어로 말하고자 한다…….[8]

8 Versuch einer Selbstkritik, §7. '지금 이 시간' = Jetztzeit, '현실' = Wirklichkeit, '현대적 이념들' = moderne Ideen, '지금' = Jetzt, '무' = Nichts, '도깨비' = Teufel, '분노와 파괴 도락의 기본 저음' = Grundbass von Zorn und Vernichtungslust, '실천적 허무주의' = praktischer Nihilismus, '의미심장한 용을 죽인 영웅이 나오는 대목' = jene nicht unberedte Drachentödter–Stelle, '마취약' = Narkotikum, '단호하게 살기 위해' = resolute zu leben, '형이상학적 위안의 예술' = Kunst des metapysischen Trostes, '이승의 위로의 예술' = Kunst des diesseitigen Trostes, '악마' = Teufel(도깨비), '저 디오니소스적 악마의 언어로' = in den Sprache jenes dionysischen Unholds.

2

가상으로서 꿈과 도취

니체에 의하면 인류가 남자와 여자의 이중성으로 구성되어 있듯이 예술은 아폴론적인 것과 디오니소스적인 것의 이중성으로 되어 있으며 이 두 요소의 중첩적 상호관계에 따라 발전한다.[9] 아폴론적 예술이 형상을 중시하는 조형예술로서 조각에 그 대표성이 있다면, 디오니소스적 예술은 비조형예술의 전형인 음악에 그 본질성이 있다.[10] 이 두 요소는 전적으로 대립적이어서 타자를 자신 속에서 통일할 특별한 이유가 없지만 인간의 인식이나 예술은 오히려 이 둘을 통일함으로써만 그 참된 본질성을 드러낸다. 대상의 조형적 윤곽이 직관에 의해 조형적인 표상으로 형상화되고 이 표상화된 것이 비조형 능력인 내적 의식 작용에 의해 각

9 니체 전집 2, 29쪽. 원칙적으로 우리말 번역본 니체 전집을 인용하되 특별하게 원문의 의미를 강조하거나 되새길 필요가 있을 때에는 *Nietzsche Werke, Kritische Gesamtausgabe* (=KGW), Berlin 1967ff.를 인용함.

10 같은 곳.

인되는 것이 인식이다. 예술 역시 동일한 방식으로 대립자들을 통일하지만, 통일에 이르는 길은 이것들의 상호 자극과 투쟁이며 이 투쟁을 거쳐 그리스 비극이 생겨난다.[11]

아폴론적인 것과 디오니소스적인 것은 예술의 근원적 "두 충동"으로 전자는 "꿈"을, 후자는 "도취"를 그 핵심으로 한다.[12] 이 점에서만 보면 예술은 직접적 현실도 아니요, 멀쩡한 제정신의 산물도 아니다. '꿈'은 현실의 반대말이며 '도취'는 '제정신'의 반대말이기 때문이다. 조각가는 꿈속에서 본 위대한 초월자를 형상화하고 시인은 예언적 꿈을 해석함으로써 작품을 만든다. 어차피 창조란 꿈속의 가상을 실제로 만들어낸다는 점에서 예술이다. "꿈의 세계를 만들어낸다는 면에서 모든 인간은 완전한 예술가이며 이 꿈의 세계의 아름다운 가상은 모든 조형예술의 전제이다."[13] 대낮이면 사라져버리는 꿈의 그림자(가상)는 사실은 꿈으로도 가상으로도 무의미하다. 꿈의 가상(그림자)을 대낮 속에서 형상화해내는 활동, 이것은 더 이상 단순한 꿈이나 꿈의 가상이 아니라, "꿈의 현실"이다.[14] 이것은 또한 삶의 현실이기도 하다. 이처럼 꿈의 가상(그림자)을 현실화하려는 활동이라는 개념과 더불어 니체는 전통 철학에서 전혀 고려하지 않던 꿈을 현실과 하나로 합일하고, 꿈과 가상을 하나로 통일하며, 예술과 삶을 일체화시킨다.

본래 '가상' 개념은 진상에 대한 반대말로 사용된 것으로, 플라톤의 '이데아에 대한 현상'의 의미에서 시작한다. 가상이란, 말하자면 거울 속에 비친 대상으로 본래의 대상과는 모습은 같으나 진짜 상이 아닌 것

11 같은 곳.

12 같은 곳. Trieb를 흔히 "충동"이라 번역하지만 더 정확하게는 '의지를 촉발시키는 근원 추진력'이라는 말이다. '두 충동' = beide Trieb, '꿈' = Traum, '도취' = Rausch.

13 KGW, III-1, 22쪽.

14 같은 곳. '꿈의 현실' = Traumwirklichkeit.

을 말한다. 철학은 전통적으로 가상을 제거하거나 피하는 작업을 통해 자신의 목적인 진리를 발견할 수 있는 것으로 믿어왔다.[15] 그러다가 칸트에 이르러 '가상'이 무엇이며, 어떤 구조로 되어 있는지를 인식론적·존재론적 지평에서 물으면서 비판적으로 재해석하게 된다.[16] 그에 의하면 우리는 개념의 총체적 근거에 대한 사유를 하자마자 무제약자로서 이념을 생각하게 되는데 이성은 그것의 존립의 가부도, 인식적 진위도 입증해내지 못한다. 물그릇 속에 젓가락이 휘어 보이는 시각적 착각이야 물리적 경험적 이치를 알면 벗어날 수 있지만, 이념 속에 있는 선험적 가상은 피할 수도 벗어날 수도 없는 착각이며 가상이다. 이 가상을 오성적 개념과 그 연결의 법칙에 따라 인식하려는 데서 전통 형이상학 이론들의 잘못이 생겨난다. 인간 이성이 가지는 형이상학적 충동에 의해 우리는 가상의 영역에 피할 수 없이 들어가기는 하지만, 동시에 우리는 그 실에 대한 정확한 지도를 그리고 무제약자에 대한 경험과 합리론, 실재론과 합리론의 상반되고 대립적인 논리 구조를 비판적으로 밝힐 수 있다. 이러한 이성의 논리가 '가상의 논리'로서 '변증법'으로 평가된다.[17]

아리스토텔레스 이래 변증법은 가상의 논리였지만, 이때 가상은 이성이 피할 수 없는 것이 아니라, 기만, 착각, 거짓 등과 뒤섞여 있는 것이어서 가상의 논리는 일종의 사기술과 같은 것이었다. 이에 비해 칸트에서 가상은 단순한 기만이나 착각 또는 거짓이 아니다. 가상은 오히려 경험과 그것의 개념적 인식을 근거하는 무제약자, 즉 이성적 물자체를 포함

15 J. H. Lambert, *Neues Organon oder Gedanken über die Erforschung und Bezeichnung des Wahren und dessen Unterscheidung von Irrtum und Schein*, Leipzig 1764는 이러한 전통을 다시 근대적 시각에서 논의의 중심으로 끌어오는 시발점이 된다. 좀 더 자세히는, 『청년기 헤겔 철학』, 윤병태 저, 용의 숲 2007, 355~384쪽 참조.

16 I. Kant, *Kritik der reinen Vernunft*, Hamburg 1998(=KrV), A.293~A.309 참조.

17 같은 책, B349.

하는 이념 영역 전체에 개념적 인식 논리 이외에 다른 것을 사용할 수단이 없는 사유의 대상이다.[18] 그러므로 여기서 가상의 논리는 사기술이나 기만 논리가 아니라, 형이상학의 논리이다. 헤겔은 비록 가상의 구조와 체계 해명에서는 칸트와 전혀 다른 방식을 취하고 그 의미의 확장과 수용에서 후자보다 훨씬 적극적이고 긍정적 태도를 취하고 있으나 그 형식적 규정에서는 칸트와 거의 동일하다. 그는 존재의 궁극적 본질을 이념으로 현상의 존재적 본질을 가상으로 이해한다.[19] 현상이라는 통로를 통해서 가상이 보여진다는 점에서 가상에는 기만과 착각이 함께 착색되어 있으나,[20] 현상존재는 개념적으로 포착될 수 있으므로 경험에 들어온 기만과 착각의 요소는 궁극적으로 해소된다. 따라서 가상의 논리로서 변증법은 진리를 포착하는 필수 불가결의 방법이다.

전통 철학에서 이와 같이 가상의 구조와 그 해명은 논리와 인식체계 및 방법론과 관련되어 탐구되어왔다면 니체는 다소 열린 방식으로 가상을 이해한다. 가상은 마치 현실인 것처럼 우리가 믿고 만들어내고 재현해내는 것까지의 전 영역이다.[21] 이 점에서 가상은 실상의 근원일 뿐 아니라, 현실이며 또한 현실의 근원이다. 가상은 언제나 짝 개념이다. 아무것도 아니거나 아무것도 없는 데에서 가상은 생기지 않는다. 어떤 것이 있는 데서 그것의 비추임이나 보여짐이 생겨난다는 점에서 그러하다. 세계가 있고, 그 세계가 꿈에서 재현되는 것, 꿈이 나타난 세계를 다시 삶의 영역, 깨어 있음의 영역에서 재창조하는 것의 중첩 구조가 바로 가상과 실상, 꿈과 현실의 이중성과 동일성의 구조이다. 이때 간과해서 안

18 같은 책, B353~B354 참조.

19 Hegel, *Wissenschaft der Logik* I(=LI), in: Hegels Werke, Hamburg 1968ff.(=GW), Bd. 11, 246쪽과 Vorlesung über die Ästhetik I(=ÄI), in: *G. W. F. Hegel, Werke* in 20 Bänden, F/M 1971(=TW), 145쪽 이하 참조.

20 Hegel, ÄI, 151쪽.

21 니체 전집 전 21권, 정동호, 여진우 외, 책세상, 2000ff(=니체 전집), 2, 30쪽 참조.

될 것은 가상이든 실상이든 그 직접태는 형상이라는 점이며 바로 이 때문에 니체는 꿈, 현실, 가상현실을 조형예술의 기본이 된다고 강조한 것이다.[22] 그리스 신화에서 조형력의 신은 아폴론이며 그는 빛과 대낮과 형체를 상징하기도 한다. 니체가 어두움과 잠(수면) 속에서 상연되는 꿈을 곧바로 아폴론적이라고 명명했다고 잘못 이해해서는 안 된다.[23] 직접적이고 즉자적인 꿈, 백일몽 같은 단순한 환상은 마치 허공을 날아다니는 먼지처럼 쓸모없는 것이어서 그것은 아폴론적인 것도, 비아폴론적인 것도 아니다. 꿈은 아폴론적일 때 비로소 꿈의 현실이 되며 실재로서의 삶의 세계로 전환하는 것이다. 따라서 아폴론적이라는 말은 꿈이 아니라, "삶을 가능하게 하고 살 만한 가치가 있는 것으로 만들어주는 예술 일반에 대한 상징적 유사물"이라는 뜻이다.[24] 깨고 나면 잊혀지거나 뒤숭숭한 헛꿈이 아니라, 깨어 있음의 내용을 밝은 대낮에 충실하게 채워가는 창조적 노력이 바로 아폴론적인 것이다. 그것은 단순한 가상이 아니라, 실상화의 원리이며 "개별화의 원리"이다.[25] 요컨대 모든 것이 검게 보이는 어두운 밤이 보편화의 원리에 대한 상징이라면, 존재하는 모든 것이 제각기 특성과 개성을 가진 독립체로 직관되고 표상되는 밝은 빛의 세계인 대낮은 개별화의 원리에 대한 상징이다.

---

22 니체 전집, 2, 31쪽 참조.

23 '잠(Schlaf)'이란 꿈을 꾸든 말든 원초적으로는 '죽음과는 친형제(leibliche Bruder des Todes)'로, '모든 인간과 신들을 지배하는 주신(主神)(Herr über alle, die Götter und Menschengeschlechter)'이다. Homer, *Ilias*, in *Ilias – Odyssee*, F/M. 2008. Virzenter Gesang, 264. 그러나 꿈은 죽음으로부터 인간을 현실로 해방시킨다.

24 니체 전집 2, 32쪽.

25 같은 책, 33쪽. '개별화의 원리' = Principii indiviuationis.

3

아폴론적 문화

니체에서 아폴론적 예술의 대표는 건축이다. 건축은 그리스 예술의 다양한 장르 중의 대등한 하나가 아니라, 그 전체를 어우르며 통일하는 지도적인 예술이다. 이는 아폴론이 단지 그리스의 여러 신들 중 최고임을 주장하지 않으면서도 그 전체를 어우르고 통일하는 지도적인 주신(主神)으로 우리가 이해해야 하는 것과 마찬가지다.[26] 그리스 건축에 부조된 신들은 "금욕, 정신성, 의무"와 같은 기독교적 덕목이 아니라, 선악과 무관한 "오직 뻔뻔스럽고 의기양양한 현존재"를 보여줄 뿐이며 이것은 아폴론적 정조(기분)에 의한 "삶의 환상적 충일"의 표현이다.[27] 그리

---

26 같은 책, 40쪽. 아폴론 속에 감각적으로 구체화된 그 예술 충동이 올림포스 신의 세계 전체를 창조한 것이라는 점에서 아폴론은 "올림포스 세계의 아버지다."

27 KGW, III-1, 31쪽. '오직 뻔뻔스럽고 의기양양한 현존재' = nur ein üppiges, ja triumphirendes Dasein, '삶의 환상적 충일' = Phantastisher Ueberschwang des Lebens.

스 신들은 각기 서로 다른 관능과 감성의 최고 발현의 성취를 외형적으로 보여주는데 이것이 곧 아폴론적 예술 충동의 결과이다. 이처럼 "달콤한 감각에서 떠도는 본래적 실존의 이념상"은 비단 제우스나 헬레네만이 아니라 그 외의 모든 신들의 조형 속에 나타난다. 이 신들의 조형에서 보여주는 충만한 삶의 향락을 그리스 예술의 "명랑성"이라 할 수 있다.[28] 이 신들의 명랑성은 삶의 "현존을 지배하는 공포와 두려움, 현란한 꿈의 출산"의 결과물이다.[29]

인간적 삶의 현존을 지배하는 공포와 두려움은 실은 근원 신화에서 이미 표현되고 있다. 인간의 합리성과 오성으로서는 이해하기 어려운 운명과 저주는 이미 모이라와 프로메테우스와 오이디푸스와 오레스테스에 의해 사회화하며 이를 통해 인간 현존의 공포와 두려움은 극복되고 은폐된다.[30] 다시 말해 인간적 삶의 현존에 드리운 공포와 두려움의 신화는 아폴론적 미의 충동을 통하여 서서히 변화를 겪으면서 올림포스의 환희에 찬 신의 질서로 발전"하고 변형된다.[31] 이를 통해 계속 살아야 할 필연성과 희망을 만들어내는 아폴론적 그리스인들은 두려움과 공포를 "아름답게 변용시키는 거울"을 가지고 신들로 하여금 인간의 삶을 살아가도록 함으로써 "인간의 삶을 정당화"한다.[32] 우리는 여기서 인간 삶

28 KGW, III-1, 31쪽 이하 그리스 예술의 '명랑성(Heiterkeit)' 개념은 빙켈만(Winkelmann)의 예술사에서 시작되어 헤겔(Hegel), 셸링(Schelling)으로 상속되고 그 밖의 19세기 예술철학에서도 별 수정 없이 유통된다. 그리스 조각의 특징으로 선명한 실재성과 사실성, 평온의 의미로 쓰인다. '달콤한 감각에서 떠도는 본래적 실존의 이념상' = das in süsser Sinnlichkeit schwebendes Idealbild ihrer eigenen Existenz.

29 KGW, III-1, 31쪽. '현존을 지배하는 공포와 두려움' = Schrecken und Entsetzlichkeiten des Daseins, '현란한 꿈의 출산' = glänzeude Traumgeburt.

30 그리스 비극에서 '합리성과 운명'에 대해서는, 김상봉, 『그리스 비극에 대한 편지』, 한길사, 2003, 125~151쪽 참조.

31 니체 전집 2, 42쪽.

32 같은 곳.

의 현존을 지배하는 본원적 규정은 디오니소스적 정조인 공포와 두려움이고, 그 정조를 신화화하여 비탄과 고통을 환희와 아름다움으로 변형시키는 힘을 아폴론적이라 이해할 수 있다.

금방 죽거나 언젠가 죽거나, 살아 있는 것은 한 번은 죽게 마련이다. 그렇다고 지금 막 죽는 것과 나중에 죽는 것이 같은 것은 아니다. 이왕이면 지금 금방이 아니라 나중에 죽는 것이 좋다고 생각하는 것이 대부분의 현존적 인간들의 바람일 것이다. 죽음에 대한 현존의 근원적 비탄과 고통을 극복하는 길은 '지금'과 '나중'의 호불호를 따지지 않고 자신의 의지에 따라, 용기와 의무에 따라, 해야 할 최선을 다하면서 운명적 죽음을 기꺼이 받아들이는 것이다. 나중에 죽기 위해 지금을 애원하고 구걸하는 것은 영웅이 아니며, 고통을 고통스러워하고 슬픔을 슬퍼하는 이는, 비겁자는 아니라 해도 아무 때나 아무 데서나 사라져도 좋은 평범한 사람들이지, 진정한 영웅, 운명과 고통과 슬픔에 과감하게 맞서는 진짜 영웅은 못 된다. 온갖 영웅들의 의연한 죽음을 찬미한 호메로스야말로 "비탄의 소리를 찬가로" 바꾼 아폴론적 인간의 전형이다.[33] 호메로스적 세계관에 의해 그리스는 인간과 인간의 조화와 인간과 자연의 조화라는 꿈을 만들었고 고뇌와 비판을 은폐하게 된다. "아폴론적 문화는 항상 먼저 거인 왕국을 무너뜨리고 괴물을 죽여야 하고, 강력한 광기의 기만과

33 KGW, III-1, 23쪽. '비탄의 소리를 찬가로' = Klage zu seinem Preisliede. 다음은 헥토르가 전투에 앞서 부인 안드로마케에게 작별하는 장면의 시이다. "…… 마치 속물처럼 이 전투에서 도망쳐 목숨을 부지하는 것은 내 가슴이 허락지 않는구려. 옛날부터 언제나 용감하게 트로이 군의 맨 앞에서 싸우고, 아버님과 나 자신의 숭고한 영광을 빛내도록 그렇게 가르침을 받았기 때문이라오. 내 정신도 감정도 뼛속 깊이 알고 있소. 언젠가 이 거룩한 일리아스도, 프리아모스 자신도, 그가 지켜주던 백성도, 멸망해 사라질 날이 오리라는 것을. 하지만 트로이 사람들이 훗날 겪을 고통이야 내가 지금 신경 쓸 일이 아니오. 아버님 프리아모스의 비탄도, 어머님 헤카베의 비탄도, 혈육형제들의 비탄도, 결국은 적들의 손에 죽임을 당하고 흙먼지 속에 사라지겠지만 말이오……." Homer, *Ilias*, sechster Gesang, 440~450.

즐거운 환영들을 통해 세계관의 무서운 깊이와 민감한 고통의 능력을 이겨냈음이 틀림없다. 그러나 소박한 것, 즉 가상의 아름다움에 저처럼 아름답게 얽혀 있는 상태는 얼마나 성취하기 힘든 것인가! 그렇기 때문에 개별적인 꿈의 예술가가 민족과 자연의 꿈의 능력과 맺는 관계와 마찬가지로 한 개인으로서 저 아폴론적 민족문화와 관계를 맺는 호메로스는 얼마나 형용할 수 없을 정도로 숭고한가! 호메로스의 "소박성"은 오로지 아폴론적 환영에 대한 완전한 승리로 파악되어야만 한다."[34]

34 니체 전집 2, 43쪽 이하. '소박성(Naivität)' 개념은 실러에 의해 인간과 자연의 통일로서 '조화(Harmonie)' 및 조화로운 예술의 성격으로 규정되는데 니체는 이것을 아폴론적 예술의 효시로 호메로스의 서사시에서 보고 있다.

4
아폴론적 가상

호메로스의 '소박성'에서 '소박'이라는 말은, 단순화하자면, 꿈과 실재의 동일화 또는 꿈과 현실의 통일성과 관련된다. 본시 꿈은 실재나 현실의 가상이어서 꿈을 깨고 나야 진짜 현실이고 실재를 경험한다. 우리는 깨어 있는 삶을 살고 싶어 하지 꿈속을 헤매면서 그것을 현실 세계라 하지 않는다. 인생의 절반이 잠이라 해도 우리는 나머지 절반인 깨어 있음을 위해, 그리고 그 깨어 있음을 보다 건강하게 종속시키기 위해 잠자는 것이요, 꿈꾸는 것이다. 이것은 굳이 철학적 합리주의나 이성주의를 들먹이지 않아도 생활인들의 상식이다.

그러나 니체는 의식적으로 깨어 있는 반쪽과 꿈꾸는 반쪽에 대한 일상적 상식을 전도시킨다. 꿈은 단순한 가상이 아니라, 현존을 위한 필수불가결의 가상이며 거짓이나 허위로서의 가상이 아니라, 현존의 고통으로부터 구원처로서 가상이다. 우리 인간은 생의 지속적 구원을 위해서 "매혹적 환영과 즐거운 가상"을 필요로 하며, 따라서 가상을 시간 · 공간의 조건을 갖추지 못한 진짜로는 존재하지 않는 것, 현상적·경험적인 것도 아니요, 물리적 실재적인 것도 아니라고 생각함은 잘못이다.[35] 삶이라는 일자(一者)를 구성하는 것은 순간과 순간의 연속이며 이 연속을 채우는 것은 물리적 시공(時空)이 아니라 심리적 시공, 즉 가상이라고 생각하는 꿈이다. 이 점에서 꿈은 단순한 가상이 아니라 "가상의 가상"이요,[36] 가상의 현상이며 현상의 현상이다. 깨고 나면 사라지거나 잊혀져 실생활과 아무 연관 없는 그런 꿈이 아니고, 실생활의 내용을 비추고 기획하고 설계하고 상상하고 창조해내는 그런 꿈이 '가상의 가상'이라면 이 꿈은 예술의 본질과 정확하게 일치한다. 예술 역시 환상으로 풀어낸 실재이며 실재로 풀어낸 환상의 결과물이니 '가상의 가상'이라 할 수 있기 때문이다.[37] 가상은 그것을 직시하는 이에게만 가상으로 나타난다. 눈에 보이는 것만을 실재로 믿는 이에게는 눈에 보이지 않는 모든 것은 존재하지 않으며 가상 또한 이와 마찬가지다. 그림 속의 두려움에 떠는 어떤 이의 모습은 단지 그가 처한 순간의 기분만을 현실화하여 보여주는 것만은 아니다. 그것은 하나의 그림이라는 점에서 가상이며 실존의 근원적 기분으로서 고통을 비춰주고 있다는 점에서 가상의 가상이다. 이것은 눈에 보이는 가상과 보이지 않는 가상의 예술적 인식이며, 직관이다. 마찬가지로 그림 속의 환희에 찬 어떤 이의 모습 또한 그가 처한 그때 그 순간의 기분만을 보여주는 것은 아니다. 모순에 찬 실존의 근원적 기분과 분위기에 대한 순수한 관조에 의한 종교적 깨달음을 비추어

35 니체 전집 2, 45쪽. '매혹적 환영과 즐거운 가상' = entzückende Vision, der lustvolle Schein.

36 KGW, III-1, 35쪽. '가상의 가상' = Schein des Scheins.

37 '가상의 가상'으로서 예술을 절묘하게 포착한 것으로 니체는 라파엘로의 〈그리스도의 변용〉을 예로 든다. 이 그림에서 하반부 여러 인물들의 모습은 미친 광기, 공포와 두려움, 고통 등을 보여주는데 이것은 세계 근거의 가상이 가상된 것이라는 것이다.

보여주는 것일 수도 있고 환희와 맑은 의식 세계의 투영을 형상화한 것일 수도 있는 것이다.

아폴론은 '개별화의 원리의 신격화'의 이름이다.[38] 개별화의 원리란 모든 것은 하나의 완성된 개체를 지향하고 그 완성된 개별성과 개체가 올림포스 신들의 성격을 규정한다는 데에 그 본질이 있다. 니체 자신은 이렇게 말한다. "이 개별화의 원리 속에서만 근원적 일자의 영원히 성취된 목표, 즉 가상을 통한 자신의 구원이 실행된다. 그는 숭고한 몸짓으로 고통의 세계 전체가 얼마나 필요한가를 우리에게 보여주고 또 이 세계로 인해 개개인은 자신을 구원할 환영을 어쩔 수 없이 만들어내고 이 환영의 관조에 침잠하여 바다 한가운데에서 흔들거리는 조각배 위에 고요히 앉아 있을 수 있다는 것을 보여준다."[39] 괴로움과 고통을 뿌리로 하는 근원적 일자로서 생은 그 실존적 개별자로 하여금 고통으로부터 해방이라는 가상을 만들고 그 가상을 통한 자기해방의 꿈을 신화화하고 그것을 관조하도록 한다.[40]

어차피 현존하는 모든 것은 개체이며 개체여야 한다. 신격화란 이 점에서 개체성의 보편화와 같은 말이다. 어떤 개체든 예외 없이 다름 아닌 그 개별자 자신으로서 개체이다. 이 개별자의 경계는 단지 인식의 기본 원칙일 뿐 아니라, 존재 그 자체의 기본 질서이기도 하다. 이 질서는 존재와 사유의 법칙이면서 동시에 따라야 할 윤리적 법칙이며 또한 그 명령이다. 니체에 의하면 이 명령은 "너 자신을 알라"와 "과도하지 말라"라는 말로 대표된다.[41] 전자가 개체의 보편화에 대한 인식 주체인 자아

38 KGW, III-1, 35쪽. '개별화의 원리의 신격화'=Vergöttlichung des Principii individuationis.

39 니체 전집 2, 46쪽.

40 '고통'=Qual.

41 KGW, III-1, 36쪽. '너 자신을 알라'=Erkenne dich selbst, '과도하지 말라'=Nicht zu viel.

의 구조와 그 한계에 대한 반성적 통찰을 요구한다면, 후자는 더도 덜도 아닌 중용과의 조화의 도를 가지고 행동하고 있는 그대로 대상을 포착할 것에 대한 요구이다. 이 요구가 지배하는 세계에서 "자만과 지나친 정도"는 거인적 무질서와 방종과 마찬가지로 야만이요, 악령적인 것이다.[42] 이러한 세계에서는 디오니소스적인 모든 것은 파멸과 파멸의 조짐으로 여겨진다.

그러나 아폴론적인 것의 근원은 디오니소스적인 것이며, 디오니소스적인 것을 통해 다시 비추어 가상된다. 거인적이고 야만적인 것이 없는 곳에 합리적이고 문명적인 것이 존재하지 않으며, 문명과 문화는 야만과 무질서로부터 이전되고 발전된 것이다. 삶의 실존과 개체의 현존의 외형적 조화와 아름다움의 근원 토대는 고통과 무질서요, 이 두 대립자는 자신의 반대자 없이 존재할 수 없다. 디오니소스 축제의 광란과 무질서와 황홀한 도취는 아폴론적인 것에 대한 단순한 대립이나 모순이 아니다. 그것에 비탄과 탄식을 인식케 하는 원동력인 셈이다. 디오니소스적인 것이 없다면 그것을 은폐하고 감출 필요도 없어지고 따라서 아폴론적인 것의 요구도 사라져버린다. 디오니소스 축제는 도취 속에서 온갖 경계와 절도를 덕목으로 하는 개인과 사회 모두에게 그 덕목과 덕목을 이상으로 하는 모든 이의 몰락과 망각을 말해준다. 이 몰락과 더불어 이제는 중용이 아니라 "과도함"이 진리로 승격되고 환희와 고통의 산물임을 알게 된다. 비록 아폴론적인 것과 디오니소스적인 것이 예술의 대립적 두 가지 충동(추진력)으로 설정되고 그 절절한 대립과 조화가 예술과 삶의 문화를 이루어왔다고 해도 역사적으로 이 둘은 그 주도 시기를 각기 달리해 선후적으로 전개해왔다고 니체는 강조한다. 그는 그리스 문화와 역사를 첫째, 야만적 거인 신들의 혼란스런 투쟁기, 둘째, 아폴론

42 같은 곳. '자만과 지나친 정도' = Selbstüberhebung und Uebermaass.

적 아름다움이 지배하고 그것을 서사화한 호메로스의 시기, 셋째, 돌연 디오니소스적 물결에 의해 호메로스적 조화와 장엄함이 무너진 시기, 넷째, 이 디오니소스적 힘에 항거하고 그것을 물리쳐서 아폴론적 도리스적 예술과 세계관의 정립기, 즉 질서 있게 짜인 합리적 국가와 정치체제의 확립과 외적의 침입에 강건하게 대항하는 용기와 절도를 재정립하는 시기로 나눈다.[43]

니체가 그리스 역사 발전의 진행 과정을 이처럼 나눈 것은 역사 발전의 각 단계에 대한 실증적 탐구나 그 문화와 역사 발전의 일정한 어떤 보편 원리를 찾아내기 위한 것도 아니고, 디오니소스적인 것과 아폴론적인 것이 언제나 서로 뒤섞여 나타난다는 것을 이론적으로 논증하기 위한 것도 아니다. 그는 다만 신화적 역사의 단계를 서술할 뿐이다. 초기 거인들의 투쟁기는 아직 아폴론적 체계로 올림포스 신들이 정립되기 이전의 혼란기로 디오니소스적인 것, 즉 혼란과 카오스가 지배하는 시기이다. 두 번째 시기는 올림포스 신들과 그 아름다운 조형성이 지배한다. 이 아름다운 조화의 시대는 다시 디오니소스적인 물결에 의해 붕괴를 경험하는 세 번째 시기에 의해 대치된다. 변전과 변화란 어차피 현존의 상황과 반대쪽으로 흐르게 마련이어서 역사의 네 번째 단계인 호메로스적 아폴론적인 조화와 장엄을 회복하고 디오니소스적인 것을 물리치는 도리스 문화의 시기로 이행한다. 니체는 여기서 대립적 두 예술 충동이 상호 투쟁을 통해 성하고 쇠하는 역사 운동을(이 운동은 단순히 예술사의 변증 운동이 아니라 세계사 자체의 운동이다) 반복적으로 전개한다는 사실을 강조한다. 다만 여기서 주의할 것은 도리스 문화는 외형적으로는 아폴론적 조화가 지배하지만 바로 그 문화가 창조한 비극과 그 속에서 연극되는 디오니소스 찬가는 디오니소스적인 것이라는 점이다. 흥미 있게

43 KGW, III-1, 37쪽 이하 참조.

도 니체는 이 창조물이 바로 아폴론적인 것과 디오니소스적인 것의 결혼의 산물이라고 단언한다.[44]

44 니체 전집 2, 49쪽.

5

예술의 본원적 충동으로서 디오니소스적인 것

니체 미학에서 아폴론적인 것에 대립하는 예술 충동은 디오니소스적인 것이다. 널리 알려진 대로 디오니소스는 포도주의 신이기도 하고 포도주이기도 하고 그냥 술이기도 하다.[45] 술은 이성을 마비시키고 기분을 맞추는 도취와 몽롱함에 그 본질이 있다. 취함 속에서 우리는 눈앞의 사물들의 구체적 특성이나 개성이나 그 형체에 초점을 맞추지 않는다. 이 점에서 취한 기분은 '개별화의 원리의 붕괴'이며 환희의 대표 기분이라 할 수 있을 것이다. "만약 개별화의 원리가 깨졌을 때 인간의 가장 깊은 근저로부터, 즉 자연으로부터 솟구쳐 나오는 환희에 찬 황홀이 이 전율과 함께 받아들여진다면, 우리는 디오니소스적인 것의 본질을 엿볼 수 있다. 이 본질은…… 도취의 유비를 통해 쉽게 설명될 수 있다."[46]

디오니소스적 충동은 노래와 춤으로 나타나며, 그 예술사적 진원지는 그리스 비극에서 바코스 축제와 사티로스 합창단의 음악이다. 축제는 직접적으로는 먹고 마시고 춤추고 노래하는 잔치이다. 지나치지만 않으면 이것은 결코 사회적 병이나 히스테리라기보다 집단과 민족의 건강성의 징표요, 통일성의 표시이다. 그러나 인생의 대부분을 도취적으로 먹고 마시고 노래하는 데 소비하는 이는 자신에게나 남에게나 폐인이기 십상이며, 생활의 대부분을 먹고 마시고 춤추고 노래하는 환각적 문화는 병든 사회의 특징이다. 그렇다고 생의 대부분을 휴식이나 놀이 없이 오직 일하고 저축하면서 자신과 자신이 속한 사회를 보호하고 방어하는 데에만 사용하는 이의 삶을 건전하다고 할 수는 없다. 하지만 니체가 열광적 축제와 바코스 제전의 도취를, 다시 말해 디오니소스적 열광과 작열하는 삶을 건강하다고 하는 것은[47] 곧바로 삶의 이중성, 즉 노동과 놀

45 고트프리트 헤르만(Gottfried Hermann)에 의하면 디오니소스는 엄밀하게 어원상 말하자면 술의 신이 아니라 술 자체를, 또 마찬가지로 포이보스는 빛의 신이 아니라 빛 자체를 의미한다. 그러나 이런 해석은 신화의 알레고리적 성격을 지나치게 제거하려는 것이다. F. W. J. Schelling, *Philosophie der Mythologie* I, 1842, Bd. 4, Darmstadt 1986, 34쪽. 디오메데스는 인간이면서도 신인 아프로디테와 아레스에게 중상을 입힌 명장인데 트로이의 장군 글라우코스〔시시포스 또는 그 가문의 아들: 시시포스는 전생에 지나치게 잘난 체하고(지혜 있고) 교활하여 그 벌로 지옥에 떨어져 끝없이 큰 바윗돌을 비탈로 끌어 올려 정점에 놓는데, 그때마다 또 굴러떨어지므로 영원히 그 돌을 끌어 올리기를 반복하는 벌을 받음〕와의 접전에 앞서 통성명을 하면서 "네가 신이라면 이길 수는 있어도 싸우지는 않겠다"라고 말한다. 신족들이 똘똘 뭉쳐 자신을 불행에 빠뜨리고 종국에는 죽음으로 몰아넣을 것이기 때문이다. 그러면서 그는 리쿠르고스 경우를 예로 든다. 리쿠르고스는 트라키아의 에도니스 왕인데 디오니소스와 그 보모들을 미워해서 언제인가 니사의 산속을 헤집고 다니며 디오니소스와 그를 양육하는 유모들을 혼내준다. 그는 그녀들을 두들겨주면서 눈을 부릅뜨고 고래고래 소리 지르며 디오니소스를 찾았다. 놀란 유모들은 포도 덩굴 지팡이(Thyrsosstäbe: 머리는 솔방울 모양이고 대는 포도 덩굴로 장식된 지팡이로 디오니소스 유모와 무희들이 늘 휴대했다고 함)를 내버리고 도망친다. 디오니소스 역시 이 봉변을 피해 달아나다 바다에 빠져 가라앉는 것을 후에 아킬레우스의 어머니가 되는 테티스가 구조하여 품에 안아준다. 얼마 뒤 이 일을 알게 된 제우스 이하 신족들이 그의 눈을 빼어 비참하게 살다 죽게 한다. Homer, *Ilias*, sechster Gesang, 130–40 (111). 이 이야기의 은유 중 '리쿠르고스' 역시 '술', 또는 '포도주'의 다른 이름으로 추정되기도 한다.

46 니체 전집 2, 33쪽.

47 같은 곳, 34쪽.

이 양쪽에 대한 적극적 활동성을 강조하는 것이 아니라 예술의 이중성 중의 하나, 즉 아폴론적인 것에 대한 디오니소스적인 것의 강조로 이해되어야 할 것이다. 이 강조가 두 요소의 조화 균형의 와해를 뜻한다면 이것은 일종의 환각이다.

디오니소스적인 것은 본래 비극적인 것이 아닌, 신바람 나는 것, 축제적인 것이다. 환희와 축제에서 서로 다른 인간들은 하나로 연대하고 통일되며 여기에서 소외, 적대감, 억압 등은 화해의 제전으로 녹아든다.[48] "세계를 조화시키는 복음"으로서 "디오니소스의 수레는 꽃과 화환으로 뒤덮여" "인간들 사이에 심어놓은 완고하고 적대적인 모든 구분들을 깨면서" 앞으로 굴러나간다.[49] 취하여 노래하고 춤추면서 인간은 보다 높은 공동체의 일원임을 표현하며, 인간적인 것이 아니라 신적인 것, 근심과 고통이 없는 초자연적 꿈속의 소요를 경험한다. 이쯤 되면 디오니소스적 인간은 더 이상 예술가가 아니라, 예술작품이며 따라서 아폴론적 조형성을 다듬어내는 활력으로서 창조력 이외에 다른 것일 수 없다.[50]

"꿈의 형상 세계"의 아폴론적인 것과, "도취적 현실"로서 디오니소스적인 것이 하나의 예술작품 속에 조화와 균형을 이루고 있다고 니체는 주장하지 않는다. 마치 인식에서 직관의 내용을 오성이 개념화하듯이, 예술가의 창작 충동이기도 하고 작품의 두 요소이기도 한 아폴론적인 것과 디오니소스적인 것은, 그에 따르면, "인간 예술가의 매개"를 통해 나타난다기보다 "자연 자체로부터 나온 예술 충동"이다.[51] 이때 "자연"은 '본성' 또는 '본질'이라는 뜻이다. 진정한 예술의 본성에서 도출되는 진정한 예술 구성의 두 힘이 아폴론적인 것과 디오니소스적인 것이고,

48 같은 곳.
49 같은 곳.
50 같은 책, 35쪽.
51 같은 곳.

이 두 힘이 자연으로서의 본성과 본성으로서의 자연의 "직접적 예술의 상태"이며, 인위적 어떤 예술이든 바로 이 두 힘에 의해 표현되고 주조된다면, 모든 예술은 모방이며 "모든 예술미는 모방자"이다.[52] 여기서 니체는 전통적 예술 모방론을 따르는 것처럼 보이지만, 전자가 미의 절대 이념의 실재적 모방을 강조한 데 비해 니체는 예술 구성의 본원적 두 힘(충동)에 의해 작가와 작품이 구성된다고 보는 데 결정적 차이점이 있다.

아폴론적인 것은 꿈의 예술로 그리스 조각에, 디오니소스적인 것은 도취의 예술로 음악에, 그리고 아폴론적인 것과 디오니소스적인 것의 종합은 도취와 꿈의 예술로 그리스 비극에 그 전형이 나타난다.[53] 그런데 이 양자 종합예술의 전형은 조각이나 음악이 아니라 드라마로서 비극인 듯 보이나, 니체는 드라마의 스토리보다 드라마 구성에 삽입되는 디오니소스적 합창이라고 생각한다. 이것은 아폴론적인 것과 디오니소스적인 것의 종합은 아폴론적-디오니소스적인 것이 아니라, 다시 디오니소스적이라는 뜻이다. 이러한 종합은 합리적 사유에서 보면 비논리적이지만 예술의 관점에서 보면 그렇지도 아니하다. 하여간에 디오니소스 축제는 환희와 즐거움이지만 디오니소스 합창은 비극의 분위기라는 것이다.

역사적으로 그리스 문화는 아폴론적인 것의 지배로부터 시작한다. 이성과 지혜의 교육을 중시하고 사회와 국가의 완전한 인륜성을 목표로 하는 것이 그리스 아폴론적 전통이었다. 이 전통에 도전하고 그것을 파괴하는 새로운 세력이 외부에서 유입되는데 그 주도 신이 디오니소스이다. 디오니소스 축제의 원시적 형태는 혼란과 혼음과 방종과 규범 파괴의 광란이다. 그 신도들은 사회와 국가 및 규범은 물론 심지어는 가족제

52 같은 곳 참조.
53 같은 곳 참조.

도조차 거부하며, 그들에게 요구되는 덕목은 열광적 격정과 광란과 혼음이었다. 이 축제의 원시적이고 야만적인 성격이 어느 정도 완화되어 그리스로 들어왔다고 해도 기존 문화에 위협이 되기는 마찬가지였다. 그 힘을 막기에 역부족이 되자 아폴론적 그리스 문화는 그 부정적 파괴성만을 거부하는 신에서 화해의 수용을 결단한다.[54] 이 화해는 광란의 야만적 축제를 "세계 구원의 축제와 변신의 의미"로 전환시키는 것이다. 이 의미와 더불어 모든 기존 질서를 파괴하는 야만적 광란은 파괴 속에서 새로운 것을 건설하려는 디오니소스적 광란으로 발전한다. "마녀의 음료수"가 디오니소스의 술로 바뀌는 곳 역시 이곳이다.[55]

사람들은 취하는 기분을 맛보려 술을 마신다. 그 취함은 모든 억압 요소를 주관적 방식으로 해방하는 효과를 가지므로 온갖 서로 다른 고통을 신바람 나게 환희로 바꾼다. 다양한 인식과 기억의 개별 인자들을 휘휘 섞어 전체화하므로 모든 사람들을 하나로 묶는 축제의 음료이며 고통을 잊게 하고 치료하는 묘약이다. 그러나 술 취함은 해야 할 것과 해서는 안 될 것의 경계를 허물고 본능의 무의식 속에 감춰져 있던 음욕과 폭력욕을 일깨우며 그것을 거리낌이나 수치심 없이 행동으로 나타내게도 한다. 자신의 내면 속에 있는 무수한 경계뿐 아니라, 자기와 타자의 다양한 관계의 구체적 내용들을 허물고 그 허물어짐 속에서 새로움을 창조한다는 면에서의 디오니소스의 술은 또한 자기 자신과 타자는 물론, 관계의 모든 것을 단순히 파괴하기만 하는 마녀의 음료수이기도 한 것이다.

고통과 파괴 속에서 환희와 창조를 찾아내는 디오니소스적인 것의 특징은 음악 속에서 여실히 나타난다. 각 음의 일정한 조화로 이루어져 있

54 같은 책, 37쪽 이하. 본시 아폴론은 자기의 대립자를 수용하지 않으며 이 "위엄 있게 거부하는 아폴론의 태도를 도리스 건축 예술이 나타낸다고 주장한다." 같은 곳.

55 KGW III-1, 28쪽. '세계 구원의 축제와 변신의 의미' = Bedeutung von Welterlösungsfesten und Verklärungstagen, '마녀의 음료수' = Hexentrank.

다는 면에서 음악은 아폴론적이다. 하지만 그 안에 있는 "마음을 흔드는 음조의 힘, 멜로디의 통일적 흐름"은 "리듬의 물결"이다.[56] 이것은 음악의 디오니소스적인 측면이다.

디오니소스 주신 찬가에서 "인간은 자신이 가진 모든 상징적 능력을 최고로 고양시키도록 자극받으며" 또 그 상징 속에서 인간 종족 모두가 하나로 존재한다는 느낌을 얻게 된다.[57] 그렇다고 아무나 이것을 알고 느끼는 것은 아니다. 순 아폴론적인 인간에게 이것은 놀라움과 두려움과 공포로 다가올 뿐이며 오직 디오니소스 송가를 부르고 그것을 받아들이는 이에게만 이 느낌은 이해될 뿐이다. 아폴론적 그리스인들은 그러나 이 디오니소스적 세계가 사실은 자신에게 결코 낯선 것이 아니라, 자신의 베일에 가려져 은폐하고 감추려 했던 실재적 현실의 세계임을 깨닫고 더욱 전율한다.[58]

56 KGW, III-1, 29쪽. '리듬의 물결' = Wellenschlag des Rythmus.
57 니체 전집 2, 39쪽.
58 같은 곳.

6
디오니소스적 문화

최초의 아폴론적 인간이 호메로스라 한다면 최초의 디오니소스적 인간은 호메로스와 같은 시기에 활동한 것으로 추정되는 서정시인 아르킬로코스이다.[59] 니체에 의하면 아르킬로코스는 "서정시의 수호신"이 재림한 현실태이다.[60] 서정시적 수호신은 세계와 세계를 채우고 있는 모든 존재자들이 자신의 모상이요, 초상이며, 복제물이라고 생각한다. 이 복제물 속에서 그는 자신의 본성은 물론 세계의 본성을 직관하고 인식한다. 즉, 그는 자신의 가상 속에서 자신을 보며, 자신 속에서 세계를 만들어내고 직시한다. 이 점에서 서정시적 수호신은 단지 서정시의 수호신일 뿐이라기보다는 세계 자체의 수호신이다.[61] 이 서정시의 수호신이 인

59 호메로스의 생존기는 대략 기원전 800~700년경으로, 아르킬로코스의 생존기는 기원전 650년경 전후로 추정된다. 따라서 정확하게 말하자면 호메로스가 길게는 한 세기 반, 짧게는 반세기 정도 먼저 살았다.

60 '서정시의 수호신' = lyrische Genius.

간화한 것이 아르킬로코스라는 것이다. 정열적으로 사랑하고 증오한 시인 아르킬로코스는 한편으로는 서정적 수호신의 "근원적 고통"을 짊어지고 그것을 상징적으로 표현하지만 다른 편으로 그것을 삶의 일상으로 생활화한다.[62]

팔로스 섬 출신인 아르킬로코스는 귀족과 그 여종 사이에 사생아로 태어나 절망과 증오와 방랑으로 한 세상을 살다 간 전쟁 용병이며 떠돌이 음유시인이다. 니체가 그를 서정적 수호신이라고 주장하는 것은 그의 인격이나 세계관이 아니라 개인의 주관적 심성을 부편적 이념보다 우위에 둔 시적 개성에 대한 평가일지 모르나 그 개성이 인격의 본질이 된다는 점에서 니체는 소인적 속물을 신격화한다는 비난을 면키 어렵다. 아르킬로코스는 근대적 속물의 고대적 전형이기 때문이다. 그는 호메로스와 시풍과 철학이 반대일 뿐 아니라 인격도 대립적이다. 출생이나 가문이 형편없어 내세울 것이 없는 대신 세상과 사회와 나라를 저주하고 온갖 인습과 전통을 냉소적으로 멸시한다.

> 트라키아인 가운데 어떤 자가
> 내 의지와는 무관하게 울창한 숲 속에 남기고 온
> 결코 욕됨이 없는 나의 방패를 집어 들고
> 자랑스레 떠벌리고 있구나.
> 나의 생명을 보존했는데
> 왜 내가 그깟 방패를 걱정해야만 하는 것인가?
> 그 방패는 이제 사라져버렸지만
> 그와 똑같이 훌륭한 다른 것을 사면 되는 것을……

---

61 KGW, S. 41쪽 참조.
62 같은 곳. '근원적 고통' = Urschmerz.

아르킬로코스의 이 시는 예술적 기준으로 볼 때 대단할 것이 없지만 전통적 가치관에 대한 참으로 "노골적인 도발"을 보여준다는 면은 평가할 만하다.[63] 이 시인은 자기가 전쟁터에서 방패를 내던지고 도망쳐 목숨을 부지한 것을 그 시대의 군인들처럼 수치스럽게 생각하기는커녕 참으로 다행이라고 말한다. 호메로스의 "서사시에서 그렇게도 높이 칭송되었던 전쟁터에서의 용기"는 이제 자기 보존에 비하면 "부차적인 가치"로 격하되고 만다.[64] 이 나라 저 나라를 떠도는 용병 아르킬로코스에게 호메로스가 가르쳤던 보편 이념 또는 애국심이나 용기보다 더 중요한 것은 우선 자신의 목숨부터 살고 보는 것이다. 주관적 개인에게 목숨 부지보다 더 큰 미덕은 없다.[65] 그까짓 방패쯤이야 줄행랑치면서 정신없이 팽개친 것보다 훨씬 더 근사한 것으로 후에 얼마든지 더 구입할 수 있으니 중요할 것이 없다. 당장 중요한 것은 내 목숨이다. 한데도 줄행랑친 나를 비겁자로 욕하면서 얼마나 자신이 죽음을 두려워하지 않는 진정한 용사인지를 과시하며 남의 방패를 주워 들고 전리품이라고 설치면서 떠벌리는 트라키아인은 내 목숨에 대한 예의를 지키지 않는 것이다. 이것이 아르킬로코스의 속물적 불만이다.

물론 그는 특히 귀족계급의 인습을 저주하고 풍자에 적합한 이암부스(iambus) 운율의 시형을 완성한 자이므로 혁명적 시인이라 할 수도 있다. 니체는 그를 "객관적" 서술의 호메로스에 대비적으로, 유보적이기는 하나 "주관적" 예술가로 평가한다.[66] 여기서 유보적이라 함은 "주관적"이라는 표현이 특히 근대에는 보편타당성을 지향하지 않으므로 객관

63 김상봉, 앞의 책, 209쪽.
64 같은 곳.
65 같은 곳.
66 니체 전집 2, 50쪽. 아마도 이 니체의 유보는 아르킬로코스의 속물근성에 대한 존경의 망설임일는지 모른다.

성을 결여한 유아적 또는 감성적 태도의 의미로 쓰이고 있는 데 대한 니체의 평가를 의미한다. 그러니까 주관적 예술가는 나쁜 예술가, 별 볼일 없는 예술가라는 것을 함축한다.[67] 따라서 진정한 예술은 먼저 주관성과 자아로부터의 해방과 극복을 통해 순수직관을 얻을 수 있고 그 순수직관으로 만들어낸 작품에 깃들 수 있다.

서정시인은 언제나 '나'를 표현하고 나의 감성과 직관을 표현한다. 그는 도취 상태에서 자신의 욕망과 열정, 증오와 조소를 노래한다. 그렇다고 누가 무슨 근거로 예술을 주관적이어서는 아니 되고 서정적이어서는 아니 된다고 할 수 있는가? 니체는 바로 이 '최초의 주관적 예술가'라 할 수 있는 아르킬로코스야말로 호메로스에 맞서는 위대한 시인이라고 칭찬한다. 예술의 본질 자체의 주관적 서정성을 그가 체득하고 표현했다고 믿기 때문이다.

주관적 서정성은 시의 이념의 원천인 "음악적 기분"에 뿌리를 둔 것이어서 그곳에서 시는 음악이고, 음악은 곧 시이다.[68] 이 시와 음악의 동일성, 시인과 음악가의 동일자는 디오니소스적으로 사는 인간의 전형이다. 이 동일성의 세계에는 개념도 형상도 하나의 흐름으로 나타나고 생의 현실적 고통은 가상 속에서 쾌락으로 구원된다.[69] 미친 듯한 율동과 격정과 도취경 속에서 비몽사몽으로 나오는 감정의 흐름과 그 분출은 연극적 디오니소스 주신 찬가인 서정시의 진정한 모습이다.[70] 조형성과 상(그림)의 관조에 존재 근거를 가지는 서사시와 달리, 서정시는 어떤 조형이나 상을 염두에 두지 않고 다만 시인 자신의 "근원적 고통과 고통의 근원적 메아리"를 감정적으로 노래한다는 점에서 음악적이다.[71] 이 음

67 같은 곳.
68 '음악적 기분' = musikalische Stimmung.
69 니체 전집 2, 50쪽.
70 니체 전집 2, 52쪽 참조.

악적 서정시인은 자신에 대한 보기(관조)를 통해 자기 자신에게 귀의하며 이 귀의의 단순한 결과로 상과 조형물들을 주관적으로 만들어낼 뿐이다. 이것은 상과 조형물에 대한 관조의 결과로 세계를 재현하고 이해하려는 서사시인과 반대의 길이다. 다시 말해 서사시인이 그림과 상의 조형들에서 안락을 느끼고 그 조형들 속에서 자신의 존재 의의를 느낀다면, 따라서 가상에 대한 꿈의 욕망으로 자신의 존재를 입증한다면, 서정시인은 이 그림과 상을 자기 자신과 동일시하며 무수하게 갈라지고 흐트러지는 또 다른 그림과 상의 조형들 각각을 자신의 객관화의 움직이는 실체들로 인식하며 따라서 이 객관화된 모든 실체들의 중심으로 자기 자신을 이해한다.[72] 이 세계의 중심점인 자기 자신으로서의 "자아"는 구체적 현실적 시공적 실재를 가능케 하는 근거로서 "진실로 존재하는 참으로 유일한 자아, 사물의 근거에 놓여 있는 영원한 자아성"을 뜻한다.[73] 여기서 대상 세계는 단순히 객관적으로 실재하는 세계가 아니라, 나의 주체의 대상화된 세계라는 점에서 나의 복제품이며 나의 "초상화들"이다.[74] 서정시인은 바로 이 내용을 노래하고 체현하고 증명하고 생활한다. 노래란 어차피 희로애락의 감정 흐름과 그 표현이며 그 속에서 자신의 의지를 의식하고 전파한다는 점에서 서정적이다. 서정시가 의지와 감정의 불완전한 표현 방식이며, 자아와 주체성의 설익은 연출 방식이라는 객관주의적 비난은 잘못된 것이다. 그것은 오히려 의지와 의식, 관조와 의식의 불안한 대립이나 결합이 아니라 주관적 화해이며 객관적

71 KGW, III-1, 40쪽. '상(그림)' = Bild, '근원적 고통과 고통의 근원적 메아리' = Urschmerz und Urwiederklang desselben.

72 니체 전집 2, 52쪽 이하 참조.

73 KGW, III-1, 41쪽. '진실로 존재하는 참으로 유일한 자아, 사물의 근거에 놓여 있는 영원한 자아성' = einzige überhaupt wahrhaft seiende und ewige, im Grunde der Dinge ruhende Ichheit, '자아' = Ich.

74 같은 곳. '초상화들' = Abbilder.

실재화의 진행이다. 서정시에서 또는 서정적 노래에서 비로소 개인은 자신의 좁은 주관적 유아성(唯我性)에서 벗어나 예술의 근원적 출처로 격상되고 자신을 해방시킨다.[75] 비록 맹목적 생의 자기 지속을 위한 이기적 욕심에 가득 찬 개인인 그런 주체조차도, 적어도 예술의 영역에 관한한 예술의 적이 아니라 "예술의 근원"이다.[76] 비록 서로 다른 무수한 주관적 개인들이 나름대로 자신의 방식을 고수하면서 세계를 주관화하면서 생활한다고 해도, 예술에 관한한 그들은 작품의 지고한 창조자이며 또한 세계의 위대한 창조자이다. 예술에서는 "오직 미적 현상으로서만 현존과 세계는 영원히 정당화되기 때문에", 예술가는 단지 가상의 무의미한 그림자가 아니라 그 현존과 세계의 참된 창조자이다.[77] 예술의 영역에서 개인은 주체인 동시에 객체이며 관객인 동시에 배우이며 작가이다.

75 니체 전집 2, 55쪽 참조.
76 KGW, III 1, 43쪽. '예술의 근원' = Ursprung der Kunst.
77 같은 곳. 예술의 영역에서 개인은 주체인 동시에 객체이며 관객인 동시에 배우이며 작가이다. 아르킬로코스를 호메로스에 견주는 것은 그가 민요를 문학과 예술에 도입했기 때문이다. 니체 전집 2, 56쪽. '오직 미적 현상으로서만 현존과 세계는 영원히 정당화되기 때문에' = denn nur als aesthetisches Phänomen ist das Dasein und die Welt ewig gerechtgertigt.

7

아폴론적인 것과 디오니소스적인 것의 통일로서 민요

니체에 의하면 진정한 문학예술의 정수는 "민요"다. 민요는 한편으로는 아폴론적 서사시에 전적으로 대립한다는 점에서 디오니소스적 서정시이지만, 다른 편으로는 바로 "아폴론적인 것과 디오니소스적인 것의 결합의 영원한 흔적"이라는 점에서 대립자의 통일이다.[78] 후자의 측면에서 민요는 단순한 서정시가 아니라 서사적 서정시이며 동시에 서정적 서사시이다.

민요는 단지 음악적 감정 흐름의 멜로디로만 된 것이 아니라 민족의 혼과 감정을 언어로 노래한다는 측면에서는 서사시이지만, 민족의 언어를 그 혼과 감정으로 담아낸다는 관점에서는 서정시이다. 이렇게 이해할 때에만 민요는 진정한 이중적 예술 충동의 통일성이며 서사시적 전

78 KGW, III-1, 44쪽. '민요'=Volkslied, '아폴론적인 것과 디오니소스적인 것의 결합의 영원한 흔적'=Perpetuum vestigium einer Vereinigung des Apollonischen und des Dionysischen.

통에 디오니소스의 숨결이 불어넣어진 것이라는 사실이 정당화될 수 있다. "한 민족의 열광적인 운동이 그의 음악 속에 영원히 흔적을 남기는 것과 유사한 방식으로 저 자연의 이중적 충동은 자신의 흔적을 민요 속에 남긴다. 그렇다. 민요가 풍미했던 모든 생산적인 시기가, 동시에 디오니소스적 조류의 강력한 영향을 받았다는 사실은 역사적으로도 증명될 수 있을 것이다. 우리는 디오니소스적 조류를 항상 민요의 토대이자 전제 조건으로 생각해야만 한다."[79]

민요는 "음악적 세계거울"로 멜로디에 민족과 꿈과 "꿈의 현상"을 담아낸 것이다.[80] 이 "멜로디"는 한갓 리듬의 굴곡만을 뜻하는 것이 아니라 "시가"를 창조하는 근원이라는 면에서 시문학의 "최초자이며 보편자"이다.[81] 서사시와 달리 민요의 언어는 음악을 모방하므로 바로 호메로스의 시 세계와 모순되는 시 세계, 다시 말해 아르킬로코스에서 새로이 시작되는 시 세계가 관찰된다. 요컨대 민요에서 "언어, 상, 개념"은 음악적 표현을 유추하고 "음악의 강제력"에 흡수되어버린다.[82] 호메로스의 언어가 "현상 세계와 형상 세계"를 모방하는 반면, 아르킬로코스의 민요는 "음악의 세계"를 모방한다고 하겠다. 이런 점에서 그리스 예술은 두 갈래의 분기점을 가진다고 하겠다.[83]

니체는 베토벤의 교향곡이 "오늘날 우리들의 미학에서는 불쾌하게 여겨지는 현상일 뿐인" 어떤 "형상 언어"를 청중들에게 떠올리게 한다고

79 니체 전집 2, 57쪽.
80 '음악적 세계거울' = musikalischer Weltspiegel, '꿈의 현상' = Traumerscheinung.
81 KGW, III-1, 44쪽. '시가' = Dichtung, '최초자이며 보편자' = das Erste und Allgemeine.
82 KGW, III-1, 45쪽. '언어' = Wort, '상' = Bild, '음악의 강제력' = Gewalt der Musik.
83 같은 곳. '현상 세계와 형상 세계' = Erscheinungwelt und Bilderwelt, '음악의 세계' = Musikwelt.

비판한다.[84] "오늘날 우리들의 미학"은 물론 니체 시대의 일반적 예술관이라기보다 앞에서 여러 번 설명된 니체 자신에 의해 이해된 미학이다. 이 미학은 세계의 다양한 현상과 형상들을 하나의 음의 흐름 속에 조화시키고 이 조화는 모순과 다채로움의 환상적 화합이자 진정한 음악 충동의 표현이므로 진짜 참된 예술관이라고 주장하는 것이다. 그가 여기서 직접 표현하고 있지는 아니하나, 이 같은 미학에 맞는 것은 물론 바그너의 음악을 뜻한다.[85] 베토벤 음악에 붙여지는 곡명은 조형성을 보여주지만 "우리들의 미학"에서 높이 평가되는 음악의 곡명은 결코 형상이나 조형성이 아니라 다만 음악에 대한 비유나 상징적 표상을 은유화하는 것일 뿐이다. 이제 '불쾌하게 여겨지지 않는' 음악은 "오늘날의 우리들의 미학"에 맞는 민요로서의 음악이며 이 민요에 어떤 곡명이 붙여지든 그것은 조형성을 나타내는 것이 아니라 음악의 디오니소스적 흐름을 보여주는 것이다.

그러나 우리는 이와 같은 니체의 주장을 곧이곧대로 순진하게 믿어서는 안 된다. 어떤 음악도 형상과 조형을 배제할 수 없으며 민요에 관한 한 더욱 그러하다. 민요란 단순히 음과 리듬만으로 이루어지는 악기용 곡이 아니라 민족 또는 집단 구성원의 희로애락을 음과 리듬에 실은 것이니 오히려 조형성이 음에 선행한다고 할 수 있고 따라서 음악의 디오니소스적 흐름이 아니라 아폴론적 형상과 가사가 먼저라 할 수도 있다. 민요뿐 아니라 가사 없이 곡만 있는 음악조차도 제목은 있게 마련이고 제목은 어떤 방식으로든 상과 그림이라는 조형성을 함축하게 된다. 니

84 니체 전집 2. 46쪽. '오늘날 우리들의 미학에서는 불쾌하게 여겨지는 현상일 뿐인' = nur anstössing dunkendes Phänomen unserer Tage, '형상 언어' = Bilderrede.

85 이 추정은 『비극의 탄생』의 서문인 '바그너에게 부치는 서언'을 참조하면 사실로 드러난다.

체 역시 이 점을 잘 알고 있기 때문에 민요는 "언어 능력 전체"가 "음악의 모방이라는 새로운 원리"를 수용하고 있다고 강조한다.[86]

서정시로서 민요는 "형상과 개념 안에서 음악을 모방하는 불꽃"이며 이때 음악은 "조형성과 개념의 거울 속에서" "의지"로 나타난다.[87] 이 '음악의 의지', 또는 '의지의 음악'에서 서정시인 또는 민요시인은 열정과 광기로 "자연 전체와 그 속에 있는 자기 자신"을 갈망하고 동경한다.[88]

이 서정시 속에서 음악과 시인은 서로 분리된다. 시인은 형상과 조형 속에서 음악을 보기도 하고 음악 속에서 자신을 보기도 한다. 전자의 경우 시인은 "아폴론적 관조의 고요하고도 평온한 바다" 속에서 조용히 쉬지만, 후자의 경우 시인은 "불만의 감정 상태에서 자기 자신의 상"을 직시한다.[89] 제3자인 우리(또는 관찰자인 니체 자신)가 보면 이 이중성을 가진 "서정시인은 그 자신 의지의 갈망으로부터 완전히 벗어난 순수하고도 맑은 태양의 눈인 데 비해, 아폴론적 수호신으로서 그는 음악을 의지의 형상을 통해 해석한다"는 것이다.[90] 결국 이 말은 음악과 시인의 단순한 분리뿐 아니라 시인 자신의 분화를 의미하기도 한다. 즉, 서정시인은 한편에서는 디오니소스적 의지의 격정과 갈망과 동경과 불만으로 형상들을 용해시켜 음악화하지만 다른 편으로는 그러한 자기 자신을 아폴론적 관조에 침잠시켜서 형상들을 직관하고 또 직관된 내용을 음악으로

86 KGW, III-1, 46쪽. 이 주장에서 니체는 지나치게 디오니소스적 음악을 모순적으로 설명한다. '언어 능력 전체'= ganze Sprachvermögen, '음악의 모방이라는 새로운 원리'= neues Princip der Nachahmung der Musik.

87 같은 곳. '형상과 개념 안에서 음악을 모방하는 불꽃' = nachahmende Effulguration der Musik in Bildern und Begriffen, '조형성과 개념의 거울 속에서' = im Spiegel der Bildlichkcit un der Begriffe.

88 KGW, III - 1, 47쪽.

89 같은 곳. '아폴론적 관조의 고요하고도 평온한 바다' = stille Meerestruke der apollonischen Betrachtung, '불만의 감정 상태에서 자기 자신의 상' = sein eigenes Bild im Zustande des unbefriedigten Gefühls.

90 같은 곳.

작품화한다.

하지만 음악은 그 자체가 가지는 무제약적 성격 때문에 "형상과 개념"을 필요로 하지 않는 "음악 정신"에 뿌리박고 있다.[91] 형상과 개념을 필요로 하지 않는다는 것은 "언어"를 필요로 하지 않는다는 것과 같은 말이다. 결국 음악 정신은 언어가 필요 없다. "음악의 세계 상징"은 언어로는 결코 설명될 수 없는 "근원적 일자의 가슴속에 있는 근원적 모순과 근원적 고통"과 상징적으로 관계하기 때문이다.[92]

91 KGW, III-1, 47쪽. '음악 정신' = Geist der Musik.
92 같은 곳. '언어' = Sprache, '음악의 세계 상징' = Weltsymbolik der Musik, '근원적 일자의 가슴속에 있는 근원적 모순과 근원적 고통' = Urwiderspruch und Urschmerz im Herzen des Ur-Einen.

8
비극의 기원

그리스 비극의 근원은 비극적 드라마나 비극적 이야기가 아니라, "비극적 합창에서" 생겨난다.[93] 처음부터 비극적 스토리 전개나 드라마에서 비극이 나온 것이 아니라 "본래적 근원 드라마"인 비극적 합창에서 전승된 일종의 파생물이 비극이다.[94] 합창은 합창단원이 한다. 이 합창단원은 비극에 함몰한다는 점에서 비극의 스토리나 흐름 자체에 속하기도 하고 그것을 구경하는 "이상적 관객"에 속한다고 할 수 있다.[95] 하지

93 KGW, III-1, 48쪽. '비극적 합창에서' = aus dem tragischen Chore. 디오니소스 신의 노래인 디티람보스에서 사티로스 합창으로, 또 이 합창에서 비극 배우와 비극의 출현으로 이행 발전하는 것에 대해서는, 심상봉, 위의 책, '비극의 탄생' 참조.

94 김상봉, 위의 책, 57쪽 이하. '본래적 근원 드라마' = eigentliches Urdrama.

95 합창과 합창단을 "이상적 관객"으로 해석할 것을 주장한 슐레겔(W. Schlegel)을 니체는 비판한다. "이상적 관객"은 드라마에 함몰된다 해도 예술작품으로서 드라마와 자신을 엄격히 구분할 줄 알아야 하기 때문이다(KGW, III-1, 49쪽). '이상적 관객' = idealistischer Zuschauer.

만 합창단은 "이상적 관객"과 동일시할 수는 없다. 참으로 이상적 관객은 객관적 관찰자로서 자신을 극과 구분할 줄 알고 극을 평가할 줄 알기 때문이다. 차라리 합창단은 실러가 말했듯이 비극을 전체적으로 보호하고 감싸는 "하나의 살아 있는 성곽"으로 이해하는 것이 더 합당하다고 니체는 말한다.[96] 되풀이하자면 합창단은 비극의 전체적 분위기, 그 예술성과 예술적이며 인위적인 분위기, 세계에 대한 상징적 해석 등 비극 무대 전체를 감싸는 성채 같은 것으로 보는 것이 더 타당하다는 것이다. 오직 구체적 삶의 현실에만 충실하고 예술을 전혀 모르는 이에게 무대는 거짓 현실이고, 그 안에서 이루어지는 온갖 비극들은 모두 거짓이거나 장난이다. 극 중간 중간 끼어드는 합창은 거짓과 장난을 좀 더 효과적으로 진행하기 위한 맛뵈기 음악일지 모른다. 그 안에 현실적이고 자연적인 것은 아무것도 없기 때문이다.

본시 비극의 합창단은 디오니소스 축제를 찬미하는 사티로스 합창단에서 유래한다. 그들이 살았던 땅은 이 풍진 세상이 아니라 인간의 어떤 욕망도 막힘이 없이 실현되는 "이상적인 땅"이었다고 한다.[97] 그리스인들은 바로 이들을 위해 가설무대를 만들고 가공의 자연물들을 세웠으며 이 과정에서 비극이 성장 발전하게 되었다고 니체는 믿는다. 사티로스 합창단은 물론 그들을 위한 무대와 그 주위에 설치된 자연물들이 고대 그리스인들에게는 단지 상상이나 허황된 세계가 아니라, 마치 올림포스 신들의 존재를 현실과 실재로 받아들였듯이 그렇게 구체적으로 살아 있는 현실로 믿게 되었고, 이것이 발전해서 그리스의 비극을 형성하게 되었다는 것이다.[98] 여기서 니체는 그리스 비극의 합창단이 아니라 디오니소스 축제의 사티로스 무리들, 즉 우리가 알기로 섹스와 장난, 술주정과

96 KGW, III-1, 50쪽. '하나의 살아 있는 성곽' = eine lebendige Mauer.
97 '이상적인 땅' = ideales Boden.
98 KGW, III-1, 51쪽.

혼음을 축제의 미덕으로 삼는 반인반수의 사티로스들을 디오니소스 축제의 합창단원으로 단언하고 그들로부터 그리스 비극의 탄생을 확신한다.[99] 이제 니체에 의해 "가공의 자연존재"인 사티로스가 "문화인"으로 격상되고, "디오니소스적 음악"은 "문명화"로 이어진다.[100] 역설적이게도 음악은 문명을 비웃고 사티로스는 문화인을 비웃는 사실 또한 니체는 강조한다. 그러나 이 비웃음 속에 생명의 신비와 즐거움이 나타나기 때문에 음악과 사티로스는 세대와 민족 역사의 변화 속에 불변적으로 남아 있는 생의 자기동일성의 한 전형으로 보아 무방하다는 것이다. "인간은 예술이 구원한다"라는 말과 "예술을 통해 인간 자신을 구원하는 것은 삶이다"라는 말의 참뜻은 바로 여기에 있다.[101]

살아 있는 것들, 거기에 그렇게 있는 것의 현존은 디오니소스의 술 취한 상태에서 그 한계와 경계를 잊을 수 있다. 적어도 고통스러운 일이나 구역질 나는 일에 관한 한, "잊어버린다는 것"은 참으로 신나는 일이요, "사탕발림처럼 황홀한 것"이다.[102] 생각할 때마다 구역질 나는 일들, 잊어버리려 해도 잊혀지지 않는 치사하고 혐오스럽고 창피한 사건들을 잊는 데는 디오니소스의 술잔만큼 직효가 있는 것은 없다. 잊기로 말하자면 죽음만큼 확실한 것도 없으련만, 죽음이야 삶에 반대되니 언감생심 넘봐서도 아니 된다. 적어도 삶의 예찬자인 한에서는 …… 개똥밭에 굴러도 이승이 좋다고 하지 않던가? 분명 니체는 현실을 "구역질 나는 것"으로 보는 한에서 염세주의자이다.[103] 그가 디오니소스적 인간을 햄릿과

---

99 같은 곳.
100 같은 곳. '가공의 자연존재' = finicrtes Naturwesen, '문화인' = Culturmensch, '문명화' = Civilization.
101 KGW, III-1, 52쪽.
102 같은 곳. '잊어버린다는 것' = Vergessenheit, '사탕발림처럼 황홀한 것' = Verzückung.
103 '구역질 나는 것' = Ekel.

같은 유형으로 본다는 것도 같은 맥락이다.[104] “인식은 행위를 죽이나니” 매사 알려고(인식하려고) 하지 말고 눈 감은 채로 하는 행위, 혹은 “베일에 가려진” 행위, 다시 말해 한잔 술의 도취 속의 행위야말로 진짜 살아 있는 행위이다.[105] 이제 삶의 뱃멀미를 멈추는 약은 디오니소스적 술이요, 예술이다. 술과 예술만이 모든 것에 생기를 불어넣을 수 있고 이렇게 술과 예술이 인간을 불안과 부조리의 공포와 구역질로부터 해방시킬 때, 술과 예술은 물론 인생 전체가 비극이 아니라 “희극적인 것”으로 역전된다.[106] 이것이 초기 니체 예술론에 내재한 핵심 사상이다.

104 같은 곳.
105 같은 책, 53쪽. ‘인식은 행위를 죽이나니’ = die Erkenntniss tödtet das Handeln.
106 KGW, III-1, 53쪽. ‘희극적인 것’ = das Komische.

제2장

니체의 『비극의 탄생』에 나타난 음악론

1
쇼펜하우어로부터 이어받은 음악 사상

『비극의 탄생』 본문 16에서 25까지는 이 책 전체의 결론이면서도 '비니체적'이라는 평가를 받는 부분이다. 독일 음악에서 디오니소스적 예술정신의 부활을 강조하지만 왜 그 절정이 독일이며 바그너 음악인지에 대한 분명한 논리는 제시하지 않는다. 그럼에도 불구하고 이 부분은 초기 니체의 음악론뿐만이 아니라 그의 미학 사상 이해를 위한 중요한 열쇠를 가지고 있다.

니체 미학은 예술의 두 충동으로 아폴론적인 것과 디오니소스적인 것의 구분에서 시작한다. 이 두 충동은 개별화 원칙의 수호자인 아폴론과 개별화 부정의 수호자인 디오니소스에서 유래된 것으로, 전자는 조형성, 후자는 음악성을 대표한다. 이 둘은 존재와 존재자, 현상과 본질, 형식과 내용의 관계로 환원되기도 하는데 이 양자의 근원성을 대표하는 것은 디오니소스적 충동이므로 음악은 예술의 여러 장르들 중 하나가 아니라 모든 예술의 근거의 위치를 가진다. 이것이 결론부에서 니체가 음악을 심도 있게 다루는 이론적 이유이다.

음악은 다른 예술들처럼 "현상의 모사가 아니라 의지의 직접적 모사" 라는 쇼펜하우어의 사상을 니체는 그대로 이어받는다.[1] 이것은 예술의 본질이 조형성이 아니라 의지의 흐름과 형식적으로 동일시되는 음악에서 그 전모를 보여준다는 말이다. "아름다운 형식에 대한 즐거움"은 비록 그것이 의지의 자기표현이라 하더라도 음악에서 유래한다는 말은 미학적이라기보다 오히려 형이상학적 주장이다.[2] 그리고 예술사적으로 비극이 음악에서 시작되었다고 해서, 음악은 언제나 비극의 그림자 아래 있다거나 비극적이라고 주장하는 것 또한 적절치 않다.[3] 음악은 오히려 인간의 희로애락을 모두 표현할 수 있다는 점에서 비극적인 것만은 아니기 때문이다. 차라리 그것은 인간의 모든 감정을 종합적 · 입체적으로 표현할 수 있는 말없는 근원 정조(情調: 기분)라 하는 것이 옳을 것이다.[4] 어쨌거나 쇼펜하우어는 음악을 비극의 본질이 아니라 의지로서 존재의 본질로 이해한다.[5] 그는 음악이 세계를 표현하는 보편 언어이며 이것은

1 '현상의 모사가 아니라 의지의 직접적 모사' = Abbilder Erscheinung, sondern unmittelbar Abbild des Willens.

2 '아름다운 형식에 대한 즐거움' = Gefallen an schönen Formen.

3 음악이 이념이나 감정의 표현이 아니라 음악 그 자체의 표현이고 따라서 음악 이외의 다른 어떤 외적 대상도 갖지 않는다면 이것은 비극과도 무관한 것이다. 음악이 음악 그 자체의 형식에서 나온다는 소위 "절대음악" 론은 1869~1871년의 유고에 나타나기 시작한다. 니체의 절대음악론에 대해서는, 홍사현, 「니체의 음악적 사유의 현재성, 바그너, 한슬리크, 쇤베르크와의 관계를 중심으로」, 연세대 철학연구소 – 명지대 리서치아카데미. 동서비교철학 연구센터 공동심포지움, 2006, 3~20쪽 참조.

4 니체에서 '근원'은 '최초의 시작이나 기원, 이데아, 제일 원인, 유일한 것 등이 아니라, 이질적인 것, 무규정적인 것이며, 구별이 일어나기 전의 모순적인 상태'를 뜻한다. 홍사현, 앞의 글, 7쪽.

5 그러나 니체는 후에 쇼펜하우어의 '의지'가 음악의 기원도 표현 대상도 아니며 그 기원은 '알 수 없는 어떤 것'이라고 생각하게 된다. C. Dahlhaus, *Zwischen Romantik und Moderne. Vierstudien zur Musikgeschichte des späteren 19. Jahrhunderts*, München 1974, 30쪽.

수나 도형이나 기호가 세계를 표현하고 서술하는 것과 같은 기능을 가진다고 보고 있다. 인간 감정의 모든 스펙트럼들이 음의 선율로 나타나며 느낌의 다양한 양상들이 하나의 의지로 환원되듯이, 음악은 의지의 본원적 표상 방식이다. 음악은 의지 자체의 모사이기 때문에 현상이나 구체적 사물을 직접 지시하지 않는다. 오히려 물자체인 의지의 직접적 모사물로서 음악의 구체화된 영역이 현상이요, 세계이다. "세계는 구체화된 의지이며 또한 구체화된 음악이다"라는 명제는 이런 사정에 대한 진술인 것이다.[6] 개념이 본시 사물의 직관을 오성으로 찍어낸 보편이라면 음악은 모든 형태들에 앞서 존재하는 내면적 심장이다. 이 때문에 쇼펜하우어는 개념들을 "사물 이후의 보편"이라 하고 음악은 "사물 이전의 보편", 현실은 "사물의 보편"이라 한 것이다.[7]

물론 누구나 의지의 보편적 활동을 음악의 보편적 언어로 표현할 수 있는 것은 아니고 오직 진정한 음악 작곡가만이 그렇게 할 수 있다. 대부분의 사람들은 의지에 감도는 생동적인 다양한 느낌과 사상의 흐름을 구체적 사물과 직접 관계 맺는 방식에만 길들여져 있기 때문이다. 이와 달리 오페라 작가는 이성이나 개념적 인식이 개입치 않은 상태에서 세계의 본질에 대한 직접적 인식을 음악 언어로 나타냄으로써 의지 자체의 본질, 음악 자체의 본질을 표현한다.

음악에 관한한 적어도 『비극의 탄생』에서 니체는 쇼펜하우어와 같은 관점에 있다. 음악은 의지와 세계의 보편 언어이며 "비유 형식의 직관"을 통해 신화를 낳을 수 있었고, 예술 전반의 기본 범주로 확립된다.[8] 이

6 KGW, III-1, 102쪽.

7 같은 곳. KGW, IV-1, 12〔24〕, 336쪽에서는 "언어 이전의 보편적 언어(eine universal vorwortliche Sprache)라고 표현한다. '사물 이후의 보편' = universalia post rem, '사물 이전의 보편' = universalia ante rem, '사물의 보편' = universalia ante re.

8 '비유 형식의 직관' = das gleichnisartige Anschauen.

에 대한 통찰은 존재의 근원성인 실존의 무화에 대한 인식, 다시 말해 생성하는 모든 것이 사라진다는 사실에 대한 인식의 고통에 대한 통찰로 이어진다. 물론 생과 존재의 표면은 살아 있다는 것, 존재한다는 것 때문에 기쁨이고 즐거움이다. 니체가 말하는 디오니소스적인 것은 표면이 아니라 내면에 있는 생성과 몰락에 대한 불안한 고통의 흐름을 말한다. 이 흐름을 니체는 음악과 동일시하는 것이다. 상징적 신화에서 비극을 탄생시킨 음악적 디오니소스는 그리스 비극의 절정에서 함께 상승하다가 그 몰락과 더불어 사라져버린다. 물론 음악 정신은 역사에서 아주 없어진 것이 아니라 비밀 의식 속에서 끝없이 변종의 모습으로 내면화하여 끊임없이 나타난다. 그 변종 중 가장 강력한 것이 "비극적 세계관"이며 이것은 이미 죽음을 앞둔 소크라테스로 거슬러 올라간다. 소위 "음악하는 소크라테스"는 "비극의 재탄생"의 상징으로 이해된다.[9]

이론적 인식 정신에 의해 파괴된 신화는 다시 태어나야 한다. 이 재탄생은 진정한 음악 정신으로부터 가능하다.[10] 그러나 이미 옛날부터 음악을 파괴하는 음악은 음악 정신의 순수한 발전을 방해하고 있다. 더 이상 내적 본질의 모사가 아닌 현상에 대한 불충분한 재현으로서의 음악이 지금까지 역사적 주류를 형성해왔다. 말하자면 엉터리 음악이 진짜 음악인 양 가면을 쓰고 세상을 타락시켜왔다는 것이다. 이 같은 음악은 신화 창조의 힘도 없으며 "세계 의지의 보편적 거울인 디오니소스적 음악"

9 KGW, III-1, 107쪽. '비극적 세계관' = die tragische Weltbetrachtung, '비극의 재탄생' = eine Wiedergeburt der Tragödie.

10 후에 음악에 관한 니체의 사상은 쇼펜하우어로부터 어느 정도 거리를 취한다. 그는 음악이 의지의 모사도 감정의 모사도 아니며, 모사 대상도 원본도 없는 자유로운 흐름이라 이해하게 된다. "나는 오로지 자기 자신만을 생각하고, 자기 자신만을 믿으며 자신 너머 있는 세상을 잊어버리는 음악을 죄 없는 음악(eine unschuldige Musik)이라 부르겠다. 이 음악은 가장 깊은 고독에서 저절로 울려 나오는 것이며 자신에 대해 자기에게 말하는 음악이다 ……." *Morgenröthe*, 255, KGW, V-1, 209쪽 이하.

과는 아무런 관련도 없다.[11] 오성의 직접적 힘에 지배되는 음악, "회화적 음악", 전투곡, 행진곡이나 선동가 등등은 차라리 음악이라기보다는 꽥꽥거리는 소음으로, 현상의 풍부성조차도 모방하지 못한다.[12] 음악의 비디오니소스적 측면은 이처럼 반(反)신화성, 비(非)창조성을 뜻한다. 니체는 특히 그가 살던 시대에 공연되던 드라마의 결론들에서 비(非)디오니소스적 정신이 가장 분명하게 보인다고 강조한다. 거기서는 고대 비극이 제공하던 형이상학적 위안도 관람의 즐거움도 없기 때문이다. 음악의 창조 정신이 비극에서 사라진 지금 엄밀한 의미에서 "비극은 죽은 것" 이다.[13] 그렇다고 절망할 필요는 없다. 이 시대 아직도 지하 어딘가에 비의(秘儀)에서 디오니소스의 비극 정신은 변용의 모습 속에 면면히 존재하기 때문이다.

11 같은 글, 108쪽.
12 '회화적 음악' = Tonmalerei.
13 같은 글, 110쪽.

2
문화의 세 유형

인간이란 예외 없이 욕망 충족의 탐욕스런 순환 체계에 의해 생존을 이어간다. 인간뿐 아니라 모든 생명체는 언제나 배고픔과 목마름을 해결해야 하는 숙명적 삶의 족쇄에 채워져 죽음에 이를 때까지 게걸스러움을 계속해야 한다. 이것은 살아 있는 모든 생명체, 그중에서도 특히 인간에게 나타나는 "영원한 현상"이며 이 현상의 구체화된 형태를 일컬어 문화라 하는 것이다.[14] 물론 배고픔과 목마름의 해소가 단순히 먹을 것과 마실 것을 구하는 힘든 노동과 그 결실의 향유로 끝나는 것은 아니다. 반복적으로 땀 흘려 노동함은 물론 그것을 위한 휴식과 긴장과 탐구가 동시적으로 여기에 함축되어 있다. 이처럼 생존의 수단이요, 결실이 바로 인간의 문화인 것이다.

생존 수단이면서 그 결실인 문화를 니체는 세 가지로 분류한다. 소크

14 KGW, III-I, III쪽. '영원한 현상' = ein ewiges Phaenomen.

라테스적 문화와 예술적 문화, 그리고 비극적 문화가 그것이다. 이 구분은 어느 특정 시대에는 이중 어느 하나의 특정 문화만이 지배한다는 뜻에서가 아니라 그 각각의 경향성의 강도 여하가 그에 상응하는 문화적 상태를 나타낸다는 이해에 따른 분류이다.

"소크라테스적 문화"란 "인식과 망상의 소크라테스적 쾌락"에 사로잡혀 그것이 자기들의 "현존의 영원한 상처"를 치유할 수 있다고 사람들이 생각하는 그런 문화로, 대표적으로 알렉산드리아 문화가 여기에 속한다.[15] 이에 비해 "예술가적 문화"는 "자기 눈앞에 하늘거리는 예술의 유혹적 베일"에 사람들이 휘감기는 문화를 일컫는데 그 대표가 그리스 문화이다. 이와 달리 "비극적 문화"는 "현상의 소용돌이 아래에" "영원한 삶이 파괴되지 않으면서" 흐르고 있다는 "형이상학적 위로"를 즐기는 문화로 그 원형은 "불교 문화"이다.[16] 어떤 문화든 삶의 고통, 즉 "현존의 무게와 짐"을 이러한 자극제, 즉 인식과 망상, 예술, 영원한 삶이라는 믿음의 자극제를 통해 털어보고자 한다.[17]

알렉산드리아 문화는 소크라테스가 원형인 이론적 인간을 이상으로 한다. 이런 인간들은 끊임없이 대상을 분석하고 사안을 따지고 참과 거짓 시시비비를 가리는, 말하자면 단순히 골치 아픈 사람들이 아니라 나쁜 유형이다. 이들이 신봉하는 것은 절대진리요, 절대선이며 절대미이다. 이들이 지배하는 사회에서는 정치적 이념도 교육의 수단도 모두 이성과 합리성에 기초하기 때문에 여타의 다른 경향들은 다만 부차적으로 사회 저변에서 힘겹게 꿈틀거리며 간신히 존속할 뿐이다. 여기서는 교

15 같은 곳, III쪽 이하. '인식과 망상의 소크라테스적 쾌락' = die sokratische Lust des Erkennen und der Wahn, '현존의 영원한 상처' = die ewiege Wunde des Daseins.
16 같은 곳. '형이상학적 위로' = der metaphysische Trost.
17 같은 글, 112쪽. '현존의 무게와 짐' = die Last und Schwere des Daseins.

양도 예술도 모두 학자의 날카로운 눈으로 평가되고 계산되며, 시 역시 시 문학과 모국어의 지평에서가 아니라 학자와 이론가의 관점에서 쓰이고 읽힌다. 한국인에게 『일리아스』나 『파우스트』가 무슨 큰 시적 감흥을 줄 수 있으며 우리의 『무정』이나 『홍길동』이 스페인 사람에게 어떤 감동을 줄 수 있는가? 특히 언어 예술은 그 나라 말과 그 나라 사람들의 감수성과 역사를 무시하고는 이해되지 않는다. 학자풍의, 이론가풍의 전형적인 언어 예술을 우리는 번역 문학에서 쉽게 볼 수 있을 것이다. 하여간 니체는 학자풍의 이런 문학의 특징과 그 한계를 잘 보여주는 것으로 괴테의 『파우스트』를 들고 있다. 소크라테스적 이론과 인식 욕망의 한계를 그 작품이 예견하고 있기 때문이다. 이 문화의 본질적 특징은 이성과 누스를 가지고 이론적으로 사물의 본성을 밝혀낼 수 있다는 신념에 토대를 두고 있으며, 이 점에서 낙천주의적 세계관이다. 이 세계관은 또한 현세에서 행복과 인격의 성취 가능성, 보편적 문화 수립의 가능성에 대한 믿음을 가진다는 점에서 실천적 낙천주의이기도 하다.[18]

그러나 알렉산드리아 문화가 지속적으로 존속하기 위해서는 반드시 "노예제도"가 필요함에도 불구하고 이 문화 자체가 가지고 있는 낙천적 성격 때문에 오히려 노예제도를 부정한다고 니체는 주장한다.[19] 이성적 관점에서 노예제도는 인간 개념에 모순되고 인간 평등에도 모순되며 인간 노동의 생산성 개념에도 모순되기 때문이다. 또한 자기 자신의 인간성을 부정당하는 노예는 자신뿐 아니라 후손을 위해서도 복수하겠다는 생각이 확고하기 때문에 그 원한의 복수에서 배겨날 수도 없기 때문이다. 현존의 즐거움을 산출하고 즐기기 위해서는 그 내면적 고통의 심연에 들어가지 않는 주인의 위치를 고수해야 한다. 하지만 노예 없는 주인

18 니체 전집 2, 136쪽.
19 같은 곳.

은 불가능하므로 이 문화는 처음부터 몰락을 준비하고 있다. 신화와 종교의 몰락을 주도한 대가가 이제 자신의 몰락을 초래하게 되는 것이다.

니체는 근대에서 이성주의 한계를 뼈저리게 깨달은 이는 칸트와 쇼펜하우어라고 단언한다.[20] 주지하듯이 칸트는 우리가 알 수 있는 것은 사물의 현상이지 물자체는 아니라고 한 인식론을 전개한다. 그는 사물의 본질을 파악하는 것이 이론적으로 불가능하다는 것을 증명함으로써 소크라테스 문화의 망상을 일깨운 철학자이다. 논리의 본질 안에 내재한 낙천주의는 세계의 모든 수수께끼를 해명하고 영원한 진리에 도달할 수 있다고 믿으며 인과율은 절대보편의 현상 법칙이라고 믿었지만 사실은 이 어느 것도 헛된 환상일 뿐이다. 현상의 배후 세계는 더 이상 이론 이성의 문제 영역이 아니며 오로지 현상과 현상의 경험만이 우리가 도달할 수 있는 궁극이다. 칸트가 물자체라 한 이 현상의 배후를 쇼펜하우어는 의지라고 생각한다.[21] 물자체이든 의지의 본질이든 오성적 이론이 감히 범접할 수 있는 땅이 아니다. 이 같은 깨달음의 내면화와 더불어 인식적 낙천주의 문화가 몰락하고 소위 불교적 기본 정조에 토대하는 "비극적 문화", "예술가적 문화"가 도래한다.

이론적 소크라테스 문화에서 학문, 즉 오성적 지식과 진리가 목적이라면 비극적 문화에서는 "지혜"가 궁극 목표이다.[22] 지혜는 학문의 편협성을 깨닫고 세상과 존재가 맑고 투명한 빛을 통과시킨다는 낙천주의의 유혹에 빠지지 않는 것이다. 아울러 세계의 부분들이 아니라 그 전체 상을 직관하고, 살아 있는 것들, 존재하는 것들의 고통을 사랑과 동경과 연민을 통해 자기 자신의 고통으로 받아들이는 주체의 노력이다.[23] 이 주체

20 같은 글, 137쪽.
21 A. Schopenhauer, *Die Welt als Wille und Vorstellung*, hrsg. von W. F. von Löhneysen, Bd.1, Frankfurt a. M. / Leipzig 1996, 155쪽.
22 KGW, IV-I, 114쪽.

는 짓누르는 고통을 직시하면서 결연히 결단하고 행동하는 인간이다.[24] 이러한 주체, 즉 비극적 인간이 만들어내는 새로운 생산물이 예술가적 문화를 창조하며 그 전형은 다름 아닌 바그너 예술이다.

여기서 니체는 소크라테스적 문화를 "오페라 문화"라 이름 붙인다.[25] 이것은 아마도 고대 그리스 비극이 철학에 의해 대치되고, 전자가 음악에, 후자가 언어(대화)에 그 본질이 있다는 문화사 이해를 전제로 한 듯하다. 어쨌거나 오페라의 가수는 노래보다 대화와 말을 많이 하거나 대화와 말에 노래를 싣는다.[26] 그는 단어의 표현을 확실히 해야 하고 분명히 강조해서 발음해야 한다. 그는 무슨 소리인지 몰라 어리둥절해하다가 종국에는 웅성거리게 되는 관객과 청중들을 두려워한다. 그들에게 만족을 주려면 말과 대화는 또렷해야 한다. 이제 그의 말은 더 이상 노래라 하기 어렵게 한다. 그렇다고 노래에 중점을 두고 감정과 느낌에 충실한 음악성을 살리면 무식한 청중은 무엇을 지껄이는지 알 수 없다고 불평한다. 이제 남은 방법은 절반은 대화 식의 말, 절반은 음악으로 얼버무리는 것이다. 이것이 오페라에 있는 음악의 특징이다. 음악이기도 하고 대화이기도 하지만 음악도 아니고 대화도 아닌 것이 오페라 전체를 휩

23 같은 곳, 115쪽.

24 이 비극적 인간의 주인공은 다름 아닌 독일인이다. "…… 독일인 외에 누가, 내가 천재의 준비로 귀족적 품위를 추구하는 젊은이의 새로운 교육 목적으로 요구한 인식의 비극적 입장을 받아들일 수 있겠습니까? 독일 젊은이 외에 누가, 자유주의의 낙관주의의 모든 유약한 안락에 대한 교리에서 모든 형식으로 등을 돌리고, 전체적으로 그리고 완전히 '단호하게 살기' 위해, 놀라운 것으로 돌리는 시선의 대담성과 영웅적 행진을 갖겠습니까? 그때 비극적 인간은, 진지함과 경악을 스스로 훈련하는 경우에도, 우리가 의도한 그리스적 명랑성을 헬레나로서 갈망해야 하고, 주먹을 들고 외쳐야 한다는 점이 빠지지 않을 것입니다." 니체 전집 4, 457쪽.

25 같은 곳, 116쪽. 바그너의 음악 역시 후에 오페라로 격하된다. 「바그너의 경우」, 니체 전집, 15, 22쪽. '오페라 문화' = die Cultur der Oper.

26 언어와 개념은 존재를 포착할 수 없다. 목적도 없고 방향도 없는 순수 자유로운 음악만이 존재의 생동성을 잡아낼 수 있다. *Der Fall Wagner*, KGW, VI-3, 19쪽 참조.

싸고 있다. 모자이크적 혼합을 소크라테스적 문화인은 그리스 비극의 형식적 내용적 부활이라 생각할지 모르나 그것은 사실 디오니소스적인 것도 아폴론적인 것도 아닌 단순한 뒤섞은 비빔밥일 뿐이다.[27] 그러므로 이 현대적 예술 장르는 강력한 아폴론적 욕망에 의해 만들어지기는 했지만 미적이지도 예술적이지도 않은 것이다. 그러나 이 장르는 목가적 영웅들이 사는 땅, 호메로스식 서사의 세계를 발견하고 그 지반 위에서 "자연적 예술 충동"을 통한 낙원의 예술과 예술의 낙원을 보여주려고 노력한다.[28] 이것은 한 치 앞을 내다볼 수 없는 애매성과 불확실성이 지배하는 오늘날의 염세주의에 대한 값싼 위로 공연의 공로는 분명히 가지고 있다.

소크라테스적 알렉산드리아 문화에 뿌리를 둔 오페라는 "예술가의 창조물이 아니라 이론적 인간"의 창조물이며 그것의 시야에서는 영혼이 육체보다 더 도구화되어 출현하고 노래 가사가 화음 체계의 반주보다 더 중요하게 나타난다.[29] 이러한 사실은 오페라의 탄생 배경만 보아도 자명하다. 르네상스 시대에 피렌체 부자 가문이 애국 시인과 가수들을 불러들여 비예술적 예술을 만들도록 했다. 무식한 그들은 예술의 디오니소스적 측면을 전혀 모르기 때문에 다른 방식, 즉 언어와 음(音)의 수사학과 기교를 개발하면서 쾌감을 자극했다. 그들은 예술의 본질에 따라 창작하는 것이 아니라 순전히 자신들의 "취향"과 "정열"에만 따라 창작한다.[30] 이 "예술가적 원시인들"이 예술의 근원적 창조자라는 잘못된 믿음은 소크라테스적 문화의 낙천주의이다.[31]

27 니체 전집 2, 141쪽.
28 KGW, III-I, 118쪽. '자연적 예술 충동' = ein natürliche Kunsttrieb.
29 니체 전집 2, 143쪽.
30 KGW, III-I, 119쪽. '취향' = Geschmack, '정열' = Leidenschaft.
31 '예술가적 원시인들' = die künstlerische Urmenschen.

3
오페라의 목가적 경향성

오페라는 근본적으로 "목가적"이다. 목가적이란 도달할 수 없는 자연과 이념을 설정하고 그것을 꿈꾸며 그리워하는 기분, 그럼에도 거기에 도달할 수 없다는 절망과 슬픔의 비가적 기분을 한편으로 가진다. 그러면서 다른 한편으로는 자연이나 이념은 저승이 아니라 우리가 살고 있는 지금 여기의 현실 속에 있으므로 우리는 언제나 그곳을 찾아 그 안에서 살 수 있다는 고향에 대한 그리움 같은 기분을 가진다. 이때 그리움의 기분은 포만감과 행복감을 수반한다.[32] 이런 면에서 오페라는 "비가"와 "목가"를 함께 내포한다고 할 수 있다.[33] 그러나 오페라에서 비가는 언제나 목가에 매몰된다. 도달할 수 없는 자연이나 이념은 자연도 이념도 아니라는 낙천적 현실주의가 오페라의 기본 틀이기 때문이다. 우리는

32 KGW, III-I, 120쪽.
33 '비가' = die Elegie, '목가' = die Idylle.

원하기만 하면 자연으로 돌아갈 수 있고 원론적으로 에덴동산으로 귀화할 수도 있다. 오페라는 이러한 희망으로 그리스 비극을 소크라테스적 낙천주의로 전환시킨 예술 장르이다.

"'인간 자체'는 언제나 미덕을 갖춘 오페라 주인공이며, 영원히 피리를 불거나 노래하는 목자라는 믿음, 그가 얼마 동안 자신을 상실하더라도 언제나 자신이 영원한 목자임을 다시 발견할 것이라는 위로가 되는 믿음으로만 그것을 설명할 수 있다. 그것은 소크라테스적 세계관의 심연으로부터 달콤하고 유혹적인 이야기처럼 솟아오르는 낙천주의의 과실인 것이다."[34] 오페라에 포함된 비가는 지엽적이고 부수적이며 일시적이지 결코 영원한 상실의 고통을 내포하고 있지 않다.[35] 여기서 주가 되는 것은 자연과 현실의 동일성에서 나오는 쾌적한 즐거움과 명랑성이기 때문이다. 그러나 오페라는 그 자체 이미 현실이 아니라 일종의 환상과 꿈을 표현한다. 환상 속에서 "어리석은 노닥거림"이 비극적 고통에 할 수 있는 것은 아무것도 없다. 가사가 영혼이며 주인이고, 음악이 육체적 하인인 오페라에 유희적 세속적 성공 이외에 다른 것은 없다.[36]

니체는 이탈리아적 오페라가 소크라테스적 문화의 극치라면 독일 음악은 디오니소스적 정신의 현대적 부활을 담보한다고 주장한다. "독일 정신의 디오니소스적 토대"로부터 "디오니소스적 정신의 점진적 깨어남"은 절대적인 것이요, 소크라테스적인 것과는 무관한 것이다.[37] 이 디

34 니체 전집 2, 144쪽 이하.

35 같은 곳, 145쪽.

36 바그너는 음악극에서 음악은 나만 "표현의 수단"이고 드라마는 "표현의 목적"으로 이해한다. R. Wagner, *Oper und Drama*, Stuttgart 1984, 19쪽. '성악곡과 기악곡', '음악극과 심포니', '강령음악과 절대음악'의 대립에서 음악은 드라마라는 목적을 위한 수단에 지나지 않는다는 바그너의 주장은(홍사현, 앞의 글, 9쪽) 후에 니체와 깊은 갈등의 골을 만들게 된다.

37 KGW, III-I, 123쪽.

오니소스적 정신의 새로운 탄생과 발전은 독일 음악의 전개, 즉 바흐에서 베토벤을 거쳐 바그너로 이어지는 독일 음악의 발전과 같은 궤도에 있다.[38] 이 음악의 궤도는 전통 미학의 미 개념으로는 결코 설명될 수 없는 새로운 미학의 주제요, 그 체계이다. 현대에는 독일 음악만이 "우리의 모든 문화 가운데에서 유일하게 깨끗하고 순수하며 정화하는 불의 요정"이므로[39] 떳떳하게 디오니소스 앞에 설 수 있다. 이러한 떳떳함을 가진 독일 정신과 결합된 음악은 예술의 유혹에 휘감겨 하늘거리던 나약한 예술가적 문화를 한 단계 고양시킨 독일에서 탄생된 새로운 그리스 문화의 부활로 보아 마땅하다. 물론 이때 그리스 문화는 그리스적 하모니나 그리스적 아름다움이나 명랑성이 아니라 비극의 디오니소스적 문화이다.

니체는 19세기말적 격동기에 아폴론적 소크라테스적 교육체계와 학계의 흐름이 더 이상 고전적 미학의 영역 내에 안주할 수 없었던 문화 예술계의 갈등을 목도하면서 후자를 적극적으로 옹호한다. 이 옹호를 통해 그는 지금까지와는 달리 학문이 아니라 예술을, 그중에도 특히 음악적 예술 충동을 문화의 주도 분야로 정립하고자 한다. 본래 음악은 고대 그리스에서 영혼과 정신을 순화시키는 로고스적 하모니의 본질로도, 존재와 우주의 운행 질서로도 이해되었다. 그때 음악은 고통과 운명의 극복자이며 구원자로 간주되었다. 그러다가 소크라테스적 합리성이 세계와 그 구조 이해의 주도 세력으로 나타나면서 문화의 변방으로 밀려난다. 그때부터 음악은 르네상스에 이르기까지 독립적 예술 분야가 아니

38 니체는 바그너의 음악극을 오페라가 아니고 '교향곡' 또는 '기악곡'으로 보고 있다. 홍사현, 앞의 글, 8쪽. 그러나 「바그너의 경우」에서 니체는 바그너 음악을 오페라로 간주한다. 음악과 드라마는 근대 이후 예술의 다른 장르이다. 이 둘은 형식과 내용에서뿐 아니라 목적에서도 수단에서도 다른 것이다.

39 KGW, III-1, 124쪽.

라 언제나 시와 극에 붙어 있는 일종의 더부살이로서, 종교 축제 연극의 분위기를 풍부하게 하기 위한 도구로 전락하게 된다. 이미 그리스 비극은 극에 있어 음악의 운명을 분명하게 보여주며 그 전통은 르네상스 오페라에도 그대로 나타난다. 오페라 역시 그 형식에서 고대 비극과 동일하다.

신화와 음악이 하나이던 호메로스, 아르킬로코스 시대가 지나고 비극의 시대가 온다. 디오니소스 찬가에서 비극이 시작하고 비극은 언제나 음악과 함께한다. 니체는 비극의 종말이 디오니소스적인 것의 종말이라 이해하는데, 이 디오니소스적인 것은 음악이므로 비극의 종말은 음악적인 것의 종말을 의미한다. 물론 이 말은 음악의 실종이 아니다. 아폴론적 음악, 소크라테스적 음악이 그 뒤를 이어 근대 오페라에서 그 꽃을 피운다는 것이 그의 생각이다. 이 오페라 문화를 극복하는 것은 음악의 디오니소스적 본성을 보여주어야 하는 것인데, 이 역할을 고전 독일 음악이 한다는 것이다.[40] 이 음악의 최고 절정은 바그너에서 꽃을 피운다.[41] 독일 음악에 앞서 새 시대의 새로운 신화를 창조한 이들은 물론 괴테와 실러와 같은 독일의 문인들이다. 보다 근원적 독일 신화는 루터의 종교개혁에서 시작한다. 루터의 합창은 독일적 디티람보스요, 봄의 향연을 위한 디오니소스적 유혹이다. "디오니소스 열광자들이 엄숙하고도 들뜬 축제 행렬을 이루며 이 소리에 경쟁하듯이 응한다. 우리는 독일 음악을

40 니체의 '절대음악'의 관점에서 음악은 결코 어떤 것의 수단이나 대상이 아니라 그 자체 목적일 뿐이다. KGW, III-3, 7〔127〕, 184쪽. 절대음악에 관해서는, E. Hanslick, *Vom Musikalisch-Schönen*, Wiesbaden 1989을, 니체와 한슬리크의 음악론의 비교 연구에 관해서는, Chr. Landerer/M. -O. Schuster, Nietzsches Vorstudien zur Geburt der Tragödie in ihrer Beziehung zur Musikästhetik Eduard Hanslicks, in: Nietzsche-Studien 31, Berlin 2002, 114~133쪽 참조.

41 1887년 유고에서는 이와 정반대의 평가를 한다. 바그너의 음악은 몰입과 황홀경에 빠지게 하는 최면 효과로 대중들을 유혹한다고 악평을 한다. KGW, VIII-2, 248쪽.

그들 덕분에 얻었고, 독일 신화의 부활도 그들에게 감사해야 할 것이다!"[42] 니체는 아마도 여기서 그리스 신화 창조자 호메로스와 아르킬로코스의 위치에 독일 신화 창조자인 괴테와 실러, 칸트와 쇼펜하우어 및 당시의 낭만주의 문인들을 대응시키고, 디오니소스 찬가 디티람보스 합창에 바흐, 베토벤, 바그너를 대응시킴으로써 고대 그리스 문화의 근대적 재부활이 독일에서 이루어지고 있다는 말을 하는 것이 틀림없다.

> 그리스 고대의 재탄생이 목전에 있다는 우리의 믿음을 어느 누구도 없애버리지 말기를. 우리는 그리스 고대 안에서만 독일 정신이 음악의 불꽃 마법을 통해 새로워지고 깨끗해진다는 희망을 발견할 수 있기 때문이다.[43]

독일의 비극은 "망상, 의지, 아픔"과 같은 "존재의 어머니들"을 말함으로써 "디오니소스적 삶과 비극의 부활"을 실현시킨다.[44] 인간 삶의 가장 깊은 내면에 있으면서 존재와 존재자의 전체를 규정하는 이런 감정 범주들은 지금까지의 철학의 역사에서는 사소한 것들로 평가되던 것들이다. 새로운 비극의 부활과 더불어 문화 전반이 새로워지며 이에 따라 새로운 교양인, 새로운 심미적 관객도 나타난다. 지금까지 극장을 찾던 관객이 학교와 신문과 책에서 배운 대로 관찰함으로써 반은 학자이고 반은 비평가이며 반은 도덕군자로 행세했다면, 이제 새로 나타난 심미적 관객은 도덕과 종교와 학문에서 해방된 진정한 자유인이다. 그들은 비극 자체에 몰입하여 디오니소스적 존재의 어머니들을 체험하고 느낀다. 그들은 음악적 비극에서 "심미적 유희"를 직관하고[45] 그 유희의 창조성

42 니체 전집 2, 169쪽.
43 니체 전집 2, 151쪽.
44 KGW, III-1, 128쪽. '망상' = Wahn, '아픔' = Wehe, '존재의 어머니들' = Mütter des Seins.
45 KGW, III-I, 138쪽. '심미적 유희' = ein ästhetisches Spiel.

에 경탄한다. 그들은 허식적이고 의례적 예술과 그 관객의 시대는 끝나고 "강력한 예술의 마법"이 관객을 지배하는 시대가 시작되었다는 것을 알고 있다.[46] 물론 아직도 정치 구호와 선전물, 전단과 팸플릿을 예술이요 문학이라고 믿는 이들이 모두 사라진 것은 아니며 유용성과 경향성을 예술의 본성으로 생각하는 무식한 이들이 도처에 있지만 그렇다고 저질의 오락과 그 대상을 예술이라 할 수는 없다. 물론 언론과 저널리즘이 판을 치는 세상에 예술의 오락성은 어느 때보다 더 강조되기도 하며 진정한 예술철학 대신 허영심과 이기심과 파당성이 혼합된 미학적 비평은 치사한 저질들을 하나로 함께 붙여놓는 "접착제" 역할을 하는 것이 요즈음의 현실이기는 하다.[47]

46 같은 곳, 139쪽. 물론 이것은 음악이다.
47 같은 곳, 140쪽. '접착제' = das Bindemittel.

4

아폴론적인 것과 디오니소스적인 것의 진정한 합일로서 '놀이'

밀도와 정도의 차이는 있을망정 무대에 올려지는 음악은 그 외형성 때문에 직접적으로는 아폴론적일 수밖에 없다. 심미적 관객은 무대의 연극과 연기를 눈과 귀로만 보고 듣는다기보다 온몸으로 보고 듣는다. 동시에 그들은 이 보고 들음 전체의 심연에 흐르는 비극적 음악의 본성을 의지의 심연으로 합일시킨다. "음악적 비극"에서 보고 들음의 전체와 의지 전체의 심연에서의 이 합일시킴을 "아폴론적 착각"이라 한다.[48] 추상적으로 말하자면 내면을 이미지화·형상화한다는 말이다.

착각이란 잘못된 인식이기도 하고 가상의 현상화이기도 하다. 누군가 빈 포도주 병 속에 포도 주스를 넣었을 때 그 사실을 모르는 이는 병 속의 포도 주스를 포도주라고 잘못 알게 되는 것(착각)이다. 이 착각은 인식의 영역에서는 피해야 할 제일의 적이지만 실천이나 예술의 영역에서

48 같은 곳, 145쪽. '아폴론적 착각' = eine apolonische Täuschung.

는 반드시 그렇지도 않을 뿐 아니라 때로는 오히려 요구되기조차 한다. 우리는 어떤 사안이나 사건에 자신을 몰입시켜 그 사건 또는 사안의 구조와 본질을 이해하기도 하고 동정하기도 하듯이, 작가나 작품에 자신을 투입하여 그것을 가시화함으로써 그 내면적 구조를 이해하기도 한다. 하여간에 내면적 느낌의 가시화라는 아폴론적 착각에 의해 디오니소스적인 것은 밖으로 형상화되고 아폴론적인 것은 디오니소스적인 것의 흐름에 자신을 내맡기는 합일이 이루어진다. 니체에 의하면 바로 음악과 음악 정신을 통해서만 아폴론적 예술은 최고의 경지를 체험할 수 있다.[49] 다시 말해 조형예술이나 서사시에서 관조를 통한 내면으로의 침잠을 통한 디오니소스적인 것의 만남은 낮은 단계로서, 비극적 음악을 통한 내면의 만남과 결코 같은 수준일 수 없다. 형상이란 아무리 명료 분명해도 그 형상 배후와 내면을 은폐한다는 약점이 있기 때문이다. 어떤 것을 보면서 동시에 보이는 것을 뛰어넘는 능력을 가진 이들을 우리는 심미적 관객이라 할 수 있으며 이런 이들만이 진정 비극적 신화 생성과 그 찬가를 포착할 수 있다.

물컵에 넣은 젓가락이 휘어 보이는 것은 시각적 착각이다. 이 시각적 착각은 시각으로는 교정되지 않는다. 공기와 물의 굴절률 차이를 지성적으로 인식으로 할 때, 즉 착각의 원인과 그 결과를 알 때 그것은 극복된다. 미적 관객은 이 점에서 인식에서 지성적 · 오성적 관객과 같은 것이다. 아폴론적 미적 형상화에 언제나 아름답고 밝은 것만이 있는 것이 아니라 추하고 어두운 것, 비탄과 고통이 어우러져 있다는 것을 아는 것은 특히 비극적 음악 예술에서 보여준다. 어차피 "비극적 신화의 내용은 일차적으로는 투쟁하는 영웅을 찬미하는 서사적 사건"이며 이 점에서 아름다움이 보일 수 있으나, 다른 편에 영웅의 "운명적 고뇌와 그것의

49 KGW, III-I, 146쪽.

참으로 극단적으로 고통스러운 극복, 동기들의 가장 비통스러운 대립"이 적나라하게 펼쳐지며 이런 것들은 "추함과 부조화" 이외에 다른 것이 아니다.[50] 이것은 미학적으로 단지 아름다운 미의 계기만으로 비극 예술이 구성될 수 없으며 오히려 '추함과 부조화'가 더 본성적일 수 있음을 보여주는 것이다. 어떤 민족의 어떤 예술 장르이건 추와 부조화가 아름다움과의 대립 속에서 그 전체를 보다 풍요롭게 살찌우고 있다는 것을 관찰하는 것은 그리 어려운 일이 아니다.

예술은 단지 자연 현상을 소박하게 모방하는 것도 아니고 현실 극복의 한갓된 수단이나 그 대안도 아니다. 현상 모방이나 현실 극복이 예술의 작은 지엽적인 측면일 수는 있다. 그러나 그 본령은 고통받는 영웅을 보여줌으로써 세계의 실재에 대한 미화가 아니라 인간 실존의 아픈 본질을 미학적으로 보여주는 것이다.[51] 우리가 비극을 보고 때로는 공포, 때로는 연민을 느낄 수 있고 우리들의 도덕적 감정을 보다 높게 승화시킬 수는 있지만, 그러나 예술의 본령은 그와 같은 감정이나 감정의 순화가 아니라 예술의 미학적 순수성을 확보하는 데에 있다.

> 비극적 신화를 설명하기 위하여 제일 먼저 요구되는 것은 동정, 공포, 도덕적 숭고의 영역으로 넘어가지 않고 고유의 쾌락을 순수한 미학적 영역에서 찾는 일이다. 추한 것과 부조화한 것, 즉 비극적 신화의 내용이 어떻게 미학적 쾌락을 불러일으킬 수 있는가?[52]

이상으로부터 니체는 그의 "예술의 형이상학", 즉 "현존과 세계는 오직 하나의 미적 현상으로서만 정당화되는 것으로 나타나고 현상화된다"

50 같은 곳, 147쪽. '추함과 부조화' = das Hässliche und Disharmonische.
51 같은 곳.
52 니체 전집 2, 174쪽 이하.

는 명제를 재확인한다.[53] 이에 따라 비극적 신화는 추한 것과 부조화한 것, 흉물스러운 것과 혼란스러운 것들 역시 제거해야 할 어떤 것이 아니라 그것을 즐기는 "예술가적 놀이"이며 놀이의 도구라는 것을 이해하는 것, 그리고 이 예술가적 놀이는 "의지가 자기 쾌락을 영원히 채워가는 자기 자신과의 놀이"라는 것을 확증할 것을 요구한다.[54] 이 확증에서 또한 "음악적 불협화음"이 "디오니소스적 예술의 근원 현상"임을 자연스레 확인하게 된다.[55] 세계를 하나의 음악으로, 세계 현상을 하나의 통일적 음악으로 포착하는 이에게만 비로소 세계가 하나의 미적 현상이며 또한 불협화음의 연출 속에서 정당화되고 미화된다. 음악의 즐거움이 불협화음의 존재에 있듯이 세계의 생동감 역시 불협화음에서 유래하는 것이다.

니체에 의하면 비극적 신화에서, 그리고 디오니소스적 고통에서 우리가 느끼는 쾌감은 음악에서 불협화음에서 느끼는 쾌감과 "같은 고향"으로 "공동의 모태"를 가진다.[56] 이에 대한 인식이 눈에 보이는 비극, 귀에 들리는 음악에서 미적 느낌으로 보는 비극과 음악으로의 한 차원 높은 단계로의 비상을 가능케 한다. 이 인식은 물론 디오니소스적인 것의 이중성에 관한 깨달음이다.

> 디오니소스적 현상은 우리에게 항상 새롭게 반복되는 개체 세계의 유희적 건설과 파괴를 근원적 쾌락의 분출로서 드러낸다. 이는, 신비로운 사람 헤라클레이토스가, 장난으로 돌을 이리저리 옮겨 놓고 모래 더미를 세웠다가 부

53 KGW, III-1, 148쪽.
54 같은 곳. '예술가적 놀이' = ein künstliches Spiel, '의지가 자기 쾌락을 영원히 채워가는 자기 자신과의 놀이' = welches der Wille, in der ewigen Fülle seiner Lust mit sich selbst spielt.
55 같은 곳. '음악적 불협화음' = die musikalische Dissonanz, '디오니소스적 예술의 근원 현상' = Ur-phänomen der dyonysischen Kunst.
56 같은 곳.

수는 어린아이를 형성하는 힘에 비유한 것과 같은 방식으로 이루어진다.[57]

어린아이들이 모래밭에서 쌓는 온갖 모양의 것들, 끝없이 또 다른 모습을 만들고 허무는 놀이, 어떠한 개체도 항구적 모습으로 고정되지 않고 거듭되는 변전과 전이, 아리스토파네스 희극에서 소피스트들의 믿음의 대상인 '구름'의 생성 운동 속에 내재한 디오니소스적 장난이 바로 비극과 음악의 공동 산실이라는 것이다. 이 점에서 디오니소스적인 것은 한갓 고통이라기보다는 쾌락을 잉태하는 고통, 쾌락의 화음을 잉태하는 불협화음이라 하겠다. 이러한 디오니소스적인 것의 놀이(유희)적 특징 때문에 "가장 나쁜 세계의 실존 자체"조차도 정당화된다.[58] 여기서 디오니소스적인 것은 아폴론적인 것에 대립되는 예술의 두 충동 중 하나가 아니라, 예술의 유일한 본원적 충동으로 격상된다. 말하자면 디오니소스적인 것은 "현상 세계 전체를 현존화하는 영원하고도 근원적인 예술 위력"을 말하는 것이다.[59] 이 단계에서 아폴론적인 것은 디오니소스적인 것의 현상적 미화 수단, 즉 디오니소스적인 것의 시녀 이상이 아니다.

인간이란 불협화음에서 삶을 가꾸어나간다. 차라리 "불협화음의 인간화" 자체가 다름 아닌 인간이라는 것이 니체의 생각이다.[60] 예술이라는 것이 환상의 미화요, 실현이라면, 불협화음의 고유 본성을 아름다움의 면사포로 은폐하여 보여주는 것은 예술의 형상화, 즉 아폴론적 예술의

57 니체 전집 2, 176쪽.
58 KGW, III-I, 150쪽. "가장 나쁜 세계의 실존"의 정당성 이론은 헤겔의 존재자 존립의 정당성 이론과 같다. 다만 헤겔은 정당하다고 모두 진리인 것은 아니라는 관점을 가지고 있다. '가장 나쁜 세계의 실존 자체' = die Existenz der schlechtesten Welt.
59 KGW, III-I, 151쪽.
60 같은 곳. '불협화음의 인간화' = eine Menschenwerdung der Dissonan.

목적이다. 마치 고대 그리스 건축과 조각의 아름다움과 그 배후의 신화적 비극의 고통스러운 관계처럼 인간의 삶 또한 고통을 환상으로 바꾸고 그것을 미화하고 아름다움의 보자기로 포장하려고 한다. 이 점에서 본성상 예술과 삶, 장난과 진지함, 신화와 현실은 같은 것이다.

5
음악 그 자체로서 음악

니체가 1872년의 『비극의 탄생』에서도 1871년 봄의 '유고 12'[61]에서 시도한 '절대음악'론을 일관되게 전개하고 있는지 아닌지에 대해서는 논란이 있을 수 있다. 절대음악은, 고대부터 건축이나 조형예술이나 시와 연관지어 음악을 이해해온 방식인 "상황음악"에 대립되는 용어이다.[62] 절대음악은 말하자면 어떤 것과도 독립된 음악 그 자체, 또는 음악 그 자체로부터 생겨나는 음악을 말한다. 상황음악이 현상적인 역사적 시공의 제약 속에서 필요에 따라 그때그때 연주되고 만들어진다는 면에서는 음악 그 자체의 본성과 의미에 대한 추적은 거기에서 문제가 되지 않는다. 이에 대해 절대음악은 개념적 인식, 이론적 학문이 세계의 본질은 물론 예술의 본성을 파악하는 것은 불가능하다는 반성을 토대로 한

61 KGW, III-3, 12=MPXII.d., 1871. 377~387쪽.
62 KGW, III-3, 3=Pl15a. Winter 1869-70 Früjahr 1870, 57쪽. '상황음악' =Gelegeheitsmusik.

다. 개념이 존재의 예술 포착을 위한 개별적인 것을 위한 언어라면, 음악은 "보편적인 것의 언어"이다.[63] 오페라를 음악극보다 열등한 것으로 니체가 주장한 것은 전자가 "개념의 상징학" 이어서 음악 자체의 풍부한 음악 형식이 가려진다는 이유 때문이다.[64] 그러나 여전히 의심스러운 것은 『비극의 탄생』에서 바그너의 음악극이 과연 절대음악을 표현하고 있다고 니체가 믿고 있는가 하는 문제이다.

니체에 의하면 음악의 기원은 의지도 감정도 아니고 오직 음악 그 자체, 즉 존재와 형상의 공동 언어요 본질의 보편적 언어인 디오니소스적 근원 정조(情調)이다. 그것은 쾌와 불쾌라는 미감적 취미 판단의 기호나 감정도 아니고 쇼펜하우어적 의미에서 의지도 아니다.[65] 적어도 『비극의 탄생』 이전에 니체는 그렇게 이해한다. 필자는 이 이해가 『비극의 탄생』 및 그 이후에도 지속되는 니체의 입장인지에 아직은 유보적이다. 어쨌거나 그의 절대음악론의 관점의 일부는 니체 자신이 인용한 쇼펜하우어의 다음과 같은 음악 정의에서 유래한다.

> 비록 순수한 음악적 정신이 그것을 요구하지 않더라도, 순수한 음들의 언어는 자족적이며 어떤 도움도 필요로 하지 않는다. 이 소리들과 말들의 순수 언어는 스스로 자족적이어서 그런 것이 꼭 필요한 것은 아님에도 불구하고 사람들은 관조적으로 상연된 행위를 거기에 덧붙이고 그 아래 놓는다. 그래서 우리의 직관하고 반성하는 지성은, 꼭 그렇게 해야 할 필요가 없음에도 불구하고, 가볍게 유추적으로 추론함으로써 주의력을 음악에 매달리고 따라다니게 한다. 가슴의 형체 없는 보편 언어 속에서 소리들이 의미하는 것, 여기에 직관적 그림과 도식 또는 어떤 본보기가 하나의 보편 개념처럼 되는 것이나.[66]

63 '보편적인 것의 언어' = Sprache des Allgemeinen.
64 같은 곳. '개념의 상징학' = Symbolik des Begriffes.
65 KGW, III-3, 12 = MPXII id. Frühling 1871, 379쪽 이하 참조.

절대음악, 오직 음악 그 자체의 내용과 형식에 따르는 음악, 그것을 나타내주는 객관적이고 현실적인 것은 음악극이지 음악 그 자체는 아니다. 요컨대 음악 그 자체는 실제에서는 존재하지도 현상하지도 않거나, 있다고 해도 알 수 없고, 안다고 해도 말할 수 없는 것이다. 만일 이런저런 조화음에 불협화음을 적절히 섞은 것을 절대음악이라 한다면 천둥과 비바람 소리, 개들의 싸움 소리, 절벽에서 부딪치는 파도 소리의 미적 구분은 사라질 것이다. 만일 음향들의 자유로운 단순 조합을 절대음악이라 한다면 사격장의 총소리와 꾀꼬리의 노랫소리의 우연적 혼합을 절대음악이라 할 수도 있을 것이다.

그러나 니체가 절대음악을 소크라테스적 오페라 문화가 아니라 독일적 음악극과 관련하여 말하고 있는 점에 주목하면 이것은 악극 배우의 연기를 염두에 둔 것으로 추정된다. 오페라와 달리 음악극에서는 언어나 대사가 아니라 음악적 연기가 주가 된다. 이 연기를 보는 것은 배우나 악사가 아니라 관객, 그것도 이상적 관객이다. 미학적으로 완숙한 단계의 니체 수준에 있는 관객만이 음악극의 음악이 실은 극이나 배우를 위한 것도, 관객을 위한 것도 아니라는 것을, 그래서 그것은 오직 작곡가와 그를 속속들이 꿰뚫어 보는 이상적 관객을 위한 것이라는 점을 안다.

시나 시를 통해 만들어진 감정이 음악이나 작곡의 기원이 아니요, 쾌와 불쾌의 감정이 음악이나 작곡의 기원이 아니다. 작곡가 자신의 원초적 가슴, 존재 세계의 목적 없이 떠도는 생성의 자유, 이것이 음악의 기원이다.[67] 의지나 감정은 음악의 직접적 근원이 아니라 음악을 간접적으

66 니체 전집 4, 461쪽. 이 글은 쇼펜하우어의 *Parega und paralipomena, kleine philosophischen Schriften*, 2Bde, Bd.2, Berlin 1851, 465쪽의 글을 니체가 (유고 12=MPXII id. Frühling 1871, KGW, III-3, 377쪽 이하에서) 인용한 것이다. '소리들'=die Töne, '말들'=Wörte.

67 KGW, III-3, 12〔1〕 Frühjahr 1871, 382쪽.

로 상징하는 힘일 뿐이다. 다시 말해 음악의 근원은 의지가 아니라 "의지의 형식 아래서 스스로를 산출하는 힘의 태반에" 있으며 따라서 우리가 디오니소스적 충동이라 부른 바로 그것, 즉 "모든 개별화의 피안에" 있는 셈이다.[68] 이 충동에 의한 작곡과 연출, 이 충동에 충만한 이상적 관객만이 "음악의 성지" 순례를 할 수 있고 그 자격이 있다. 그들은 바그너와 독일인들이다.[69] 이것이 『비극의 탄생』의 결론이다.

68 앞의 글, 383 참조.
69 '음악의 성지' = Heiligthum der Musik.

니체의 아버지가 목회를 했고 니체가 세례를 받은 교회

제3장

니체의 사티로스 예찬론 비판

1
사티로스에 대한 의문

니체의 『비극의 탄생』은 전통적 의미의 문헌학이나 철학서도 아니고 그렇다고 미의 보편적 원리를 찾기 위한 논증적 예술론이나 미학서도 아니다. 이 책은 오히려 독일 문화계의 소수 전문적 취미 동아리를 위한 선언과 성명의 성격을 가진다고 보는 편이 타당한 듯하다. 요컨대 독특한 "음악의 세례를 받고 처음부터 희귀한 공통의 예술 경험들에 묶여 있는 사람들을 위한 음악"의 해설서이며 안내서이다.[1] 이 음악의 영혼과 정신을 니체는 디오니소스라 명명하고 지금까지 이러한 사실이 왜 은폐되어왔는지를 밝히는 것이 새로운 문헌학인 『비극의 탄생』이 밝혀야 할 과제로 설정한다.[2]

니체의 입론은 디오니소스는 생의 실존적 본래성인 고통의 예술적 상

1 니체 전집 2, 자기비판의 시도, 3, 13쪽.
2 같은 곳 참조.

징 표현으로서 비극적인 것의 근원이라는 이해로부터 시작한다. 일찍이 이것을 갈파한 최초의 민족인 그리스인들은 축제와 오락과 아름다움의 추구를 통해 그 근원을 은유적으로 보여준다. 그들은 비극의 기원이 예술의 기원과 동향인 "디오니소스적 광기"라는 것을 파악하고 사티로스를 만들어낸 것이다.[3] 이 사티로스는 그리스 민족의 건강함의 징후 또는 그리스 민족의 청년기와 청년성의 자연스러운 징후의 상징이라는 것이다.[4]

이 글은 디오니소스적 광기와 광기의 문화가 그리스 민족의 정신적 건강성의 직접 증거라는 니체의 주장을 비판적으로 분석 검토하는 것을 목표로 한다. 이 분석과 검토에서 먼저 니체의 사티로스 예찬론을 간략하게 살펴보고 이 예찬론이 아무 유보 조건 없이 진지하게 받아들여질 수 있으며 일반화될 수 있는지를 평가해보고자 한다. 이를 위해 사티로스극의 특성과 에우리피데스의 「바코스의 여신도들(Bakchai)」에서 디오니소스와 사티로스가 어떻게 묘사되는지, 그리고 지금까지 유일하게 남아 있는 사티로스극인 그의 「키클롭스」에서는 그 성격과 특징을 어떻게 그리고 있는지를 살펴보려고 한다.

3 KGW, III-1, Versuch einer Selbstkritik, §4, 10쪽. 디오니소스적 광기=der dionysische Wahnsinn.

4 니체의 표현은 보다 더 극적이다. Ist Wahnsinn vielleicht nicht notwendig das Symptom der Entartungs des Niedergangs, der überspäten Cultur? …… Neurosen der Gesundheit der Volks-Jugend und-Jugendlichkeit? (광기가 아마도 퇴화의 쇠망과 노쇠한 문화의 필연적 징후는 아니지 않는가? …… 건강함의 노이로제가 있지 않는가? 민족의 청년, 청년성의 노이로제가 있지 않는가? §4.)

2

진짜 인간이면서 진짜 신인 사티로스

사티로스는 본시 숲의 정령이다. 상반신은 사람이고 하반신은 염소로 묘사되는데, 무엇보다 성기의 힘찬 강조가 그리스 조각이나 그림 또는 항아리 채색에서 나타난다. 역사적 문헌학적 고증을 도외시하고서라도 알아차릴 수 있는 것은 사티로스가 성욕을 상징하는 것이라는 점이다. 힘찬 성과 성욕은 일반적으로 사춘기의 특징으로, 이 시기 청년은 자신의 성적 파트너냐 아니냐의 가장 동물적인 이원론으로 세계를 재단하는 강한 경향이 있다. 물론 이러한 이원론은 원숙한 합리적 인간이나 의사에게는 병의 징후로 보일 수도 있다. 세계는 성적 대상이냐 아니냐의 기준만이 아니라, 그 밖의 무수한 다른 기준들이 혼재한 공간이요, 신적 무한이 거기에서 실재적으로 나타나고 현현되는 곳이기 때문이다. 이 사티로스가 이제 니체에 의해 예언자요, 진짜 인간, 진짜 신으로 격상된다.[5]

그는 사티로스의 몸이 반인반수라기보다 반신반수로 되었다고 믿는다.[6] 사티로스를 통해 그리스인들이 우리에게 보여주려고 했던 것은 역사적으로 인간이 자연 동물에서 시작해서 인간으로 진화했다는 사실이 아니라, 인간성 그 자체가 인면수심의 모순적 통일을 내포하고 있다는 것이다. 반신반수의 종합인 사티로스야말로 진정한 인간의 참모습이며 가장 왕성한 그리스 청년기의 실체이다.[7] 동시에 사티로스는 "근원적인 것과 자연적인 것을 향한 동경의 산물"로서 "현대 우리 시대(니체 시대-필자)의 전원적 목동"이다.[8] 고대 그리스와 니체 시대의 다른 점이 있다면, 그리스인들은 용감하고 적극적으로 사티로스를 성취한 반면, 현대인(니체 시대)은 부끄럽고 소심하게 그것을 잡으려 한다는 것에 있다.

기형적으로 큰 남근과 산양의 하체를 가진 사티로스는, 니체에 의하면, 보고 웃기 위한 이야기 대상이거나 오직 거시기(남근)만을 강조하는 덜떨어진 동물이 아니라 "인간의 원형"이고 "진정한 인간"이며 "자연의 가장 깊은 가슴에서 나오는 지혜의 예언자"로서 "숭고한 어떤 것, 신적인 어떤 것"이다.[9] 사티로스의 가장 동물적인 특징은 어떤 꾸밈도 없는 솔직한 인간의 모습, 인간의 최고 지선의 감동적 표현, "자연의 생식적

5 사티로스는 자연적 생산력의 상징이다. 헤겔 역시 사티로스가 단지 방종과 동물성만이 아니라 사랑의 정신성을 뜻하기도 하나 이 상징성은 저열한 것에 속한다고 평가한다. Hegel, *Vorlesungen über die Ästhetik*, TW, Bd. 14(=ÄII), 45쪽 참조.

6 니체 전집 2, 자기비판의 시도, 4, 15쪽. 반신반인의 성격을 가진 것, 다시 말해 "인간으로 가장한 신이요, 신으로 가장한 인간"은 실은 사티로스가 아니라 디오니소스이다. E. R. Dodds, *Euripides: Baccae*, Oxford, University Press 1960, xiix 쪽.

7 니체 전집 2, 자기비판의 시도, 4, 15쪽.

8 KGW III-I, §8, 53쪽 이하. '근원적인 것과 자연적인 것을 향한 동경의 산물' = Ausgeburten einer auf das Ursprüngliche und Natürliche gerichteten Sehnsucht, '현대 우리 시대의 전원적 목동' = der idyllische Schäfer unserer neueren Zeit.

9 같은 곳, 54쪽. '인간의 원형' = das Urbild des Menschen, '진정한 인간' = der wahre Mensch, '자연의 가장 깊은 가슴에서 나오는 지혜의 예언자' = der Weisheitsverkünder aus der tiefsten Brust der Natur. '숭고한 어떤 것, 신적인 어떤 것' = etwas Erhabenes und Göttliches.

전능의 상징물" 이다.[10] 그것은 인간이 아직 문화화하기 이전, 옷을 입고 치장하는 허위와 가상의 모습 이전의 참모습이며 고통과 수난의 느낌을 내재한 디오니소스의 육화이다. 이 사티로스야말로 신과 인간, 자연과 인간, 인간과 인간의 매개자이며 비극의 구체적 실현자이다.

그리스 비극이 어디에서 어떻게 시작되었는지를 역사적으로 밝히는 것은 쉽지 않으나 연극사적으로는 "디티람보스의 지휘자"로부터 유래된다는 것이 정설이다.[11] '디티람보스'가 어원상 무슨 뜻인지는 모르지만 니체가 그렇게도 칭찬한 기원전 1세기 서정시인 아르킬로코스가 "나는 술을 마시면 디오니소스의 노래인 디티람보스를 지휘할 수가 있다"라는 말에 처음 나타난다.[12] 그때부터 그 말은 자연스럽게 디오니소스 찬송 합창가라는 의미로 지금까지 이해된다. 하여간에 초기의 디티람보스 합창은 사티로스로 분장한 디오니소스 추종자들이 신바람 나게 춤추고 노래하며 온갖 잡짓을 다하여 흥을 돋우는 것으로 시작한다. 그러면서 때가 무르익으면 상스럽고 괴상한 언사를 절제하면서 위엄을 갖추고 대화를 도입하면서 비극의 모습을 갖추어나간다.[13] 니체는 바로 아리스토텔레스의 이 설명에 주목한 듯하다. 그리스의 다른 문헌들이나 고대

10 같은 곳, 54쪽. '자연의 생식적 전능의 상징물' = Sinnbild der geschlechtlichen Allgewalt der Natur.

11 아리스토텔레스, 『시학』, 천병희 역, 문예출판사, 1997, 2002. 4장.

12 디오니소스 주신 찬가로서 디티람보스는 도리스(Doris) 지역에서 발흥하여 페이시스트라토스(Peisistratos)와 그의 아들이 통치하던 아테네에서 거행되던 디오니소스 제전과 연관된다. 기원전 509년경 아테네에서 최초의 디티람보스 경연대회가 열렸고 그 후 40여 년 동안 시모니데스(Simonides), 핀다로스(Pindaros), 바킬리데스(Bakchylides) 등의 저명 시인들이 디티람보스를 썼다고 하는데 지금 남아 있는 불완전한 단편들에 의하면 디오니소스 신과의 직접적 연관은 묘사되어 있지 않다. 남은 것은 바킬리데스의 드라마 형식인 한 편의 시를 제외하고 모두 서술체로 되어 있다. 아리스토텔레스,『시학』, 천병희 역, 1장, 역주 2 참조. '아르킬로코스' = Archilochos.

13 아리스토텔레스, 『시학』, 천병희 역, 4장 참조.

극 연구자들에 의하면 사티로스는 비극이 아니라 희극의 기원이거나, 비극은 디오니소스나 사티로스극에서가 아니라 고대 그리스의 영웅 설화에서 기원을 찾기도 하기 때문이다.

니체는 그리스 지배 문화는 일종의 거짓말이며 이 "문화 거짓말"을 폭로하고 진실을 있는 그대로 보여주어야 할 과제를 사티로스 합창이 충실히 수행한다고 역설한다.[14] 디오니소스적 인간은 그 자신이 활기찬 자연이며 인간의 자연성의 적나라한 노출로서 사티로스에 열광한다. 사티로스 합창단 자리는 객석과 무대의 구분이 불분명한 둥근 반원형으로 되어 있으며 그 안에서 합창단원이나 관객이나 모두 다 디오니소스 신도들이어서 관객이 합창단원이고 합창단원이 관객이 된다.

> 아티케 비극의 관객은 극장 주인석의 합창단에게서 자신을 재발견하고, 결국 근본적으로 청중과 합창단 사이의 대립이 없었다는 것을 항상 염두에 두어야 한다. 왜냐하면 모든 것이 춤추고 노래하는 사티로스 사람들로 이루어지거나 혹은 이 사티로스에 의해 대변되는 사람들로 구성된 거대하고 숭고한 합창단이기 때문이다. 슐레겔의 말은 여기서 우리에게 심오한 의미로 해명되어야 한다. 합창단은, 그것이 유일한 관객, 즉 무대의 환상 세계의 관객인 한에서 "이상적 관객"인 것이다. 우리가 아는 바로는, 관객으로서의 청중은 그리스인들에게 알려져 있지 않았다 …… 이러한 통찰에 따라 우리는 원시 비극의 원시적 한계의 합창단을 디오니소스적 인간의 자기 반영이라고 불러도 좋을 것이다 …… 사티로스 합창단은 무엇보다도 디오니소스적 대중의 환영이며, 무대 위의 세계는 다시금 사티로스 합창단의 환영이다.[15]

이처럼 합창단원이면서 관객이고 관객이면서 합창단원의 역을 하는

14 KGW, III-1, §8, 55쪽. '문화 거짓말' = Culturlüge.
15 니체 전집 2, §8, 79쪽.

디오니소스적 인간, 디오니소스적 시인은 복잡하고 난삽한 은유나 상징에 사로잡히지 않는다. 직접적이고 구체적인 현실을 즉자적이고 구체적으로 표현하고 그려내는 이에게 은유나 상징은 수사학적 추상이 아니라 개념을 대신하는 "대표적 그림"일 뿐이며 이것이야말로 현실의 진실성을 그대로 보여준다.[16] 현실의 진리성을 이처럼 구체적이고 직접적으로 보여주는 이를 "진짜 시인"이라 부른다면, 반대로 가짜 시인, 나쁜 시인은 세상과 현실을 추상과 은유와 상징으로 도배하는 이들이다.[17] 그들은 매사를 실재하는 현상에서가 아니라 사유의 추상 속에서 온갖 기교와 재주로 재단하고 단순한 미적 근원에 대한 체험을 상상의 짜깁기적 합성 그림으로 그려내고 있다. 지속적으로 생을 이어가는 개별적 생명체들의 내면에 춤추고 있는 사티로스적 놀이에 무아경으로 빠져들고 그 무아적 체험을 아무 가식 없이 있는 그대로 그려내는 이들은 진짜 시인들이다. 이 진짜 시인들이 바로 사티로스이며 동시에 사티로스의 영혼이다. 이들은 자기 자신의 근원성이며 동시에 타자성의 근원으로서 "디오니소스적 격정"으로 세계를 관찰하고 묘사한다.[18] 서정시에서 찾아낸 개체의 개별성을 보편성에 뒤섞어버릴 때 바코스적 술기운은 절정에 달하고, 너와 나, 말과 소의 구분은 하찮은 분별로 종지부를 찍는다. 여기서 그들의 시민적 신분이나 사회적 지위나 과거지사나 미래지사는 혼합되고 사라지는 마술이 연출된다. "모든 극예술의 전체"인 이 "마술" 속에서 "디오니소스적 몽상가"는 저 자신을 사티로스로 보고, 또 사티로스로서 그는 다시 신을 보게 된다.[19] 이러한 변전에서 자기 밖의 새로운 지평

16 KGW, III-I, §8, 56쪽. '대표적 그림' = ein stellvertretendes Bild.
17 '진짜 시인' = der echte Gedichter, '가짜 시인, 나쁜 시인' = der schlechte Gedichter.
18 KGW, III-I, §8, 57쪽. '디오니소스적 격정' = die dionysische Erregung.
19 같은 곳, 58쪽. '모든 극예술의 전체' = die Voraussetzung aller dramatischen Kunst. '마술' = Verzauberung.

이 열리고 이 새 지평에서 “연극”은 비로소 “완성”된다.[20]

비극이 드라마인 한 그것은 아폴론적이다. 음성 언어든 몸짓 언어든 상관없이 대화를 필요로 하고 대화는 묘사와 형상화를 본성으로 하기 때문이다. 다시 말해 드라마는 꿈의 세계를 그리고 묘사한다는 점에서 아폴론적 서사성과 전체성을 윤곽으로 가지지만 그 내적 구조는 개체 파괴의 디오니소스적 분위기와 효과로 되어 있다는 점에서 디오니소스적 합창의 객관화로 이해할 수 있다.[21] 가장 미천한 무리인 산양 사티로스, 춤과 음악과 성욕의 상징인 사티로스가 생과 문화의 새로운 지평을 보여주는 합창을 통해 디오니소스 신을 느끼고 보고 말하고 설파한다.[22]

> 합창단은 환영 속에서 자신들의 주인이며 스승인 디오니소스를 바라본다 …… 합창단은 이 신이 어떤 고통을 겪는지, 어떤 영광을 누리는지를 본다. 그래서 그 스스로는 행동하지 않는다. 신에게 봉사하는 위치에 있는 합창단이 바로 자연의 가장 숭고한 표현, 즉 자연의 디오니소스적 표현인 것이다. 그러므로 합창단은 자연처럼 도취 상태에서 신탁과 지혜를 말한다. 그는 함께 고통을 겪는 자로서 동시에 현자이며, 세상의 심장으로부터 널리 진리를 전하는 자이다. 그렇게 하여 현명하고 열광적인 사티로스라는, 환상적이지만 혐오스러운 모습의 인물이 탄생한 것이다. 그는 신과는 반대로 “말 못 하는 인간”인 것이다. 그는 자연의 묘사이며 자연의 강력한 충동의 모사이다. 그렇다. 그는 자연의 상징인 동시에 자연의 지혜와 예술의 선포자이다. 음악가와 시인, 무용가와 예언자가 합쳐 한 사람이 된 것이다.[23]

20 같은 곳. ‘변전’ = Verwandlung, ‘연극’ = Drama.
21 니체 전집 2, 73쪽.
22 ‘자유분방하게 춤추는 신, 존재하는 모든 것을 긍정하는 신’을 ‘비초월적 신적 특징의 본질로서 디오니소스’라 한다면 이 역을 진정 연기하는 자는 사티로스이다. 백승영, 『니체 – 디오니소스적 긍정의 철학』, 책세상, 2005, 231쪽과 비교.
23 니체 전집 2, §8, 74쪽.

신과 인간, 디오니소스와 비극의 매개를 담당한 사티로스가 인간의 원형이며 또한 진정한 예술가의 원형이기도 하다고 니체가 주장하는 저의는 이로 보아 자명하다. 디오니소스의 존재는 관념성에 있는 것이 아니라 실재성에 있는데 그 실재성을 담보하는 것이 사티로스이기 때문이다.[24] 사티로스는 그 몸과 마음이 한결같이 인간과 산양의 결합체이며 그 결합을 표현하는 추진력은 디오니소스로 상징되는 술, 즉 포도주이다. 경험 실재론의 관점에서 디오니소스가 먼저 있고 그 정신인 술이 있는 것이 아니라, 술이 먼저 있고 그것을 마셨을 때 술의 성분과는 전혀 다른 생명성, 특히 의식의 도취를 통해 술의 정신을 유추하게 된다. 무아의 도취 속에서 그 도취를 주재하는 정령을 찾아 그에게 기도하고 춤추며 노래하는 것은 인간의 자연스러운 상상력의 드러냄일 수 있다. 그러나 도취의 합창이 증대하고 문화적 또는 사회적으로 합창단이 조직되고 축제가 제도화되면서 상상의 산물은 실재적 현존물로 물화(物化)된다. 또 이것은 깨고 나면 사라지는 꿈이 아니라 현실을 통제하기도 하고 규제하기도 하는 위력을 가진 꿈이며 따라서 곧바로 실재의 조형이다. 사티로스는 바로 디오니소스의 재림과 현현을 축복하고 그것을 세계에 알리는 전령들이다. 신의 수난과 고통과 부활을 자신의 수난과 고통과 부활로 느끼는 사티로스 합창단은 사실은 잘 꾸며진 무대의 오페라 가수들의 노래 같은 것이 아니라 도시 축제 또는 신전 축제에 나타나는 무아의 종교의식 같은 것이다. 이 광란의 종교의식 또는 문화 축제가 시간이 흐르면서 아폴론적 드라마에 수용되며 서사적 형상화 과정을 거치게 된다. 물론 이 드라마의 내면을 흐르고 있는 것은 디오니소스 본래적인 것,

24 헤겔은 디오니소스의 본질을 포도주와 놀이의 극적 연출 등에 열광하는 자연적 위력(die begeitirende Naturgewald des Weins, Spiele, dramatischen Aufführungen usf)으로 본다. Hegel, Ä II, 91쪽.

즉 사티로스의 격정과 활화산 같은 삶의 격정과 욕망이다.

이 "도취와의 유희"는 단순히 예술로서의 연극이 아니라 생의 본래성이다.[25] 생은 더 이상 절제 있는 합리적 질서가 아니라 최면에 걸린 홍분 상태에서 영혼의 모든 음계가 광란하는 노래판이면서 춤판 같은 것이다.[26] 디오니소스 축제의 노래는 아름다운 음률이나 화음이 아니라 그야말로 발광의 범벅음이요, 춤 또한 미적 조형성이 아니라 만취 속의 막춤 같은 것임이 틀림없다. 이 관점에서 디오니소스적 "몸짓 언어와 음성 언어의 의미"가 불꽃처럼 사티로스에게서 연주되는 것이 생생하게 보인다.[27]

25 Nietzsche, *Die Dionische Weltanschaaung*, KGW. III-2, 47쪽. '도취와의 유희' = das Spiel mit dem Rausche.

26 같은 곳, 49쪽.

27 같은 곳, 67쪽. *Die Geburt des tragischen Gedankens*, KGA, III-2, 86쪽과 비교. '몸짓 언어와 음성 언어의 의미' = die Bedeutung von Geberdensprache und Tonsprache.

3

사티로스의 신화적 정체

"인간의 원형", "진정한 인간"으로 니체가 격찬하고 있는 사티로스는 신화상으로는 디오니소스의 추종자이다. 제우스 신과 테바이 나라 시조인 카드모스의 딸 세멜레 사이에서 태어난, 말하자면 인간적 신으로서 디오니소스는 "두 번 태어난 자"라는 뜻을 가진다. 알려진 바대로 헤라의 질투 때문에 어머니 세멜레는 제우스의 번갯불에 타 죽고 아직 죽지 않은 6개월 된 갓난애를 제우스가 넓적다리에 넣고 꿰매 달을 채운 뒤 낳았으나 스스로 키우지 못하고 세멜레의 언니 이노와 그 남편 오르코메노스 왕 아타마스에게 양육해줄 것을 은밀히 당부하면서 여자애의 옷을 입혀 헤라의 눈을 피할 것을 부탁한다.[28] 그러나 헤라가 이 사실을 알게 되어 이노 부부를 미쳐 서로 죽이도록 한다. 제우스는 그리스에서 멀리 떨어진 니사로 디오니소스를 데리고 가서 새끼 염소(양)로 변신시켜

28 '이노' = Ino, '오르코메노스' = Orchomenos, '아타마스' = Atamas.

이 숲의 정령들에게 양육을 맡기는데, 후일 "새끼 염소"는 디오니소스를 지칭하는 "의식적 표현들 중 하나"가 된다.[29] 결국 두 번 태어난 디오니소스는 포도 재배와 포도주 만드는 법을 배워 술 마시는 재미로 살지만 그 역시 헤라에게 발견되고 헤라는 그를 역시 미치게 한다. 디오니소스는 술과 광기로 이리저리 정처 없이 떠돌게 되고 이 와중에 추종하는 무리가 생기는데 실레노스와 그를 양육해준 요정들과 반인반수의 사티로스가 그중 유명하다.[30]

디오니소스는 사회의 억압받는 소외 계층에 의해 신앙의 대상으로 숭배되지만 사회의 상류 귀족층에는 혐오감을 주는 인물로 묘사된다. 디오니소스와 그 추종자들이 그리스 북부 여행을 할 때 트라키아 왕 리쿠르고스는 자신이 통치하는 지역에 풍기문란을 퍼뜨린다는 죄로 그 일행을 잡아 가두려 한다.[31] 디오니소스는 간신히 도망치고 그 추종자들은 잡혀 투옥된다. 그러나 신비롭게도 이적이 일어나 디오니소스와 그 추종자들은 자유로워지고 리쿠르고스는 미치광이가 되어 자기의 백성들에게 잔혹하게 살해된다. 그 후 이오니아 지방으로 항해할 때는 선장과 그 선원들이 디오니소스를 노예로 팔려 했으나 오히려 자신들이 광증에 사로잡혀 바다에 뛰어들어 돌고래로 변한다. 프리기아 지방에서 자연의 여신이면서 신들의 어머니인 키벨레가 디오니소스의 미친병을 고쳐주게 되는데 이때부터 그는 '자유로운 아버지'이며 '해방자'로 숭배된다.[32] 그 후 그리스 전역을 돌아다니다가 테세우스에게 버림받은 아리아드네를 낙소스 섬에서 만나 결혼하여 올림포스로 돌아와 명실상부하게 신으로 등극한다. 아리아드네와 사이에서 포도밭을 뜻하는 암펠로스,

29 이진성, 『그리스 신화의 이해』, 아카넷, 2004, 213쪽. '니사' = Nysa.
30 '실레노스'=Silenos.
31 '리쿠르고스' = Lykourgos.
32 이진성, 앞의 책, 214쪽 이하 참조. '키벨레' = Kybele.

포도나무 덩굴을 뜻하는 스타필로스, 술 마시는 사람을 뜻하는 오이노피온의 3형제를 두었다.[33] 디오니소스 축제에서는 남근 숭배의 외설스러운 노래인 코모스와 산양을 제물로 바치며 부르는 노래인 트라고스가 있었으며 전자는 희극의, 후자는 비극의 유래가 되고 있다.[34] 아울러 디오니소스 찬가인 사티로스 합창은 곧바로 풍자극의 모태가 된다. 이 셋이 후에는 서로 다른 독립 장르로 발전하지만 초기에는 그 구분이 명확하지 아니하다. 현재는 희 · 비극 사티로스 합창 모두가 인간의 자연성과 생기를 실질적으로 나타내고 있다는 것만 확인할 수 있다.

아리스토텔레스가 비극의 기원으로 사티로스극을 든 것은 후자가 비극적 이야기 전개의 내용을 가진다는 말이 아니라, 그 극이 비극의 형식을 구성하고 있다는 의미이다.[35] 본시 사티로스극은 소재나 내용으로 신화나 전설 중 기괴하고 이상한 부분을 취하거나 그로테스크한 방식으로 이야기를 전개하는 특징이 있다.[36] 이 극은 합창 코로스에서 단원들이 반인반수의 사티로스로 분장한 데서 사티로스극이라 이름 붙여졌으며, 고전 시대의 비극 경연대회에서 한 작가당 세 편의 비극과 한 편의 사티로스극이 무대에 올려져 제4부를 이루었으나 후기에는 비극 경연 전체를 통틀어 단 한 편의 사티로스극만이 허용되었다고 전한다.[37]

사티로스극은 결코 비극적이지 않다. 그것은 위트와 유머로 채워진 일종의 희극이다. 그 운율과 음악의 내용이야 지금으로서는 알 수 없으

33 같은 곳, 216쪽. '아리아드네' = Ariadne, '낙소스' = Naxos, '암펠로스' = Ampelos, '스타필로스' = Staphylos, '오이노피온' = Oinopion.

34 같은 곳. '코모스' = Comos, '트라고스' – Tragos.

35 사티로스극은 단지 비극이 끝난 후 뒤풀이 익살극으로만 이해해서는 안 된다. 이런 태도로는 사티로스가 디오니소스 육화임을 설명할 수 없다. 헤겔은 사티로스극이 비극과 희극의 진지한 중간 형태, 즉 "비희극(Tragiködie)"으로 본다. Hegel, *Vorlesungen über die Ästhetik*, TW, Bd. 15 (=ÄIII), 531쪽.

36 천병희, 『그리스 비극의 이해』, 문예출판사, 2002, 4쪽.

나 스토리 전개와 구성에 대해 거의 완전하게 남아 있는 에우리피데스의 사티로스극 「키클롭스」를 보면 비극과 직접적 관련성이 있는지 의문을 일으킨다. 심지어 에우리피데스의 대표적 비극 중 하나인 「바코스의 여신도들」에서 조차 사티로스 합창이나 사티로스 묘사 어디에도 비극적 요소는 보이지 않는다.[38] 그들은 일하는 법이 없이 홍청망청 마시고 음탕한 데다 비겁하기조차 한 게으른 속물 무리로 묘사된다.

비극은 본시 극 주인공 속에서 '공포와 연민' 또는 '두려움과 가엾음'을 봄으로써 우리 자신을 짓누르는 불안의 무게에서 벗어나기 위한 카타르시스적 목적을 가진다.[39] 한 평범한 인간이 행복에서 불행으로 떨어지는 것이 운명의 소행이라면 이 운명은 필연성의 위력이어야 한다. 이 필연성의 역할을 사티로스가 맡을 때 공포는 역겨움으로, 가엾음은 우스움으로 다가온다.

37 같은 곳, 15쪽. 사티로스극의 창안자는 펠로폰네소스 반도의 북동 지방 도시 플리우스(Phleious) 출신 프라티나스(Pratinas)로서 그에 의해 비극 3부작 다음에 제 4부로 부가 되었다는 것이다. 역사가 헤로도토스에 의하면 기원전 2세기 레스보스섬 출신 아리온(Arion)이 처음 디티람보스를 쓰고 코린토스에서 공연했으며 처음으로 비극적 선율(tragikos tropos)을 짓고 디티람보스를 노래하고 운율로 말하는 사티로스를 도입했다고 한다(Histonia apodexis I, 23 참조). 천병희, 앞의 책 재인용. 이 디티람보스의 노래와 운율을 사티로스들이 합창하고 이것이 비극 형식에 자연스럽게 수용되었다 하겠다.

38 바코스의 여신도들은 '미친 여자들'이라는 뜻의 마이나데스(Mainades)로 불린다. 디오니소스 신에 홀려 소란을 피우며 숲 속을 헤매는 이 여자들은 후에는 바카이와 동의어로 사용된다.

39 이에 대해서는, 조우현 외, 『희랍비극 1』, 현암사, 1995, 453쪽 참조.

4

「바코스의 여신도들」에서 주인과 종으로서 디오니소스와 사티로스

사티로스는 디오니소스의 육화이며 그 종이요 노예이다. 디오니소스제에서 그를 예배하고 따르는 신도들 중 일부가 사티로스로 분장하여 춤과 노래, 외설스러운 행동 등으로 축제의 흥과 분위기를 돋운다. 겉으로 그들은 디오니소스의 종이지만 실은 디오니소스의 의지와 뜻의 현실화된 모습이라는 점에서 디오니소스 자신이기도 하고 디오니소스의 주인이기도 하다. 디오니소스가 철두철미 사티로스에 의해 양육되고 차려지고 선포되고 물화된다는 점에서 그러하다. 이것은 반대로 디오니소스 없는 사티로스는 존재할 수 없음을 뜻한다. 그는 사티로스의 영혼이며 진정한 고향이기 때문이다. 그러므로 사티로스의 전모를 제대로 파악하기 위해서는 그 주인인 디오니소스의 신화적 본질을 이해하는 것이 필요하다. 여기서는 에우리피데스의 「바코스의 여신도들」에 나타난 디오니소스의 특징을 제시함으로서 사티로스의 중요한 한 면모를 보이려고 한다.[40]

「바코스의 여신도들」은 디오니소스가 자신의 신성을 증거하기 위해 각지를 여행하다가 들른 외가 테바이에서 생긴 갈등을 다룬 에우리피데스의 비극이다. 당시 테바이는 디오니소스의 외할아버지, 즉 세멜레의 아버지인 카드모스가 왕위를 넷째 딸 아가우에의 아들 펜테우스에게 넘겨준 상태였고 펜테우스는 자신의 이종인 디오니소스와 디오니소스의 숭배 세력에 의해 나라가 타락해가는 것을 몹시 걱정하고 그 대책을 세우고 있었다.[41] 그는 디오니소스가 결코 신이 아닌 난봉꾼이거나 허랑방탕과 색욕을 부추기는 인물이라고 생각한다.[42]

> 나는 이 도시를 떠나 있다가 이제야
> 이 도시에 일어난 재앙에 관해서 들었는데,
> 우리 여인들이 조작된 바코스제(祭)를 좇아
> 집을 나가서는 우거진 산속을 쏘다니며

40 「바코스의 여신도들」은 에우리피데스 비극 중 마지막 작품이다. 그리스 비극에서 디오니소스 신이 무대의 주연으로 설정된 것은 이 작품뿐이다. 임철규, 『그리스 비극 – 인간과 역사에 바치는 애도의 노래』, 한길사, 2007, 588쪽.

41 카드모스(Kadmos)는 테바이의 건설자로 페니키아 지방의 티로스(Tyros) 왕 아게노르(Agenor)의 아들이다. 아게노르는 딸 에우로페(Europe)가 황소로 변한 제우스에게 유괴되자 아들 카드모스에게 누이를 구해 올 것을 명한다. 카드모스가 누이를 찾기 위해 길을 떠났을 때 아폴론이 나타나 누이를 찾는 것을 단념하고 암소를 만나거든 그 암소가 거닐다 눕는 곳에 도시를 세우라고 일러준다. 과연 암소가 눕는 곳을 발견하고 그곳에 제사 지내기 위해 근처 우물에서 제수를 떠오려 하나 그 우물을 지키는 용이 부하들을 죽이매 카드모스가 복수하여 용을 죽인다. 아테네 여신의 명을 받아 그 용의 이빨들을 땅에 뿌리자 그것이 갑자기 전사로 변해 서로 싸워 죽고 5명만이 살아나 카드모스를 도와 테바이 왕국을 건설한다. 제우스에 의해 카드모스는 아레스와 아프로디테 사이에 난 딸 하르모니아(Harmonia)와 결혼하고 그녀에게 예물로 헤파이스토스가 만든 목걸이를 선물한다. 그런데 이 선물을 가진 이들이 재앙을 맞게 되어 카드모스와 하르모니아 사이의 딸들인 이노(Ino)와 세멜레(Semele), 아우토노에(Autonoe), 아가우에(Agaue) 모두가 비극을 당한다. 카드모스는 그리스에 문자를 전했다고 한다.

42 여기서 디오니소스는 여성적 모습으로 생을 상징하기도 하지만, 포도주 핏빛은 폭력을 통한 죽음을 표상하기도 한다. 임철규, 『그리스 비극』, 591쪽.

디오니소스인가 뭔가 하는 신출내기 신을
춤으로 공경하고 있다는 것이었소.
축제에 참가한 우리들의 한가운데에는 철철 넘치는 술 섞는 동이들이 놓여 있고,
여인들은 사내들과 사랑을 즐기기 위하여 저마다 다른 은밀한 곳으로 살금살금 스며드니,
그들은 자신들이 바코스에게 제물을 바치고 마이나데스들이라고 주장하나
그들은 사실은 바코스보다는 아프로디테를 더 공경한다는 것이었소.
그래서 내가 그들을 잡는 족족,
내 시종들이 손에 수갑을 채워 공공 감옥에다 안전하게 가두었소.
아직 잡지 못한 여인들은 산에서 잡아올 것이오.
이노, 에키온에게 나를 낳아주신 아가우에, 아크타이온의 어머니 아우토노에 말이요.
내가 그들을 무쇠 그물로 꽉꽉 묶으면
이 해로운 바코스제도 곧 끝나게 되겠지요.
사람들 말로는, 어떤 이방인이 이곳에 왔다고 하는데,
그 자는 뤼디아 출신의 요술사 겸 마술사로
향기로운 긴 고수머리 금발에
두 눈에는 아프로디테의 포도주 빛 매력이 넘친다고 하며,
밤낮으로 젊은 여인들과 함께 지내며
자신의 환희의 비의로 그들을 유혹한다는 것이오.
내가 그자를 여기 이 집 안에서 붙잡게 되면
그자의 목을 몸뚱이에서 떼어놓아 그자가 다시는
튀르소스를 치고 머리털을 흔들리지 못하게 할 것이오.
그자의 주장인즉 디오니소스는 신이며, 제우스께서
디오니소스를 자신의 넓적다리에 넣고 봉합하셨다는 것이오.
디오니소스 모자(母子)는 사실은 그의 어머니가 자신이 제우스의 사랑을
받았다고 거짓말을 한 죄로 번갯불에 타 죽었는데도 말이오.
그 이방인이 누구든지 간에 감히 그런 건방진 짓을 하다니

고를 맺은 밧줄로 교수형을 당해 마땅하지 않은가? ……[43]

이 비극의 합창단원은 모두 디오니소스를 믿는 신도들로 신의 비의(秘儀)를 알고 찬미하며 나라 전체가 춤추도록 브로미오스〔'떠들썩한 자'라는 뜻으로, '아이고', '맙소사', '신난다' 등의 환호성의 의미를 가진 '에우오이(Euoi)' 또는 에우이오스(Euios)와 함께 디오니소스의 또 다른 이름〕에게 기원한다. 그리하여 이 땅의 여인들이 집 안에서 일하고 베틀에서 베를 짜는 대신 산으로 올라가 광란하는 사티로스와 함께 춤출 것을 부추기며 선동한다.[44] 이들은 또한 이런 노래도 합창한다.

얼마나 아름다운 광경인가, 그분께서
새끼 사슴들의 신성한 옷을 입고 질주하시다가 땅바닥에 쓰러지실 때면,
손수 잡은 염소의 피를 마시고
날고기를 먹기를 갈망하며 프뤼기아와 뤼디아의
산들을 쏘다니시다가.
우리의 선창자, 브로미오스여, 에우오이! 에우오이!
들판에는 젖이 흐르고 포도주가 흐르고
벌들의 넥타르가 흐른다네 ……[45]

디오니소스는 포도주와 젖과 꿀이 흐르는 곳으로 신도들을 안내할 뿐 아니라 그 자신이 포도주와 젖과 꿀이 흐르는 이적을 보이기도 한다.[46]

펜테우스는 나라의 기강을 어지럽힌다는 이유로 디오니소스와 그 숭배자들을 제지하려 하지만 실패하고 만다. 디오니소스를 믿지 않던 세

43 「바코스의 여신도들」, 『에우리피데스 비극』, 천병희 역, 단국대 출판부, 2005, 497쪽 이하(215~245).
44 같은 곳, 493~494쪽(105~130).
45 같은 곳, 494쪽(135~140).

멜레의 여형제들, 즉 디오니소스의 이모들은 디오니소스의 복수에 의해 모두 미치광이가 되어 마이나데스로 산속을 헤매다 그 실상을 관찰하려는 펜테우스를 발견하고 찢어 죽이는데 이때 앞장을 선 이가 그의 어머니 아가우에이다.[47] 결국 비극은 어머니 아가우에가 자신도 알지 못하는 사이에 디오니소스의 저주에 의해 자기 자식을 죽이고 광란하다 뒤에 깨닫고 슬퍼한다는 데서 끝난다. 물론 이 슬픔은 디오니소스에 대한 무기력한 저주를 함축할 뿐이다. 이 복수의 비극은 전반적으로 비극적이지 않다. 바카이의 합창 내용 역시 결코 비극적이지도 슬프지도 않으며 오히려 디오니소스의 수난과 고통과 저주를 위대함으로 바꾸어 노래하고 있을 뿐이다.

46 같은 곳, 519(704ff.). 이것은 그리스도와 디오니소스의 동질성을 뜻하기도 한다. 니체가 그리스도 대신 디오니소스를 주신(主神)으로 섬길 것을 제안하는 데 중요한 단서가 된다. 『비극의 탄생』 전체는 그리스도 대신 디오니소스의 이름을 불러내어 칭송하는 일종의 찬송가라 할 수 있다. 칼 뢰비트, 『헤겔에서 니체로』, 강학철 역, 민음사, 2006, 240쪽 참조.

47 '마이나데스' = Mainades.

5

「키클롭스」에서 실레노스와 그의 아들 사티로스

사티로스극 「키클롭스」는 사티로스의 아버지이기도 하고 디오니소스의 양부이기도 하고 그 시종이기도 하고 신도이기도 한 실레노스의 독백에서 시작한다.[48] 그는 처음부터 디오니소스와 고난을 같이했고 또 고난으로부터 그를 구했으며 지금 또한 해적이 그를 노예로 팔았다는 소식을 접하고 아들들인 사티로스들과 함께 그를 구하기 위해 항해에 나섰다가 포세이돈의 아들 키클롭스들에게 잡혀 그중 외눈박이 폴리페모스의 종노릇을 하고 있음을 한탄한다.[49] 아비 실레노스의 넋두리에 이어 그 아들들인 사티로스로 구성된 합창단은 자신들이 강제로 돌보는 양들

48 실레노스는 상반신은 인간이고 하반신은 말과 같다는 점에서 켄타우로스(Kentauros)와 유사하다. 그러나 후자는 몸통과 다리는 말이고 머리와 가슴은 사람이나, 실레노스는 전체적으로 사람 형상이지만 말귀와 또 가끔은 말다리와 말발굽을 가진 것으로 묘사된다. 몸에는 털이 많고, 큰 입, 들창코와 둥근 눈을 가졌으며 고전 시대 작가들은 사티로스와 혼동하는 경향이 있었다고 한다. 천병희, 『에우리피데스 비극』, 555쪽.

이 말을 듣지 않는 것을 욕하는 노래를 부르며 디오니소스 없음을, 즉 술도 향연도 여자도 없음을 한탄하는 노래를 부른다.[50] 이때 먹을 양식도 마실 물도 다 떨어지고 오직 가죽 통에는 포도주만 풍부하게 있는 오디세우스가 부하들과 함께 표류하다 섬에 도착하여 실레노스에게 접근한다. 자기들의 포도주와 실레노스가 가진 양식과 음료수를 바꾸기 위해서이다. 물론 양식과 마실 물은 실레노스의 것이 아니라 실레노스의 주인, 즉 지금은 출타 중이나 반드시 돌아올 키클롭스의 소유이다. 그러나 오디세우스가 맛보기 한잔 술로 유혹하면서 가축들의 새끼와 우유, 치즈 등의 먹을 것을 가져오라고 하자 술맛과 그 향기에 취한 실레노스는 이렇게 노래한다.

> 그렇게 하리다. 나는 주인 같은 것은 안중에도 없으니까.
> 나는 단 한 잔이라도 좋으니 그것을 마시고 싶어 미칠 지경이오.
> 그것을 위해서라면 나는 전 퀴클롭스족의 가축들을 내주겠소.
> 그리고 나는 한번 술에 취해 눈이 거슴츠레해질 수만 있다면
> 레우카스 바위에서 바닷물 속으로 뛰어내릴 용의도 있소.
> 술 마시기를 좋아하지 않는 자는 바보지요.
> (자신의 남근을 가리키며) 그래야만 여기 이놈도 꼿꼿이 설 수 있고,
> 젖가슴을 만지며 울타리를 친 풀밭 속으로 더듬고,
> 춤도 추고, 온갖 고통도 잊어버릴 수 있으니까요.
> 그런데도 나더러
> 그런 음료에 입 맞추지 말란 말이오? 설사 내가 외눈박이
> 무식한 퀴클롭스를 포효하게 만든다 하더라도! ……[51]

---

49 여기서 키클롭스는 호메로스의 『오디세이아』에 나오는 외눈박이로, 헤시오도스 『신통기』의 우라노스와 가이아 사이에 태어난 3형제 키클롭스와는 다르다. 후자의 키클롭스는 제우스가 티탄 신족과 싸울 때 번개를 만들어 그에게 주고, 헤파이스토스의 심부름도 하며 고대의 미케나이 성벽 축조도 했다고 한다.

50 「퀴클롭스」, 『에우리피데스 비극』, 557쪽 이하(40~80).

이 노래에 이어 사티로스 코로스장은 트로이가 함락될 때 이런 일이 있지 않았겠느냐고 너스레 조로 오디세우스를 보면서 노래한다.

그런데 그대들은 그 젊은 여인을 수중에 넣었을 때
모두들 번갈아가며 그녀와 재미 보지 않았소?
그녀는 여러 남자들과 놀아나는 것을 좋아하니 말이오.
배신자 같으니라고, 그녀는 넓적다리를 싸고 있는
알록달록한 헐렁바지와 그자가 목에 두르고 있던
황금 목걸이를 보자마자 애욕에 사로잡혀
가장 착한 사람인 메넬라오스 곁을 떠나고 말았던 것이오.
여자란 족속은 태어나지 말았으면 좋았을 텐데
—나 혼자만을 위해서라면 몰라도.[52]

실레노스는 키클롭스가 나타나자 태도를 싹 바꾸어 오디세우스가 자신을 두들겨 힘을 못 쓰게 하고는 양식과 고기를 빼앗아 갔으며 키클롭스조차 묶어두었다가 노 젓는 하인으로 쓰겠다고 협박했다는 거짓말을 한다. 주인의 물건을 팔아먹다 들키자 오디세우스를 옭아 넣기 위한 계략을 꾸민 것이다. 그 와중에 오디세우스의 두 부하 중 한 명은 불에 구어져서, 한 명은 솥에 쪄져서 키클롭스의 술안주 고기가 되고 만다. 오디세우스가 포도주로 유혹하여 모두 다 취해갈 때 키클롭스가 오디세우스에게 바코스가 어떤 신인지 묻는다. "그는 삶의 즐거움이라는 관점에서 인간들에게 가장 위대한 신으로 간주된다"라고 답하자 "그렇게도 위대한 신이 도대체 왜 가죽 부대(술통) 안에 살기를 좋아하는지" 하고 다시 조롱한다.[53]

51 같은 곳, 565쪽(164~174).
52 같은 곳, 566쪽(179~187).
53 같은 곳.

그가 있는 곳이 술통 항아리냐 술병이냐 술바가지냐 술잔이냐에 따라 그 모양은 변하니 분명 디오니소스는 변신의 신이다. 그의 향과 맛에 취한 이가 왕후장상이냐 거지냐 미친 이냐 남자냐 여자냐 가릴 것 없이 똑같은 즐거움과 도취를 준다는 점에서 평등의 신이요 자유의 신이다. 속이려는 이나 속는 이나, 잡아먹으려는 자나 잡아먹히는 자 모두가 바코스 앞에 평등 신민이다. 오디세우스는 주연(술과 잔치)은 참여자들을 즐겁게도 하고 그들에게 주먹질과 욕지거리와 말다툼을 제공하기도 한다는 점을 아는 자는 혼자서 조용히 마시거나 마시고 나서 밖에 나가지를 않는 것이 현명하다는 지혜를 주위에 가르친다. 술은 결코 맛과 향으로만 마시는 것이 아니라 바코스의 신기가 온몸에 퍼져 노골노골 도취되는 데 본질이 있으니 먹다 죽어도 여한이 없도록 마셔야 한다고 그는 주장한다. 취기가 돈 키클롭스의 황홀경은 절정에 올라 노래하기 시작한다.

얼씨구절씨구
이제 겨우 물 위에 떠올랐구나! 얼마나 순수한 기쁨인가!
내게는 하늘이 대지와 뒤섞여 춤추며 다가오는 것 같고,
저기 제우스 왕좌와
신들의 온갖 신성한 영광이 또렷이 보이는구나!
(사튀로스들이 그의 주위에서 음탕하게 춤을 춘다)
아니야. 키스는 하고 싶지 않아.
카리스 여신들이 나를 유혹하려드는구나
(실레노스를 붙잡으며) 여기 이 가뉘메데스면 충분해,
그의 곁에서 쉬는 것이 가장 편하니까.
얼마나 매력적인가!
카리스 여신들의 이름으로 말하노니,
나는 여자들보다는 소년들이 더 재미있어![54]

이 노래와 함께 키클롭스는 자기의 늙은 남자 노예 실레노스를 섹스 파트너로 삼을 요량으로 동굴 안으로 마구잡이로 끌고 들어가고 실레노스는 "아아, 나는 술이 얼마나 쓴 것인지 보게 될 것 같구나!" 하는 비명을 지르며 질질 끌려간다.[55] 키클롭스가 만취되어 잠에 곯아떨어졌을 것이라고 생각한 오디세우스가 실레노스의 아들들인 사티로스들에게 함께 키클롭스의 눈을 빼고 실레노스를 구하자고 하자, 사티로스들은 '팔다리가 굳어진다, 다리에 쥐가 난다, 눈에 먼지가 들어갔다' 등등의 온갖 핑계를 대고 비겁하게 꽁무니를 뺀다. 오디세우스는 그들에게 행동을 보여주지 못하면 노래로 박자라도 맞추어서 자기와 자기 부하들의 용기나 북돋워달라고 한다. 마침내 오디세우스는 키클롭스의 눈을 빼고 자기와 동료들을 구원하는 것으로 극의 끝을 맺는다.

이 극의 줄거리 전체에서나, 극의 사티로스 합창에서나 비극적인 것보다 희극적 분위기가 더 지배적이라는 것은 자명하다. 또 여기서 사티로스는 인간적이기보다는 비인간적 · 비도덕적 · 비사회적 인격으로 그려진다.[56] 따라서 앞서 본 니체의 주장은 매우 의심스러운 것이다.

54 같은 곳, 584쪽(575~584).

55 같은 곳, 585쪽(585~589). 이 술의 쓴맛은 디오니소스가 가진 죽음의 상징성을 의미한다.

56 여기서 보이는 사티로스의 성격은 비겁하고 비열하다. '비겁함과 비열함'은 '사악함'만큼이나 '역겨운 것'이다. Hegel, ÄIII, 288쪽.

6

비판적 평가를 위하여

니체의 저작에 나타난 사상을 미감적으로 이해하는 것은 어렵지 않다. 어려운 것은 그의 저술에 나타난 철학의 내용을 앞뒤가 맞도록 논증해서 상식에 맞도록 변호하거나 비판하는 것이다. 그의 글과 사유는 어떤 이론이나 철학 체계를 논리적으로 세우고 확립하는 것과는 상관없이 섬세한 시적 감수성과 직관으로 파악한 순간의 세계를 문화와 고전의 프리즘적 왜곡을 통해 묘사한 것이기 때문이다. 물론 이 왜곡은 오늘날 현대적 세계관의 강렬한 포스터 그림판으로 칭송한다.

『비극의 탄생』은 비록 서술 방식에서 시적이지는 않으나 그 내용은 하나의 시, 그리스 비극과 신화의 사티로스와 디오니소스 이야기의 서사적 조형성을 추상하고 그 내면적 분위기만 정감화한 하나의 서정시이다. 시에서 주장과 주장 근거의 정합성 논증은 문제조차 되지 않는다. 보다 중요한 것은 그의 시대 문화계, 특히 음악계의 특수 분위기에 함몰되어 그 시각과 감수성으로 사티로스와 디오니소스의 의미를 생의 활력으로 부활시키고 있다는 점이다. 이것이 그의 사유를 비판적으로 검토하려는 시도를 방해하는 근본적 난점이다.

그러나 만일 우리가 니체의 사유, 특히 사티로스 예찬론에 시적 깨달음의 감수성이 아니라 상식 수준의 비판적 합리성만 동원해도 그 이론은 금방 와해된다. 즉, 그의 이 사상은 고도의 논증으로도, 속된 상식적 합리성으로도 이론이 아니라는 점이 드러난다. 이론은 정합적 논리성을 내적으로 함축해야 하기 때문이다. 그러나 이론으로서는 사산아인 사티로스 예찬론은 모든 차이 나는 존재들, 모든 적대적인 힘들의 신바람 춤판의 생기 있는 잔치로 이해하는 순간, 하나의 새로운 신화로 부활한다. 이 새로운 신화는 현대성의 전형에 대한 지워지지 않는 상징주의 낙서인 것이다.[57]

57 신화의 상징성에 대한 18세기 이해에 대해서는, F. Creuzer, *Symbolik und Mythologie der alten Völker*, Leipzig 1823 참조.

제4장

아리스토파네스와 니체의 반소크라테스주의의 본질

1
반소크라테스 성향

다음은 니체의 소크라테스관이 아리스토파네스에서 유래한다는 필자의 추정을 정리하고자 한다. 이 추정과 정당성의 근거에 대한 면밀한 논증은 다음 기회로 미루고 여기서는 바로 그 논증을 위한 머리말 격으로 고대와 현대의 대표적 반소크라테스주의의 입론을 대비 소개하는 수준에 그치려고 한다.[1]

주지하다시피 아리스토파네스의 「구름」은 소크라테스를 희대의 소피스트로 경멸한다. 당시 아테네에서 소크라테스는 혁명적 신세대 사유의 소유자로 그의 철학은 시민들의 찬반이 극명하게 첨예화되는 상황이었다. 즉, 보수적 · 귀족적 인사들은 전통적 신관, 세계관을, 진보적 시민들은 새로운 합리주의 사상을 받아들이고 있었다. 아리스토파네스가 소크라테스를 비판했다고 그를 보수주의자들의 편에 있었다고 말하는 것은 쉽지 않다. 그는 「개구리」에서 소크라테스에 대한 것보다 더 심하게 일반 대중들의 경배 대상인 신들을 인간화 · 세속화된 속물들로 그려낸다.

여기서 특히 디오니소스 신은 술값을 떼어먹고 도망친 치사하고 비겁하고 술만 보면 사족을 못 쓰는 배불뚝이 신으로, 제우스의 아들이 아니라 "술독의 아들"로 소개되고 있다.[2] 이런 정황으로 그 역시 소크라테스 못지않게 혁명적 사상을 가진 작가라고 평가할 만하다.

현대 초기 니체가 소크라테스를 진정한 진리에 대한 거짓말쟁이로 이해한 것은 비록 시대적 간극과 서로 다른 문제의식에도 불구하고 아리스토파네스의 사유 방식과 그 색깔에서 겹쳐진다. 그와 상반되는 관점이 있다면 그 하나는 니체가 디오니소스를 대안으로 제시한 데 비해 아리스토파네스는 디오니소스에서 일말의 긍정성조차 인정하지 아니한다는 점이다. 또 하나는 니체가 『비극의 탄생』에서 매우 진지한 태도로 자신의 주장을 설득하려는 데 비해 아리스토파네스는 「개구리」에서 희극의 목소리로 풍자하고 있다는 것이다. 니체가 예술의 본원적 신으로 디오니소스를 예찬한 것은 그에게 보이는 신의 고통, 부활, 구원이라는 종교적 관점을 수용한 것이라기보다 비합리성의 본래성을 디오니소스 신의 성격에서 찾아내고 이것이 예술의 본원성과 일치한다고 파악한 것을 우리는 현대적 의미의 희극, 즉 아리스토파네스적 희극을 비극으로 분

1 니체가 그리스 비극과 관련하여 소크라테스를 비판하는 결정적인 곳에서 아리스토파네스를 떠올린다. KGW. III-1, 84쪽, 플라톤의 「향연」에서 아리스토파네스는 아가톤의 집에서 열린 연회에서 소크라테스와 그 친지들과 함께 에로스(Eros)에 관해 재치 있는 연설을 하는, 그러나 평범한 젊은이로 묘사된다. 연회에 늦게 참석한 알키비아데스는 아리스토파네스가 소크라테스의 관심을 끌 만큼 잘생기거나 뛰어난 정신력의 소유자는 아닌 것처럼 설명한다(Platon, *Symposion*, Das Gastmahl, übers. von F. Schleiermacher, in: Platon Werke, (=PW), Bd.III, Darmstadt 1977, 213b, 357쪽 참조). 소크라테스의 열렬한 사모자이나 다소 술이 취한 상태의 알키비아데스는 소크라테스를 그 모양이 실레노스와 유사하고 인물과 짓궂음에서 사티로스 중 하나인 마르시아스(Marsyas)와 흡사한 사람이라고 말한다(같은 곳, 214b, 363쪽). 니체가 실레노스와 사티로스의 디오니소스와의 연관성만을 말하고 소크라테스를 그들의 몰락으로 이해하는 것과 대조적 관점이라 하겠다.

2 아리스토파네스, 「개구리」, 『아리스토파네스 희극』, 천병희 역, 단국대 출판부, 2004, 22, 291쪽.

장한 니체의 넋두리로 이해할 수 있다.

전통적으로 아리스토파네스는 그리스 문학의 치사한 거짓말쟁이쯤으로 치부되어왔고 남아 있는 극의 내용 역시 희극 이상이 아니며 그 주인공들에 대한, 특히 소크라테스와 에우리피데스에 대한 무자비한 인신공격은 후대에 그 자신에 대한 공격으로 방향이 바뀌게 될 정도이다. 비록 비난과 풍자와 조롱의 정도가 지나치다고 해도 그 내면에 흐르고 있는 심오한 진실성은 간과해서 안 되며 이 같은 사정은 니체에게도 적용된다 하겠다. 니체의 소크라테스 비판의 고전적 전형은 아리스토파네스의 「구름」이다.

2
아리스토파네스 「구름」의 소크라테스

「구름」에서 소크라테스는 소송에 이기는 논변을 가르치고 그 보수를 받아 사색소(논리 논술 학원) 경영을 꾸리는 전형적인 소피스트로 나온다. 그 근처에는 늙은 농부가 몇몇 하인을 부리고 살 만큼 겉보기에 여유가 있으나 실은 승마와 경마에 재산을 날리고 빚더미를 안기는 건달 아들 때문에 골머리를 썩이며 생활한다. 궁리 끝에 농부는 소크라테스를 찾아가 아테네에서 가장 말을 잘해 어떤 소송에서도 이기고 어떤 빚도 갚지 않아도 되는 변론술을 배우고자 한다. 당시 아테네는 고도의 민주주의를 누리는 반면 그 때문에 시민들은 온갖 소송에 시달리는 상황이었고, 이치와 사리에 맞는 논변으로 재판관과 배심권의 동의를 이끌어내면 소송에 이길 수도 있고 소송에 이기면 빚을 갚지 않아도 되는 그런 일이 허다하게 벌어지고 있었다. 또 민주주의는 달변가와 웅변가에 의해 대중 선동이 가능하므로 논리적이고 조리 있는 것처럼 보이는 말하기, 요컨대 논리학과 수사학에 기초를 둔 말하기 학습 열풍이 사회적으로 일어 이런 바람을 이용해 돈벌이에 나서는 지식인들이 허다했다. 이런 무리들을 일컬어 소피스트라 한다.

늙은 농부 스트레프시아데스는 소크라테스 사색소에 대해 "돈만 지불하면 옳든 그르든 말로 소송에 이기는 법"을 가르쳐주는 곳이라고 알고 있다.[3] 그는 또 사색소 안에 있는 이들은 우주와 천지운행에 대해 깊은 관심을 가진 자들이니 현자임이 틀림없으므로 가서 한 수 배울 것을 아들에게 권고하나 아들은 "맨발로 다니는 허풍선이", "귀신 들린 소크라테스" 에게 가고 싶지 않다고 거절한다.[4] 결국 말 안 듣는 젊은 아들 대신 늙은 아비가 논리를 배우기 위해 사색소를 찾아간다. 희극 특유의 우스갯소리를 빼고 보면 소크라테스의 사색소는 사색과 관찰, 종합과 분석을 통한 사실 발견을 중시하는 일종의 혁신적 사상 모임이다. 달의 궤도 탐구, 벼룩의 높이뛰기 높이 측정, 베짱이의 노래하는 방식 규명 등등에 깊은 관심을 가지고 그 규명에 초월적 신이나 신의 계시 또는 신탁이 아니라 경험과 논리적 합리성과 이성을 사용하기 때문이다. 이 사색 학원의 원장 격인 소크라테스는 죽기 24년 전인데[5] 당시 일반인들이 믿던 올림포스의 신들이 아니라 '구름'을 신으로 믿는 이로 묘사된다.[6] 그는 태양신이 아니라 태양을, 번개 신이 아니라 번개를, 포도주의 신이 아니라 포도주를, 죽음의 신이 아니라 죽음을 믿으며 이 전체를 변화 속에서 보여주는 '구름'을 지고지선의 최고신으로 섬기는 사람이다. 그의 내면에

3 "저건 영리한 두뇌를 위한 사색소야. 저곳에 살고 있는 사람들은 증명하려고 하지. 하늘은 우리를 둘러싸고 있는 큰 솥뚜껑이고 우리는 그 안에 있는 숯들이라는 것을. 그리고 그들은 돈만 지불하면 옳든 그르든 말로 소송에 이기는 법을 가르쳐주지." 「구름」, 『아리스토파네스 희극』, 천병희 역, 94~99.

4 아리스토파네스,「구름」, 94~104.

5 「구름」은 기원전 423년 '디오니소스제'에 출품하여 세 편 중 3위를 하는데 소크라테스가 죽은 해는 기원전 399년이다.

6 아리스토파네스, 위의 책, 247ff.

더 이상 제우스니 디오니소스니 포세이돈이니 하는 신은 존재하지 않고 경배의 대상도 아니다. 소크라테스가 경배하는 신성한 대상은 구름이요, 구름의 신들이다. 그는 이렇게 기도한다.

> …… 오오 주인이여, 왕이여, 대지를 공중에 떠 있게 하는 그대 무한한 대기여,
> 찬란한 아이테르여, 그리고 우렁찬 우레를 보내시는 근엄하신 구름의 여신들이여, 떠올라 그대들의 사색가들을 위하여 공중에 나타나소서, 전능하신 여신들이여!…… 그대들이 눈 덮인 신성한 올림포스의 봉우리들 위에 앉아 계시든, 아버지 오케아노스의 정원에서 요정들을 위하여 신성한 원무를 추고 계시든, 네일로스 강의 하구에서 황금동이로 물을 긷고 계시든, 아니면 마이오티스 호수나 멀리 미다스의 눈 덮인 정상에 머물러 계시든. 내 기도를 들어주시고 신성한 의식의 제물을 기꺼이 받아주소서![7]

구름은 땅과 공기와 비 등등과 같은 모든 자연물을 종합한 통일체이니 개별적 자연물보다 언제나 우위에 있는 전체자라 할 수 있다. 동시에 이 전체자는 다양한 개별자들의 모습으로 변전 둔갑하는, 말하자면 개별자들로의 끊임없는 흐름이요, 생성이다. 단 한시도 고정된 모습으로 있지 아니함으로 운동과 변전을 가르치지만, 언제나 구체적 어떤 것을 순간적으로 보여주므로 개체의 본성과 본성 없음을 가르친다. 진정한 철학자가 뜬구름을 잡으려 하는 것은 당연하다. 사색과 그 본질에 생명을 주기 때문이다. 마찬가지로 진짜 사기꾼도 뜬구름에 예배한다. 한순간 한몫 잡고 현자로 변신하는 지혜를 보여주기 때문이다. 그래서 "구름의 여신"은 한편으로는 "판단과 토론과 이성"을, 다른 편으로는 "허풍과 수다와 기만과 호소력"을 주는, 현자와 게으름뱅이와 사기꾼 모두의 "수

7 아리스토파네스, 「구름」, 264~274.

호신"이라고 소크라테스는 단언한다.[8] 소피스트와 점쟁이와 무당들, 돌팔이 의사나 투기꾼, 엉터리 화가와 시인들, 아무것도 하지 않으면서 모든 것을 다 하는 것처럼 떠벌리는 정치가나 온갖 비리를 저지르면서 사회 정의를 떠드는 법조인 등등을 먹여 살리는 것은 거짓말을 참말인 것처럼 속일 수 있는 논변과 언변이며, 이 논변과 언변의 수호신이 바로 구름인 것이다. 그들은 없는 무(無)도 있다 하고, 있는 유(有)도 없다 하고, 추한 것을 아름답다 하고, 아름다운 것을 더럽다 하지만 이 모든 근거들이 다 구름 속에 있다고 구름을 찬미한다. 구름은 있다가도 없고, 없다가도 있고, 추하다가 아름다워지고, 아름답다가 추해짐으로써 그들의 예배에 답해준다. 구름은 안개도 되고 이슬도 되고 공기도 되고 비도 되고 무지개도 되고 천둥도 되고 번갯불도 된다. 구름은 원하는 대로 변해서, 늑대에게는 늑대로, 새에게는 새로, 원숭이에게는 원숭이로, 사기꾼에게는 사기꾼으로 모습을 보여준다. 제우스를 포함하는 올림포스의 신들을 믿지 않는 소크라테스는 합리적 이성을 믿는 구름 신의 최고 사제이다. 자연의 현상들은 자연 자체의 일정한 법칙을 따라 나타나고 변화하는 것이지 인격신들의 조화가 아니므로 그들을 숭배하고 제물을 바칠 필요가 없다.[9] 지혜로운 자 또는 지혜를 얻으려는 자는 믿을 수 없는 것은 믿지 말고, 기억력과 인내심과 사려 깊음을 믿어야 하며 "술과 체육관과 그 밖의 어리석은 것들"을 멀리하고 변론술과 논쟁술을 익혀야 한다.[10] 달리 말하자면 진정 믿어야 할 것은 "카오스와 구름의 여신들과 혀"라는 것이다.[11] 이 믿음에 이르는 길은 심사숙고, 즉 정신을 집중하고 사실들을 그 자체로서 정확히 고찰하고 분석하는 것이다.[12]

8 같은 곳, 316~319.
9 같은 곳, 369ff.
10 같은 곳, 412f.
11 같은 곳, 423f.

늙은 농부 스트레프시아데스는 빚과 이자를 물지 않는 논변을 배우기 위해 소크라테스를 찾았으나 소크라테스는 그것을 가르치기에 앞서 우선 교양 철학 선수 과목인 참을성과 생각하는 법은 물론 기초 교양 필수 과목으로 말하는 데 유용한 시적 운율, 리듬, 단어의 성별을 가르치려 한다. 결국 늙음의 건망증 때문에 아무리 가르쳐도 진도가 없자 소크라테스는 교육을 포기하고 젊은 자식을 보내라고 권유한다. 농부의 아들 페이디피데스는 소크라테스에게 가서 배우기를 한사코 거부하나, 그가 어릴 때 아버지를 졸라 아버지가 아들의 말을 들어주어 작은 수레를 산 적이 있다는 것을 농부가 상기시키고 닦달하자 할 수 없이 사색소를 찾아간다.

사색소 안에는 '정론(正論)'과 '사론(邪論)'이 격렬하게 다투면서 서로 상대방을 케케묵은 논리이면서 뻔뻔스럽게도 새 논리라고 궤변을 늘어놓는다고 비난하고 있다.[13] 여기서 정론은 진리와 선과 미에 대한 전통적 가치관과 분석적 논리를 뜻하고, 사론은 당시의 시대 요구와 구미에 맞추어 학생들을 고객으로 보는 장사꾼적 신식 경험 논리를 뜻한다. 정론은 마라톤의 용맹스러운 전사를 길러낸 정신교육으로 언제나 단정하고 친구와 부모와 나라를 존경하고 섬기며 우둔과 만용과 사치를 멀리하도록 젊은이들을 가르친다. 이에 비해 사론은 명예보다 멋진 것을, 친구와 스승과 부모와 나라보다는 자기 자신의 기분과 이익을 챙기며, 화해보다는 싸움질을 더욱 찬양하도록 교육한다. 노인이 오면 자리를 양보하고 부모에게 효도하고, 환락과 탐닉에 빠지지 않도록 정론이 가르친다면, 사론은 부모에게나 이웃에게나 하고 싶은 말은 하고, 좋은 것, 근사한 것은 취하고, 어릴 때 맞았던 매는 나중에 반드시 갚도록 가르친

12 같은 곳, 740f.
13 같은 곳, 890ff, 참조.

다. 아무 데서나 기분 나면 잡담하고, 놀러 가고, 큰 혀와 큰 남근을 찬양하고, 수치스러운 모든 것을 아름답다 하고, 아름다운 모든 것을 수치스럽다 하도록 사론이 젊은이들을 가르친다고 정론이 비판한다. 사론은 순결이 우리에게 무슨 이득을 주는가 반문하며 속임수와 거짓말과 사기가 일시에 수만금을 벌어들이기도 하고, 세도 있는 정치가도 만들 수 있으니 꼭 나쁘기만 한 것은 아니라고 강변한다. 음탕하면 할수록 쾌락을 증가시키니 이 아니 좋으며, 게임이나 놀음, 술과 간드러짐이 없다면 무슨 재미며, 간통과 간음과 바람피움을 떳떳하게 생각하면 큰 봉변은 당하지 않는다는 것을 역설한다.[14] (니체 같지 아니한가?) 정치가나 법관 또는 변호사, 시인과 예술가 및 그 관객들, 대중 연설가나 선동가, 부자와 자선가들 중에 일부가 오입쟁이가 되는 것이 아니라 사람들 중 진짜 오입쟁이들이 정치가요, 변호사이며 시인이며 부자요, 자선가라는 것이 사론의 관점이다. 물론 이 논쟁에서 사론이 정론을 간단하게 제압한다. 관객이 예외 없이 모두 오입쟁이였기 때문이다.

소크라테스의 사색소에서 아들이 변론술을 다 배우고 퇴소하는 날, 늙은 농부는 자기 아들이 "부정적 · 반박적 모습"으로 바뀌어 "그게 무슨 뜻이죠?", "왜 그렇지요?"를 입에 달고 다니면서 나쁜 짓과 범죄 행위를 저지르고도 오히려 당연스러워하는 뻔뻔함을 보일 만반의 준비를 갖춘 데 흡족해한다. 빌린 빚과 그 이자를 갚지 않아도 될 소크라테스적 수사와 궤변 논리로 무장한 아들은 이제 문전에서 엉터리 논변으로 빚쟁이들을 간단하게 물리친다. 빚쟁이들은 논리학을 배운 이들이 아닌 평범한 시민들이어서 농부의 아들을 당해낼 재간이 없었던 것이다. 옳은 말 앞에서도 능수능란하게 반대 의견을 내세우고, 틀린 말을 가지고도 논쟁에 쉽게 이기게 된 아들이 기특 대견하기도 하고 돈을 갚지 않게 된 것

14 같은 곳, 1036f.

도 신이 나서 늙은 농부는 의기양양하게 일가친척을 소집하고 집안 잔치를 벌이게 되는데, 이 잔치에서 부자간에 싸움이 일어난다.

싸움의 발단은 농부가 그날 잔치에서 당시 유행하던 〈승리의 노래〉를 불러 흥을 돋울 것을 아들에게 부탁하나 아들은 이것이 천한 노래라는 이유로 거절한다. 그러자 아버지는 좀 더 고상한 아이스킬로스의 비극 중의 노래를 청하나 아들은 그 작가 역시 허풍과 과장 덩어리며, 그의 노래 또한 별 볼일 없어 못 하겠다고 버틴다. 아버지 스트레프시아데스가 점점 화가 난 상황에서 제일 싫어하는 작가 에우리피데스의 노래를 아들이 불러젖힌다. 이 노래는 배가 같은 오누이가 근친상간한다는 가사로 된 것인데 이 노래를 부르자 아버지의 분노가 폭발하여 아들에게 욕설을 하고 부자지간에 거친 말이 몇 번 오고 간다. 그러다 아들이 벌떡 일어나 늙은 아버지를 깔고 앉아서 여기저기 펑펑 두들기기 시작하고 현명한 에우리피데스를 칭찬하지 않는 아버지의 무식에 대해 욕설을 퍼붓는다. 아들이 갓난애였을 때 그 표정과 옹알이 뜻을 미리 알고 먹을 것 마실 것을 대령하고 금이야 옥이야 키웠는데 이제 그 아들놈이 배은망덕하게도 아비의 목을 조르며 두들기는 것이다. 농부는 아들에게 절망한다. 되지도 않는 논리로 아비가 틀리고 자기가 옳았다고 변명하는 아들에게 대꾸할 만한 논리를 배워놓지 않은 자신과 동네 사람들의 안일했던 무지에도 절망한다.

아들은 아버지를 패는 논리의 정당성을 이렇게 증명한다. "내가 어릴 때 아버지는 사랑과 배려라는 명분으로 나를 때린 적이 있다. 이번에는 내가 똑같이 아버지를 사랑하고 염려하기 때문에 잘되라고 때린 것이다. 왜냐하면 사랑과 염려는(잘되라고) 때리는 것에서 싹트는 것이기 때문이다. 아버지는 맞아서 안 되고 아들은 맞아도 된다는 것은 옳은 논리가 아니다. 아들 역시 아버지와 마찬가지로 자유인으로 태어났기 때문이다. 만일 실수를 한 경우 매를 맞는다면, 아버지나 아들이나 매맞는 의

무에서 평등하다. 늙으면 어린애가 된다는 말은 늙으면 실수를 더 많이 한다는 말이요, 이것은 젊은이보다 늙은이가 맞을 짓을 더 많이 하며 따라서 맞을 기회를 더 많이 갖는다는 뜻이다."[15] 아버지의 힘없는 대꾸 논리는 '어떤 나라에도 아들이 아비를 두들기는 법은 없다'는 것인데 이에 대해 아들은 '어차피 법은 인간이 만든 것이므로 이제 새로운 법, 즉 아들이 맞는 매는 나중에 반드시 되돌려 빚을 갚는다'는 것을 혁명적으로 법제화해야 한다고 주장한다.[16] 아버지는 "그러나 새 법은 너에게도 적용되고 너도 나처럼 네 아들에게 두들겨 맞게 될 것이다. 너 역시 언젠가는 나처럼 늙게 될 것이기 때문이다"라고 항변한다. 아들은 자기가 자식을 낳지 않고 살 수 있으므로 아버지의 논리는 틀렸다고 반박하니 할 말이 없어진 아버지는 결국 항복하고 만다. 아들은 여세를 몰아 이번에는 소크라테스에게 배운 나쁜 논리를 가지고 어머니를 두들겨주겠다고 선언한다. 결국 빚과 이사를 떼어먹겠다는 자신의 나쁜 마음이 이 모든 나쁜 사건의 발단이 되었고, 이 나쁜 일을 성공시킨 것은 변화무쌍 뜬구름을 믿는 소크라테스임을 깨달은 늙은 농부는 소크라테스 사색소에 불을 지른다. 그 사색소가 서울의 남대문처럼 활활 불탔는지 어땠는지 나로서는 알 수 없으나 늙은이의 방화가 꼭 후련하지만은 아니한 것 또한 관객의 입장이다.

15 위의 책, 1410ff.
16 같은 곳, 1419ff.

3
니체 『비극의 탄생』의 소크라테스

필자는 니체의 사유 체계가 아리스토파네스의 사상과 희극 구성에서 깊은 영향을 받았다고 믿는다. 소피스트적 논리의 아이러니에서 그러하고, 모든 전통과 초월적 가치에 불을 질러 부정한다는 점에서 그러하고, 전통 가치의 전도를 통한 반도덕적인 것의 되살림에서도 그러하다. 소크라테스는 비극 예술의 반대자이지만 에우리피데스의 작품이 상연될 때는 언제나 관객석 맨 앞에 앉아 있었으며 그의 시작을 도와주기까지 했다고 한다. 페이디피데스가 아버지를 두들기게 된 동기로 에우리피데스의 비극을 내세우는데 이 비극은 전통에 대한 부정과 새로운 것에 대한 절대적 긍정을 의미하고 결국은 새로운 것(아들)의 승리로 귀착된다. 이것은 신화의 죽음과 합리적 정신의 탄생의 상징 이외에 다른 것이 아니다. 바로 이 때문에 니체는 에우리피데스와 소크라테스를 하나로 묶어 비판하게 된 것이다.

니체에 의하면 소크라테스는 "아름다운 세계(die schöne Welt)", 아름다움의 세계를 파괴한 "반신(半神)"이다. 당시 아테네는 거대한 도시이면서 국가였기 때문에 그 속에 사는 이들은 더 이상 시골 철학인 자연철학에는 관심이 없었고 도시의 본질인 인간관계와 그 단위로서 인간이란 무엇인가 하는 문제에 집착했고 그 원조는 소피스트들이다. 소피스트로서 그는 소피스트를 극복하려 했고 그 극복의 출발이 진리의 문제로서 "너 자신을 알라"이다. 그는 그 근거로 "나는 내가 아무것도 모른다는 것을 안다"라는, 소위 소크라테스의 아이러니 명제를 제시한다. 이 명제는 결코 "나는 아무것도 모른다"라는 불가지론이 아니라 그러한 사실을 "안다"라는 인식론에 토대를 둔 것이다. 이것은 그의 인식론의 기초이며 동시에 실천과 교육론의 기초이기도 하다. 자기가 누군지 모르는 이들, 무엇을 모르며 무엇을 아는지도 모르는 이들이 무엇이 좋고 나쁘며 무엇이 옳고 그른지 알 수는 더더욱 없다. 자기 자신이 아무것도 모른다는 사실을 알면 하나씩 조심스럽게 변증적으로 알아나가야 할 의무감을 갖게 된다. 그리고 알게 된 것을 가치화하여 선악을 구분하는, 보다 고차적 능력을 얻게 되며 이때 비로소 개인적 인격의 완성과 인간관계의 실천적 덕목을 깨닫게 된다는 것이다. 흔히 소크라테스는 오성이 결단이나 판단에서 망설일 때 "다이몬"이라는 신의 음성이 나침반 노릇을 했다고 전해지고 이 때문에 니체는 소크라테스의 지혜를 "본능적 지혜"로 규정한다.[17] "신의 목소리", "신의 도장" 등은 근대 철학, 특히 칸트와 실러에서 본능을 일컫는 표현이다. 여기에서는 의식(오성)이 본능과 대립적일 뿐 아니라 의식은 지혜의 창조자가 되고 본능은 그 비판자가 됨으로써 정상인과 그 반대의 인물, 즉 "결함을 가지고 태어난 괴물"로 생각된다.[18] 왜냐하면 일반적으로 본능이 생을 위한 창조적·긍정적 힘이고,

17 KGW, III-1, 86쪽.
18 KGW, 같은 곳.

의식은 그에 대한 비판적이고도 부정적 힘이라고 사람들은 믿기 때문이다. 그러나 소크라테스에서 다이몬은 의식이나 오성에 대한 단순한 비판이나 부정이 아니라 오히려 반대로 의식과 오성의 확실성과 그 힘에 대한 확고한 긍정의 명령이며, 따라서 그에게 이 둘은 대립자가 아니라 보완자이다. 소크라테스는 결코 신비주의자도 아니고 결함으로 태어난 인간도 아니다. 그가 당당히 재판관 앞에 섰던 것도, 사형장에 나갔던 것도, 거짓과 사론으로부터 정론을 구하기 위한 것, 다시 말해 오로지 주관 속에만 있는 유아적 진리와 아름다움으로 진짜 진리와 진짜 아름다움을 구하기 위한 것이다. 진리를 예언하는 델포이 신전에 빛과 진리의 신인 아폴론이 자리를 비운 때에만, 다시 말해 밤과 암흑과 비진리의 상황에서만 바코스 신이 대신 신전을 지킨다고 하지 않던가?

소크라테스는 분명 그리스의 이성이었고, 그리스의 연인이었고, 그리스의 장난스러운 비극을 진정한 비극으로 전환시켰다고도 할 수 있다. 그는 마치 소풍객이 소풍지에서 조용히 자리를 뜨듯이, 초대받은 손님이 웃으며 잔칫집을 빠져나가듯이 그렇게 이 세상을 하직하며 형장의 이슬로 사라져갔다. 니체가 그와 그의 사상을 비극의 종말로 본 것은 또 다른 주관적 관점일 뿐이다. 소크라테스의 사형 과정 장면은 비극에 대한 비극적 승화라 할 수도, 보다 세련된 비극, 즉 미소와 웃음으로 비극적임을 연출하는 그런 희극적 연극, 따라서 어떤 비극보다도 세련된 진짜 비극이라 해석할 수도 있기 때문이다.

니체는 소크라테스가 비극의 디오니소스적 심오한 뜻은 보지 못한 채 비극에서 "결과 없는 결과, 원인 없는 결과로 나타나는 것처럼 보이는, 참으로 비이성적인 것"에만 주목한다고 불평한다.[19] 이것은 전통 비극이 생각 깊은 이들에게는 반감을 주지만, 지각없는 이들에게는 영혼에 상

19 KGW, III-1, 88쪽.

처를 주는 위험한 자극제가 될 수 있다고 한 플라톤에 대한 비판이기도 하다. 에우리피데스의 비극 작품 작업을 도와주던 소크라테스를 스승으로 둔 플라톤을 니체는 이솝 우화밖에 모른다고 욕한다.[20] 전통 비극은 분별력 없는 이들에게나 호소력을 가질 뿐, 진리를 말하지 않기 때문에 분별없는 이들에게는 별 쓸모가 없다. 보여주고 싶은 것만 보여주고 유익하고 쓸모 있는 것은 보여주지 않는다는 점에서 그것은 "아첨하는 예술들" 중 하나이며, 따라서 당연히 이와 같은 비철학적 비이성적 예술을 멀리해야 한다고 강조한다.[21]

플라톤은 이러한 소크라테스 사상을 그대로 이어, 보다 논리적으로 예술을 비판한다. 예술은 모방의 모방, 즉 가상의 모방이기 때문에 진리의 모방을 과제로 하고 살아야 하는 우리에게 한갓 도움이 아니 되는 이유 때문이 아니라 거짓이므로 해롭기 때문에 추방해야 된다고 역설한다. 실생활이 이데아의 모방으로서 경험적 삶의 세계인데, 예술은 다시 이 경험적 현상 세계를 모방함으로써 두 번의 거짓인 가상의 가상이다. 이것을 부정해서 몰아낼 수 있는 새로운 희극, 비극이 아니라 이성극이 플라톤의 과제였다고 니체는 평가한다.

플라톤은 진정함의 영역인 이데아를 보여주고 추구하고 발견하는 희곡, 그때까지와는 전적으로 다른 희곡을 씀으로써, 구성에서나 형식에서나 당시 비극 예술의 모든 것을 자기 작품 내에서 융화하기에 이른다. 하지만 니체에 의하면 이 융화는 잘못된 것이다. 즉, 그의 대화편은 서사시와 서정시 사이를, 산문과 운문 사이를 왔다 갔다 함으로써 오히려 옛날의 각 장르의 개별적 통일성마저 지키지 못하기 때문이다.[22] 집 나온 개처럼 이곳저곳을 놀아다니며 오늘은 빵을, 내일은 순대를 먹고, 없으

20 같은 곳.
21 같은 곳. '아첨하는 예술들' = die schmeichlerische Künste.
22 니체 전집 2, 110쪽.

면 없는 대로 굶는 식의 왔다 갔다 하는 견유적 자유로운 형상이 플라톤의 저작이며, 따라서 온갖 잡동사니가 다 뒤섞인 그런 모양의 문학 형식이 바로 플라톤 대화편의 특징이다. 물론 이것은 다른 한편 후세에 나타난 "소설의 전형"이라는 성과를 가지기도 한다.[23]

플라톤의 변증법 철학에 토대한 대화편은 시(Poesis)를 철학의 시녀로 전락시키는 역할을 한다. 더 이상 자연이나 인간 세계와 역사의 설명을 신화적 시가나 비극의 예술 형식이 담당하기에 눈과 이성은 너무 밝아진 것이다. 로고스와 누스에 의한 합리적 설명, 사실에 대한 경험적 관찰, 관찰 결과들의 집적에 대한 세밀한 분석과 논증이 그 자리를 대신하게 된 것은 당연한 일이다. 니체는 이에 대해 좀 더 공격적으로 "여기서 철학적 사상은 예술을 감시하고 예술로 하여금 변증법의 줄기에 밀착할 것을 강요한다"라고 단언한다.[24] 디오니소스적 열정은 더 이상 예술적 도취라기보다는 자연성에 대한 열망으로 변질되어 사라져버린다는 생각 때문이다.

소크라테스주의는 낙천적이다. 낙천주의는 "덕은 앎이다. 알지 못함(무지)으로부터만 죄가 될 수 있다. 덕적인 이는 행복한 이다"[25]라는 소크라테스의 명제 속에 분명히 드러난다. 이 분명성은 디오니소스적인 것을 생명으로 삼는 예술가들에게는 일종의 죽음과 같은 것이다. 소크라테스적 낙천주의는 심오한 예술을 산출하는 것이 아니라 반대로 "시민극으로의 투신자살"을 준비할 뿐이다.[26] 여기서 비극은 완전히 숨결이

23 KGW, III-1, 90쪽. '소설의 전형' = das Vorbild des Roman's.

24 니체 전집 2, 111쪽.

25 KGW, III-1, 90쪽. '덕은 앎이다. 알지 못함(무지)으로부터만 죄가 될 수 있다. 덕적인 이는 행복한 이다.' = Tugend ist Wissen; es wird nur gesündigt aus Unrissenheit; der Tugenhafte ist Glückliche.

26 KGW, III-1, 90쪽. '시민극으로의 투신자살' = der Todessprung in's bürgerliche Schau-spiel.

끊어진다.

사실 비극의 죽음은 이미 소포클레스에서 가시화된 것이다. 그가 합창단을 배우로 끌어내어 배우의 수를 셋으로 늘리면서 대화가 합창보다 더 중시되고 종국에는 대화와 배우의 연기가 주로 되고 합창은 보조 수단으로 전락하게 된다. 비극의 기원으로서 합창은 자기 자식인 비극 드라마와 더불어 자기 몰락의 씨앗을 준비하고 있는 셈이다. 니체는 합창단이 오케스트라에서 빠져나와 무대의 배우가 되자마자 오케스트라가 해체된 것과 마찬가지라고 생각한다.[27] 그러나 엄밀히 따지고 보면 아이스킬로스에서 이미 비극의 붕괴가 시작되었다고 할 수 있다. 말하자면 비극은 탄생과 동시에 그 임종이 왔으며 비극의 탄생에서 이미 디오니소스의 몰락이 시작된다고 하는 편이 더 정확한 표현일 것이다. 배우를 둘로 설정한 것은 아이스킬로스이고 이것은 서사적 대화가 합창보다 더 중요한 역할을 한다고 말할 수 있기 때문이다.[28] 대화가 너무 크고 많으면 합창을 망치고, 노랫소리가 너무 크고 많으면 대화를 망치는 것은 사필귀정이다. 에우리피데스에 오면 합창은 대화와 배우들의 연기에 가려져 극히 사소한 심심풀이의 수준으로 전락한다. 그러나 비극의 자연스런 발전과 몰락이 공개적이고 논리적으로 자행되는 곳은 바로 소크라테스의 변증철학과 낙천주의라는 것이 니체의 단언이다.

> 낙천주의적 변증론은 삼단논법의 채찍을 휘둘러 음악을 비극에서 추방한다. 즉, 그것은 비극의 본질, 즉 디오니소스적 상태의 유일한 표현이며 형상화요, 음악의 가시적 상징화이며 디오니소스적 도취의 꿈같은 세계로 해석

27 같은 곳, 91쪽.

28 디티람보스 합창에서 비극이 시작되는데 "노래 선창자와 합창 가무단(코로스)의 대립에서 대화적 드라마적 요소가 발전한 것"으로 여겨진다(천병희, 『그리스 비극의 이해』, 14쪽).

될 수 있는 비극의 본질을 파괴한 것이다.[29]

니체는 "예술가적 소크라테스"의 가능성 여부를 물으며 그가 처형되기 전 감옥에서 "음악을 추구하라"라는 소리를 꿈속에서 듣고, 아폴론에게 바치는 노래도 짓고 이솝의 몇 구절 산문을 운문으로 바꾸기도 했으므로 예술가적 소크라테스의 가능성이 아주 없는 것 같지는 않다고 추측한다.[30] 그러나 아폴론에 바치는 노래가 암시하듯 그는 바코스 디오니소스가 아니라 디오니소스 자그레우스, 다시 말해 술 취한 디오니소스가 아니라 술 끊은 디오니소스(아폴론)를 찬양한 것이며 그 찬송가가 다름 아닌 논리적 변증법인 것이다. 이 점에서 필자와 니체의 생각은 다르다.

논리학과 예술이 자매지간일 수 없다는 것을 니체는 감지하고 이번에는 "논리학자를 추방해버린 지혜의 왕국이 가능한가?"를 묻는다.[31] 이것은 물론 새로운 문제는 아니다. 소크라테스가 신화의 비극적 공연 방식을 논리적 철학 방식으로 바꾸어 자연과 인간을 설명한다고 비극과 철학이 양립 불가능하다는 논리는 성립되지 않는다. 비극에 이어 희극이 뒤를 잇고 비극 이전에 이미 건축과 조각이라는 예술 장르가 세계와 자연을 이해한 대로 묘사하듯 희극 이후에도 언제나 여러 장르의 예술이 병렬적으로 또는 선후적으로 자기 영역의 역사를 만들어간다. 따라서 예술은 논리학자를 추방하는 지혜의 영역이지만 그렇다고 논리학의 영역에서 논리학자가 사라지지는 않는다. 도둑들만 모여 있는 곳에 경찰은 없지만 그 모임을 벗어나 도둑을 잡는 모임에 가면 이번에는 반대로

29 KGW, III-1, 90쪽.
30 '예술가적 소크라테스' = ein künstlerische Sokrates, '음악을 추구하라' = trerib Musik.
31 니체 전집 2, 114쪽.

도둑은 없는 것과 같은 이치이다. 또 채권자가 없으면 채무자가 있을 수 없고 채무자 없이 채권자가 있을 수 없듯이, 논리와 예술은 각기 대립자 존립의 상호 원인으로 이해할 수도 있다.

니체는 선배 낭만주의자들과 마찬가지로 그리스 문화에 질투에 찬 경탄을 보낸다. "거의 모든 시대와 문화의 단계는 깊은 불안감에서 한 번쯤 그리스인들에게서 벗어나고자 몸부림쳐본 경험이 있다. 왜냐하면 그리스인들 앞에 서면 자신이 이룬 모든 것, 외면상 완전히 독창적으로 보이는 것, 진정으로 감탄할 만한 것들이 갑자기 색채와 생명력을 잃어버리고 실패한 모사품으로, 회화로 오그라들기 때문이다."[32] 이러한 그리스인들의 "아폴론적 인간 유형"이 바로 소크라테스이며 그는 이후 인류 사회에서 나타나게 되는 이 유형의 전범이다.[33] 예술가나 이론가나 자신이 발견한 진리 앞에서 기뻐하기는 마찬가지이지만 예술가의 기쁨은 진리의 감춰져 있는 것을 보는 기쁨이라면, 이론가의 기쁨은 진리가 폭로된 것을 보는 기쁨이다. 그러나 진리는 단선적이 아니어서 어떤 방향에서도 전모를 드러내지 않는다. 이론가들이 늘 말하듯이 '진리 그 자체가 아니라 진리를 좇아가는 과정이 더욱 중요하다'는 주장은 실은 진리 발견의 불가능이나 진리 없음에 대한 겸손한 고백일 수 있다. 니체에 의하면 사유는 인과성을 가지고 존재의 본질에 도달할 수도 없고 그것을 인식할 수도 없다. 바로 사유의 이 한계 때문에 학문에 한계가 있는 것이고 이 한계 때문에 예술로 전환하지 않을 수 없다. 따라서 "예술은 이런 메커니즘에서 본래 학문이 주목하는 대상", 학문이 지향하는 대상이다.[34]

학문의 사명은 진리의 발견이다. 이 목표가 확고할 때 죽음도 두렵지 않으며 우리는 그 모습을 소크라테스의 순교에서 본다. 그러나 존재 이

32 같은 곳, 114쪽.
33 KGW, III-1, 94쪽.
34 같은 곳, 95쪽.

해가 벽에 부딪힐 때, 다시 말해 어떤 식으로 해도 그 논리가 불충분하고 불만스러울 때 신화의 도움을 받아야 한다. 좀 더 강하게 표현하자면 신화는 "학문의 의도"이다.[35] 사물의 본성을 규명해낼 수 있다는 신념은 진리 발견의 기본 조건이며 바로 이 신념 때문에 니체는 소크라테스를 "이론적 낙천주의"의 원조로 간주한다.[36] 사물의 본성을 밝히는 데는 사유와 존재의 법칙 규명에서 시작하고 이 규명은 개념, 판단, 추리의 논리 법칙의 규명에 일치한다. 요컨대 논리적 법칙에 의해 사물의 본성이 밝혀질 수 있으며 논리적 법칙은 바로 이성의 법칙과 같은 것이다. 이 법칙은 또한 존재의 로고스의 법칙에도 정확히 일치한다. 이러한 소크라테스적 믿음은 존재뿐 아니라 윤리적 감정들인 동정심이나 영웅심 또는 희생정신 등의 구조까지 밝혀낼 수 있다는 신념도 포함한다. 아는 것이 덕이며, 선의 토대라는 말은 이 신념의 선언적 표현이다. 아는 것은 그 내용을 행할 수 있고 또 가르칠 수 있다. 이 같은 낙천주의가 소크라테스의 명랑성이요, 그리스 철학의 명랑성이다.

그러나 이 같은 명랑성, 아폴론적 낙천주의의 신념은 일종의 거짓 환상이다. 사물의 본질 규명에 돌입하자마자 만나게 되는 무한한 난제들, 개념, 판단, 추리에 걸려들지 않는 무수한 문제들과 문제들의 순환들, 그 한계와 벽 때문에 해명할 수 없는 것들로 둘러싸이게 됨을 알게 된다.

> 논리가 자기 자신의 주위를 돌면서 결국에는 자기 꼬리를 무는 것을 그가 여기서 보고 공포로 전율할 때 — 이때 새로운 인식 형태, 즉 비극적 인식이 터져 나온다. 이 비극적 인식은 단지 견디어내기 위한 보호막으로서, 치료제로서 예술을 필요로 한다.[37]

35 같은 곳, '학문의 의도' = Absicht der Wissenschaft.
36 같은 곳, 96쪽. '이론적 낙천주의' = der theoretische Optimismus.
37 같은 책, 97쪽.

니체에 의하면 소크라테스 자신이 이런 "비극적 체념"을 경험하게 되고 이 때문에 "예술에 대한 갈증"으로 목말라하게 된다.[38] 낙천주의적 인식 욕망은 가장 낮은 단계에서는 예술에 대한 적대감을 그 특징으로 하여 "디오니소스적 비극 예술을 내면적으로 혐오"하지만 그 최고의 단계에서는 오히려 그것을 긍정하게 되어 "음악적 소크라테스"를 탄생케 한다.[39] 결국 비극 예술의 최강의 적대 세력인 소크라테스와 이론적 낙천주의는 비극의 묘지이지만 또한 그 최고봉에서 비극의 음악 정신의 혼령이 나타난다.

38 같은 책, 98쪽.
39 같은 곳. '예술에 대한 갈증' = Kunstbedürftigkeit, '욕망' = Gier. '음악적 소크라테스' = der musiktreibende Sokrates.

4
반소크라테스주의에 대한 평가

아리스토파네스가 왜 그처럼 격렬하게 소크라테스를 혐오했는지는 분명하지 않다. 다만 당시의 사회 변화가 너무 급격해서 보수적 정치가나 지식인들뿐 아니라 진보적 자유주의자들조차도 그 변화에 우려를 나타내고 있었다는 것과 그 변화를 주도한 이가 소크라테스와 그의 철학이라고 믿은 아리스토파네스의 우려가 희극의 방식으로 나타난 것이 아닐까 추측할 수 있을 뿐이다.

희극은 본시 민주주의적 문학 장르이다.[40] 사회 부조리나 왕과 지배 귀족들은 물론 신들조차 조롱하고 웃음거리로 삼음으로써 그들의 지위를 별것 아닌 것으로 격하시켜 대중들을 시원하게 할 수 있기 때문이다. 아리스토파네스의 희극 역시 전통적으로 숭배의 대상이던 신화의 영웅

40 G. Murray, *A History of Ancient Greek Literature*, London 1937, 279쪽. 아르놀트 하우저, 『문학과 예술의 사회사』, 1, 백낙청 역, 창작과 비평사, 1999, 120쪽.

과 신들을 관객들이 거리에서 흔히 만날 수 있는 인간처럼 묘사하고 당시의 저명인사와 비극 작가들 또한 우리와 다름없이 속고 속이고 울고 웃는 이로 풍자하고 세속화하여 연출시킨다. 「구름」을 이런 관점에서 보면 주인공 소크라테스에 대한 특별한 비난이라기보다 희극 자체의 특징 때문이라고 이해해도 좋을 것이다. 비록 그의 정치적 신념이 반민주주의이고 세계관이 보수적이라 해도, 무엇이든 누구든 시민의 웃음거리로 만드는 데 희극만 한 것이 없다고 그는 믿었다. 그가 희극 경연대회에서 여러 번 일등을 한 것이나 시민들에게 굉장한 인기를 누릴 수 있었던 것은 이런 문학적 신념 때문이다.

그러나 에우리피데스의 비극이 그리스 고유 전통인 인륜적 생활의 이상과 정신을 모독하고 비극의 근본이념을 훼손한다고 비난한 것이나, 소크라테스가 이것을 더욱 부추기고 이성을 내세워 귀족과 그 자제들을 타락시킨다고 한탄한 것이 아리스토파네스가 아니라 그의 희극 중 어떤 인물일 뿐이라고 단정하는 것 또한 옳지 않다. 그 인물들 역시 아리스토파네스 생각의 대변자이기 때문이다.[41] 그리스 전통 신화와 영웅 설화는 심미적 이상주의를 내포하게 마련이고 이는 사람들의 일상생활 방식이 덧없으며 보다 높은 인륜적 · 종교적 가치를 추구할 것을 시민들에게 가르친다. 이 교육은 진지성에서도 효과에서도 단연 비극이 유리하다. 비극의 공모에서부터 심사와 수상작 선정 및 공연에 이르기까지 일체의 전 과정이 지배 계층의 정치적 목적에 따라 진행되었고 일반 시민은 입장료를 내는 대신 받으며 극을 관람한다. 그러나 사람이 모이다 보면 떠

41 "소포클레스가 자기는 있어야 할 인간의 모습을 그리는 반면 에우리피데스는 있는 그대로의 인간을 그린다"라고 말한다(Aristoteles, *Poetik*, übers. von Olof Gigon, Stuttgart 1976. 1460b). '있어야 할 인간'은 시공을 초월한 '인간의 이상(Ideal)'이고 '있는 그대로의 인간'은 시공에 제약된 인간의 현존(Dasein)이다. 인간의 현존을 인간 자체와 동일시하는 것이 에우리피데스의 문제라는 것이 아리스토파네스의 비판점이다.

들게 되고 비극을 관람하고 나면 평가하게 마련이어서 지배 권력이 의도하든 하지 않든 자연스럽게 민주주의가 강화되게 마련이다. 게다가 스토리의 재미와 즐거움 또한 무시 못 할 극의 요인으로 자리매김되면서 사티로스극과 희극이 비극의 공연 사이사이에 끼어들게 되고, 풍자와 익살의 의미가 더욱 강조되면서 희극이 독립성을 쟁취하게 된다. 아리스토파네스 희극에서만큼 언론의 자유가 보장된 적은 그리스는 물론 인류 역사상 전무후무했다는 것은 필자만의 생각은 아니다.

일사불란하게 움직일 수 있는 작은 부족이나 도시국가에서 그 구성원의 결속에 공유 신화와 영웅 설화 비극이 교육 수단으로 이용되는 것은 세계사에서 드문 일은 아니다. 하지만 타 집단 또는 타 민족과 교역과 갈등이 빈번해지고 그 양태 또한 다양화되면서 구성원들의 경험이 축적되고 의식이 깨이면서 신화나 영웅 설화로 그들을 교육하는 데는 한계가 있다. 이 한계 극복의 대안은 이성과 논리이다. 이성과 논리는 지혜이며 지혜에 의한 진리 발견이 철학이라는 것을 깨닫고 제자와 시민 교육에 발 벗고 나선 이가 소크라테스이다. 물론 소크라테스 이전 이미 지식을 사고파는 사회적 환경이 조성되어 있었고 여기 편승한 거짓 논리(사론)가 기승을 부리는 상황이었고 시민들은 그런 소피스트들을 장사치의 일종으로 보고 경멸하는 터였다. 「구름」에서 소크라테스를 "악당", "허풍선이"로 묘사한 것은 소피스트들에 대한 그 시대의 일반적 평가이다.

아리스토파네스의 또 다른 작품 「개구리」는 '누가 비극의 최고 작가인가'를 가리기 위해 비극 수호신 디오니소스를 재판관으로 하여 저승에서 벌이는 심리 과정과 판정에 관한 희극이다. 이미 비극의 최고수 자리에 있는 아이스킬로스에게 에우리피데스가 자신의 실력이 더 나으니 최고 자리를 자기에게 내놓는 것이 합당하다는 고소에서 그 시비를 가리게 되는데 종국에는 후자가 패하여 이승으로 올라오지 못하고 저승에 남게 된다.[42] 극이 막을 내릴 무렵 패자 에우리피데스만 남은 무대에서 코로스는 이렇게 노래한다.

> 소크라테스와 함께 앉고 싶지도 말하고 싶지도 않은 이여,
> 뮤즈의 예술을 저주하지도 않는 이여,
> 비극의 가장 위대한 작품을 경멸하지 않고 간과하지 않는 이여, 만세.
> 과장되고 천한 말로
> 수다를 떨며 하는 일 없이
> 한가한 열정으로 부지런을 떠는 것은
> 골빈 멍텅구리 짓이라네.[43]

니체는 아리스토파네스와 에우리피데스의 이 비난에 전적으로 공감한다. 물론 니체가 그리스 비극의 몰락이 소크라테스의 논리주의 때문이라고 단언한다는 점에서 비판의 원인과 동기의 세부적 내용은 아리스토파네스와 다르다. 그럼에도 불구하고 에우리피데스가 소크라테스주의를 도입함으로써 비극을 망치고 있다는 아리스토파네스의 해석에 니체는 일치한다. "나는 예술에 사상과 개념을 부여하여 그것에 지혜를 불어넣었다. 그래서 이제 여기서 누구나 철학하고, 집과 마당과 들판과 가축은 이전의 어느 때보다도 더 잘 운영된다. 끊임없이 연구하고 의미를 생각한다. 왜? 무엇을 위해? 누가? 어디에서? 어떻게? 무엇이? 이것은 어디로 갔으며 누가 이것을 내게서 가져갔는가? 연구하고 생각한다."[44] 이

42 아이스킬로스는 비극의 최고수 자리를 소포클레스에게 양보했으나 소포클레스는 재판 결과를 보아 아이스킬로스가 승소하면 그것으로 만족하고, 지면 에우리피데스와 끝까지 한판 붙겠다고 벼른다.

43 Nietzsche, Socrates und die Tragädie, KGW, III-2, 36쪽에서 재인용. 니체의 번역은 이렇다. "Heil, wer nicht bei Socrates / sitzen mag und reden mag, / nicht die Musenkunst verdammt / und das Höchste der Tragödie / nicht verächtlich übersieht! / Eitel Narrheit ist es doch, / auf gespreizte hohle Reden / und abstraktes Spintisieren / einen müßigen Fleiß zu wenden!"

것은 아리스토파네스의 「개구리」에서 에우리피데스가 자기 비극이 아이스킬로스 것보다 우월한 이유로 내세운 근거인데, 니체가 비극을 타락시킨 소크라테스주의의 전형으로 평가한 말이다. 결국 소크라테스의 가르침인 논리적 사유와 더불어 꿈도 이상도 예술도 사라져버리고 남은 것은 차가운 일상과 현실이라는 것이 두 사람의 공통된 평가이다. 더구나 니체는 한발 더 나아가 예술과 삶을 아름다운 꿈의 아폴론적 조형성과 고통스런 디오니소스적 도취음의 유희적 통일로 이해한다. 소크라테스의 철학에는 이 두 요소가 철저하게 배제되어 있다는 이해를 토대로 그것을 예술과 삶의 진정성을 방해하는 거짓 철학이라고 평가하는 것은 놀라운 일이 아니다. 그는 자기주장의 진리성을 목표로 삼지 않는 희극 작가와 마찬가지로 과장과 환어와 상징과 알레고리를 자유롭게 섞고 변형시키는 대표적 현대인일 뿐이다.

44 아리스토파네스, 「개구리」, 971~978, Nietzsche, Socrates und die Tragödie, KGW, III-2, 27쪽. 최고 비극 작가를 가리는 심판관 디오니소스는 이 말을 받아, 바로 그 영향으로 전에는 안 그러더니 요즈음 아테네인들이 집에만 들어오면 너나없이 하인들에게 호통을 치며 '그 항아리는 어디 갔으며, 청어 대가리는 누가 먹었고, 작년에 쓰던 접시가 요즈음은 왜 안 보이며, 어제 여기 있던 마늘은 어디로 갔으며, 무엇이 올리브 열매를 갉아먹었는가'를 끊임없이 묻는다고 대꾸한다.

제5장

그리스 비극에서 오이디푸스와 프로메테우스의 운명론

니체의 생가

1
운명의 비극적 문제의식

이 글은 니체의 『비극의 탄생』에 나타난 운명론을 미시적으로 확대하여 봄으로써 그 예술 철학적 함의를 비판적으로 되새겨보는 데 목적이 있다. 엄밀히 말해 『비극의 탄생』에 나타난 운명론은 니체 자신의 사상이라기보다는 고대 그리스 신화와 비극의 본질에서 유래되는 것이며, 그에 대한 18세기부터 19세기 중반에 이르는 문예학자들과 예술철학자들의 재해석의 결과물이다. 특히 이 시기에 그리스 고전에 대한 연구가 다시 활기를 띠게 되는데, 그 이유는 근대 시민사회의 원리로서 개인의 자유와 이에 대립되는 운명적 필연성의 모순 관계를 어떻게 해소할 수 있는가에 대한 문제의식과, 해답의 원천으로 그리스 고전 이해를 전제해야 한다는 생각을 학자들이 공유했기 때문이다. 물론 전통 철학은 운명 개념을 적극적으로 탐구 대상으로 삼지도 않았고 인과적 필연성과 직접적으로 동일한 것으로 간주하지도 않았다. 이 개념의 유희처는 시대와 상관없이 문학과 예술의 분야였다. 특히 르네상스 이래 예술사 연구가 활기를 띠면서 오래되었지만 새로 제기되는 철학적 문제, 즉 아름다움은 무엇이며 아름다운 것과는 어떤 관계에 있는가 하는 문제가 수면으로 올라오게 되면서 운명 개념 역시 함께 딸려 나오게 된다. 바움가르텐 이래 이 문제는 예술철학의 체계적 확립이라는 성과로 이어지는데 이 과정에서 특히 헤겔은 그리스 신화와 비극에 내재한 운명의 특징들을 되돌아보게 된다.[1]

그리스 비극과 비극에 수용된 신화에서 대표적인 운명의 두 주인공은 단연 오이디푸스와 프로메테우스이다. 니체는 비극적 운명은 우리에게 죽음과 절망 속에 혜성처럼 빛나는 생의 희망에 대한 지혜와 기쁨을 준다고 단언하지만, 오이디푸스의 운명에 대해서도 프로메테우스의 운명에 대해서도 또 운명 자체에 대해서도 말한 부분은 매우 적기 때문에 이에 대해서는 상세한 보충이 요구된다. 그가 많은 양으로 할애한 것은 그리스 비극의 비극적 특징에 관한 것이지, 비극의 주인공이 겪는 실존적 비극과 운명에 관한 것은 부차적인 것일 뿐이다. 필자는 이 글에서 우선 운명에 대처하는 오이디푸스와 프로메테우스의 대립된 방식을 상술하고 다음에 그리스 예술의 '명랑성'의 근거로서 이상(理想 : Ideal) 개념을 간략하게 소개함으로써 이에 대한 니체의 사유를 비판적으로 검토하려고 한다.

1 Hegel, *Der Geist des Christentums und sein Schicksal* 1798/1800은 기독교가 역사에서 겪게 되는 실정화의 운명적 과정을 다룬 것으로 평가됨. *Phänomenologie des Geistes*, (1807), G. W. F. Hegel Gesammelte Werke, im Verbindung mit der Deutschen Forschungsgemeinschaft, hrsg. von der Rheinisch-Westfälischen Akademie der Wissenschaften (=GW), Hamburg 1980, Bd. 9, (=PhG)에서 '운명'은 '자기의식'이 개체적 개별적 자유와 그 자유 실현의 보편적 목적 사이의 모순의 필연성을 의미한다. PhG, 200쪽 이하 참조.

2
그리스 비극에서 운명의 두 가지 모형

1. 오이디푸스

니체에 의하면 "그리스인의 명랑성"의 본질은 대화와 대화의 조형성에 있다.[2] 이 명랑성은 오직 신들의 세계에만 소속되는 것이므로, 인간의 세계에 비추어 보면 어두운 운명의 심연으로 뒤바뀌어 나타난다. 이 같은 어둡고 슬픈 운명의 대변자는 소포클레스의 비극에서 묘사한 오이디푸스 왕이다.

주지하다시피 오이디푸스 왕은 스핑크스의 수수께끼를 풀 만큼 지혜롭고 현명하지만 주어진 운명에 따라 생부 살해와 생모 상간을 하게 되

2 빙켈만 이래 그리스 예술의 "명랑성(Heiterkeit)"은 불필요한 어떤 것도 붙어 있지 않은 조형예술, 특히 그리스 조각의 특징에 대한 개념으로 쓰이고 헤겔 역시 이 전통에 있으나 니체는 그리스 비극의 특징으로 사용한다. '그리스인의 명랑성' = griechische Heiterkeit.

고 고통스럽게 살아간 그리스 비극 최고의 주인공이다. 그는 수난과 고통을 견디어내지만 그 수난과 고통의 기원이 자기 자신의 행위가 아니라 운명이라는 것, 따라서 그에게는 아무 죄도 없는 고결함과 깨끗함이 내재하고 이 고결성과 순수성은 운명의 가혹함이 강하면 강할수록 밝게 빛나는 것이다. 아마 「콜로노스의 오이디푸스」의 스토리 전개에서 그리스적 명랑성을 찾아낼 수 있다면 이런 정도일 것이다.

그러나 니체는 여기서 운명과 운명의 주재자를 명랑성으로 이해한다.[3] 고통받는 불행한 노인이 된 오이디푸스를 이끌어가고 있는 것은 궁극적으로는 자신의 의지가 아니라 운명이다. 절대의지로 저항하면 할수록 더욱더 옥죄어오는 절대운명, 다시 말해 운명 그 자체를 안고 오이디푸스는 살아간다. 이 운명은 오이디푸스 것이지만 그가 운명에서 원한 것은 아무것도 없으며 능동적 의지로 그것을 벗어나려 했으나 그 의지 자체가 운명의 하수인이 되는 결말, 그러나 역설적이게도 오이디푸스의 생과 운명이 인류에게 어떤 눈부신 빛을 주는 것, 이것이 바로 「콜로노스의 오이디푸스」가 보여주는 교훈이다.[4] 오이디푸스의 이 힘은 "하나의 마술적 은총이 넘치는 힘"이며 이 힘은 "인륜적 세계가 멸망한다 해도 새로운 세계를 폐허 위에 건설할 수 있는 그런 높은 영향력을 가진 마법의 원"이다.[5] 인간적이고 인륜적인 모든 것의 멸망으로부터 잃는 것은 옛것이지만 새로운 가치관의 정립을 위한 토대 마련의 미래 지향적 희

3 명랑성에 대한 또 다른 해석은 소포클레스의 「콜로노스의 오이디푸스」 작품 전체의 이중 분위기(음침함과 밝음) 중 하나일 수 있다. 즉, 어둡고 음산한 운명의 장난의 분위기와 이것을 다 감상한 독자가 느끼는 두 가지 밝은 것, 하나는 문체와 언어의 선명성과 밝음, 다른 하나는 운명과 저주를 통해 시인 소포클레스가 보여주는 그리스 문학적 위대함으로 볼 수 있다.

4 *Die Geburt der Tragödie*, KGW, III–I, §9, 61쪽.

5 KGW, III–I, §9, 62쪽. '하나의 마술적 은총이 넘치는 힘' = eine magische segensreiche Kraft.

망이 남는다는 의미에서 그러하다.

일찍이 헤겔은 "이상(理想)"을 내포하고 밖으로 그것을 보여줄 수 있을 때 비로소 진정한 작품이라고 말한 적이 있는데, 이때 이상은 '미의 이념'이며 작품으로서는 그 작품의 정신적 "영혼"을 의미한다.[6] 그렇다면 예술이 단순히 자연의 모방일 수만은 없다. 자연의 모방만으로는 유한한 자연적 영혼과 생명성의 표현 이상을 보여줄 수 없기 때문이다. 그래서 정신의 모방 또는 이념의 표현을 예술은 목표로 삼아야 하고 이 목표는 '외형과 영혼의 일치' 또는 작품 전체와 그 정신적 영혼의 일치에서 완성된다.[7] 영혼으로서 이상 그 자체의 특징을 헤겔은 "명랑한 고요(청명한 고요)와 지복, 자기 자신의 완결 속에 있는 자기 충족과 만족"으로 열거하면서, 이상적 예술 형상은 "은총의 신처럼", 지복으로 열락하는 신처럼 우리 눈앞에 나타나고, 궁핍함이나 분노, 유한한 목적이나 이해관계 등이 아니라 이런 유한자들의 부정을 통해 도달되는 절대긍정의 영역, 즉 유한과 상황의 부정을 통해 이념상 자체로 복귀한 것, 그 안에서 빛나는 "명랑성과 고요함"이 바로 미적 이상이라는 것이다.[8]

언젠가 실러는 "인생은 진지하고 예술은 명랑하다"라고 말한 적이 있는데 헤겔은 이 말의 참뜻을 예술이 참으로 진지하게 생의 본래성을 담아낼 때 그 예술은 '명랑하다'고 이해한다. 명랑은 개성과 자유의 티 없이 맑은 운동의 모습에 대한 표현이다. 개성과 자유의 순수한 운동의 형태는 사실은 인간의 것이 아니라 순수이념의 영역에 있는 신적인 것이다. "이 개별성의 힘, 자기 자신에 집중하는 구체적 자유의 승리를 우리

6 Hegel, ÄI, 203쪽. '이상(理想)' = das Ideal, '영혼' = Seele.
7 ÄI, 204쪽.
8 같은 곳, "Ernst ist das Leben, heiter ist die Kunst", Schiller, Wallentein, 1799. '명랑한 고요(청명한 고요)와 지복' = die heitere Ruhe und Seligkeit, '자기 자신의 완결 속에 있는 자기 충족과 만족' = Sichselbstgenügen in der eigenen Beschlossenheit und Befriedigung, '명랑성과 고요함' = Heiterkeit und Stille.

는 고대 예술 작품들의 형상들에 들어 있는 명랑한 고요에서 인식한다. 그리고 이러한 것(개별성의 힘과 자기 자신에 집중하는 구체적 자유의 승리 – 필자)은 투쟁 없는 만족에서만이 아니라, 깊은 분열 속에서 주체가 자기 자신 속에서 찢어지고 자기의 전 실존이 찢겨져 나가는 그런 경우에도 일어난다. 예들 들어 비극의 주인공들이 운명에 굴복하는 것으로 서술될 때에도 '그렇구나(Es ist so)' 말하면서 단순히 자기 자신의 존재로 돌아가는 심정을 보여준다."[9]

주체가 운명을 거역할 수 없다는 것을 알더라도, 운명에 모든 것을 빼앗기는 순간에도 자기 자신만은 상실하지 않는 것, 산다는 것의 목적과 의미를 상실하는 마지막 순간에도 자기 자신의 자유를 잃지 않는 것, 자기 자신에게 의지하는 것, 이것이 그리스 비극 작품이 보여주는 명랑성이다.[10]

오이디푸스 비극이 극복할 수 없는 파멸의 구렁텅이를 본 우리들을 치료하는 묘약으로 "빛 형상"을 제시하며 이를 통해 우리는 그 안에서 "가장 깊은 인간적 기쁨"을 느낀다고 니체는 강조한다.[11] 이 비극에서 한쪽 계기와 다른 쪽 계기는 극단적 대립 관계를 이루면서도 동시에 타자 부정을 통해 자기를 정립하고 자기부정을 통해 타자를 회복한다. 그리하여 서로의 타자 속에서 자기 본질을 느끼고 직관함으로서 자신으로 귀환하는 변증법적 "마술"을 오이디푸스는 "근친상간" 상황으로 연기하기 시작한다.[12] 이 비극의 비극적 기원이 저주의 신탁이라고 생각하는 대신 니체는 "현명한 마술사는 오직 근친상간을 통해서만 태어날 수 있

9 ÄI, 209쪽.
10 같은 곳 참조.
11 Nietzsche, KGW, III-I, 62쪽. '빛 형상' = Lichtbild, '가장 깊은 인간적 기쁨' = die tiefste menschliche Freude.
12 '마술' = Zauber, '근친상간' = der Incest.

다"라는 페르시아 민간신앙을 소개하면서 오이디푸스의 지혜가 자연 질서의 파괴라고 역설한다.[13] 근친상간과 같은 반자연적인 사건, 자연에 역행하는 사건에 의해 지혜로운 오이디푸스가 생겨나고 바로 이 지혜 때문에 "비자연적인 행동을 통한 자연의 제한"이 행해지고 또 승리를 쟁취하게 된다고 주장한다. 자연에 대한 반항과 승리만이 자연이 자기 스스로의 비밀을 노출케 하는 유일한 첩경이며 오이디푸스는 이것을 연기하고 수행한다.

> 나는 오이디푸스 운명의 저 무시무시한 삼위일체 속에서 분명하게 이것을 인식했다. 이중성격의 스핑크스라는 자연의 수수께끼를 푼 사람은 생부의 살해자와 생모의 남편으로서도 가장 성스러운 자연 질서를 파괴해야만 한다. 그렇다. 신화는 지혜, 특히 디오니소스적 지혜는 자연을 거역하는 하나의 만행이라고, 또 자신의 지식으로 자연을 파멸의 구렁덩이에 빠뜨리는 자는 자신에게도 자신이 해체되는 경험을 해야 할 것이라고 우리에게 속삭이고 싶어 하는 것처럼 보인다. '지혜의 칼끝은 지혜로운 자를 향한다. 지혜는 자연에 대한 범죄다.' 이 신화는 이런 명제를 우리에게 외치고 있다. ……[14]

소포클레스의 비극은 그리스 비극의 전형으로 니체가 생각하듯 근친상간이나 지혜의 오이디푸스에서 비롯되는 것이 아니라 '하마르티아'와 '운명'의 두 내적 요소로 되어 있다.[15] 이 중 상위 개념은 운명이다. 비극의 효과를 극대화하기 위해 극의 플롯을 어떻게 구성하며, "공포와 연민의 감정을 불러일으키는 사건의 모방"이라는 비극 드라마의 목적을 어떻게 효과적으로 실현할 수 있는가 하는 문제가 풀어야 할 작가의 과제이다. 공포와 연민의 감정을 일으키는 행동은 특수 성격을 가진 주인공

13 같은 곳, 62쪽 이하.
14 니체 전집 2, 79쪽.
15 '하마르티아'=hamartia, '운명'=moira.

이 플롯 구성에 나타나도록 해야 하는데 이러기 위해 작가가 피해야 할 세 가지 경우가 있다.[16] 첫째는, 유덕한 자가 행복하다가 불행해지는 것을 보여주면 공포나 연민의 감정은커녕 불쾌감만 불러일으키게 되니 이런 구성은 피해야 하고, 둘째는, 사악한 자가 불행해지다가 행복해지는 것을 보여주어도 아니 되니, 이 경우는 공포와 연민은 고사하고 그 밖의 다른 비극적 요소조차 전혀 가지고 있지 않으므로 피해야 하며, 셋째, 극악무도한 자가 행복하다가 불행해지는 것을 보여서도 안 되니, 그것은 공포나 연민은커녕 차라리 고소하다는 생각을 불러일으키기 때문이다. 그러므로 아리스토텔레스는 우선 비극의 주인공은 지고지선의 착한 자나 최고 최악의 성격인 이를 주인공으로 설정하지 말고 그 중간적 성격인 자, 즉 인격적으로 평범해서 인륜적 · 천륜적 죄를 짓지도 않고, 성인도덕군자처럼 인륜과 천륜의 스승 노릇도 못 하는 그런 위인을 주인공으로 세워야 한다고 강조한다. 덕과 정의에 있어 별나게 월등하지 않으면서, 악덕과 비행 때문이 아니라 어떤 과실 때문에 불행에 빠진 인물이 곧 그러한 사람이다. 오이디푸스와 티에스테스나 이와 동등한 가문의 저명 인물들처럼 큰 명망과 번영을 누리는 자들 가운데 한 사람이 바로 이런 주인공으로 적합하다.[17]

"과실(ἁμαρτί)"은 아리스토텔레스 『시학』이 남긴 중요 개념들 중 하나로 지금도 그 의미 해명에 논란을 일으키는 용어이다.[18] 이 말의 어원은 활을 쏘거나 창을 던질 때 표적을 맞히지 못하고 벗어나는 것에서 유래하지만 무지나 무의식 속에서 행한 일이 윤리적으로 정당하지 못한

16 아리스토텔레스, 『시학』, 천병희 역, 문예출판사, 1997, 제13장, 1452~1453a.

17 아리스토텔레스, 『시학』, 제13장, 1453a 참조.

18 일반적으로 ἁμαρτί는 비극적 과오(Fehler)의 뜻으로 이해되었으나 헤겔 미학에서처럼 "불행(Unglück)"으로 해석하는 것이 더 적합할 수 있다(마크. W. 로츄, 「헤겔 비극론의 위대성과 한계」, 심철민 역, 『헤겔연구』 19, 28쪽 참조). '과실' = ἁμαρτί : hamartia.

결과를 초래하는 경우를 나타내는 말로 쓰인다.[19] 무지나 무의식 속에서 행한 일이라 함은, 알지 못하고 행하거나, 안다고 해도 자기 힘으로는 어쩔 수 없이 하거나 강제적으로 행하게 된 일을 말한다. 이 모두를 다 과실이라 하지는 않고 잘못의 원인이 자기 자신에게 있는 경우의 행위만을 '하마르티아'로서 과실이라 하는 것이다.[20] 무지나 무의식에서 기인하는 과실의 행위는 그 죄를 탓할 수도 없으므로 용서받을 수 있으나, 경험적 타성이나 습관에서 생겨난 과실은 사회적 비난을 면하기 어렵다. 이러한 윤리적 관점에서 하마르티아는 도덕적 또는 성격적 결함의 결과라 할 수 있겠으나, 그보다는 인륜적 또는 인격적 정상인이 피할 수 없는 상황에서 행하되 의도하지 않은 실수로 판명되는 것을 뜻한다고 보는 편이 옳을 것이다.

물론 하마르티아가 도덕적 의미 부여 없이 단순한 판단 착오나 실수라고 해석할 수도 있지만 그 결과로 생겨나는 도덕성과 인륜성이 문제된다는 점에서 윤리적 관점을 전적으로 배제하는 것 같지는 않다. 아리스토텔레스가 예로 든 오이디푸스의 경우를 보면 이 점은 좀 더 분명해진다. 오이디푸스는 성격적 결함이나 도덕적 결함 때문에 실수(과실)를 하는 것이 아니라 부모를 잘못 알고 있었다는 사실에서 그것이 일어난다. 친아버지를 죽이는 사건, 생모와 결혼하는 사건은 단순한 실수가 아니라 참으로 비극적 과오이며 그 누구의 책임도 아닌 오이디푸스 자신의 의지에 의해 생겨난 것이요, 이 때문에 고통과 죄책감이 엄청난 크기로 그를 짓누른다. 한 개인의 의지와 행위의 일치와 불일치, 의지와 결과의 일치와 불일치의 변증법적 모순이 오이디푸스를 지배한다.

19 Aristoteles, *Nikomachische Ethik*, übers. von Franz Dirlmeier, in: *Aristoteles Werke* in deutscher Übersetzung, Bd. 6, Akademie Verlag, Berlin 1991 Buch V, Kap. 8, 1135a.
20 Aristoteles, *Nikomachische Ethik*, Buch V, Kap. 8, 1135b.

실수든 불행이든 인간은 누구나 그런 과오를 피하고자 하나 피할 수 없이 찾아와 삶의 고통을 들씌운다는 점에서 그것은 운명의 장난이다.[21] 운명의 신적 조상은 절대혼돈을 뜻하는 카오스이다. 카오스는 부부가 되는 쌍둥이 남매인 어둠의 신 에레보스와 밤의 여신 닉스를 낳았다. 이 남매 부부는 결합하여 빛나는 낮의 여신 헤메라와 맑고 투명한 허공 또는 창공의 신 아이테르를 출산한다. 어둠과 밤의 부부에서 밝은 빛 남매 부부가 생겨난 것으로 헤메라가 낮의 빛이라면 아이테르는 밤낮 구별 없이 맑고 밝은 공기 같은 빛이라 하겠다. 어둠의 신 에레보스가 자기의 자식 남매 부부인 헤메라와 아이테르와 협동으로 밤과 낮의 상호 교환 운동을 창조한 것과 대조적으로, 밤의 여신 닉스는 순전히 혼자의 몸으로 세 딸을 낳는데 그들이 운명의 여신 모이라이이다. 닉스는 이 밖에도 검은 죽음의 신 타나토스와 잠의 신 히프노스, 불화의 여신 에리스, 그리고 '비난', '불행', '복수', '비참', '사기', '애욕', '노소'를 낳는다.[22] 이처럼 운명의 신화적 족보의 나열만으로도 그 장난적 성격은 어렵지 않게 유추된다. 우리가 의지하든 않든 살아 있는 개체에게는 개인적 삶이 주어지고 고통이 수반된다. 과거의 어떤 것도 기억 속에 남기지 않고 미래의 어떤 것도 바라거나 욕망하지 않으며 현재의 어떤 것도 붙들려 하

21 뻐꾸기 새끼를 자기 새끼로 잘못 알고 키우는 어떤 작은 새나, 자기가 낳은 알이 부화되어 나올 때 신나게 잡아먹기 향연을 벌이는 어떤 물고기의 예는 '자연의 장난(Spiel der Narur)'이다. 이것은 인간에게 운명의 장난과 같은 의미이다. 세계를 움직이는 주인은 개인으로서 영웅들이지만 이 개인들의 전체인 '민족정신' 또는 인륜적 공동체는 서서히 개인 밖에서 개인을 창조하고 명령하고 지배하는 종교로 전환된다. 이것을 운명의 장난이라 할 수 있다. 그리스 비극은 이에 대한 시적 표현이다. Hegel, *Phänomenologie des Geistes*, GW, Bd. 9 (=PhG), 292쪽 이하 참조.

22 이진성, 『그리스 신화의 이해』, 94쪽. 불화의 여신 에리스는 '고통', '망각', '기근', '병마', '분쟁', '전투', '살인', '거짓말', '맹세'를 낳는다(같은 곳). '에레보스' =Erebos, '닉스' =Nyx, '헤메라' =Hemera, '아이테르' =Aither, '모이라이' =Moirai, '타나토스' =Tanatos, '히프노스' =Hypnos.

지 않는 이에게 고통은 있지 않겠으나, 그런 이는 더 이상 살아 있다고 할 수 없다. 따라서 생과 고통은 생명체 특히 기억과 집착과 욕망을 가진 유한한 인간에게는 본질적인 것이라 하겠다. 더구나 그리스 신들은 인간의 번영을 질투하고 인간을 괴롭히기를 좋아하므로[23] 운명의 장난은 신들의 신나는 놀이요 신바람 재미인 것이다.

위에서 보듯이 근친상간으로 현자가 태어나고 바로 그 지혜와 현명성이 스핑크스의 수수께끼를 풀었으며 이것이 계기가 되어 생부 살인과 생모와의 결혼이라는 성스러운 자연 질서의 파괴를 일어나게 했다는 니체의 주장은 더 이상 진지한 것이 아님이 드러난다.

소포클레스의 오이디푸스는 사회적으로 드문 왕족 가문 출신으로 지혜 역시 탁월하지만 인격적으로 탁월한 도덕적 덕목을 소유한 군자도 아니고 그렇다고 탁월한 용기가 있는 영웅도 아닌 사람이다. 그는 성질이 급하고 다혈질이어서 매사를 심사숙고해서 결정하기보다는 쉽게 말하고 행동하고 후회하는, 말하자면 우리들과 유사한 평범한 인격의 소유자이다. 양부 폴리보스 왕의 잔치에서 술 취한 이가 그에게 왕의 친자가 아니라고 하자 그와 멱살잡이 끝에 지체 없이 자기 나라를 떠난 것도 그렇고, 떠돌다 삼거리 길에서 길을 비켜주지 않는다고 주먹다짐 끝에 살인을 한 것도 그렇고, 예언자가 친부 살해와 생모와의 결혼을 얼른 말하지 않자 불같이 화를 내며 테이레시아스야 말로 꾸며낸 사건 공모자라 소리친 것도 그렇고, 이 모든 진행이 왕권을 탐낸 크레온이 그 하수인들과 함께 꾸며낸 연극이라고 속단하는 점에서도 그러하다. 이 비극의 주인공 오이디푸스는 고유의 개성과 의지의 자유로 자기의 행동을 결정하는 것처럼 현상한다. 여기서 주도적 위력은 실수이다. 그러나 사건의 전 과정과 오이디푸스의 행동을 내면적으로 결정하는 것은 운명이다.

23 헤로도토스, 『역사』, 박광순 역, 범우사, 1989, 40쪽.

이 운명은 오직 신만이 그것도 제우스만이 주재하고, 그 운명을 알리는 이는 아폴론이다.[24] 이 점에서 운명은 일반 신들과 동격이 아니라 최고 신의 위치에 있는 권력자이며 오이디푸스는 하마르티아에 의해서가 아니라 운명에 의해 불행을 겪는 철저한 수동적 꼭두각시인 것이다. 여기서 한 가지 주의할 것은 아폴론의 또 다른 이름으로 록시아스가 거론되는데[25] 그 뜻이 '모호하다', '말' 혹은 '말하다'에서 유래하는 용어로 추정된다는 점이다. 록시아스는 결국 신탁이 '모호하게 말한다'는 의미를 함축한다고 하겠다. 그리스 비극은 음악으로부터 말과 대화로 이행되면서 록시아스적 아폴론의 전면화를 초래하게 된다는 점을 이때 주목해야 한다.

2. 프로메테우스

이미 플라톤에서 프로메테우스는 제우스 못지않게 중요한 신으로 평가된다.[26] 18세기 이래 프로메테우스는 인본주의의 최고신으로 격상된다.[27] 니체에 의하면 비극의 수동적 주인공이 소포클레스의 오이디푸스라면 비극의 능동성의 주인공은 단연 아이스킬로스의 프로메테우스이다. 프로메테우스는 진흙으로 인간을 만들었고 또한 인간 문화의 창조신으로 알려진 티탄족의 신이다. 헤시오도스는 인간 창조에 대한 구체적 언급 없이 여자의 기원과 프로메테우스의 족보에 대해 서술한다. 이

24 오이디푸스는 디오니소스가 아니라 만물을 비추는 아폴론과 그 아버지 제우스의 신도이며 신탁을 믿고 거기에 행동을 의지하며 살았다. 지혜로운 그는 그 믿음이 파멸의 원인임을 모른다. PhG, 394쪽 참조.

25 『소포클레스 비극』, 「오이디푸스 왕」, 천병희 역, 51쪽(410). '록시아스' = Loxias, '모호하다' = loxos. '말' = Logos, '말하다' = lego.

26 ÄI, 55쪽 이하 참조.

에 따르면 티탄족 이아페토스는 형 오케아노스의 딸인 클리메네와 결혼하여 아틀라스, 메노이티오스, 프로메테우스, 그리고 에피메테우스, 네 형제를 낳았는데 위의 두 형제는 사납고 무서우나 아래 두 형제는 지혜롭고 영리했다.[28] 처음 황금기에는 신과 인간 사이의 갈등이나 차별화는 거의 없고 조화와 질서, 즐거움과 아름다움이 지배하는 시기로 아직 시간이 존재하지 아니했다. 시간도 없고 여자도 없는 그야말로 절대평화가 지배하는 시절, 이때 신과 인간은 모두 가이아의 자손으로 형제지간이었다. 그러다 신들의 권력다툼이 생기고 이 다툼에서 티탄 신족들은 패하여 몰락하고 제우스를 중심으로 결탁하여 이긴 신족 패는 새로운 세력 판도를 올림포스에 구축한다. 신과 인간관계는 우호적 선린 관계에서 지배 예속의 주종 관계로 전락하고 이 갈등적 주종 관계를 연결해

27 괴테는 1774년 「프로메테우스」라는 시에서 이런 평가를 극적으로 표현한다.

> 너의 하늘을 가리워라 제우스여
> 축축한 구름으로
> 가시 돋친 엉겅퀴를 꺾는 소년처럼
> 떡갈나무를 부러뜨리고 산정을 무너뜨려
> 너의 힘을 가늠해보거라
> 하지만 나의 땅은 건드리지 말거라
> 나의 오두막도 네가 만든 것이 아니니라
> 나의 아궁이도 네가 지은 것이 아니니라
> 거기서 타오르는 불길을 너는 부러워하겠지…….

조창섭, 『예술 시대의 독일 문학』, 서울대출판부, 1993, 43쪽 참조. 셸링은 프로메테우스를 "정신"이라 지칭되는 "인간성의 원리(das Prizip der Menschheit)" 이며 "인간 자아의 숭고한 원형(das erhabene Vorbild des Menschen - Ichs)" 이라고 이해한다. *Schellung, Philosophie der Mythologie*, erster Band, Einleitung in die Philosophie der Mythologie 1, sämtliche Werke, hrsg. v. K. F. A. Schelling(1856~61), Bd.4, Darmstadt 1986, 481쪽 이하.

28 이진성, 『그리스 신화의 이해』, 136쪽 이하 참조. 아틀라스는 제우스와 맞서 싸우다 패하여 그 벌로 어깨로 땅을 메고 있는 벌을 받게 된다. '이아페토스' = Iapetos, '오케아노스' = Okeanos, '클리메네' = Klymene, '아틀라스' = Atlas, '메노이티오스' = Menoitios.

주는 매개자로 프로메테우스가 지목된다. 프로메테우스는 '먼저 생각하는 자' 또는 '선지자'라는 뜻이다.[29]

제우스는 선지자 프로메테우스를 불러 신과 인간의 지위와 영역 표시를 분명히 할 지혜를 구하고자 한다. 말하자면 신인 동일성 시대의 종말을 선언하고 신인 주종 관계의 설정을 위한 일종의 경계석을 세우기 위한 것이다. 프로메테우스는 황소 한 마리를 가지고 제우스 앞에 나아가 그것을 잡아 둘로 갈라서 하나를 선택할 것을 요구한다. 하나는 발라낸 뼈들을 비계 껍데기로 보기 좋게 돌돌 말아놓은 것이고, 다른 하나는 살코기를 흉한 내장으로 덮어놓은 것이다. 제우스가 전자를 택함으로써 인간과의 몫이 정해지고, 인간은 제물로 양을 바치되 먹음직스러운 살코기는 자기들이 먹고 신에게는 비계 기름으로 태운 뼈와 그 냄새만을 올리게 된 것이다. 멍텅구리가 아닌 제우스는 이 결과에 분노한다. 화가 난 제우스가 인간에게 주었던 불을 거두어 갔으나 프로메테우스는 지혜로 제우스의 눈을 속이고 불씨를 다시 훔쳐 인간에게 선물한다. 이 두 가지 사건 때문에 제우스의 위력에 의해 그는 쇠사슬에 묶여 독수리에게 매일 간이 쪼이는 형벌을 받게 된다. 아이스킬로스의 비극 「결박된 프로메테우스」는 그리스 북서쪽 바닷가 절벽에 제우스의 명을 받은 헤파이스토스가 힘의 신 크라토스와 폭력의 신 비아의 완력으로 프로메테우스를 카우카소스 산 절벽에 매다는 장면에서 시작한다.[30]

티탄 신족 크로노스의 아들인 제우스는 프로메테우스의 지략의 도움

29 Pro는 '먼저', Metheus는 '생각하는 자'라는 뜻이다. 프로메테우스의 지위는 신들의 세계에서 매우 어정쩡하여 크로노스의 형인 이아페토스의 아들이어서 티탄족이지만 또한 티탄족이 아니기도 하고, 올림포스의 제우스 신족과의 거리 또한 소원하다. 그는 질서 잡힌 세계를 창조하고 지배한 제우스의 영역에서 그것을 어기는 이단으로 벌을 받게 된다.

30 『아이스킬로스 비극』, 「결박된 프로메테우스」, 천병희 역, 212쪽, 185~192. '크라토스' = Kratos, '비아' = Bia.

으로 아버지 크로노스(사투르누스)의 횡포와 티탄족의 야만성을 물리치고 새로이 권좌를 차지한다. 일단 권력을 손에 넣자 다른 신들과 인간들에 대한 제우스의 독재와 횡포는 부친 못지않게 악명 높아진다. 언제나 인간 편에 섰던 프로메테우스가 제우스로부터 불을 훔쳐 인간들에게 준 것은 당연한 것이었다. 본시 불은 신족과 인간족이 함께 공동으로 쓰던 것인데 독재자가 되고 난 제우스가 자기와 자기가 속한 신족들만이 배타적으로 그것을 사용하려고 감추어버린 것이었다. 「결박된 프로메테우스」는 새로 권력을 잡은 제우스가 지혜로나 예지력으로나 자기보다 한 수 아래이지만 오직 힘과 주먹과 폭력을 조종하는 능력에서만 자기보다 위이며 이 때문에 자기가 지금 당하고 있다고 항변한다. 그러나 또한 이 결박의 고통은 자기에게 주어진 운명이며 자신은 누구보다 운명을 잘 안다고 강조한다.[31] 운명은 필연의 힘이다. 소포클레스 비극에서 최고신 제우스가 운명을 주재하나 여기서는 신이든 인간이든, 제우스든 프로메테우스든 누구도 그것을 거역할 수 없다.[32] 아이스킬로스 비극에서 그 운명을 인식하고 예언하는 능력은 프로메테우스만의 것이다.[33] 제

31 『아이스킬로스 비극』, 「결박된 프로메테우스」, 천병희 역, 단국대학교 출판부, 2004, 208쪽, 100~105.

32 신화에 나타난 그리스 '인륜 세계'의 내재적 종교는 "지하의 종교(die Religion der Unterwelt)"로 "운명의 어둡고 무시무시한 밤을 믿는 신앙, 정신 나간 것을 지배하는 에우메니데스에 대한 신앙(der Glauben an die furchtbare unbekannte Nacht des Schicksals, und an die Eumenide des abgeschiedenen Geistes)"이다. 이 믿음은 이성적 계몽 종교라 할 천상의 신앙으로 발전한다. Hegel, PhG, 363쪽 이하. 기독교의 신도 고난에 굴복하고 죽음의 치욕에서 벗어나지 못하는 자기의 운명에 대해 이렇게 절규한다. "나의 하느님, 나의 하느님, 어찌하여 나를 버리시나이까?" Hegel, ÄI, 234쪽.

33 아이스킬로스의 모든 작품에서 운명이 제우스보다 우위에 있는 것은 아니다. 그의 「아가멤논」에서 제우스는 '최고 절대자', '사건의 궁극 원인' 등으로 묘사됨으로써 운명의 주재자로 이해된다. 「아가멤논」, 천병희 역, 160~166, 1485~1488 참조. 아이스킬로스의 「아가멤논」에 나타난 제우스의 정의에 대해서는, 문혜경, 「아이스킬로스의 「아가멤논」에 나타난 제우스의 정의와 Hybris」, 『서양 고전학 연구』, 29집, 서양고전학회, 2007, 5~34쪽 참조.

우스가 테티스와 결혼하여 자기보다 더 강한 아들을 낳고 종국에는 이 아들에게 왕위를 빼앗기고 비참한 말로를 겪게 될 운명이라는 사실을 프로메테우스는 미리 알고 이 예지를 자신의 해방과 맞교환하려고 한다.[34] 여기서 운명은 인간족뿐 아니라 제우스를 포함한 모든 신들의 절대군주로 추대된다.

프로메테우스는 운명을 인식하고 그것을 예언하는 능력을 가진 유일한 신이다. 그는 인간에게 불과 문화와 예술과 글자를 전수한, 말하자면 인류와 그 문화 창조의 신이다. 그럼에도 그는 인간들이 스스로의 운명을 내다보지 못하도록 만들었다.[35] 자신의 운명을 알지 못하는 것은 엄청난 장점, 즉 "맹목적인 희망"을 갖게 한다.[36] 인간이 자신의 정해진 운명을 모를 때 그는 오히려 적극적으로 자기의 자유의지를 믿고 행동을 믿으며 삶을 개척해나간다. 운명의 정해진 궤도를 모르기는 신도 마찬가지여서 신들 역시 언제나 자신들이 원하는 행동을 할 수 있다고 믿고 또 그렇게 처신한다. 그러나 예언의 힘은 운명을 무화시키는 또 다른 기능을 가진다. 가령 '제우스가 테티스와 결혼하여 자신보다 더 강력하고 포악한 자식이 태어나 자신을 거꾸러뜨릴 것'이라는 예언을 미리 알면, 테티스와 결혼하지 않으면 되고, 결혼한다고 해도 자식을 낳지 않으면 되고, 자식을 낳는다 해도 곧바로 죽여 없애면 된다. 이 때문에 프로메테우스는 예언을 가지고 제우스와 운명을 흥정하려 한 것이다.

프로메테우스는 다른 신과 달리 자기의 운명의 고통을 타력이 아니라 자력으로 자초한 것이다. 그는 스스로 신들로부터 인간을 구하기 위해 불을 훔쳐 인간에게 주고, 제물로는 비계로 태운 뼈다귀 냄새를 신에게 바치게 하고 인간은 살코기를 먹도록 했고, 인간 문명을 위해 글자와 기

34 『아이스킬로스 비극』, 「결박된 프로메테우스」, 천병희 역, 211쪽, 169~177.
35 같은 책, 214쪽(245~250).
36 같은 곳(250).

술과 예술을 가르쳤다. 이것은 제우스의 분노를 사기에 충분했고 그는 바로 제우스의 힘과 완력에 의해 바위에 묶여 간이 쪼이는 운명에 처한다. 여기서 주목할 점은 제우스가 운명의 주재자가 아니라 필연성이 바로 주재자라는 사실이다. 필연성은 자연법칙의 내재적 원리이며 인과율의 다른 말이다. 따라서 후건은 언제나 전건에 의해 지배되고 전건의 조건이 사라지면 결과 또한 사라진다. 이 점에서 프로메테우스는 자기 자신의 운명을 능동적으로, 자기의 자유의지로 만든 것이다. "인간들을 도와줌으로써 나는 고난을 자초했던 것이오."[37] 따라서 후회 없이 "나는 현재의 이 불행을 마지막 한 방울까지 다 마실 것이오" …… 라고 고통

37 같은 책, 215쪽(267)

그대들은 들어보시오. 인간들이 겪었던 고통들과,
전에는 어리석었던 그들에게 내가 어떻게 사고력과 지적 능력을 주었는지 말이오
……
전에는 그들은 눈을 뜨고도 보지 못했고
귀가 있어도 듣지 못했소. 아니 그들은 마치 꿈속의 형상들처럼
긴긴 일생 동안 모든 것을 되는 대로 뒤죽박죽 뒤섞었소.
그들은 양지 바른 곳에 벽돌집을 지을 줄도 몰랐고 목재를 다룰 줄도 몰랐으며,
우글거리는 개미 떼처럼 햇빛 안 드는 토굴 속에 묻혀 살았지요 ……
그 밖에도 나는 그들을 위하여 고안물의 정수인 수를 발명해
냈고, 문자의 조립도 찾아내어 그것이 그들에게 모든 것의 기억이
되고 예술의 창조적 어머니가 되게 하였소 ……. 같은 책, 223쪽 이하(442~464).
……
그들은 약이 없어 죽어갔던 것이오,
내가 그들에게 온갖 질병을 물리칠 수 있는 약초를 섞는 방법을 보여주기 전에는 말이오.
그리고 나는 수많은 종류의 점술들을 정리했는데,
처음으로 나는 꿈들 가운데 어떤 것이 깨어 있는 동안 틀림없이 실현되는지 가려주었고, 풀이하기 힘든 소리들과 길 가다가 만나는 것의 전조를 그들에게 알려주었소 ……
대지 아래 감춰져 있는 인간들에게 유익한 것들인 청동이며 무쇠며 은이며 금은
대체 누가 나보다 먼저 발견했다고 주장할 수 있겠소? ……
모든 기술은 프로메테우스로부터 인간들에게 가는 것이오.(480~506) 같은 곳, 224쪽 이하.

스럽지만 거침없이 그는 말한다.[38] 자기 자신의 행위의 결과가 운명이라면 그 운명을 피할 생각이 전혀 없다는 프로메테우스의 당당한 선언이다. 그렇다면 그 운명, 제우스보다 강하고 프로메테우스도 어쩔 수 없는 필연의 힘은 누가 가지고 있는가? 프로메테우스는 "세 명의 운명의 여신과, 잊지 않는 복수의 여신들"이라고 말한다.[39]

헤시오도스에 의하면 운명의 여신들 모이라이는 밤의 신 닉스의 딸로 무자비하게 응징하는 죽음의 여신들과 형제지간이다.[40] 모이라이는 '각자가 분배받은 몫'이라는 뜻의 모이라(Moira : Moirai의 단수형)에서 유래하는 '실 잣는 여자'라는 뜻의 클로토, '할당하는 여자'라는 뜻의 라케시스, '되돌릴 수 없는 여자'라는 뜻의 아트로포스로 세 자매이다. 이 여신들은 인간의 법이나 신의 법을 어기는 자들을 끝까지 추적하여 징벌하고 저주를 내린다.[41] 한 명이 실을 짜면 한 명은 그 실을 감고 나머지 한 명은 각 인간, 또는 각 사물의 수명에 따라 잘라서 존재자들의 존립과 생을 조절했다고 한다. 이에 비해 복수의 여신들은(Erynys : 단수형, Erinyes : 복수형) 땅의 신 가이아가 자신의 남편 우라노스의 횡포를 막고자 음모하여 아들 크로노스에게 아버지의 남근을 낫으로 잘라내게 하였는데 그때 피가 땅(가이아)에 떨어져 달이 차서 탄생하였다.[42] 이 여신들의 수는 처음에는 정해지지 아니했으나 후에 알렉토, 티시포네, 메가이라의 세 명으로 확정되는데 이들은 물론 제우스와 올림포스 신들보다 더 오래되었고 따라서 그들을 포함한 제우스의 지배를 받지 않는다.[43]

38 같은 책, 219쪽(375~376).
39 같은 책, 226쪽(516).
40 헤시오도스, 『신통기』, 천병희 역, 한길사 2004, 39쪽, (217).
41 헤시오도스,『신통기』, 39쪽(218~222). '클로토' = Klotho, '라케시스' = Lachesis, '아트로포스' = Atropos.
42 헤시오도스, 36쪽(155~184).
43 '알렉토' = Allekto, '티시포네' = Tisipone, '메가이라' = Megaira.

머리털은 뱀들이며 날개가 달려 있고 손에는 횃불이나 회초리를 들고 있는 형상으로 묘사되는 이 여신들은 특히 가족 내에서 일어나는 범죄 행위를 가차 없이 응징하는 것으로 유명하다. 그녀들을 흔히 "자비로운 여신들", 혹은 "존엄한 여신들"이라 하는 것은 일종의 비꼬는 표현이다.[44] 일이 없는 보통 때에 그들은 땅속 깊은 곳에서 잠을 자거나 쉬지만 피해자나 원한 맺힌 자가 부르며 기원하면 즉시 올라와 복수에 돌입한다. 아이스킬로스의 프로메테우스는 영원한 우주와 자연의 법칙인 필연성을 주재하는 운명의 여신들과 함께 이 필연성의 법칙을 어기는 범법자들을 응징하는 복수의 여신들이야말로 제우스도 감히 범접할 수 없는 위력적 권위라고 강조한다. 그는 포악한 새로운 독재자가 된 제우스가 테티스와의 결합으로 태어나게 될 아들에게 권좌에서 쫓겨날 운명을 알고 있으니 이것을 알려주어서 그 운명을 피할 수 있게 하는 대신 지금 결박되어 간을 쪼이는 고통에서 풀어줄 것을 요구하려고 한다.

오이디푸스와 프로메테우스의 운명은 질적 극단에서 대립된다. 전자에서 운명은 절대적이고 예정된 것이어서 이미 그가 태어나기 전부터 짜여진 바꿀 수 없는 필연이다. 따라서 오이디푸스가 운명에서 벗어나기 위해 적극적으로 움직이고 행동하면 할수록 더더욱 그것에 묶이고, 결과는 그를 수동적 삶으로 몰아넣는다. 그는 성장하자마자 신탁(운명)을 알고 자기에 닥칠 운명의 노리개에서 벗어나기 위해 할 수 있는 모든 것을 하지만 언제나 최악의 상황, 즉 운명 속에 갇히는 신세가 된다. 그에게 운명은 더 이상 바꾸거나 피할 수 없는 필연의 제국이다. 이와 달리 프로메테우스의 운명은 상대적이고 비결정적이어서 그 행위의 원인과 내용에 따라 그 결과가 달라진다. 그는 제우스를 도와 쿠데타에 성공했

44 천병희 역, 헤시오도스, 『신통기』 각주 57 참조. '자비로운 여신들' = Eumenides, '존엄한 여신들' = Semnai.

을 뿐만 아니라 그 성공에 안주했더라면 보다 행복한 미래가 보장될 수도 있었다. 최고 권력자의 의중을 미리 읽을 줄 아니, 그에 따라 처신했으면 순탄하고 안락한 신들의 세계에서 제이인자가 될 수도 있었다. 그러나 그는 의도적으로 인간을 사랑하고 인간을 위해 헌신했으며 또 그 결말이 제우스의 복수라는 것도 미리 알고 있었다. 더구나 "미리 아는 자", "예언자"라는 그의 이름이 의미하듯이 그는 자신과 인간 세계는 물론 신들의 운명을 아는 선지자이다. 게다가 운명을 미리 알면 그 운명을 바꿀 수도 있다는 점에서 오이디푸스와는 반대이다. 그러나 그는 자신의 행위에 대한 결과로서 운명을 거부하지 않고 운명의 희생자로 전락해서도 결코 그 고통을 피할 생각이 전혀 없다고 선언한다. 동시에 그는 이 운명의 고통을 지혜의 힘으로 벗어나고자 한다. 오이디푸스가 철저하게 운명의 꼭두각시요, 수동적 피해자라면, 프로메테우스는 운명의 능동적 개척자라고 할 만하다. 때문에 오이디푸스가 처량하게 눈물을 흘리면서 신을 원망하는 데 그치지만 프로메테우스는 눈을 부릅뜨고 신을 저주하고 신의 죄목들을 하나하나 열거하면서 고래고래 소리쳐 항거한다. 오이디푸스가 구차하게 자신을 힘없는 한 인간이니 구원해줄 것을 신에게 애원하나, 프로메테우스는 당당하게 자신이 제우스 못지않은 신족의 일원이니 자신이 결박하여 새들로 하여금 간을 쪼아 먹게 하는 고통을 주는 것은 폭력배와 다를 것이 없다고 나무란다. 프로메테우스를 보면 제우스의 위치가 그리 확고한 것도 아니고 자칫 잘못하면 언제라도 그가 권좌에서 쫓겨날 수도 있다는 생각이 들게 한다. 인간을 멀리하고 업신여기는 점이야말로 제우스 자신의 운명적 아킬레스건이 될 수 있다는 것을 강하게 암시하기 때문이다.

일찍이 플라톤은 「프로타고라스」에서 인간과 문화 창조자로서 프로메테우스의 위치를 상세히 알려주는데, 헤겔은 이 부분을 특히 주목한다.[45] 이에 따르면 프로메테우스는 물, 불, 공기, 흙을 섞어 유한한 생명체를 만들고 각자에 알맞은 자연력을 선사하여 스스로 살아감에 부족함이 없도록 하였으나 아우 에피메테우스의 실수로 유독 인간에게는 자연력도 정신력도 주지 않았다. 이 실수를 만회하기 위해 프로메테우스는 헤파이스토스와 아테네가 공동 관리하는 지혜의 불은 물론, 불을 사용하고 옷을 만드는 '기술' 역시 함께 훔쳐 인간에게 건네준다. 인간은 생존에 필요한 자연 가공 기술을 얻게 된 것이다. 그러나 프로메테우스는 진정한 지혜, 즉 자신을 보존하기 위해 다른 동물에 대항할 수 있는 기술을 주지는 않아서 그 대안으로 인간들은 함께 모여 사는 "책략"을 개발하게 되었다. 하지만 도시를 이루고 살기는 하지만 사람들은 국가를 설립하지 못하고 서로 다투고 미워하며 갈라지매 제우스는 헤르메스를 시켜 "수치심과 법"을 내려보냈다고 한다.[46]

그러나 니체는 이 모든 것을 종합하여 프로메테우스는 인간에게 단지 지혜와 문화와 기술만을 전수한 것이 아니라 인간 자체의 창조자이며 동시에 인간에게 강림한 신 또는 신으로 격상된 인간이라고 이해한다. "거인의 경지로 올라간 인간은 자신들의 문화를 쟁취하며 신들에게 인간과 결속하도록 강요한다. 그것은 인간이 스스로 얻은 지혜를 가지고 신들의 실존과 한계를 자기 마음대로 정할 수 있기 때문이다."[47]

프로메테우스의 인간 선언은 신의 고민, 즉 자신의 지위에 대한 단순한 위기가 아니라 존재와 존재 권위의 위기로 이어진다. 니체는 이것을 아이스킬로스 세계관의 승리, 즉 인간과 신들 위에 군림하는 최고 권력자인 운명의 여신을 드러내고 인간과 예술과 기술의 창조자인 프로메테우스로 하여금 자신의 결박과 고통의 대가로 최고신 제우스와 그 하수

45 Platon, *Protagoras*, übers., F. Schleiermacher, Darmstadt 1977, 320c~322b, Hegel, ÄII, 55쪽 이하 참조.

46 Hegel, ÄII, 56쪽. '책략' = Politik, '수치심과 법' = die Scham und das Recht.

47 니체 전집 2, 80쪽.

인들 또는 그 연합 세력을 자신의 지혜로 일거에 몰락시킬 수 있는 능력을 믿는 새로운 세계관의 승리라고 격찬한다.[48] 아이스킬로스는 프로메테우스를 통해 예술가의 본질을 보여주려고 한다. 고통의 씨가 다 마를 때까지 그것을 피하지 않고 견뎌내면서 자기 자신의 예지력에 대한 확고한 믿음을 가지고 예술성을 지켜내는 것, 이것은 한갓 예술가의 의무가 아니라 "예술가의 혹독한 자부심", 다시 말해 "어떤 불행도 감당하는 예술적 창조의 명랑성"의 본질이다.[49]

니체는 프로메테우스 신화가 유대인으로 대표되는 셈족의 원죄 신화와 근본적으로 구분되는 아리아족 관념의 특징이라고 지적한다. 유대교나 기독교나 모두 셈족의 근원 신화인 원죄설에 토대를 두고 있으며 거기서는 "호기심", "거짓스러운 환영, 유혹, 음탕함"과 같은 "일련의 특히 여성적 정감들이 악의 근원으로" 취급된다.[50] 이에 비해 프로메테우스 신화는 인류 문화에서 가장 중요한 것이 불이며 이 불은 하늘의 것, 신성한 세계의 은총의 산물이 아니라 신을 속이고 기만하여 얻어 온 일종의 약탈물로 묘사된다. 이것은 신을 모독한 선물로 얻은 전리품이며 그 대가는 신의 복수로서 "고통과 근심의 전체적 흐름"이다.[51] 여기서 프로메테우스는 더 이상 티탄 신족이 아니라 인간족의 대표로 파악되며 그의 능동적 죄가 인류 구원의 결정적 단서가 될 뿐 아니라 심지어는 인간의

---

48 니체 전집 2, 80쪽 이하 참조.

49 KGW, III-1, 64쪽. '예술가의 혹독한 자부심'=der herbe Stolz, '어떤 불행도 감당하는 예술적 창조의 명랑성'=die jedem Unheil trotzende Heiterkeit des künsterischen Schaffens.

50 KGW, III-1, 65쪽. '호기심'=die Neugierde, '거짓스러운 환영'=die lügnerische Vorspiegelung, '유혹'=Verführbarkeit, '음탕함'=die Lüsternheit. '일련의 특히 여성적 정감들이 악의 근원으로'=eine Reihe vornehmlich weiblicher Affektionen als der Ursprung des übels.

51 KGW, III-1, 65쪽. '고통과 근심의 전체적 흐름'=die ganze Fluth von Leiden und von Kümmernissen.

악을 정당화하는 토대를 마련하는 것으로 이해된다.

> 아리아인적 표상의 특징은 능동적 죄를 프로메테우스 본래의 덕으로 간주하는 숭고한 견해다. 이로서 동시에 염세적 비극의 윤리적 토대, 즉 인간의 악뿐만 아니라 그로 인한 고통을 포함한 모든 인간적 죄를 정당화할 수 있는 토대가 마련된다.[52]

세계는 신적인 것과 인간적인 것, 보편적인 것과 개별적인 것, 남성적인 것과 여성적인 것의 혼란스러운 모순으로 되어 있다. 이 양극이 서로 관계하지 않는 한 죄도 고통도 모욕도 복수도 있을 수 없지만 인간이 존재하는 이승에 애당초 그런 일은 일어나지 않는다. 인간은 언제나 대립적 양극의 끝없는 충돌로 세계를 이해하기 때문이다. 신화는 이 이해의 가장 원시적 형태이며 셈족 신화와 아리안족 신화는 대립적 세계관의 전형이다. 니체는 특히 프로메테우스 신화가 자기가 속한 아리안족의 근원 설화라고 단언한다(이 단언은 사실이 아니라 메타포로 이해해야 한다). 세계를 구성하는 대립적 힘의 대표적인 것, 즉 신적인 것과 인간적인 것은 신의 편이 아니라 인간의 편인 프로메테우스에 의해 연결된다. 인간이 신을 인식하고 그와 관계 맺으려 하자마자, 그리고 신의 영역이 속한 것을 인간에게 전파하거나 신의 특징이나 소유에 동경을 갖자마자 "근원적 모순", 즉 실존적 충돌을 맞이하게 된다.[53] 그 충돌은 신적인 것을 동경하거나 엿보거나 욕구하거나 그 욕구를 실현하고자 하는 열망과 노력이다. 물론 그 대표자는 프로메테우스이다. 얻은 것이 모순 극복의 능동자로서 신의 세계를 자기화하는 영웅적 개별적 자아라면, 잃은 것은

52 같은 곳. '능동적 죄' = aktiven Sünde, '인간의 악' = der menschliche Uebel, '인간적 죄' = die menschliche Schuld.
53 KGW, III-1, 66쪽. '근원적 모순' = Urwiderspruch.

복종과 순종의 안락과 고요와 행복이다. 인간에게는 신과 보편에 속한 것을 훔친 죄, 그래서 신과 보편을 욕되게 한 죄 때문에, 신에게는 인간에게 자신의 본질을 도난당함으로써 절대전능의 위력 손상에 대한 모욕감 때문에 양자 간의 모순과 충돌은 극대화된다. 이제 피할 수 없는 상황은 인간 프로메테우스에게 고통을 주는 신의 복수극인데 이 복수극 역시 매우 인간적인 것이다. 이 인간적인 것은 자기 자신에 대한 진정한 자괴감으로서 모욕감을 느끼는 신에 의해 치환된다. 이 이야기는 신도 프로메테우스도 남성이라는 점에서 뱀의 유혹으로 인간에게 원죄를 안긴 여성 이브에 대립되는 설정으로 짜여진다고 유추할 수도 있다.

> 이렇게 아리아족은 모독을 남성으로, 셈족은 죄를 여성으로 이해한다. 마찬가지로 원초적 모독은 남성이, 원초적 죄는 여성이 저지른 것이 된다.[54]

우리는 니체와 더불어 아이스킬로스의 프로메테우스를 디오니소스의 분장 인물로 이해해도 좋다.[55] 신과 인간의 경계, 개별과 보편의 경계를 일시에 허무는 성격 규정에서 그러하고, 운명적 비극을 이끄는 능동적 힘에서 그러하고, 개체성의 무한한 대립에서 그러하다. 물론 극의 구성과 사건 전개 및 형상화에 깔린 외적 요인들이 전적으로 부정되지 않는다는 점에서는 아폴론적이다. 이 이중성의 절묘한 결합은 아이스킬로스 비극의 예술성과 위대성을 입증하는 징표이다.

54 니체 전집 2, 82쪽.
55 니체 전집 2, 83쪽. 그리스 비극의 모든 주인공들은 디오니소스의 분장이다. 같은 책, 64쪽.

3
대화의 본성과 이상

니체가 파악한 '명랑성'은 이중적이다. 하나는 그리스 비극에서 대화가 함축하는 조형적 연극성이며 다른 하나는 극 속에서 연출되는 운명과 운명의 주재자에 대한 직관이다. 운명과 운명의 주재자에 관해서는 위에서 어느 정도 논의되었으므로 여기서는 비극의 대화적 특징과 이상의 의미를 되짚어보기로 하자.

비극은 연극이 아니라 합창에서 시작되고 합창의 음악적 측면을 일컬어 디오니소스적이라 한다면 비극의 연극적 측면은 "대화"이며 대화와 더불어 비로소 비극은 아폴론적으로 완성된다. 그리스 비극이 겉보기에는 결코 비극적이지 않고 간단하고 투명하고 아름다운 것으로 보이는 것은 대화에서 연유한다. 의사와 느낌과 감정의 전달을 직접적으로 하는 언어는 결코 애매하거나 모호해서는 안 된다. 단순 투명한 언어야말로 대화의 맑음을 보장한다. 그러나 동시에 투명하고 단순한 언어로 이루어진 대화의 이면은 너무도 끔찍한 암흑의 근원이며 어둠의 심연을 내포하고 있다. 니체는 이 예를 밝은 태양을 정면으로 바라볼 때 그 눈부심 때문에 눈을 감게 되고 감은 망막에 어두운 반점이 나타나는 현상을 예로 든다.[56] 물론 대화가 신화의 비극적 심연을 들여다보게 하는 통로라는 점에서는 반대 면을 생각할 수 있어야 한다. 다시 말해 신화의 어둡고 거대한 심연이 대화의 빛 속에서 밝게, 그러나 작고 투명하게 보인다는 것을 알면 어둠과 빛은 서로를 드러내는 반대의 자기 자신이라는 것을 깨닫게 된다는 것이다.

아리스토텔레스에 의하면 희극이나 비극이나 다 같이 즉흥적 주연에서 시작된다. 비극은 디오니소스 찬가인 디티람보스의 지휘자로부터, 희극은 남근 찬가의 지휘자로부터 유래하며 대화가 도입되면서 비로소 합창이나 노래가 아니라 비극으로 정착되었다는 점을 여기서 다시 되새겨볼 필요가 있다. 본시 대화란 주고받는 것이어서 합창단과 배우의 분리를 조건으로 한다. 아직 논란이 끝난 것은 아니나 파로스(Paros) 섬의 대리석판과 「수다사전」은 제61 올림피아기인 기원전 536/35~533/32년경 테스피스가 대(大)디오니소스제에서 처음으로 비극을 공연하였고[57] 이때 합창과 배우가 분리된 것으로 추정한다.[58] '배우'는 당시 그리스어로 '대답하는 사람'의 뜻을 가진 히포크리테스(hypokrites)라는 말로 표시하는데 이것은 노래와 스토리 전개를 이끌어가는 합창장의 물음에 답하는 자를 의미한다.[59] 배우가 한 사람에서 두 사람으로 늘어난 것은 아이스킬로스에 의한 것이며 그에 의해 비로소 코로스의 역할이 줄어들고 대화가 드라마의 중심이 된다. 소포클레스는 세 사람의 배우를 설정하

56 니체 전집, §9, 76쪽 이하.

57 천병희, 『그리스 비극의 이해』, 28쪽, '파로스 섬의 대리석판'은 파로스 섬에서 발견된 대리석판으로 기원전 16세기부터 기원전 263년까지의 정치, 군사, 종교, 문학에 관한 주요 사건들을 연대기로 기술하였다.

58 아리스토텔레스, 『시학』, 천병희 역, 「정치학/시학」 역주 5, 339.

59 히포크리테스는 '설명하는 자'란 의미로 해석하는 이들도 있다.

고 무대 배경을 도입한다. 이 시기에 오면 비극의 길이가 길어지지만[60] 노래와 합창의 길이와 역할은 대폭 축소되어 일종의 장식물로 전락하게 된다. 특히 아이스킬로스는 스스로 자기 작품의 배우 역할을 하면서 자기와 대화할 또 다른 배역을 담당할 배우를 연출케 함으로써 춤과 노래 중심에서 스토리와 연기 중심의 연극으로 발전시키는 계기를 마련한다. 소포클레스에서 배우가 세 명으로 드러나고 무대배경이 설치된 것은 명실상부 연극이 사건 전개의 사실적 · 형상적 구성을 이룬다는 의미이다. 고전기 비극의 막내 작가라 할 수 있는 에우리피데스에 오면 배우의 수는 더더욱 늘고 합창은 일종의 삽입곡 같은 역할로 떨어지고 대화와 사건 전개가 대부분을 차지하는 연극으로 발전된다. 발달사의 관점에서 보면 에우리피데스에 와서 비극이 완성되고 비극의 완성과 더불어 고대 연극의 완성을 성취한다고 하겠다. 니체의 『비극의 탄생』은 이 역사적 발전 단계를 반대로 해석한다. 그는 비극의 완성을 비극의 몰락으로, 그리고 그 몰락은 비극적 사유, 즉 소크라테스 철학의 탄생으로 나타난다고 생각한다.

본래 예술의 명랑성 개념은 근대 그리스 미술에 심취했던 빙켈만과 고전주의 작가 실러 등에 의해 제기되나, 그 근원이 되는 '이상(Ideal)' 개념은 칸트에 의해 비로소 철학적으로 체계화된다. 칸트는 플라톤의 이데아에 기원을 가지는 이상이 '완전한 것, 자족적인 것, 근원적인 것, 근원적 원형'이므로 시공 속의 현존재가 아무리 근접하려 해도 도달할 수 없는 어떤 것으로 이해한다. 헤겔은 이상이 완전하다는 것은 그것이 어떤 티끌도 없기 때문에 투명한 명랑성으로 바꾸어 표현해도 된다고 해석한다. 그는 그리스 예술이 그 내용과 형식의 완전한 일치를 이루기 때문에 이상적이며 이상적이기 때문에 명랑하다는 이해를 대표함으로

60 아리스토텔레스, 『시학』, 천병희 역, 제4장.

써 어느 정도 칸트를 벗어나 당시의 고전 미술사가들과 문학자들의 공감을 얻어낸다. 이에 비해 니체는 명랑성을 비극적 대화의 조형성에 제한함으로써 운명을 능동적으로 수용하는 입장을 취한다. 이 수용은 역으로 비극을 제외한 그리스 예술 모두가 이상의 영역에서 제외되는 결과를 초래한다.

플라톤의 이데아에서 유래되고 칸트에서 철학적으로 정리되는 '이상(理想 : Ideal)' 개념은 자족적인 것, 즉 "최고 완전한 것"이라는 뜻이다.[61] 『순수이성 비판』에서 이상은 "모든 사물의 원형"으로 정의된다.[62] "어떤 사물이든 불완전한 모사품"이며 그것이 가능하기 위한 소재(素材)를 바로 저 원형에서 가져온다. 즉, 모든 사물은 어느 정도는 원형에 접근한다 해도 언제나 무한한 간격이 있어 결코 원형 자체에 도달할 수는 없다."[63] 『판단력 비판』에서의 정의 또한 이와 크게 다르지 않다.

> 규준 이념은 서로 다른 다양한 방식으로 펼쳐지는 개별적인 것들의 직관들 사이를 떠도는 그 유(類) 전체에 대한 형상이다. 자연은 같은 종(種)에 속하는 자연의 산물들의 근저에 이 원형을 두고 있으나 어떤 개체도 이 원형에 완전하게 도달할 수 없는 것처럼 보인다.[64]

헤겔은 이상을 실재의 모든 가능성의 전체로 이해한다. 요컨대 미 이념이 곧 미 자체이고 미 자체는 특정한 형태 속에 내재하며 이 형태화된

61 '최고 완전한 것' = maximum perfectionis. Kant, "De mundi sensiblis atque intelligibilis forma et principiis" (1770), in *Kant Werke*, Bd. 2(1905) 396 ; dt.: Über die Form und die Prinsipien der Sinnen-und Geisteswelt, lat.-dt., hg. u. übers. v. K. Reich, Hamburg 1958, 31쪽.

62 '모든 사물의 원형' = das Urbild (Prototypon) aller Dinge. KrV. A578, B606.

63 '불완전한 모사품' = mangelhafte Kopein(ectypa), '소재(素材)' = Stoff, KrV, A578, B606.

64 Kant, *Kritik der urteilskraft*, Hamburg, 1924(=KU), 76쪽. '종(種)' = Spezies.

미가 바로 객관화된 미 이념이다.[65] 이 이념이 현존재 속에서 "외적 형태가 그 영혼과 일치할 때" 이것을 일컬어 '이상'이라 한다.[66]

> 예술이 이런저런 방식으로 우연성과 외면성에 오염된 현존재로부터, 바로 현존재의 참된 개념과 조화시키면서 현상 속에 개념과 일치하지 않는 모든 것을 제거해낼 때 이 정화를 통해서 비로소 이상이 나타난다.[67]

그러므로 "외면적 현존재로부터 정신적인 것으로 이렇게 되돌아가는 것, 그리하여 외면적 현상이 정신에 적합하도록 정신을 폭로시키는 데"에서 "예술의 본질"을 우리는 찾을 수 있다.[68]

'이상'은 "정신적 자연"이며 "근원상"이요 "자연의 전체"이며 "완전성의 개념"이라 한 헤겔은 빙켈만과 칸트의 이해에서 떨어져 있지 않다.[69] "영혼의 단순함과 고요함"이나 "이상의 명랑성과 쾌활함"은 바로 이 완전성 개념에 대한 감성적 표현 이외에 다른 것이 아니다.[70]

칸트와 빙켈만의 영향권 내에서 헤겔 역시 이상의 기본 특징이 "자족성"에서 유래하는 "고요함과 열락"이라고 생각한다.[71] 고대 그리스 예술에서 "명랑한 고요"가 형상화된다는 점에서 그리스 예술은 예술의 이상적 고향인 것이다.[72] 이 형상들에서 "개성의 힘과 스스로에 집중된 구체

65 Äl, 145쪽.
66 Äl, 206쪽. '외적 형태' = äußere Form, '영혼' = Seele.
67 Äl. 205쪽 이하. '현존재' = Dasein, '정화' = Reinigung.
68 Äl, 206쪽.
69 J. Winckelmann, *Gedanken über die Nachahmung der griechischen Werke in der Malerei und Bilhauerkunst*, Berlin 1775, Osnabrück, 1965, (*Johann Winkelmanns sämliche Werke* in 12 Bden), Bd. 1 17, 21쪽. '근원상' = Urbild.
70 J. Winckelmann, *Von der Grazie in der Werken der Kunst*, 1759(*Johann Winkelmanns sämliche Werke* in 12 Bden.), Bd.1, 222쪽.
71 Äl, 208쪽, '자족성' = Sichselbstgenügen, '고요함과 열락' = die heitere Ruhe und Seligkeit.

적 자유의 승리"의 투명성은 "신들의 투쟁 없는 지복한 만족 상태에서뿐 아니라 주체의 모든 실존이 갈기갈기 찢겨 나가는 깊은 붕괴에서조차도" 선명하게 인식된다.[73] 처절한 비극적 운명 속에서 고통에 울부짖으면서도 주인공은 자기 자신과 자기 정신의 자유를 상실하지 않는다. 고통 속에서 명랑성의 보존은 진정한 예술의 본질이라 하겠다.

72 '명랑한 고요' = heitere Ruhe.
73 Äl, 208쪽.

제6장

니체 사유에서 디오니소스의 정체

니체 저서

1
디오니소스 정체에 대한 의혹

이 글은 니체의 디오니소스상(像)을 우리가 아무 유보 조건 없이 수용할 수 있는지 하는 의문에서 시작된 것이다. 일반적으로 디오니소스는 포도주의 신 또는 주신(酒神)인 바코스로 더 잘 알려져 있고 니체 역시 이 일반적 이해에서 벗어나지 아니한다. 다만 니체는 디오니소스를 아폴론과 대비시켜 예술 사상을 전개하고 그것을 생(生)철학 전반에 확산시켜 고유의 독특한 사유 지평과 경지를 개척하며 이와 같은 그의 성과는 현대 철학에 지대한 영향을 끼친다. 이 대비가 디오니소스에 대한 전반적 오해는 아니더라도 중요한 부분의 사실관계에 대한 무시에 기초한 것이라면 비록 그것이 천재적 재기의 산물이라 해도 주요 부분에서 심각한 수정이 요구된다.

주지하다시피 니체는 아폴론적인 것으로서 "꿈"과, 디오니소스적인 것으로서 "도취"를 예술의 두 충동으로 간주하고[1] 이 대립자들의 상호 충돌과 상호 이입과 삼투에 의해 다양한 예술 장르들이 생겨나고 발전한다고 생각한다. 여기서 꿈은 단순한 환상이나 허상이 아니라 현실을 현실이게끔 하는 동인(動因)이라는 점에서, 또 도취는 한갓 술 취함의 몽롱함이 아니라 현실에 활력과 영혼을 제공하는 동력이라는 점에서 이 둘은 예술뿐 아니라 삶과 현실의 본원적 충동이다. 아폴론적인 것은 궁극적으로 꿈의 현실을 확장시켜 문화와 역사의 조형성을, 디오니소스적인 것은 그 내면에 흐르는 생명성을 의미하게 된다.

일반적으로 아폴론은 빛과 대낮, 이성과 분별력, 형체와 개별성, 기억과 깨어 있음을 상징하고, 디오니소스는 어둠과 밤, 감성과 무분별, 무형과 보편성, 망각과 도취를 상징하는 신으로 이해된다. 니체 역시 이런 일반 이해에 입각해서 전자에 기쁨과 환희를, 후자에 공포와 두려움, 고통과 비탄의 상징성을 덧붙인다〔기쁨과 환희는 경우에 따라 무아적(無我的) 도취의 상태에서 기인되기도 하므로 디오니소스적인 것의 감정 상태로 언급되기도 한다〕. 더구나 그는 궁극적으로는 아폴론적인 것이 아니라 디오니소스적인 것을 예술 및 삶과 문화의 근원 충동으로 설정하고 일체의 감정과 의지 상태가 진정한 삶과 예술의 본고향이라고 강조함으로써 독특한 생철학적 시인의 자리를 마련한다.

필자의 의혹은 디오니소스의 "도취"에 대한 상식적인, 그러나 일면적인 이해를 니체가 별 생각 없이 받아들임으로써 중대한 실수를 하지 않았나 하는 것이다. 본래 "도취"란 제정신의 반대말로 술에 취했을 때의 명정 상태(酩酊狀態)를 일컫는 말이다. 이 상태의 대표적 특징은 니체 자신도 지적하듯이 "망각"이다.[2] 그러니까 주신(酒神) 바코스 디오니소스의 도취한 명정 상태는 망각 상황을 초래한다는 것은 널리 알려진 상식이기도 한 것이다. 그러나 도취와는 정반대의 상태인 제정신, 다시 말해

1 KGW, Bd., III-1, 22쪽. '꿈' = Taum, '도취' = Rausch.
2 KGW, Bd., III-1, 52쪽. '망각' = Vergessenheit.

기억과 분별력 같은 이성적 로고스를 본성으로 하는 또 다른 디오니소스가 존재하거나, 술에서 깨어나 도취와 망각에 진저리 치며 후회하고 제정신으로 돌아와 멀쩡한 상태를 유지하고자 하는 술 끊은 디오니소스도 존재한다는 것이 필자의 관점이다.[3] 이 또 다른 성격의 디오니소스(자그레우스)는 니체가 아폴론에 분여하고 있는 일체의 유비적 상징적 의미들을 함축한다는 사실에서 아폴론의 다른 이름이기도 하고 아폴론적 소크라테스라고도 할 수 있다. 물론 니체도 디오니소스 자그레우스의 이름은 언급하고는 있지만 그 이름을 디오니소스 바코스의 별명으로 간주할 뿐이다. 만일 필자의 생각이 옳다면 니체가 그리스 비극의 종말을 가져온 것으로 평가하는 소크라테스적 에우리피데스는 그의 평가와는 반대로 그리스 비극의 진정한 완성자이며 소크라테스와 그의 이성은 디오니소스의 새로운 부활의 상징이 된다.[4]

---

3 필자는 오래전부터 동명이신(同名異神)인 두 디오니소스가 존재하지 않을까 추정하다가 몇 해 전 신화학자 이진성 교수와의 대화 및 그의 연구 성과를 통해 이 추측이 확신으로 바뀌게 되었음을 여기서 밝힌다.

4 니체는 존재하는 모든 것은 안과 밖, 내용과 형식, 본질과 현상의 두 요소로 되어 있고 이 이중성이 가장 선명하고 첨예하게 나타나는 곳은 그리스 예술, 특히 그리스 비극이라는 것과 비극의 제각기 다른 주인공들의 내면과 내용, 그리고 본질에는 디오니소스적인 것이 흐르며 이 흐름을 구체화하고 개별화 · 형태화하는 데에 아폴론적인 것이 틀을 잡는다고 이해한다. 소크라테스는 에우리피데스의 시작(詩作)을 실제로 도와주었다고 전해진다.

2

신화를 통해 본 디오니소스 자그레우스

디오니소스 신화에는 여러 종류가 있다. 문제는 서로 다른 신화에 등장하는 다양한 디오니소스가 모두 하나의 주신(酒神)으로서 동일 신인지 아닌지는 아직 완전히 밝혀지지 않았다는 데 있다. 즉, 대부분의 디오니소스는 바코스로서 주신인 것은 사실이지만 디오니소스 자그레우스 역시 그와 동일 신인지는 아직 분명하지 않다는 것이다. 일반적으로 신화라는 것은 사실의 설명이나 서술적 묘사가 아니라 그야말로 문화적・종교적 상황으로 감싸인 사건들에 대한 은유와 상징과 비유를 통한 암시적 이야기이기 때문에, 또 그 작가나 연대가 일정하지 않고 여러 시대, 여러 사람들의 생각과 언어가 뒤섞여 후대에 정리되기 때문에, 신화에서 사실관계를 확인하는 것도 어렵고, 사건의 현상과 실재, 가상과 본질, 사실과 상징을 구분하는 것도 어렵다.[5] 디오니소스 신화 역시 이런 요소들을 그대로 간직하고 있다.

디오니소스라는 이름이 처음 나오는 곳은 호메로스의 『일리아스』인데 여기서 디오니소스는 올림포스 신들의 반열에 있지 않은 잡신들 중의 하나이다. 그는 국가의 기존 규범을 손상시키는, 말하자면 일종의 신흥종교의 교주로 희화되는데, 자유라는 이름으로 신도들과 떠돌아다니며 그 시대 도시국가의 관습과 질서를 파괴함으로 해당 도시국가의 왕은 이에 강력하게 저항하고 규제한다. 이 저항과 규제는 디오니소스의 편에서는 핍박과 억압이다. 그 교세가 확장되었을 때 신도들은 교주 디오니소스를 수난받는 신으로 묘사하게 된다. 그는 헤시오도스에 와서 비로소 올림포스 신으로 격상되며 고통과 수난은 물론 환희와 즐거움을 주는 포도주의 신으로 예찬된다.[6] 이와 확연히 다른 디오니소스 자그레우스 신화가 있다.

이 신화의 한 계열 중에 오르페우스 신앙과 관련된 것이 있는데 그 기록은 기원후 1세기 말이나 2세기 초에 쓰인 것으로 여겨지는 『24편의 음유 서사시로 된 성스러운 이야기』에 전해진다. 이것이 모두 전해지는 것은 아니고 지금은 176개의 단편만이 남아 있다. 그 이야기의 출처들은 기원전 5세기 말경의 것에서부터 이 서사시가 쓰이기 이전까지의 것들로 추정된다. 이 음유 서사시에 의하면 늙지 않고 지혜가 사라지지 않는 시간을 뜻하는 크로노스가 우주 구성의 근원적 힘으로 나타나며 그가 투명한 허공 아이테르와 깊고 넓은 심연 카스마를 낳고, 이어서 투명한 허공 아이테르가 우주를 함축한 눈부신 알을 낳았다 한다.[7] 이 알에서

5 신화 해석의 문제와 그 진리성에 대해서는, F. Creuzer, *Symbolik und Mythologie der alten Völker, besonders der Griechen*, 6Bde., Darmstadt 1822, F. W. J. Schelling, *Philosophie der Mythologie*, 2Bde., Schellings Ausgewählte Werke, Bd.4~Bd.5, Darmstadt 1986, K. Hübner, *Die Wahrheit des Mythos*, München 1983을 참조.

6 헤시오도스, 『신통기』, 천병희 역, 이 책 속의 「신통기」, 941, 947, 「일과 날」, 614, 「헤라클레스의 방패」, 400.

7 같은 곳. '크로노스' = Chronos, '카스마' = Chasma.

우주 만물의 주관자인 파네스가 나와 세계의 통치자가 되고 그 후 밤의 여신 닉스를 낳아 그에게 세계의 두 번째 통치권자 자리를 넘겨준다.[8] 그 뒤를 이어 우라노스가 세 번째 지배자가 된다. 네 번째 세계의 통치자는 흥미롭게도 우주의 근원적 힘이며 창조자인 크로노스(Chronos)와 동명이신인 크로노스(Kronos)인데 그 이름의 의미는 "적절한 때" 또는 "적절한 기회"를 뜻한다. 이 신이 자기 아버지 우라노스의 남근을 자른 바로 그 크로노스이다.[9] 크로노스는 자신의 권력을 빼앗기지 않기 위해 자기 아들들을 낳는 대로 먹어치웠으나 그 무지막지함을 미워한 아내 레아의 지혜로 막내 제우스가 살아남아 크로노스를 제거하고 다섯 번째 통치자로 등극한다. 새 통치자가 된 제우스는 세계를 다시 창조하고 새 질서를 부여하기 위해 첫 번째 우주 만물의 주관자인 파네스를 잡아먹고 페르세포네(헤시오도스의 『신통기』, 911~914에서는 지하 명부의 신 하데스의 왕비인 데메테르의 딸로 나타남)와 결혼하여 디오니소스를 낳는다. 이 디오니소스가 바로 디오니소스 자그레우스인데 제우스는 이 아들을 자신의 후계자로 삼아 여섯 번째 통치자로 삼으려 한다. 제우스의 본처인 헤라는 질투가 발동하여 티탄들에게 디오니소스를 죽이라고 부탁한다. 헤라의 명을 받은 티탄들은 온갖 속임수로 어린 디오니소스를 유혹하여 죽인 후 사지를 찢어 구워 먹지만 심장은 아직 남겨둔 상태인데 분노한 제우스에게 들켜 그들은 번갯불에 맞아 타 죽어 잿더미로 변한다. 제우스는 티탄들이 먹다 남긴 어린 디오니소스의 심장을 아테네 여신에게 가져오도록 해서 이것을 세멜레의 몸에 넣어 다시 잉태케 한다. 한편 티탄들이 타고난 재가 땅의 흙과 섞이자 거기에서 인간이 탄생한다. 이렇게 해서 인간과 디오니소스의 특별한 규정이 새로이 정립된다. 인간은

8 '파네스' = Phanes, '닉스' = Nyx.
9 헤시오도스, 위의 책, 101쪽과 117쪽. '크로노스' = Chronos, '크로노스' = Kronos.

사악한 티탄으로, 즉 잘 속고 잘 속이며 살인을 주저치 않는 습성을 가진 존재이면서 동시에 흙과 재로 되어 있어서 흙과 재로 돌아갈 수밖에 없는 본성을 가진 실존으로 규정된다. 이러한 인간 존재는 그냥 흙과 재로 흩어지기도 하지만 또한 두 번 태어남의 고통, 육체적 탄생과 정신의 탄생으로 구분될 수 있는 고통을 통해 디오니소스적 구원을 얻을 수도 있다. 그리고 이 구원은 오르페우스 신앙에서 기원한다(그 이후 고전기 그리스 문화와 비극에서 디오니소스는 수난과 고통과 부활과 구원의 신으로 표현되는데 이때부터 바코스와 자그레우스의 혼동 역시 일반화되기 시작한다). 그런데 이 신앙에서 디오니소스는 바코스와는 무관한 오르페우스적 순결과 금욕과 절제, 이성과 조화를 덕목으로 하는 신으로 묘사된다. 이 점을 분명히 하기 위해 우선 오르페우스 신앙에 대한 간략한 설명이 필요하다.

3

오르페우스 신앙에서[10] 디오니소스 자그레우스의 위치

오르페우스는 음악과 시를 통해 절대세계, 신의 세계를 넘나든 인간신(人間神)이며 동시에 신인간(神人間)이다. 오르페우스 신앙은 대체로 기원전 6세기부터 기원후 5~6세기의 1,000여 년에 걸쳐 소아시아에서 남이탈리아 연안에 이르기까지 실천종교적 영향을 가지게 된다. 오르페우스의 시와 노래에 관해서는 이미 기원전 6세기에 그리스 전역에 퍼져 있었지만 그에 대한 여러 가지 이야기들은 다양한 문학작품들과 자료들에 분산되어 있다. 오르페우스에 관한 최초의 문헌은 기원전 6세기 참주 페

10 기원전 6세기 참주 페이시스트라토스(Peisistratos)의 역관(易官), 오노마크리토스(Onomakritos)가 오르페우스의 시와 그의 제자 무사이오스의 신학을 정리한 것이 최초의 오르페우스 신앙의 문헌이다(이진성, 『그리스 신화의 이해』, 112쪽). 당시 구원 신앙으로 널리 유포된 사상을 정리한 것으로 이해된다. 그 밖의 자료들은 기원후 5~6세기까지의 다양한 문건들을 여러 사람들이 정리한 것들이다. 특히 후대의 신플라톤주의자들이 관심을 가지고 플라톤 사상과의 연관점을 찾으려 한다(같은 책, 112).

이시스트라토스의 궁정학자 오노마크리토스가 그때까지의 오르페우스의 시와 그의 제자 무사이오스의 신탁을 정리한 것이다.[11] 참주 페이시스트라토스라는 정치를 수월하게 하기 위해 당시 민중신앙으로 확산되는 오르페우스교를 적극적으로 장려하여 민중의 지지를 이끌어내려 한 것으로 추정된다. 참주란 대개 왕이 정통성과 전통을 무시하여 민심이 등을 돌리게 될 때 그 틈을 타서 권력을 잡는 토호 또는 귀족들을 뜻한다. 요컨대 그들은 민중과 여론으로 쿠데타를 일으켜 권력을 잡고 유지하는 체제의 실력자를 말하며 따라서 권력이 확립되어 제대로 왕의 구실을 하기까지는 좋든 싫든 민중과 대중의 눈치를 보지 않을 수 없다. 이런 요구 때문에 그 이전부터 널리 퍼져 있던 오르페우스와 무사이오스의 예언과 신탁을 정리한 것으로 여겨진다.[12] 그 후 19세기에 기원전 4~5세기경의 것으로 추정되는 돌에 새겨진 오르페우스 서판(書板)이 발견되는데, 이에 의하면 오르페우스 믿음은 아티카는 물론 시칠리아와 남이탈리아를 거쳐 로마에까지 확산되었다고 한다.[13]

오르페우스의 출생 역시 다양한 설이 있으나 트라키아에 있는 강의 신 오이아그로스와 뮤즈의 딸 칼리오페의 자식이라는 것과 아폴론의 아들이라는 것이 널리 알려져 있다.[14] 그가 이아손의 아르고 원정대에 참여하여 괴물에 홀려 위험에 빠진 선원들을 구한 사건은 유명하다. 그는 원정에서 돌아와 에우리디케와 결혼하나 곧 그녀가 뱀에 물려 죽자 명부에 내려가 노래와 음악으로 하데스와 페르세포네를 감동시켜 자기 부인의 영혼을 데리고 나온다. 그러나 뒤를 돌아보지 말라고 약속한 금기

11 '참주' = Tyrannos, '페이시스트라토스' = Peisistratos, '오노마크리토스' = Onomakritos.

12 그러나 플라톤이나 에우리피데스는 오르페우스 종교와 신도들을 탐탁하게 생각지 않았다.

13 이진성, 위의 책, 112쪽.

14 '오이아그로스' = Oiagros, '칼리오페' = Kalliope.

를 망각한 대가로 다시 그녀를 죽음으로 되돌려 보내는 운명에 처해진다. 후자의 이야기, 즉 노래와 음악으로 명부에서 아내를 구해 오나 금기를 망각해서 다시 잃게 되는 이야기는 오르페우스 숭배의 중요한 단초를 제공한다. 오르페우스의 노래와 시와 음악은 단순히 미감적 감성의 표현을 뜻하는 것이 아니라 일종의 종교적 주술이요 주문이다.[15] 당시에는 음악과 시는 서로 분리되어 있지 않았고 리라를 켜면서 영혼과 정신과 자연을 노래함으로써 영혼과 정신과 자연을 감동시키는 오르페우스야말로 단순한 주술사가 아니라 바로 영혼과 정신과 자연을 일깨우는 활력으로 생각된 것이다. 이것은 분명 신적인 위력이다. 이 위력으로 명부를 움직여 아내 에우리디케를 구해서 암흑의 터널을 빠져나오다 '돌아보지 말라'는 하데스의 금기를 잊어버리고 뒤를 돌아봄으로써 다시 암흑의 명부로 그녀를 되돌려 보낼 수밖에 없게 된다는 것은 인간적인 면모이다. '망각'이란 금기만 잊는 것이 아니다. 그것은 의무도, 권리도, 희망도, 절망도, 의식과 정신 속에 있는 모든 것을 무화(無化)시키는 어둠이나 암흑과 같은 것으로서 인간적 위력의 대표적 전형이다. 이 점을 염두에 두고 니체는 망각이야말로 실존의 축복으로 예찬한다. 그러나 사실은 니체의 망각은 오르페우스의 망각과는 근본적으로 다른 종류이다. 오르페우스에서 해야 할 것을 하지 못하게 하는 망각은 단지 인간적인 속성의 의미만이 아니라 재앙의 의미를 가진다. '돌아보지 말라'는 금기를 잊어버리지만 않았어도 새로운 삶의 행복과 부활이 보장되었던 에우리디케는 부활은커녕 부사(復死), 즉 두 번 죽음을 맞이한 것이다. "잊지 말아야 할 것을 잊었기 때문에 오르페우스의 언어와 노래의 주술적 효력은 사라졌다. 오르페우스 신앙의 신자들은 먼저 이 교훈을 반드시 기억해야 했다. 그들에게 망각은 고통스러운 삶의 '반복'을 뜻했다.

15 이진성, 앞의 책, 107쪽.

그들의 금욕생활은 망각에 빠지는 것을 막아주었다."[16] 오르페우스가 망각 때문에 파멸하고 고통을 당하고 종국에는 죽게 된다는 것은 인간 신의 전형적 초상화를 보여준다. 그는 본시 뮤즈 칼리오페의 아들이며 그의 어머니 뮤즈는 기억의 여신 므네모시네의 딸이다. 결국 망각의 상처가 오르페우스를 죽음으로 몰고 가게 되니, 기억은 삶과 같은 말이요, 망각은 죽음과 동의어가 되는 셈이다.[17] 기억은 단지 지난 것을 의식으로 되살려내는 것만이 아니라 삶과 존재와 문화의 원동력이다. 노래와 음악 질서도, 주술적 언어와 시의 내용도 모두 기억의 산물이며, 본질 세계의 구성과 그 체계의 되살려냄도 기억의 산물이다. 오르페우스가 죽고 나서 외할머니 므네모시네와 어머니 뮤즈를 저승에서 다시 만난다는 것은 그가 기억과 지혜, 그리고 언어와 음악예술의 신, 즉 예언자의 신으로 격상되고 있음을 뜻한다.

오르페우스 신앙은 일종의 민간 무속신앙으로 특히 그리스 고전기의 민주정치체제의 발전과 그 궤를 같이한다. 그 이전에만 해도 신과 인간은 상호 자유로운 교호 작용의 관계로서가 아니라 주종 관계, 다시 말해 한쪽에서는 제물을 바치고 다른 쪽에서는 그 제물을 향유하는 관계로 되어 있었고 이 관계는 정치 지배 계층에 의해 더욱 강화되었다. 왕후장상들이나 그들과 결탁한 영웅호걸들은 신들의 후손임이 강조되고 따라서 신인 관계가 주종화되면 될수록 왕권과 시민에 대한 지배력은 더욱 확고해진다. 이에 비해 신인 동일성이나 죽음과 죽음으로부터의 부활이나 윤회 사상은 인간의 지위를 신격화하고 신의 지위를 인간화하는 효

16 같은 책, 108쪽. 오르페우스는 지상으로 돌아와 7개월 동안 칩거하면서 고통스러운 날을 보내고 새로운 삶을 얻게 되었다고 한다. 후에 그는 제우스의 벼락에 맞아 죽었다고도 하고, 여인들이 그를 잡아 죽이고 머리를 잘라 리라(현악기)와 함께 강에 버렸다고도 하고, 자기의 죽은 부인만을 생각하고 다른 여자들은 거들떠보지 않자 질투가 난 여인들이 그를 찢어 죽였다고도 한다.

17 이진성, 위의 책, 109쪽.

력을 나타낼 수 있다. 이 점에서 오르페우스 신앙은 일종의 해방 신앙이며 신으로부터의 인간 해방, 인간으로부터의 인간 해방 사상과 맞닿아 있다.

오르페우스 신앙은 새로운 신으로 디오니소스 자그레우스를 추대한다. 오르페우스 신앙에서 인간은 어린 디오니소스 자그레우스를 잡아먹다 제우스의 번개에 맞아 타 죽은 티탄의 재와 흙이 섞여 창조된 것이다. 그러니까 티탄의 사악성과 그 사악함 때문에 먹어치운 디오니소스 자그레우스의 살과 흙이 합쳐진 것이 인간이다. 인간의 악함과 선함, 신성과 인간성이 범벅이 된 것이 여기서 연유한다. 티탄적 육체성은 악이며 디오니소스적 영혼성은 선한 것이요, 따라서 육체는 악이요, 영혼은 선이다. 육체를 멀리하는 데는 금욕과 고통만 한 것이 없고 이것은 또한 영혼과 가까이하는 길이기도 하다. 고통과 금욕은 영혼을 맑게 하고 영혼을 맑게 할 때 비로소 기억과 정신이 맑아지며 기억과 정신이 맑아질 때 우리는 현상이 아니라 본질을 투시하고 그 투시를 통해 지금의 현상에서 미래의 사건들을 예언할 수 있게 된다. 그리고 이것은 어렵기는 하지만 제대로 된 인간이면 누구나 의지와 지혜로 도(道)를 닦아 도달할 수 있는 세계이기도 하다.

영혼의 정화, 고통과 금욕을 통한 육체로부터의 해방, 인간 창조 때 섞인 더럽고 악한 티탄의 재 때문에 소유하게 된 원죄의 청산 정도에 따라 윤회되는 생의 질이 결정된다. 선과 악의 결합 때문에 영원한 생이 있을 수 없듯이 영원한 죽음 또한 있을 수 없다. 오직 영원한 윤회만이 있을 뿐이다. 영혼의 정화는 이 윤회의 짐을 덜기 위한 것이 아니라 내생의 고요와 평화를 영혼에 싣기 위한 것이다. 순수한 영혼에 도달하는 길은 육체의 순수한 무를 획득할 때, 속된 말로 몸뚱이가 깡그리 없어질 때인데, 이것이 영혼의 윤회 고리로부터의 해방을 의미한다면 불교와의 교감점을 여기서 찾아볼 수도 있을 듯하다. 또한 만일 니체가 후에 영원회귀를 이 오르페우스 디오니소스에서 수용한다면 이것은 바코스를 부정하는 모순을 범하는 것이 될 것이다.

호메로스나 헤시오도스 저작이 아닌 오르페우스 문헌에서 디오니소스 자그레우스는 앞에서 본 대로 제우스로부터 통치권을 이어받는 최고신으로 묘사된다. 이 최고신에 등극하기 위한 수난은 동시에 새로운 시대를 열기 위한 고통과 같은 것이다. 이에 대한 상징으로 티탄족에게 뜯어먹히는 고통스러운 죽음과, 다시 세멜레의 몸에 넣어져 재탄생함, 즉 부활의 기쁜 체험으로 이어진다. 여기서 추측할 수 있는 것은 디오니소스 바코스와 디오니소스 자그레우스가 신화 속에 이리저리 뒤섞여 혼란스럽게 나타남에도 불구하고 그 본질에서는 확연히 다르다는 사실이다. 말하자면 이 둘은 동명이신이라 할 수 있다는 것이다.

첫째, 바코스가 술과 환상과 취함을 통해 열광과 무아경을 인체화함으로써 개별성의 한계, 존재와 무의 경계를 무너뜨리는 신의 표상이라면, 자그레우스는 맑은 제정신을 통해, 그것도 순수한 로고스를 통해 개별성을 규정하고, 존재와 무의 본질 영역을 구축하는 신의 표상으로 나타난다. 둘째, 바코스는 '망각'과 도취를 삶에 활기를 주는 근원 요소로 제시하는 데 비해 자그레우스는 '기억'과 제정신(깨어 있음)을 삶에 인간성을 부여하는 근원 요소로 제시한다.[18] 셋째, 바코스는 욕망의 막힘없는 충족을 통해 동물적 삶의 극대화를 추구하지만 자그레우스는 이와 반대로 절제와 금욕을 통해 정신적 삶의 극대화를 추구한다. 그러나 넷째, 바코스의 신도들은 비틀거리는 취함과 도취 속의 세계가 결코 사회생활을 영위하는 구체적 현실 세계와 같지 않다는 사실을 결국은 인정하지 않을 수 없게 된다. 한순간도 깨어 있지 않은 영혼은 죽은 영혼이다. 현실은 결코 비틀거림의 몽롱한 취중 세계일 수 없기 때문이다. 이 괴리 때문

18 '망각' = Vergessenheit, '기억' = Gedächtnis.

에 술이 깬 뒤 숙취 고통을 깨달으면서 금욕 절제를 가르치는 자그레우스의 신도로 자연스럽게 개종하게 된다. 다시 말해 바코스의 신도들은 깨어 있을 때는 오르페우스적 삶의 방식, 즉 절제와 금욕을 최고 덕목으로 하면서 겸손하고 깨끗하게 생활하게 되고 서서히 깨어 있는 진짜 현실을 중시하는 자그레우스 신도로 바뀌는 것이다.[19] 다섯째, 결국 바코스 신도들은 바코스를 통해서는 영속적 구원이 가능하지 않다는 것을 알게 되고, 마법과 변신을 믿지 않는 합리적이고 로고스적인 정신을, 다시 말해 자그레우스의 영혼을 상속받은 소크라테스의 순수한 이성을 통한 구원의 사상을 갖추게 된다. 따라서 여섯째, 더 이상 포도주를 만들어 마시고 춤추고 광란 혼음함에서 환희와 무아경을 느끼고 주먹질과 욕지거리로 재미를 삼거나 비틀거림의 축제 시간을 보내는 패륜적 디오니소스 바코스가 아니라, 세계를 새롭게 시작하고 새롭게 해석하고 제정신의 영역을 확대하여 현명하게 실천하는 맑은 디오니소스 자그레우스가 디오니소스 신앙의 진정한 신으로 숭배된다. 생의 고통을 극복하는 것은 있는 고통을 잊어버리는 것이 아니라 두 눈 부릅뜨고 그 고통을 직시하면서 그 고통의 원인을 슬기롭게 능동적으로 제거하거나, 제거가 불가능한 경우에는 그것을 적극적으로 받아들여 자기의 본질로 긍정하고 승화하는 것이다. 이것은 예술에서도 마찬가지이다.

19 이진성, 위의 책, 124쪽 참조.

4

'에우리피데스에서 비극의 종말'에 대한 니체 생각의 되비판

니체는 그리스 비극에서 서사성이 극명해질 때 오히려 그 내면은 디오니소스적 고통으로 나타나며 이 고통의 극적 모습이 바로 자그레우스의 탄생 설화라고 강조한다. 어린 디오니소스가 티탄족에게 갈기갈기 찢겨 죽은 것은 그의 육체가 물, 불, 공기, 흙의 개별적 4원소로 변화하는 "고통"의 상징이며 이것은 또한 하나의 통일적 본체가 제각기 독립된 다른 개체들로 변전하는 고통, 즉 개별화의 고통이라는 것이다.[20] 뒤집어 말해 개별화의 상태는 "모든 고통의 원리요, 근원"이며, 따라서 그것 자체로서는 내버리고 싶은 것이지만 내버릴 수도 없는 것이다.[21] 이제 디오니소스가 자그레우스로 추앙받는 곳에서 세계는 그 안도 밖도, 본질도 현상도, 보편도 개체도 디오니소스의 작품으로 전환된다. 이에 대해

20 KGW, III-I, 68쪽. '고통' = Leiden.
21 같은 곳. '모든 고통의 원리요, 근원' = Quell und Urgrund alles Leidens.

니체는 "이 디오니소스의 웃음에서 올림포스의 신들이 생겨나고 디오니소스의 눈물에서 인간들이 생겨난다"라고 강조한다.[22]

앞에서 아폴론과 아폴론적인 것이 올림포스 신들을 창조했고[23] 디오니소스와 디오니소스적인 것이 인간과 인간의 비극을 창조했다는 그의 주장은 여기서 일대 전환을 이룬다. 이제 디오니소스는 신과 인간 모두의 창조자, 보편과 개별 모두의 창조자로 등극한다. 이제 아폴론은 디오니소스와 대립적 독립 실체가 아니라 디오니소스의 다양한 표정들 중 하나일 뿐이다. 이제 디오니소스는 명실상부한 존재와 예술의 절대 권력자로 입궁한다. 이제 디오니소스는 근원적 고통이면서 동시에 근원적 기쁨의, 존재와 무의 본래적 고향이면서 동시에 그 형상의 실질적 동일체가 된다. 이제 디오니소스는 몸과 마음이요, 아폴론은 단순히 그의 들러리요 그림자일 뿐이다. 디오니소스는 티탄에게 찢겨 죽은 것이 아니라 그 죽음을 통해 다시 부활한 것이며, 부활과 재림을 통해 부서진 보편들에게도 부서진 개체들에게도 기쁨의 빛을 던져준다. 이것이 "비극의 신비스러운 가르침"이며 "염세주의 세계관"의 심오함이며 "현존하는 모든 것의 통일성에 대한 근본 인식, 개별화가 악의 근원이라는 것에 대한 관찰이요, 예술은 희망이라는 것, 즉 개별화의 궤도를 파괴하고 부활된 통일을 예감케 하는 희망이라는 것"을 보여준다.[24]

그러나 자그레우스의 부활은 비극의 완성이기도 하고 신화의 죽음이기도 하다. 호메로스의 올림포스 문화는 비극이라는 매체를 통해 새로운 신화 창조로 거듭나지만 비극의 진정한 비극적 본질인 디오니소스

22 같은 곳. '이 디오니소스의 웃음에서 올림포스의 신들이 생겨나고 디오니소스의 눈물에서 인간들이 생겨난다' = Aus dem Lächeln dieses Dionysus sind die olympischen Götter, aus seinen Tränen die Menaschen entstanden.
23 같은 곳, 30쪽 이하(§3 전체).
24 같은 곳, 69쪽. '비극의 신비스러운 가르침' = die Mysterienlehre der Tragödie, '염세주의 세계관' = Pessimistische Weltbetrachtung.

자그레우스적 세계관에 의해 프로메테우스적 고통과 경고가 새로운 신의 출현을 예시한다.[25] 프로메테우스의 해방과 디오니소스의 승리는 니체의 이해처럼 환상의 신화에서 얻어지는 것이 아니라 신화의 상징적 지혜와 이성에 의해 얻어지는 것이다. 이성적 지혜는 신화의 모든 내용이 사실적 진리라기보다 상징적 진리라는 것을, 또한 그것은 역사와 시대적 요청의 산물이며 그 요청이 지속되는 시간 동안만 의미를 가진다는 것을 인식하는 것이다. 그런데 니체는 사람들이 신화를 사실성과 역사성에 거역하거나 맞지 않는 것으로 생각할 때, 또는 그 신화에 대한 진지성이나 감각이 사라질 때 그 신화는 수명을 다하는 것이라고 믿는다. 니체에 의하면 이 죽어가는 신화를 다시 붙들어 구원해주는 힘이 바로 "디오니소스적 음악"이다.[26] 그러나 이 음악이 구원하기 전에 폭력적인 방법으로 신화의 숨통을 끊은 이가 있으니 그가 바로 에우리피데스라는 것이다. 다소 극적인 니체의 표현은 이렇다.

신성을 모독한 에우리피데스여, 네가 이 죽어가는 자에게 다시 한 번 고역을 강요하려 했을 때, 너는 무엇을 원했던 것인가? 그는 너의 폭력적인 손아귀에서 죽었다. 그리고 지금 너는 헤라클레스의 원숭이처럼 낡은 장식물을

25 니체의 평가에 의하면 아이스킬로스의 프로메테우스는 "염세주의의적 표상의 비아폴론적인 것(das Unapolonische dieser pessimistischen Vorstellung)"이 개체와 개체, 개체와 보편, 신적인 것과 인간적인 것의 경계와 개별성의 원리를 하나로 융화한다. 이 점에서 프로메테우스는 오이디푸스와 더불어 그리스 비극의 최고 정수이다. 프로메테우스는 디오니소스의 분장인으로 고통을 두려워하지 않을 뿐 아니라 오히려 그것을 달게 받으며 더 높이 더 멀리 향하려는 능동적 예술 충동의 응집체라는 것이다〔니체와 반대로 필자는 프로메테우스가 자그레우스(아폴론)의 분장인이라고 생각한다〕. 하여간에 니체에서 아폴론적인 것과 디오니소스적인 것의 이중성의 개념적 정식은 "현존하는 모든 것은 정당하며 부당하다. 두 경우에 동등한 자격을 가진다(Alles Vorhandene ist gerecht und ungerecht und in beidem gleich berechtigt)"라는 명제로 정리된다(KGW, Bd., III-1, 67쪽).

26 같은 곳, 70쪽.

가지고 요란하게 치장할 줄만 알았던 신화, 모방해서 만든 변장한 신화를 필요로 하게 되었다. 그리고 네게서 신화가 죽은 것처럼 음악의 수호신 역시 네게서 죽었다. 비록 네가 탐욕의 손을 뻗어 모든 음악의 정원을 약탈하고 싶어 하더라도, 너는 그것을 변장된 모방 음악에 갖다 바쳤다. 그리고 네가 디오니소스를 떠났기 때문에 아폴론 역시 너를 떠났다. 모든 열정들을 그 보금자리에서 몰아내어 네 울타리 속에 감금해보거라…….

니체는 그리스 비극이 탄생에서 성장과 완숙기를 거치고 서서히 노쇠하여 마지막에는 조용히 영면하는 자연사로 마감되는 것이 아니라 어느 순간 갑자기 돌연사하는 모습을 보인다고 역설한다. 비극 이외의 다른 문학의 장르들은, 마치 정신적인 삶을 산 생명체와 마찬가지로, 노쇠하여 기력이 다할 때 소멸하면서 죽어가는 형태를 취한다. 그런데 왜 하필 비극만이 이런 식으로 삽시간에 비명횡사했는가? 왜 처절한 허무감과 고통스러운 통곡만을 남기고 비극은 갑자기 사라져버렸는가?[27] 왜 에우리피데스는 비극의 자살적 죽음을 준비한 것일까?

장황하게 소개할 것도 없이 에우리피데스는 그리스 3대 비극 작가 중 막내이다. 기원전 480년 살라미스해전을 거점으로 볼 때 그 전쟁에 전사로서 참전한 이는 아이스킬로스이고, 그 전쟁이 승리하도록 합창단의 선창자로서 찬신가를 주도한 이는 소년 소포클레스이고, 그 전쟁이 일어나던 날 탄생한 이가 바로 에우리피데스라는 일화가 어느 정도 사실인 듯하다. 전력의 열세에도 불구하고 아테네에 승리를 안겨준 이 전투의 참전 용사인 아이스킬로스는 이 승리가 오만한 페르시아인들에 대한 신들의 응징으로 믿고 평생 동안 신들의 위대한 힘과 오만한 섭리를 비극을 통해 교육하고 설교한다.[28] 이 승리로 아테네는 찬란한 문화를 꽃

27 '비극은 죽었다! 시 자체도 비극과 더불어 사라졌다!' = die Tragödie ist todt! Die Poesis selbst ist mit ihr verloren gegangen! KGW, III-I, 71쪽.

피우게 되는데 이 번성기를 누리면서 그것의 지속을 위해 노력한 소포클레스는 아이스킬로스의 뜻을 더욱 강화하고 발전시킨다. 이 시기가 아테네뿐 아니라 그리스는 물론 세계사를 통틀어 가장 위대한 민주주의와 문화의 전성기였다고 생각하는 이들이 많다.

민주주의는 예나 지금이나 시민들의 자유와 평등권을 토대로 하며 그 세계관은 다원주의이다. 이 시기에 가치 다원주의 소피스트 철학이 활짝 꽃피게 된 것은 결코 우연이 아니다. 이 다원주의는 진리 상대주의와 경험론 및 회의주의 인식론을 확립한다. 이제 왕후장상과 시민의 주종적 관계가 와해되고 이 와해는 신과 인간의 주종 관계마저 의심케 하며, 신이나 왕의 권위가 만물의 척도가 아니라 인간 이성이 만물의 척도요, 로고스로 정립된다.[29] 이제 불확실하고 애매한 진술들만 부정되는 회의주의가 아니라 확실성을 담보하는 것으로 누구나 믿어왔던 감각지와 경험지에 대한 지식조차 의심받게 된다. 이 회의(의심)를 주도한 이들이 당시의 소피스트들이고 이들의 분위기와 사상을 에우리피데스는 적극적으로 수용한다.

에우리피데스의 비극은 스승 선배들과 달리 문학과 예술적 감성보다 이성과 합리성을 토대로 한 심리와 행동 묘사를 중시한 것으로 평가된다. 에우리피데스는 페르시아전쟁(기원전 490~기원전 480) 기간 시작되어 꽃피우고 펠로폰네소스전쟁(기원전 431~기원전 404)에서 아테네의 패배와 더불어 몰락하게 되는 고전기 비극의 마지막에 위치한다. 고희극

28 천병희, 『그리스 비극의 이해』, 150 쪽.

29 에우리피데스(기원전 485/4~기원전 406/5)는 "인간은 만물의 척도이다"라는 명제로 유명한 프로타고라스와 같은 연배이고 소포클레스보다는 10여 년 아래로 알려지고 있다. 소피스트 프로타고라스는 절대진리도, 절대신도 믿지 않았으며 대중선동의 웅변술과 소송 승리를 위한 변론술을 청년들에게 가르치고 큰돈을 벌었다고 한다. 당시 아낙사고라스(기원전 500~기원전 428)는 에우리피데스는 물론 소포클레스에게도 깊은 영향을 주었다.

의 대표자 아리스토파네스(기원전 445년경~기원전 386년경)의 「개구리」는 명부에 내려간 디오니소스가 재판관이 되어 비극 작가 아이스킬로스와 에우리피데스 중 누가 더 예술성 높은 작품을 그려냈는지를 심판하는 줄거리로 되어 있는 희곡이다. 물론 여기서 등장인물 묘사는 사실적이 아니라 작품 구성상의 요구와 필요에 의한 미학적 묘사이므로 그것을 생각 없이 곧바로 사실로 수용하는 것은 위험하다. 그럼에도 불구하고 에우리피데스에 대한 중요한 몇 가지를 아리스토파네스 희극에서 추정해낼 수는 있다.

이에 의하면, 여성 혐오자[30] 에우리피데스는 당시 그리스인들이 믿고 봉헌하던 신들이 아닌 다른 신들, 가령 감각, 지성, 이성과 같은 경험적 인식의 개체들을 믿음의 대상으로 삼는다.[31] 그는 고상하고 귀족적인 시민들보다는 평범한 일반 서민들이나 하층민들(아리스토파네스는 아이아코스의 입을 빌려 저승의 대다수를 차지하는 시민들은 도둑과 소매치기와 존속살인범들이라고 독설함)에게 더 인기가 있었고[32] 또 그런 천한 성격의 주인공들을 설정하거나, 고상한 이들을 천한 성격 소유자로 변형시켜 설정한다. 명실상부한 비극의 민중화·세속화의 시작이라 할 수도 있겠고, 절제와 전형이 아니라 풍성함과 개성이 강조되고, 극 언어 역시 시적이라기보다는 일상 대화체를 더 선호하게 되니 전통 비극의 붕괴라 할 수도 있을 것이다. 이러한 성향은 하늘과 땅과 자연의 신성성이나 그 질서 추구보다 '지금 여기'의 구체적 상황과 그 안에서 일어나는 인간사를 중시하는 소피스트 철학과 밀접한 관련이 있다.

소피스트 사상은 고대의 도시 철학이다. 도시는 자연 관계가 아니라 인간관계에 의해 세워진다. 농촌에서는 하늘과 땅과 자연이 중시되고

30 아리스토파네스, 「뤼시스트라테」, 천병희 역, 『아리스토파네스 희극』, 282~284.
31 아리스토파네스, 「개구리」, 천병희 역, 『아리스토파네스 희극』, 889~894 참조.
32 같은 곳, 771~784 참조.

그 세부적 요소들과 개별자들, 가령 숲과 들, 나무와 바위, 강과 하천, 곡물과 추수, 가축과 목초지, 농지와 그 경계 등등과 그에 관계되는 다양한 사건들과 요인들이 신성시된다. 이에 비해 도시에서는 상업과 교환 문화를 결정하는 인간관계, 개인과 제도의 관계, 소송과 법, 정치와 국가 등의 문제들이 중시된다. 자연 중시에서 인간 중시의 사상으로의 전환은 소피스트 철학의 탄생을 결정한다. 아리스토파네스의 「개구리」에서 에우리피데스가 제우스나 데메테르 대신 다른 신을 섬긴다 할 때 그것이 무엇인가 묻자 감각적 경험과 지성과 이성이라고 한 것은 이것을 단적으로 보여주는 것이다. 말하자면 에우리피데스는 디오니소스 자그레우스의 신도인 것이다. 그는 디오니소스를 떠난 것이 아니라 그의 본고향인 아폴론으로, 그리하여 그의 인간 아들인 소크라테스로 돌아온 것이다. 그가 떠난 것은 단지 바코스일 뿐이다.

도시에서는 신심이 깊은 이들이 아니라 이재나 판단력이 빠르고 정확한 이들, 언변이 조리 있고 이치에 빈틈없이 대처하는 이들이 유리하다. 신심이 깊은 이들은 자연에 충실하고 그 질서와 운명에 순응하는 것을 미덕으로 삼으며, 따라서 생활 역시 자연스럽다. 판단력이 빠른 이들은 이해관계에 밝고 인간관계와 그 질서의 합리성에 충실하고 거기에 반하는 인간들을 일탈자 또는 범죄자로 간주하는 경향이 있으므로 이런 사회 상황에서 쟁투는 일상이 된다. 판단력이든 이재든 그 원리는 합리적 사유와 추론과 언변인데 이것은 믿음으로 얻어지는 것이 아니라 이성과 교육과 훈련을 통해 습득되는 것이다. 도시에 살기 위한, 또는 살아남기 위한, 또는 도시의 관리자나 지도자가 되기 위한, 또는 소송에 이기기 위한 방법을 가르치는 것은 숭고한 교육 이념 때문이 아니라 그것이 주는 목전의 이익 때문이다. 이런 도시 상황은 바로 소피스트들이 나타나고 번영하는 토대가 된 것이다. 인구가 늘고 인간관계가 복잡해질수록 가치 다원주의와 상대주의는 더욱 활기를 띠게 된다. 배경과 전통이 서로 다른 가정과 가문에서 가치관이 서로 다른 이들에게 하나의 절대진리나 절대가치가 강요된다고 그것이 수용되는 것은 아니다. 이 다원주의와 상대주의는 민주주의의 가치관이기도 하다. 민주주의가 가장 발달한 상황에서 소피스트가 발흥하는 것은 당연하며 이 시기에 아테네 문화는 최고 정점에 도달한다. 그와 더불어 신화와 전설, 신들의 초월적 세계 등은 급격하게 철저히 붕괴된다. 진리도 규범도 신념 체계도 초월적 어떤 원리가 아니라 역사적 시대적 상황성에 의존된다는 사실의 인식, 모든 가치 체계가 결국 인간의 물질적 정신적 가치와 가치 추구의 노력에 의해 결정된다는 사실을 그들은 가르친다.[33]

에우리피데스는 신화와 비극을 매체로 하여 이러한 것들을 우리에게 보여주려고 한다. 이제 신화와 비극은 더 이상 그리스 비극의 전형을 따를 이유를 상실한다. 그에게 신화와 비극은 남녀의 애증 문제, 결혼 문제, 삼각관계 등을 다루기 위한 수단이며 방편일 따름이다.[34] 그에게 더 이상 신의 위대함이 아니라 우연적 운명의 불가사의가 더욱 조명되고 크로즈업된다. 그에게서는 아이스킬로스 비극에서 보였던 "종교적 낙관주의 표현"인 "수난극"의 모습은 더 이상 없으며 절망과 절망의 극복 역시 우연한 사건으로 처리된다.[35] 우연한 사람들의 우연한 집단, 그들의 개별성은 개인이나 개체로서가 아니라 한 도시국가 시민으로서 개성이므로 익명적이며 이 익명인들의 가치관과 생활 질서가 민주주의이다. 이 민주주의 속의 익명적 개인의 희로애락의 우연성을 신화의 주인공들을 통해 극 속에서 연출토록 한 것이 에우리피데스 비극의 특징이다.

이상의 이해를 바탕으로 에우리피데스에서 비극의 돌연사를 니체가 말한다면 그것은 탁월하다. 더 이상 신이나 영웅의 이야기가 아니라 소

33 아르놀트 하우저, 『문학과 예술의 사회사 I』, 백낙청 역, 1986, 132쪽.
34 같은 곳, 134쪽 이하 참조.
35 같은 곳, 135쪽.

시민 관객 자신의 이야기요, 그들이 겪는 생의 고통이기 때문에 에우리피데스에 의해 관객이 무대 위로 올라오게 되었기 때문이다. 관객들은 에우리피데스의 극중 인물들이 신과 영웅들임에도 불구하고 사실은 자신들의 분신이요, 거울이며 자신들의 이야기에 대한 합리적 극화라고 믿게 된다. 일상생활에 충실한 개인들과 그들의 생활 자체의 표현은 바로 에우리피데스가 보여주던 신과 자연의 위대성 대신 오히려 그들의 실패와 몰락과 붕괴를 보여준다. 더 이상 주인공뿐만 아니라 주인공을 따라다니는 기둥서방, 계집종, 방자나 심부름꾼 등과 같은 엑스트라에게 관객의 흥미와 열광의 비중이 높아지며 신과 주인공의 위치는 강등되고 엑스트라와 관객의 지위는 상승한다. 그래서 에우리피데스는 아리스토파네스의 희극 「개구리」에서, 천마(天馬)에서 떨어져 수족을 못쓰게 된 벨레로폰, 뱀에 물려 다리를 다친 필록테테스, 아킬레우스의 창에 찔려 다친 텔레포스와 같은 병신들을 만들어낸 제작자, 불경스러운 노래의 제작자이며 신성하지 못한 결혼을 대단한 것처럼 비극에 도입한 자라고 아이스킬로스에게 욕을 먹는다.[36] 이 비난에 대해 에우리피데스는 아이스킬로스가 지나치게 과장된 방식으로 극을 이끌 뿐 아니라 겉치장, 속임수, 도깨비와 신화 속의 괴상한 괴물들, 알 수 없는 말과 표현들 등으로 사람들을 헷갈리게 한다고 반론한다.[37] 허황된 인물들을 등장시켜 허황된 이야기를 신비스럽게 전개하고 쓸데없는 군더더기가 여기저기 붙어 있어 무엇이 본말인지, 어느 것이 수탉이고 어느 것이 암탉인지 분간할 수 없도록 하거나, 이야기가 너무 거창하고 추상적이어서 쓰는 사람이나 하는 사람이나 보는 사람이나 무슨 소리를 왜 하는지를 모르게 하는 것은 거짓과 다를 바 없다고 항변한다.

36 아리스토파네스, 「개구리」, 845f. '벨레로폰' = Bellerophon, '필록테테스' = Philoktetes, '텔레포스' = Telepos.

37 같은 곳, 908ff.

> 제우스께 맹세코 나는 그대처럼 말, 수탉들이나 염소 수사슴들은 끌어들이지 않았소. 그런 것들은 페르시아의 벽걸이에서나 볼 수 있는 것들이죠. 내가 처음에 그대에게서 비극을 인수받았을 때, 그것은 허풍과 혐오스러운 표현들로 부어 있었소. 그래서 나는 먼저 짧은 시구들과 산보(散步)와 흰 무로 그것의 체중부터 줄이고 나서 책에서 짜낸 잡담의 액즙을 주었지요. 그런 다음 나는 독창가(獨唱歌)들로 그것을 키웠지요. ……[38]

군더더기 제거와 살빼기로 비극을 더욱 세련시킨 것이 자기의 업적이라고 에우리피데스는 항변한다. 이제 사람들은 신의 섭리나 위대함 또는 영웅들의 결단과 의연함을 보고 배우기 위해 극을 보러 가는 것이 아니라 조리 있게 말하는 법과 매너를 습득하기 위해, 다시 말해 '진짜 예술적 안목을 가지고 빈틈없는 소피스트 논법으로 관찰하고 변론하고 추론하는 법'을 배우기 위해 비극을 보게 된다.[39] 이로부터 "시민적 평범성"과 사소함이 극 언어뿐 아니라 일상 언어를 대신하게 되며 이것이 사회의 민주화를 위한 밑거름이 된다.[40]

> 이제 대중 전체가 철학을 하고, 전에 없던 영리함으로 나라와 재산을 다스리고 재판을 진행한다면, 이 모든 것은 자신(에우리피데스 - 필자)의 공적이고 그가 국민에게 심어준 지혜의 성과라는 것이다.[41]

매사에 약삭빠르고 곰곰이 따지면서 생각하고 이해하며 무엇이나 의심하는 방법, 사실 발견을 위한 고증과 추론의 방법, 상대의 생각과 말을

---

38 같은 곳, 937ff. 흰 무는 당시에 설사제로 쓰였다고 한다. 그것을 먹어 뱃속을 비워 체중을 줄인다는 뜻이다.
39 니체 전집 2, 91쪽. 아리스토파네스, 「개구리」, 952 참조.
40 '시민적 평범성' = die bürgerliche Mittelmässigkeit.
41 같은 곳, 아리스토파네스, 「개구리」, 952 참조.

논박하는 방법, 어떤 궁지에 몰려도 빠져나올 수 있는 방법을 가르치고[42] 그것을 배우는 것이 더욱 중요해진다. 이렇게 계몽된 관객들을 위한 연극은 "체스 게임 같은 연극, 즉 영리함과 교활함이 영원히 승리하는 저 새로운 희극"일 수밖에 없으며 이 새로운 희극으로서 비극을 쓴 작가가 에우리피데스라는 것이다.[43] 그에게서 불멸에 대한 믿음은 사라지고 찰나와 기지와 경박함과 변덕이 지배하게 되며 따라서 신들의 명랑성이 아니라 노예의 명랑성이 연출된다는 것이다.

니체는 비판적 사유로 무장한 사상가로서 에우리피데스 자신이 관객의 입장에서 전통적 고전 비극에 대해 부정하고 반성한 결산이라고 이해한다. 니체의 말대로 그는 선구자들인 아이스킬로스나 소포클레스에서 보이는 명확함 속의 모호함, 확실성 속의 애매성, 행복과 불행의 필연적 규정 속에 있는 우연한 배경들을 간파하고 그것을 극복하려고 한다. 표현에서도 지나친 과장이나 은유와 상징이 뒤범벅되어 있어 정상적이고 상식적인 일상인들이 이해하기 어려우면, 이것은 결코 관객을 위한 배려가 아니다. 우리의 일상적 습관이나 전통에 맞는 주인공이 아니라 상상 속의 주인공과 그 스토리가 오성과 합리성을 가지고 사는 우리에게 도움을 줄 수 없다면 비극은 재조정되어야 한다는 것이 에우리피데스의 신념이다. 이런 그의 신념에 따른 창작 태도를 니체는 다음과 같이 평가한다.

> 저 근원적이고 전능한 디오니소스적 요소를 비극에서 분리해내어 순수하고 새롭게 비디오니소스적 예술과 관습과 세계관으로 건설하는 것 — 이것이 바로 밝은 불빛에서 우리에게 폭로된 에우리피데스의 경향성이다.[44]

42 아리스토파네스, 위의 책, 955ff.
43 니체 전집 2, 91쪽 이하.
44 KGW, III-I, 78쪽.

니체는 비극의 죽음이 디오니소스적인 것의 죽음이며 그 살인자는 에우리피데스라고 단언한다.[45] 더욱이 그는 에우리피데스가 일생 동안 디오니소스와 디오니소스적인 것에 저항했으면서도 결국은 그 존재를 인정하지 않을 수 없었고 이것을 극명하게 보여주는 것이 그의 비극 「바코스의 여신도들」이라고 생각한다. 비극의 진원지는 디오니소스 축제인데 그 내용은 디오니소스적 환희와 광란이 아니라 신화를 통한 인간 삶의 내면과 운명성을 묘사한다. 이런 주제들에 대한 관심 때문에 종교적 신념 체계나 신에 대한 믿음에 대한 문제들은 그 이전 작품들에서는 깊이 있게 다루어지지 않는다. 「바코스의 여신도들」은 이런 점에서 에우리피데스의 사상에 대한 최종 결론을 보여주는 마지막 작품이라 할 수 있다.

그러나 「바코스의 여신도들」은 바코스 디오니소스 신과 그 적대자의 대립 구도로 되어 있고 궁극적으로는 그 신의 적대자들, 즉 아폴론적이고 디오니소스 자그레우스적인 합리적 인간들이 파멸에 이른다는 결말로 되어 있다. 디오니소스가 자기의 신성을 증명코자 세상을 주유하다 자신과 어머니 세멜레의 고향이기도 한 테바이에 이른다. 이때 테바이 왕은 디오니소스의 어머니 세멜레의 여동생 아가우에의 아들인 펜테우스로서 나라가 술과 광기와 규범 파괴의 혼돈에 빠질 것을 우려하여 디오니소스와 그 신앙을 몰아내려고 한다. 극의 시작은 디오니소스가 테바이 궁전 앞에 등장하여 자기 탄생의 고난과 신성성을 말했으나, 자기 이모들(어머니의 자매들)이 자기 자신, 즉 디오니소스가 제우스의 아들이 아니라 어떤 인간의 사생아라고 말한 죄로 테바이의 여인들을 미치게 하여 산속을 헤매게 했으며 곧 테바이인 전체가 자신의 신도가 되도록

45 일설에 의하면 에우리피데스는 기원전 408년 아테네에서 「오레스테스」 공연을 마치고 펠라(Pella)에 있는 마케도니아 왕 아르켈라오스(Archelaos)의 초빙을 받아 갔다가 왕의 개들에게 찢겨 죽었다고도 한다. 다른 설에 의하면 자살했다고도 한다.

하겠다고 선언한다. 이어 코로스 노래에서 바코스제 주신 디오니소스는 "젖과 꿀이 흐르고 포도주가 흐르고 벌들의 넥타르가 흐르는" 곳으로 그 신도들을 인도하려고 하니 모두가 그 신도가 되어 그를 찬송할 것을 노래한다.[46] 축제 또는 제사라는 이름으로 신에 대한 경외심의 고양이 아니라, 술과 음란으로 미풍양속을 해치는 주모자를 디오니소스라고 믿는 펜테우스는 그를 잡아 투옥한다. 그러나 디오니소스는 기적으로 지진을 일으켜 궁전을 파괴하고 탈옥한다. 펜테우스는 사신을 시켜 산에 가서 테바이 여인들의 광란적 행태를 관찰해 보고토록 한다. 디오니소스의 권유로 왕 자신은 여자로 변장하고 직접 산에 가서 여신도들의 행태를 보고자 한다. 산에 간 왕은 디오니소스의 계략으로 신도들에게 발각되어 갈기갈기 찢겨 죽는데, 그 신도 중에 펜테우스의 어머니 아가우에가 죽은 아들의 머리를 잘라 지팡이에 꿰어 테바이로 와서 나쁜 사자를 죽여 그 머리를 가져왔노라고 소리친다. 잠시 후 제정신을 차린 그녀는 자신이 찢어 죽여 머리를 자른 것이 사자가 아니라 자기 아들이라는 것을 알고 경악한다.

이 비극의 해석은 다양할 수 있지만 그 본질은 디오니소스가 자신을 믿지 않거나 탄압하려는 자에게 철저하게 복수한다는 것이다. 니체는 이 극을 비합리적 디오니소스에게 지금까지 견지하던 저항적 태도를 버리고 투항한 것으로 해석한다.

> 그러나 디오니소스 신은 너무나 강하다. 가장 현명한 반대자도 「바코스의 시녀들(여신도들 – 필자)」에 나오는 펜테우스 같은 이도 — 자신도 모르는 사이에 그에게 매료되고, 훗날 이런 마법의 상태에서 숙명적 불행으로 치닫게 된다. ……[47]

46 『에우리피데스 비극』, 「바코스의 여신도들」, 141f.

니체는 펜테우스의 죽음 속에서 에우리피데스 자신의 자살을 읽으면서 디오니소스에 대한 저항의 종말은 죽음이라는 것, 그리고 그 죽음과 더불어 (극의 주인공으로서) 디오니소스의 수명도 끝나버린다고 주장한다. 이 죽음의 주모자는 아폴론도 디오니소스도 아닌 "에우리피데스를 통해 말하는 악마적 힘"으로서 "소크라테스라 불리는 새로 태어난 악마"이다.[48] 이제 죽어도 언제나 다시 태어나는 디오니소스와 새로 태어난 소크라테스와의 대립이 여기서 생겨나지만, 예술로서 그리스 비극은 여기서 영원한 죽음을 맞는다는 것이 니체의 이해이다.

그러나 사실은 디오니소스 바코스는 디오니소스 자그레우스에 빙의된 소크라테스라는 이성에 의해 영원히 어두컴컴한 술집으로 추방된 것이며 그 추방의 비극적 채찍 역할을 한 이가 에우리피데스라 하는 편이 옳을 것이다. 새로 태어난 자는 바코스가 아니라 자그레우스이며 죽은 자는 비극과 에우리피데스가 아니라 혼란과 신비주의 신화 신봉자이다. 영원한 죽음을 맞이한 것은 예술로서 그리스 비극이 아니라 인간과 사회 교육자로서 애매한 신화일 뿐이다.

47 니체 전집 2, 97쪽. 이런 해석은 너무 자의적이고 주관적이다. 펜테우스는 디오니소스에게 매료된 것이 아니라 복수의 죽임을 당한 것이다.

48 KGW, III-I, 79쪽. '에우리피데스를 통해 말하는 악마적 힘' = eine aus Euripides redende dämonische Macht, '소크라테스라 불리는 새로 태어난 악마' = ein ganz neugeborener Dämon, genennt Sokrates.

5

에우리피데스의 소크라테스적 경향성과 미학적 소크라테스에 대한 니체 평가의 문제점

니체에게 소크라테스는 아폴론적인 것의 전체성을 대변하며 철학적으로 합리주의 정신과 로고스의 대변자이다. 이 소크라테스적인 것은 에우리피데스가 비극을 죽이는 무기로 사용한 바로 그 합리성이다. 다시 말해 비(非)디오니소스적인 토대 위에 세워지는 비극은 "연극화된 서사시"로 연극일지언정 진짜 비극일 수는 없다.[49] 본시 비극은 음악에서 잉태된 것이고 음악은 "디오니소스적인 것의 비밀스러운 애매한 빛"에서 탄생한 것이니 이것을 부정하면 비극은 사라진다.[50] 자살과 고통과 죽음의 운명은 그것이 어슴푸레한 빛 속에서 연출될 때 비극적이지 밝은 대낮에 보면 비극이 아니라 단순한 사실 직관과 보여줌의 차가운 사건일 뿐이다. 이 사건의 설명은 서사적이며, 극적으로는 비극이 아니라

49 같은 곳. '연극화된 서사시' = das dramatisierte Epos.
50 같은 곳. '디오니소스적인 것의 비밀스러운 애매한 빛' = das geheimnisvolle Zwielicht des Dionysischen.

즐거움을 주는 연극이 된다.

> 서사적—아폴론적인 것의 힘은 너무나 강해 가장 무시무시한 사물에게도 가상에 대한 즐거움으로 또 이 가상을 통한 구원으로 마법을 걸어 우리의 눈앞에서 변신시켜버릴 정도이다.[51]

연극적 서사시는 끊임없이 움직이는 사건들을 고정된 그림으로 묘사하는 것과 같은 일을 한다. 서사시인은 사건 자체에 몰입하여 함께 변전하는 것과 달리 언제나 한발 물러서서 그것을 고정시켜 차갑게 바라보며 설명하고 이야기한다. 따라서 이것을 떠맡은 배우가 결코 완전한 배우, 즉 사건 자체가 되고 그 흐름에 몰입하여 변전하는 그런 배우는 될 수 없다.[52]

예나 지금이나, 동양이나 서양이나 사람은 누구나 슬픈 이야기를 들으면 눈물이 나고, 무시무시한 이야기를 들으면 등골이 오싹거리고, 우스운 이야기를 들으면 웃음이 나온다. 니체는 이것이 서정성이 아니라 서사성이라고 말한다. 서정은 개별적 주관을 말하지만 서사는 사실과 역사에 대한 설명이기 때문이라는 것이다. 따라서 사실에 충실한 서사시는 진정한 비극이 아니며 에우리피데스는 이 점에서 진정한 비극 시인은 아니다. 슬플 때 울고 기쁠 때 웃는 것은 합리적이며 이 점에서 그는 소크라테스적 배우이다. 에우리피데스는 소크라테스로서 그것을 계획하고 쓰고 연기하지만 바로 그 때문에 진정한 작가도 배우도 아니다.[53] 진정한 비극, 진정한 비극 작가와 배우는 아폴론적 관조나 관조한 내용의 연기가 아니라 "차가운 역설적 사상"이며 "디오니소스적 무아경

51 니체 전집 2, 99쪽.
52 같은 곳.
53 같은 곳.

이 아니라 "불같은 감정"이며 이 같은 이념을 에우리피데스는 실현코자 한 것이다.[54] 여기서 니체가 우리를 혼란스럽게 하는 점을 지적해보자.

에우리피데스는 디오니소스적인 것을 추방하고 아폴론적인 것의 토대 위에서 비극을 쓰려 했고, 따라서 사건 몰입이 아니라 사건 관조와 설명을 원칙으로 삼았다고 주장한다. 그러나 비극적 감동을 위해서는 아폴론적 관조가 아니라 디오니소스적 역설을, 디오니소스적 무아경이 아니라 아폴론적 불(헬리오스) 같은 감정을 새로운 원칙으로 정한다고 하면서 이것을 서사적이라고 주장한다. 잘못된 주장이다. 왜냐하면 이것은 아폴론적 토대 위에 비극을 세우려 하는 것이 아니라 니체 스스로 그렇게도 강조한 디오니소스적인 것과 아폴론적인 것의 합리적 통일의 토대 위에 비극을 수립하려 한 것이기 때문이다.

니체에 의하면 에우리피데스의 실패는 비극을 오로지 아폴론적 요소 위에서 쓰려 했기 때문에 예술성을 갖지 못한 데 있는 것이다. 이 실패를 통해 얻은 것은 "아름답기 위해서는 모든 것이 오성적이어야 한다"라는 "미학적 소크라테스주의"의 명제이다.[55] 여기서 "오성적"이란 '이해될 수 있는 것, 이해할 수 있는 것, 애매모호하지 않고 분명한 것'으로서 인식론적으로 '자아'가 가진 대상 파악의 지성 능력을 뜻한다. 미학적 소크라테스주의는 "아는 자만이 덕스럽다"라는 지덕합일 명제에 기초한다.[56] 이 두 명제의 원리에 따라 에우리피데스는 비극의 "언어, 성격, 연극적 구조, 합창 음악"을 창작하기 때문에 진정한 비극의 관점에서 선임

54 같은 곳, 80쪽. '차가운 역설적 사상' = die Kühle paradoxe Gedanken, '디오니소스적 무아경' = die dionyisische Entzückungen, '불같은 감정' = feuerige Affecte.

55 KGW, III-I, 81쪽. '아름답기 위해서는 모든 것이 오성적이어야 한다' = alles muss verständig sein, um schön zu sein, '미학적 소크라테스주의' = der ästhetische Sokratismus.

56 같은 곳. '아는 자만이 덕스럽다' = nur der Wissende ist tugenhaft.

자인 아이스킬로스와 소포클레스보다 문학적으로도 예술적으로도 퇴보한 것이라는 것이 니체의 평가이다. 필자의 생각에도 에우리피데스가 설정한 프롤로그는 예술적으로는 분명 문제가 있다. 극이 시작되자마자 한 사람이 나와 자신이 누구이고 이전에 어떤 일이 벌어졌고 앞으로 무슨 일이 일어날지 등등을 미리 말함으로써 극이 갖춰야 하는 긴장과 박진감을 없애는 악역을 하기 때문이다. 물론 이것은 스토리 전개의 구성과 인물들에 대해 분명히 인식케 하는 장점은 있지만 이 장점은 극에서는 최악의 단점일 수밖에 없다. 비록 서사적 긴장이나 미래에 대한 불명확성이 극의 본질적 효과는 아님에도 불구하고 거기에 초점을 맞추고 그것을 해소하려는 것은 잘못이다. 오히려 작품 이해의 실마리들은 우연한 사건 설정을 통하여 관객의 상상력에 맡기는 것이 더 효과적이고, 이 점에서 아이스킬로스나 소포클레스가 더 탁월하다 할 수 있고 이런 니체의 평가에 이의를 달 이유가 없다.

> …… 여기에서는 예언적 꿈과 차후에 나타날 현실과의 흥미진진한 관계가 성립하지 않기 때문이다. 비극의 효과는 결코 서사적 긴장, 지금 여기, 그리고 나중에 일어날 일에 대한 매혹적 불확실성에 기반을 두고 있지 않다. 그것은 오히려 위대한 수사학적 · 서정적 장면들, 주인공들의 열정과 변증론이 거대하고 힘찬 강물처럼 펼쳐지는 장면들에 근거한다. 모든 것은 줄거리가 아닌 격정을 준비하고 있는 것이다.[57]

그러나 철학은 질서의 발견, 합리성의 발견에서 시작한다. 질서 이전의 세계는 혼돈이며 암흑이다. 이 암흑을 밝히는 빛이 이성(Nous)이고 이 이성에 의해 세계는 질서를 갖추게 된다. 아낙사고라스가 이성 또는 누스의 개념을 철학사에서 처음 사용한다고 해서 그를 최초의 철학자라

57 니체 전집 2, 101쪽.

고 하는 것은 아니다. 탈레스가 하늘과 땅을 관찰하면서 운행의 질서를 이해하고 정리하려 한 데서 그는 이미 누스와 로고스를 발견한 것이다. 그리스 비극이 단지 관객에게 재미와 심미적 긴장을 주기 위한 예술이나 문학은 아니다. 그것은 시민 계도와 교육의 수단이고 통치자의 관점에서는 지배 이데올로기의 타당성을 선전하는 정치적 도구이기도 한 것이다. 그래서 공연에 대한 비용도 국가에서 지불하고 관람료도 거의 없었던 것이다. 그리스 비극의 궁극 목적은 일차적으로는 교육이었고 부수적으로만 예술이었기 때문에 이 둘이 대립될 경우 지각 있는 작가가 택하는 것은 언제나 전자였다. 이 점에서 니체는 에우리피데스를 잘못 이해하고 있거나 그리스 고전기 문화를 왜곡하고 있는 것이다.

분명 니체는 에우리피데스를 "최초의 술 취하지 않은 제정신의 소유자"로 "술 취한" 시인들을 꾸짖는 이로 간주한다.[58] 하지만 예술을 위해서는 오히려 그 반대여야 한다고 생각하고 있는 것이 틀림없다. 그러나 플라톤적 관점에서는 오성이 빠져나간 몽롱한 도취 상태에서 쓰인 시는 시가 아니라 낙서이며 이것은 교육적으로도 유해하다. 이 말은 시가 이성의 언어에 의해 쓰이거나 적어도 이성적으로 규제된 감성에 의해 쓰여야 한다는 뜻이다. 얼빠져 아무렇게나 떠들어대거나 황당무계한 이야기를 황당무계한 언어로 구성하면서 이것을 예술의 진실이며 본질이라 주장하는 것은 거짓이 아니라 헛소리이다. 헛소리꾼 시인이 훌륭한 나라에서 제거되어야 하는 것은 당연하다. 단지 질서와 규범을 무너뜨리기 때문이 아니라 나라의 존립 자체를 왜곡하고 부정하는 결과에 이르기 때문이다. 니체는 바로 이러한 술에서 깨어난 디오니소스 자그레우스, 즉 플라톤적 이성주의자로서 에우리피데스를 평가하는 것이다.

58 KGW, III-I, 83쪽. '최초의 술 취하지 않은 제정신의 소유자' = der erste Nüchterne.

"모든 것은 그것이 아름답기 위해서는 오성적이어야 한다"라는 명제와 더불어 이제 "모든 것은 그것이 선하기 위해서는 의식적이어야 한다"라는 명제는 소크라테스주의의 세 번째 원칙이다.[59] 진리와 아름다움뿐 아니라 선 역시 의식 속에서 인식을 구성할 때 개념적 타당성을 얻을 수 있다. 다만 여기서 주의해야 될 것은 누스를 니체가 이성이나 로고스가 아닌 지성과 오성으로 이해함으로써 진 · 선 · 미를 마치 경험적 대상 인식으로 오해하고 있다는 점이다. 이런 오해는 곧바로 그런 형이상학적 개념들에 대한 인식 불가능성이 아니라 의미 상대주의나 관점주의로 들어가는 또 다른 잘못된 역할을 한다. 어찌 되었거나 의식적이지 않은 어떤 행동에 대해서도 선악을 따질 수는 없다는 것이 플라톤적 소크라테스주의의 핵심인데, 이 말은 선악의 개념을 미리 알고 행위의 동기를 그 앎에 따라 설정함에서 비로소 행동과 그 결과의 선 또는 악을 규정할 수 있다는 뜻이다. 이 같은 조건은 두 번째 명제인 아름다움에 대해서도 그대로 적용된다. 소크라테스 이래 서양 철학에서 진리와 인식 문제가 모든 문제의 토대가 되는 전통은 이런 근거에서 세워진 것이라 할 수 있다. 그러니 이성은 고사하고 오성조차 없는 주정뱅이 도취자에게 진리니 선이니 아름다움이니 하는 문제를 묻거나 그에 대한 답을 구하는 일은 똑같은 도취자의 행태일 뿐이다. 술 취한 시인이 이성 국가에서 추방되어야 하는 것은 당연하다.

니체는 이와 달리 도취의 상태, 취한 상태에서 예술의 진정한 본질이 보인다고 생각하며 이로부터 미학적 소크라테스주의 명제는 예술과 비극을 잡는 "살인 원칙"이라 선언한다.[60] 엄격하게 자기 자신을 알고 남을 알고 하늘과 땅과 그 질서를 알고 그 앎 위에 좋고 선한 것과 아름답고

59 '모든 것은 그것이 선하기 위해서는 의식적이어야 한다' = alles muss bewußt sein, um gut zu sein.

60 KGW, III-I, 83쪽. '살인 원칙' = das mörderische Princip.

멋있는 것을 건설하는 것이 인간 삶의 도리라는 것을 가르치는 소크라테스에게 꿈과 도취로 잃어버림과 잊어버림 속을 비틀거리며 헤매는 무리와 그들의 세계를 용서한다는 것은 어려웠을 것이다. 그래서 니체는 '기억'과 '돌이켜 생각함'을 죽음으로부터 부활의 징표로 믿었던 오르페우스를 디오니소스의 적으로 간주한다.

하지만 여기서 거듭 되새길 것은 니체가 두 종류의 디오니소스를 구분하지 않는다는 점이다. 본래의 디오니소스는 디오니소스 바코스로 브로미오스(시끄러운 자, 떠들썩한 자) 또는 에우이오스(환호성을 지르는 자)라고도 불리는데 흔히 포도주의 신으로 널리 알려진 신이며 도취의 화신으로 생각하는 그런 신, 비극의 토대이며 예술과 삶 일반의 토대로 해석하는 그런 신, 즉 제우스와 세멜레 사이의 아들로서의 디오니소스이다. 이 디오니소스는 축제, 잔치, 술, 광란과 혼음 등과 관련된다. 니체가 개별화의 고통, 그 고통을 해소하기 위한 보편으로의 승화 등을 본 것은 바로 이 신이다. 이에 비해 니체가 단지 오르페우스로 잘못 알고 있는 디오니소스 자그레우스는 오르페우스 신앙이 어느 정도 발전하면서 주신(主神)으로 모셔지는데 이 신은 제우스와 페르세포네 사이의 아들로서 포도주나 광란, 혼음 등과는 무관할 뿐 아니라 오히려 그 반대로 제정신, 기억, 금욕과 절제, 진리와 선 등을 중시하므로 후에 소크라테스나 플라톤의 사상에 깊은 영향을 준 바로 그 신이다.

만일 디오니소스 바코스와 디오니소스 자그레우스가 동일인이라면 술꾼인 바코스가 어느 순간 술을 끊고 제정신으로 다시 태어난 후 성조차 갈아 자그레우스로 바꾸었다고 생각할 수 있다. 그리고 이 자그레우스가 오르페우스의 주신으로 등극했을 것이다. 만일 이 둘이 동명이신이라면 신화적 세계 해석 속의 주인공으로서의 디오니소스와 철학적 세계 해석 속 로고스의 주인공으로서의 디오니소스로, 전자는 도취를, 후자는 도취에서 깨어난 제정신을 상징한다 하겠다. 어쨌거나 니체는 소크라테스주의에 와서 오르페우스와 디오니소스를 적대자라 함으로써[61] 우리와는 반대되는 이해를 가지고 있다는 것을 여기서 다시 지적하고자 한다. 니체가 말하는 적대자란 물론 에우리피데스 속에 있는 소크라테스, 즉 오르페우스의 디오니소스 자그레우스가 강림한 소크라테스이다.

61 KGW, III-I, 84쪽.

Ⅱ부
문화론

NIETZSCHE
GEDENKSTÄTTE
Öffnungszeiten:
Mittwoch – Sonntag 10 – 12 und 13 – 16 Uhr
Telefon (03 44 44) 2 35 40

니체 기념관, 교회, 생가

제1장

니체의 슈트라우스 비판과 그 대안

1
속물 교양에 대한 경고

1879년 출간된 『인간적인, 너무나 인간적인』 제2권 서문에서 니체는 「반시대적 고찰 I」에 대해 '독일 숭배주의와 그 안일함, 그리고 슈트라우스의 언어의 타락에 대한 분노'의 동기에서 쓴 것이라고 회고한다.[1] 이 동기는 이미 본 대학 학창 시절에 싹튼 것으로, 한편으로는 슈트라우스의 기독교관에 대한 절대 신봉과, 다른 한편으로는 헤겔적 낙천주의에 대한 반발을 함축한다. 「반시대적 고찰 I」은 니체 자신이 그 분위기에서 성장하고 배운 소위 "독일적 교양과 독일적 속물근성"에 대한 부정적 반성이다.[2] 1879년경 니체는 그 이전 속물 교양의 대안으로 제시한 쇼펜하우어와 바그너에 대한 칭송을 거두면서 그가 비판했던 속물 교양의

1 Nietzsche, *Menschliches, Allzumenschliches*, Zweiter Band, KGW, Bd. IV-III, Vorrede, 2, 4쪽.
2 같은 곳. '독일적 교양과 독일적 속물근성' = deutsche Bildung und Bildungsphilisterei.

전형인 슈트라우스의 사상 역시 자신의 사유 배경이었음을 암시한다.[3] 신교 목사이며 신학자인 슈트라우스는 27세에 『예수의 생애』를 출간하여 기독교와 성경의 합리적 부분만을 인정하고 반이성적 내용들은 배척할 것을 요구하여 교회와 문화계에 격렬한 논쟁을 일으킨다. 이때 니체를 감동시킨 것이 전통 기독교의 파괴라면, 분노케 한 것은 기독교 대용으로 새로운 이성 종교인 낙천주의, 즉 인류의 희망과 역사의 진보에 대한 확고한 믿음으로 무장한 새로운 종교의 확립과 그 전파이다.

「반시대적 고찰 I」은 보불전쟁의 승리로 들뜬 독일 사회 전반의 '위험한' 축제 여론에 대한 경고이다. 당시 문화계에는 승리로 인해 전쟁이 찬양되고 전쟁이 사회의 윤리와 철학, 문화와 예술에 미치는 긍정적 기능과 역할을 과장하고 환호하는 데 온 힘을 기울이고 있었다. 분명 전쟁의 승리는 민족사적 축복임이 틀림없지만 도취에 들떠 자신들의 결함과 약점까지 영웅신화로 미화하는 오류를 범하는 데 대한 경고음이 필요하다고 니체는 생각한다. "승리가 독일 제국을 위한 독일 정신의 패배, 독일 정신의 뿌리째 뽑혀짐"을 초래할 수 있다는 우려가 이 글의 결정적 동기인 것이다.[4] 니체는 독일의 승리가 진정한 승리로 영원히 남으려면 자국 문화와 정신에 대한 철저한 반성으로, 비록 지금은 패전국으로 몰락했으나 독일을 압도하는 프랑스 문화와 예술을 진지하고도 겸허하게 수용해야 한다고 강조한다. 다만 현재 사회 분위기는 전승국 독일이 세계사의 주역으로 확립되고 그 지위가 끝까지 지속될 것이라는 낙천주의 종교가 지배하며 그 주역이 헤겔 철학으로 무장한 슈트라우스라는 것이다.

이 글은 니체의 슈트라우스 비판과 그 대안으로서 쇼펜하우어에 대한 평가 일부를 정리한 것이다. 니체는 「반시대적 고찰 I」에서 슈트라우스

3 같은 곳.
4 Nietzsche, *D. Strauss der Bekenner und Schriftsteller* 1, KGW, Bd. III-1, (=Strauss) 155쪽 이하.

사유를 당대 독일 속물 교양의 전형으로 설정하고 「반시대적 고찰 III」에서는 창조적 교양의 새로운 정초의 범례로 쇼펜하우어 사상을 제시한다. 어느 경우든 텍스트에 대한 엄밀한 분석이나 논증과는 무관한 니체 자신의 감정에 의한 이 두 사상가에 대한 이해와 평가이다. 그럼에도 불구하고 이 주관적 평가가 니체 사상의 독창성을 선명하게 보여주기 때문에 그의 초기 사상의 전모를 밝히는 데 매우 중요하다.

2
속물 사상의 대표로서 슈트라우스

합리적 이성으로 기독교를 새로 해석하고 믿음을 재정립해야 한다는 요구는 르네상스 이래 근대 철학의 화두였고 계몽주의 시대에 와서는 성서 속의 비합리적 또는 기적에 관한 얘기들이 신앙을 위해 지어낸 것이거나 기독교 문학의 서술로 이해하는 것이 학계의 일반적 해석이었다. 특히 프랑스의 디드로나 볼테르는 성서의 대부분이 거짓말이라고 함으로써 기독교 교리를 공개적으로 재논의할 것을 선언하고 칸트를 위시한 독일 관념론 철학은 이성의 한계 내에서 기독교를 재정립해야 한다고 여기고 있었다. 이 점에서 종교에 대한 합리적 해석을 요구하는 슈트라우스의 주장이 새로울 것도 없다. 그러나 당시 독일의 상황은 정치적 왕권이 종교계의 권위와 하나로 결합되어 양쪽이 서로 자기 권력을 보호하면서 민중을 탄압하였고, 이 둘의 분리에서 이득을 볼 것으로 여기는 민중과 부르주아들이 일차적으로 종교 비판에 가세하고 철학자들은 이성을 다시 내세워 어수선하게 흐트러진 사회를 통일하려 한다. 이

와중에 슈트라우스 역시 당시의 수많은 철학자들과 마찬가지로 이성에 의해 기독교와 예수를 재해석하여 사회운동에 기름을 끼얹는 역할을 하고 니체 역시 그로부터 깊은 영향을 받은 터였다. 니체가 여기서 그를 비판하는 점은 그의 종교관의 핵심이 아니라 논증에 대한 합리적 설명 방식과 그로부터 유도되는 헤겔적 낙천주의 세계관이다. 슈트라우스 역시 이성을 신으로 모시는 한, 기독교 신의 부정의, 따라서 내세 구원이 아니라 현세 구원, 천상의 나라가 아니라 인간 이성에 토대를 둔 "지상의 하늘"을 믿는 새로운 종교를 전도하기 때문이다.[5]

슈트라우스는 한 나라(특히 독일)를 부강하게 하는 것은 불합리하고 신비스러운 것에 대한 신앙이 아니라 그 나라와 거기에 속한 개인의 구체적 생활상과 민족적 성향 및 발전에 대한 역사와 이에 대한 진솔한 인식이라고 믿는다. 물론 여기에는 민족과 함께해온 다양한 사건들과 문학적 · 예술적 업적에 대한 비굴하지 않은 합당하고 당당한 평가도 포함된다. 최근의 "위대한 민족 전쟁(보불전쟁 – 필자)과 독일 국가 건설"은 시련에 의연히 대처할 수 있었던 독일 민족의 용기, 그리고 독일의 위대한 문학 · 예술 · 음악 작가와 작품들에서 가르침과 영감과 자극을 받고 실천적으로 행동하는 성실성 때문이다.[6] 그리고 이 용기와 성실성은 독일 민족을 행복한 삶과 행복한 미래로 인도할 것이다. 지금 독일인들이 불만스럽게 느낀다면 그것은 더 많은 지식을 알고자 하는 열망이며 더 훌륭한 것을 성취하려는 욕망의 감정일 뿐이다.[7] 지상의 천국은 과거의 잘못은 반성하고 장점은 고양하는 역사와 문화를 가진 민족, 위대한 민족 문학의 고전 작품과 예술 작품 속에서 창조적 영감을 얻고 엄밀한 자연 관찰을 통해 미래의 진보를 믿음으로 확립함으로써 얻어지는 것이다. 괴

5 같은 곳, 174쪽.
6 같은 곳.
7 같은 곳, 175쪽 참조.

테, 실러, 레싱, 칸트, 헤겔의 가르침을 배우고 하이든, 베토벤에서 정열적 영감을 얻고 이 영감과 가르침으로 현재와 미래를 개척하여 불만 없는 평온의 세계를 만드는 것, 이것이 새로운 종교의 목표이다. 이것이 슈트라우스가 강조하는 가르침이다.

슈트라우스는 "우주"를 언제나 질서 정연하게 돌아가는 하나의 거대한 기계로 표상한다. 무수한 부품들과 톱니바퀴로 이루어진 이 기계는 움직임 요소요소에 자동으로 윤활유가 흘러내림으로 무리 없이 작동한다.[8] 물론 이 기계는 잘못된 운용으로 고장이 나지 않는 한 최선의 완전성을 향해 굴러간다. 잘못된 운용이란 쇼펜하우어와 같은 이들의 잘못된 세계관으로 자신뿐 아니라 구성원들을 병들게 하여 고장 나거나 비틀비틀 걷는 것을 정상이라고 생각하는 데서 생겨난다. 새로운 이성 종교 신민의 믿음은 철저하게 역사와 현재의 진보를 믿고 그것에 방해되는 일체의 것들을 제거하는 것이다. 니체는 이런 사유를 헤겔병에 걸린 "뻔뻔스러운 속물 낙천주의"라고 매도한다.[9] 근거 없는 낙천주의는 "인류의 이름 없는 고통에 대한 통렬한 조롱"이라는 쇼펜하우어의 절규가 훨씬 더 진실되기 때문이다.[10]

슈트라우스의 합리적 과학주의는 종교적 입장 표현에서 비교적 완곡했던 독일 지성계에 커다란 자극을 주는 묘사법을 사용한다. 그는 "예수의 부활"을 "세계사적 사기"라거나 예수를 "우리 시대에는 정신병원을 피할 수 없는 몽상가"라고 말한다.[11] 이러한 표현들은 이미 오래전부터 있어왔지만 눈부신 과학 발달로 생명 기원 창조설을 부인하는 진화론이 빠르게 확산되자 공개적으로 다시 떠오른 것이다. 보불전쟁이 끝날 즈음 기독교를 대신하는 진화론과 사회주의가 사회윤리학에는 물론 학문 전체에 파급된다. 이웃 사랑이 아니라 만인에 대한 투쟁이, 예수가 아니

8 D. Strauss, *Der alte und neue Glaube*, Leipzig 1872, S.365.

라 혁명과 공리주의가, 종교적 신앙이 아니라 합리적 과학이 인간의 생과 사회 해석과 윤리를 종합적으로 지배하게 된다. 인간의 모든 윤리적 행위는 자신이 속한 종의 이념에 따라 수행하는 생물학적 자기규정 이외에 아무것도 아니며 이것이야말로 인간이 다른 생명체가 아닌 인간 자신으로 사는 당위의 길이라는 것이다. 니체는 문화와 예술의 실질적 창조자로서 "천재"에게는 이 말이 맞지 않는다고 비판한다. 보편적 인간으로서가 아니라 구체적 개인으로서 특수자가 그 자신의 실존을 창조적으로 규정하고 전개하는 것은 천재이며, 이 천재야말로 인간 일반의 범례이다.[12] 슈트라우스 역시 특정 목적, 즉 역사 발전론을 합리화하고 사회주의의 공격을 위해 보불전쟁의 영웅 비스마르크와 몰트케를 "위대한 인물", 숭고한 인물로 평가한다. 전쟁 영웅인 이들이 사회 혼란의 주범으

9 니체, Strauss, 187쪽. 니체가 말하는 "치료 불가능한 낙천주의(ein incurable Optimus)" 또는 "뻔뻔스러운 낙천주의"의 전형은 다음과 같은 라이프니츠의 신 존재 증명이다. '신은 완전자이며 전능자이다. 이 완전자, 전능자가 창조한 우주와 세계는 완전하며 결함이 없다. 만일 그것이 불완전하거나 결함이 있다면 완전과 전능의 신 개념에 어긋나며 모순되기 때문이다. 이에 대해 쇼펜하우어는 참으로 한심한 낙천주의로 비난하면서 다음과 같이 주장한다. '완전자, 전능자로서 신은 존재하지 않는다. 존재하는 것은 우연과 부조리와 악으로 차 있는 세계뿐이다. 이 세계와 우주는 있을 수 있는 최악의 상태를 지속한다. 세계는 존재하지 않는 편이 훨씬 좋았을 것이다.' 슈트라우스는 쇼펜하우어의 이런 주장을 잘못된 것이라고 다음과 같이 강조한다. '만일 존재하는 세계를 존재하지 않는 것이 더 좋다고 한다면 같은 방식으로 사유 역시 사유하지 않는 것이 더 좋다고 해야 한다. 따라서 세계가 나쁘다고 하는 것은 그런 주장을 하는 사유(생각)가 나쁜 것이지, 세계 자체가 나쁜 것을 의미하는 것은 아니다. 즉, 세계가 나쁘다고 생각하는 그런 사유가 나쁜 사유라면 반대로 세계는 좋은 것이다. 비록 세계에 말과 고통이 난무한다고 해도 그런 것은 고칠 수 있는 희망이 있기 때문에 없는 것보다는 나은 것이다. 따라서 진정한 철학은 진정한 낙천주의여야 한다.' '뻔뻔스러운 속물 낙천주의' = ein schamloser Philister-Optimismus.

10 니체, 위의 책, 188쪽. '인류의 이름 없는 고통에 대한 통렬한 조롱' = ein bitterer Hohn über die namenlosen Leiden der Menschheit.

11 '세계사적 사기' = ein welthistorischer Humbug, '몽상가' = Schwärmer.

12 니체, 같은 책, 191쪽.

로 사회주의자들을 지목하고 그들을 탄압함으로써 안정과 평화를 가져온 정치적 천재이기 때문이다. 그럼에도 슈트라우스는 인간을 철저하게 자연 존재의 하나로, 그리고 개인을 일반적 자연 인간의 하나로 보면서 동일 조건과 환경에 따라 동일한 유형의 진화를 겪어온 생명체로 설정하는 다윈에 동의한다. 즉, 그는 개개인들이 똑같은 하나의 유인 보편적 인간에 속할 뿐 아니라 동일한 욕망과 고뇌를 가지므로 그에 토대를 둔 합당한 도덕과 윤리학이 가능하다고 여긴다. 인간은 주어진 시대와 환경에서 살아남기 위한 적응의 결과로 진화를 계속하면서 발전한다. 인간에 관한 한 발전과 진화의 원동력은 세계와 우주의 영원한 법칙이면서 동시에 정신의 본성인 이성이다. 이성으로 보건대 존재하는 하나하나, 지각되는 모든 것이 우연하고 혼란스럽게 있는 것이 아니라 질서 정연하게 필연에 따라 존재하는 것이며 이 존재의 필연성의 법칙을 인식하는 것이 신과 종교의 내적 원리를 깨닫는 것이다. 니체는 이것이 비록 요즈음의 유행 사유이기는 하지만 모순에 착색된 천한 생각이라고 비판한다. 왜냐하면 이런 사유로는 필연적 보편자나 보편적 필연자에서 어떻게 온갖 비보편적인 것들, 비필연적인 것들이 생겨나며, 왜 그리고 어떻게 몰락과 고뇌와 악과 소멸이 동시적으로 유래하는지에 답할 수 없기 때문이다.[13] 보편적 필연자나 필연적 보편자와 같은 어떤 것이 있다고 해도 그것이 도덕적이거나 윤리적일 필요는 없으며, 우리 인간의 평가에 따르는 선악 구분을 하는 것 자체가 모순에 빠질 뿐이다. 따라서 슈트라우스가 주장하는 것은 이제 더 이상 쓸모없는 헤겔의 변신론을 재탕하는 것이다. 세계는 이성의 무대가 아니라 방황과 변화의 무대요, 질서의 형이상학적 기계의 톱니바퀴가 아니라 무질서의 현란한 막춤판 같은 것이다.

13 니체, 같은 곳, 192쪽 참조.

보수 기독교계의 강력한 반발과 저항에도 불구하고 슈트라우스의 저서들은 대학생과 교수들에 의해 탁월한 종교 안내서로 또 "강한 정신을 위한 하나의 규준서"로 받아들여지면서 전 지식계의 흐름을 주도하고 있었다.[14] 전쟁에서의 승리와 산업에서의 눈부신 발전 원동력은 성실과 정직과 근면을 가르친 철학과 그것을 효과적으로 가르치는 교육제도에 있다. 개인이 각자의 재능과 교육에 따라 직업을 택하고 주어진 위치에서 최선을 다했기 때문에 독일은 유럽의 맹주로 설 수 있었다. 실존이나 실존적 고뇌와 같은 것들은 개인의 사적(私的) 문제이지 사회와 국가의 문제는 아니다. 독일 교육제도가 독일은 물론 타 민족의 모범이 된다는 것은 그것을 수출하고 전파해야 함을 뜻한다.[15] 니체가 비판하는 『옛 신앙과 새로운 신앙』은 슈트라우스의 최후 저서로 그가 죽던 해에 출간된다. 이 책은 단순한 기독교 비판서가 아니라 현대(당시)인이 진정 믿어야 할 것은 학문과 엄밀 과학에 의해 명백하게 밝혀진 사실들이지 신비로 묘사된 신화가 아니라고 강조한다. 따라서 현대 신앙의 대상은 과학적 학문이며 그것을 쌓아올린 이성이다. 이런 전제를 가지고 책의 후반부에서 세계를 파악하는 합당한 방식과 인간 삶에 질서를 부여하는 형식과 그 조건들에 대해 다루고 있다. 그는 세계에 대한 과학적 인식과 인간에 대한 사회적 인식의 방법론으로 헤겔의 이성 변증법과 다윈의 진화론을 동원한다. 니체는 이 책이 논리적이지도 과학적이지도 않으면서 논리와 과학의 이름으로 포장한 일종의 "예술적(심미적)" 안목과 방법으로 종교와 사회, 인간과 우주의 문제를 다룬다고 비판한다.[16] 이 안목조차 순수하지 못해서 다양한 계층의 독자들을 의식한 듯 속되고도 대중적인 글쓰기에 기여할 뿐이라는 것이 니체의 평가이다.

14 '강한 정신을 위한 하나의 규준서' = ein Canon für starke Geister.
15 같은 곳, 201쪽 참조.
16 같은 곳, 209쪽 참조.

저술가로서 슈트라우스에 대한 니체의 평가는 문장론과 의미론에 입각한 비판이다.[17] 슈트라우스의 언어 표현적 실험이 일반인은 물론 전문가들도 이해하기 힘들고 비유나 은유 역시 상식을 벗어나서 기이하다는 것이다. 니체는 당시 표현에서 통일된 규범도 없으면서 지나치게 현학적이고 이미 죽은 단어가 된 말들을 사용하는 고전 작가들을 흉내 내는 슈트라우스의 서술 방식 자체에 무리가 있다고 비판한다.[18] 시대 상황은 가장 저속한 대중 저널리즘의 일상 독일어를 형성해내고 신문과 잡지는 이것을 더욱 대중화하고 대량생산해낸다. 높이 평가되는 저술들은 뜻도 의미도 애매하게 표현되거나 온갖 기형적이고 별난 방식으로 서술되지만 오히려 이런 룸펜 언어적 표현 방식이 글쓰기의 새로운 전범이 되어야 한다고 강조한다는 것이다. 새롭고 현대적이라는 구실 아래 "철도, 전신, 증기기관, 증권거래소"를 아무 데서나 비유나 은유로 끼워 넣고 "기계와 톱니바퀴들, 절굿공이 망치와 윤활유" 등의 말들로 수사하고 비교한다.[19] 문장은 지나치게 길거나 추상 개념들로 범벅하고, 또 그것은 '공장'과 '법원'과 같은 현 사회의 기계적 · 법적 언어들을 도용하고, 수학적 · 물리적 개념들을 무비판적으로 빌려다 쓰고 뒤섞어서 문장과 표현과 의미를 더욱 천박하게 하고 있다. 이런 속물적 표현의 영향 아래서 슈트라우스는 "언어의 오류, 혼란스러운 비유들, 불분명한 생략, 무식한 언행과 부조리하고 무리한 수식"으로 자기 책을 도배한다.[20]

니체의 "반시대적"이라는 말의 의미는 다비트 슈트라우스 비판의 마지막 문장에 잘 나타난다. 슈트라우스 비판은 객관적 증명을 통한 학

17 이 비판은 니체의 대학생 시절로 거슬러 올라간다. 니체는 슈트라우스의 기독교 비판을 전적으로 수용하게 되지만 그의 헤겔적 낙천주의와 독일어 표현법을 속물주의로 평가한다. KGW, Bd. III-4, 27〔57~59〕, 208쪽 이하 참조.

18 같은 곳, 217쪽 참조.

19 같은 곳, 220쪽.

20 같은 곳, 221쪽.

적 · 이론적인 것이 아니라 니체 자신인 "한 개인의 고백"이라는 것, 그러나 이 고백이 속물근성이 지배하는 세계 전체에 무력하게 거스르지만 "진리를 말하고 있다"는 것이다. 세계에 맞선다는 것과 또한 동시에 진리를 말하는 것, 이것이야말로 "반시대적"이라는 의미의 본질이다.

3
속물 사유의 대안으로서 쇼펜하우어

니체의 「교육자로서 쇼펜하우어」는 시대를 지배하는 속물 인간과 문화를 도야해야 한다는 것과 쇼펜하우어 사상을 도야와 교육의 스승으로 삼아야 한다는 문제의식에서 쓰인 것이다.[21] 인간은 본시 게으르고 겁이 많아서 주어진 환경에 적응하면서 거기에 맞도록 스스로와 문화를 축조한다.[22] 어느 민족이나 사회든 그에 속한 개인들은 전해지는 인습과 전통에 매여 이를 벗어나는 것을 두려워한다. 새로운 것과 미지의 것에 대한 호기심으로 과거로부터 내려오는 지금의 인습과 습관을 재검토하는 것은 예술가적 문화 창조자로서 천재이다. 몸과 마음의 "편안한" 상태를 유지하는 것은 일상들의 전형이며 그들은 편안함이 불편함으로 바뀌는 온갖 변화를 외면하는 "나태함(게으름)"과 변화를 두려워하는 "공포"

21 쇼펜하우어에 대한 객관적 평가가 아니라 니체는 자신의 개인적 "경험에 따른" 서술임을 분명히 한다. Schopenhauer als Erzieher, 371쪽.

22 Schopenhauer als Erzieher, KGW, Bd. III-I, 333쪽.

를 본성화한다.[23] 바로 일상적 개인들의 이런 특성들을 가르치고 교육하는 것이 위대한 예술적 천재의 임무라는 것이다.

이 시대는 인간을 "공장에서 생산된 상품처럼" 획일적으로 만들고 개인 생활 전반을 대중화하여 고유의 실존을 되돌아볼 기회를 주지 않는다.[24] 게으름과 공포는 개인으로 하여금 더욱더 무의미한 익명적 대중들 속으로 밀어 넣고 그들에 의해 형성된 여론은 이런 개인들을 대량생산해낸다. 이 현대야말로 역사적으로 가장 비인간적이며 암담함에도 불구하고 사람들은 여기에 안주하고 그것을 합리화한다. 이 시대에 살면서 이 시대의 시민이 아니라 자기 자신의 시민으로 사는 개인, 대중 속에 있으면서 대중이 아니라 자기 고유의 실존으로 사는 개인, 편하게 사는 대신 고통스럽게 자신의 내면을 직시하려는 개인은 "너 스스로가 되어라, 네가 지금 행하고 생각하고 바라는 것은 모두 다 네가 아니니라"라는 양심의 소리에 귀 기울인다.[25] 과거도 미래도 현재도 없는 사람이나, 있어도 그만 없어도 그만인 그런 사람은 생각이라야 여론에 따르는 것뿐이니 단지 "여론적으로 사념하는 가상 인간" 이외에 아무것도 아니라 하겠다.[26] 여론이란 시시각각으로 바뀌되 합당한 이유 때문이 아니라 유행하는 사유 흐름 때문이니 그 시대가 지나면 아무도 그 실체를 뒤돌아보지 않으며 그에 따른 인생 역시 마찬가지로 여우비 같은 운명을 따른다. 시대를 거스르는 반시대적 "젊은 영혼"은 부평초 같은 일상인과 천박한 시대의 몰락을 예언하고 경고음을 울리면서 부활을 준비토록 교육해야 한다. 지금 이 시대의 소시민적 존재 방식에서 인간의 근원 실존으로의 해방을 준비하고, 그날그날의 생계와 오직 그것을 위한 기계 같은 노동에

23 '나태함(게으름)' = Faulheit, '공포' = Furcht.
24 Schopenhauer als Erzieher, 334쪽.
25 같은 곳.
26 같은 곳. '여론적으로 사념하는 가상 인간' = offentlich meinede Scheinmenschen.

매달리지 말 것을 가르쳐야 한다. 대대로 살아온 땅과 고향에 묶여 주변 이웃들의 말에 동조하면서 살아온 습성적 현존은 그리 멀리 떨어지지 않은 다른 문화권에 가면 전혀 이질적이거나 이해되지도 않는다는 것을 깨우쳐주어야 한다.[27] 동서양의 구분도, 바다와 바다, 대륙과 대륙, 나라와 나라의 구분도, 종교와 종교의 구분도 모두가 임의적으로 그려놓은 선일 뿐 존재 자체의 본성에 의한 것은 아니다. 마찬가지로 우리를 둘러싸고 있는 모든 사회문화적 속물 조건들 역시 본질적인 것이 아니라 임의적인 것이다. 니체에 의하면 이런 사실을 알려주고 인간의 실체 없는 실체를 일깨워주는 것이 진정한 "도야(Bildung)"와 "교육(Erziehen)"의 과제이며 이 과제를 충실이 수행하는 이가 바로 진짜 철학자 쇼펜하우어이다.[28]

대학을 포함한 독일의 거의 모든 교육기관은 진정한 인간 실존에 대한 교육은 물론 실생활에도 별 도움이 안 되는 온갖 잡다한 "학문"에 매달리도록 학생들을 강요한다.[29] 가르치는 자들 역시 인간성에 대한 교육을 받은 것이 아니라 온갖 이설들을 많이 습득하기만 한 터여서 동일한 방식을 답습하여 교육하는 이외에는 별다른 능력을 가지고 있지 않다. 그러니 "이 시대의 모든 창조적 도덕의 투명한 정수"를 꿰뚫어 보는 눈도 "인륜적 질문들에 대한 숙고"도 더 이상 존재할 수가 없다.[30] 사라져가는 기독교적 영원성의 운명과 새로 생겨난 생물학적으로 유한한 자연성 사이에서 어느 한곳에 정착하지 못하고 방황하는 현대인의 불안과 무력함을 치료해야 할 절박한 시점이 도래했고, 치료해야 할 의사가 필

27 같은 곳, 335쪽.
28 같은 곳, 337. '도야' = Bildung, '교육' = Erziehen.
29 같은 곳, 340쪽.
30 같은 곳, 340쪽. '이 시대의 모든 창조적 도덕의 투명한 정수' = der sichtbare Inbegriff aller schöpferischen Moral in dieser Zeit.

요하게 된 것이다. 쇼펜하우어가 바로 그런 사람이다. 그가 결코 강제적으로 누구를 가르치려 하지도, 가상으로 꾸미지도 않은 것은 오로지 자기 자신에게 말하는 것이기 때문이다. 자신을 기만하지 않으면 남도 기만하지 않는다. 수사학적 기교도 논리적 재주도 학문적 현학도 부리지 않으면서 진솔하고 솔직하게 자신의 사유를 표현하는 방법이야말로 진정한 글쓰기의 모범이라 할 것이다.[31] 니체는 그의 글을 "위대한 유언"으로, 그리고 자신을 그의 "아들이며 상속자들" 중 하나로 여긴다.[32]

물론 니체가 쇼펜하우어를 참교육자의 전형으로 평가한 것이 반드시 그의 저술들에만 국한되는 것은 아니다. 타 전공자들과 달리 철학 전공자는 자기 분야의 전공 지식만을 쌓아 올린 것으로 만인의 스승이라는 이름을 얻을 수 없다. 진정한 스승은 학문은 물론 일체의 생활 태도, 가령 옷매무새나 행동거지, 말투와 대인 관계, 심지어는 식습관과 버릇조차도 다른 사람들의 모범이 되어야 하고 이런 모범적 스승상을 우리는 고대 그리스에서 심심찮게 볼 수 있다.[33] 칸트가 정부에 예속된 대학의 교수로서 "교수 철학"을 생산해낸 전형을 보였다면, 쇼펜하우어는 자의로 미련 없이 대학과의 인연을 끊음으로써 기성학자 계급과는 물론 국가와 사회의 예속에서 벗어나 자유로운 철학자의 본보기를 확립하고 보여준다.[34] 기존의 질서와 형식에 따르지 않는 자유로움과 독창성이야말로 천재적 스승상의 본보기라는 것이다. 이 자유로운 천재성은 평범하고 안이한 생활에서는 결코 얻을 수 없으며 오직 고난과 저항과, 질시와 절망에 대한 과감한 투쟁과 극복의 결과이며 고독의 결과이다. 모든 세

31 같은 곳, 344쪽. 글쓰기에서 쇼펜하우어가 "정직함과 명랑함(Ehrlichkeit und Heiterkeit)"을 규준으로 하는 점에서 몽테뉴와 유사하다고 니체는 평가한다.
32 같은 곳, 346. '위대한 유언' = grosses Testament.
33 같은 곳, 347쪽.
34 같은 곳, 347쪽.

속적 안락과 제도와 평가로부터의 고독한 자유는 오로지 진리만을 추구하려는 강력한 의지로 전환되고, 그리고 이 의지는 "진리에 대한 절망"을 경험하게 된다.[35] 그는 인간의 삶에 토대한 인식에 절대적인 것도 영원한 것도 없으며, 따라서 모든 것을 "깨어 부수고 으스러뜨리는 회의주의와 상대주의의 형태"만을 갖게 되고, 그리하여 진리에 대한 절망의 강도는 헤아릴 수 없을 만큼 크다는 것을 깨닫는다.[36] 그는 진리의 비극의 정점에 도달하는 길을 발견하고 그것을 우리에게 가르친 진정한 철학적 스승이라는 것이다. 진리가 절망이고 비극이라면, 그 위에서 파악된 삶 역시 절망이고 비극이다. 이 말은 결국 절망과 비극이 모든 삶의 밑그림이며 거기에서 네 삶의 의미를 배우라는 가르침이요, "너의 삶을 읽고 그로부터 보편적 삶의 상형문자를 이해하라"라는 위대한 철학의 교훈이다.[37] 한 개인으로서 인간은 내면의 제약과 마찬가지로 그를 둘러싼 온갖 제약 조건들에 얽매여 있다. 이 한계를 개인 스스로 이해할 때 그 너머에 있는 영역과 세계에 대한 "동경과 멜랑콜리"를 느끼고 다른 시대에 다른 재능을 가진 천재적 개인으로 다시 태어나고 싶은 욕망을 품게 된다.[38] "모든 문화의 진정한 뿌리"로서 동경과 멜랑콜리는 "새로운 신화"를 만들어내려는 욕망에 불을 붙인다.[39] 그럼에도 세상의 속물들은 이런 욕망을 꺾으려 하며 천재의 출현을 방해하고 문화의 개화에 재를 뿌린다. 쇼펜하우어는 세속의 이 냉혹한 현실에서 사유 투쟁을 통해 과감하

35 '진리에 대한 절망' = Verzweiflung an der Wahrheit.
36 같은 곳, 351. '깨어 부수고 으스러뜨리는 회의주의와 상대주의의 형태' = Form eines zernagended und zerbrökelnden Skeptizismus und Relativismus.
37 같은 곳, 353 쪽. '너의 삶을 읽고 그로부터 보편적 삶의 상형문자를 이해하라' = lies nur dein Leben und verstehe daraus die Hieroglyphen des allgemeinen Lebens.
38 같은 곳, 354쪽.
39 같은 곳, 354쪽. '모든 문화의 진정한 뿌리' = die Wurzel aller wahren Cultur.

게 자기의 개인적 동경과 멜랑콜리로 세상을 계도하고 천재성을 찬양한다. 니체는 여기서 인간의 "현존"을 직시하고 그 본질을 가리는 "시대의 위험들"에 맞서고 "현 시대의 무가치"를 폭로하여 그 인식 내용을 우리에게 가르친 쇼펜하우어야말로 "대중을 위한 입법자요 사물의 화폐이며 중력"임이 틀림없다고 단언한다.[40]

시대를 공정하게 서술하고 평가하는 것은 단지 역사학자의 의무라기보다는 철학자의 의무이다. 문제는 누구나 자기 시대의 아들이어서 그 시대의 많은 특징들에 의해 알게 모르게 물들어 있다는 것이다. 이는 누구나 자기 시대 평가에서 객관성을 확보하기 어렵다는 뜻이요, 이것을 극복하기 위해서는 역사 전체에 대한 공부를 다시 해야 한다는 뜻이다. 니체가 역사와 역사 연구를 직접적으로 강조한 것은 아니지만 다음은 분명 그 탐구를 필요한 것으로 여긴다는 증거이다. "그러나 현재의 모든 것이 집요하게 쇄도하므로 철학자가 원치 않아도 현재의 모든 것들은 철학자들에게 영향을 주고 그들의 안목을 결정한다. 그래서 임의적이지는 않지만 총결산에서 현재적인 것을 너무 높게 평가하게 된다. 따라서 철학자는 자기 시대를 다른 시대와 구분하면서 제대로 평가해야 한다. 그리하여 철학자는 현재를 극복하고 그가 자신의 삶에 대해 그리는 그림에서 현재를 극복해야 한다. 즉, 그 그림을 알아차리지 못할 정도로 덧칠해야 한다."[41] 현재를 살고 있는 이가 현재를 객관적으로 인식하고 평가하려면 현재와는 다른 시대들, 즉 역사 전반에 대한 객관적 이해, 즉 그 시대들에서 무엇이 지금 현재 시대와는 다르며 어떻게 전개되고 변형되는지를 구분할 수 있어야 한다. 이 구분을 객관적으로 할 수 있는 최

40 같은 곳, 356쪽 이하. '현 시대의 무가치' = Unwerth der gegenwärtigen Zeit, '대중을 위한 입법자요 사물의 화폐이며 중력' = Gesetzgeber für Mass, Münze und Gewicht der Dinge.

41 같은 곳, 357쪽.

선의 무기는 역사에 대한 올바른 인식이다. 이 관점에서만 보면 니체는 반역사주의도 아니고 비역사주의자도 아니다.

4
비판적 대안

오늘날 역사의 의미를 묻는 것은 실없는 일이거나 한가한 이들의 사유놀이쯤으로 여겨진다. 물음 자체가 오래된 만큼 그에 대해 가능한 모든 답들이 대부분 이미 나오기도 했지만 그보다는 새로 답을 시도한다 해도 그것이 실생활이나 학문에 별 도움이 되지 않을 것이 분명하다는 오늘날의 시대 의식 때문일 것이다. 역사학자들은 과거에 어떤 일이 어떻게 일어났으며 그 실체적 진실이 무엇인지를 문제 삼고 그 문제 해결의 방법론을 선택하여 역사적 사실 규명(의미 해석)을 하는 데에도 시간이 모자랄 판이다. 이에 비해 일반 생활인들은 오늘 해야 할 일들도 다 못하는 주제에 과거의 일들을 되새겨 기억해내거나 그 의미를 반추하는 어리석은 짓을 할 수도 없고 하지도 않는다. 결국 시대에 상관없이 이 낡은 물음을 되묻고 기존의 답들을 비판적으로 되씹으며 진지해하는 이들은 스스로를 철학자로 생각하는 시인 부류에 속한다. 그들은 전문 역사학을 전공한 만큼 부지런할 필요도 없고 그렇다고 일상생활에 매여 열심히 삶의 현장을 헤매지 않아도 되는 일종의 한량 계급이므로 그들이 아무리 바쁘게 또는 여유롭게 사색을 해도 다른 이들은 진심으로 믿지를 아니한다. 이 자유는 시인들의 특권이다. 역사나 역사학이 아니라 역사 의미의 해석이라는 이 주제는 학문에도 일상생활에도 절박하지는 않지만 진지할 수 있다. 이 진지한 사색이 오래되고 낡은 물음에 대한 새로운 답을 모색하는 시인(철학자)들의 존재 이유이며 현존 방식 중 하나를 결정한다.

많은 시인들이 민족과 문화와 역사에 대해 읊었지만 진지성이나 사실성이 아니라 주관적 감성에 기초한 그들의 시구에 주목하는 이들은 별로 없다. 이런 전통을 깬 대표적인 이가 니체이다. 그가 비록 그리스 고전 문헌학을 전공했고 문헌학이 그 본성상 역사학과 같은 유에 속하지만 그 당시에도 지금도 니체를 전문적 문헌학자나 역사학자로 분류하지는 않는다. 오히려 그는 자기 시대의 문화와 학문과 제도를 심미적 관점에서 비판한 대표적 인물 중 하나로 평가된다. 역사성에 대한 그의 해석은 역사학에 도움을 주지 않을지 몰라도 역사 평가의 영역인 역사철학에서는 무시할 수 없는 문제의식을 제공한다.

니체의 역사관을 이해하기 위해서는 먼저 반시대성 개념을 고찰할 필요가 있다.[42] 이 개념을 심도 있게 다루기 시작한 곳은 『반시대적 고찰』이라는 제목 아래 쓴 첫 번째 글인 1873년의 「다비트 슈트라우스, 고백자와 저술가」이다. 그 내용은 보불전쟁 승리에 도취한 독일 문화계의 속물들의 대표로서 헤겔 학도인 슈트라우스의 사상과 그의 독일어 서술 문체에 대한 비판이다. 니체에 의하면 "속물"이란 현실적이고도 생산적인 문화 개발로 "현대성 그 자체"를 효과적으로 서술하고 교육하는 대신 잡다한 것을 뒤범벅으로 긁어모아 많이 아는 척, 잘난 척하는 부류들을

42 '반시대성' = Unzeitgemäßigkeit.

일컫는 말이다.[43] 속물들은 우리가 알고 있는 "뮤즈의 아들인 예술가나 진짜 문화인과는 반대"이지만 스스로는 진짜 예술적 문화인이라고 자부하면서 생활하는 사람들이라는 것이다.[44] 지금 독일 사회를 지배하는 주류는 보불전쟁의 승리가 독일적 교육이 일구어낸 "교양"의 축적과 그 진보의 결과라고 믿고 이 믿음을 언론과 예술 및 교육기관을 통해 전파시키고,[45] 일반 대중은 마치 군사적 명령처럼 이것을 무비판적으로 받아들이고 확산시킨다. 결국 그들은 문화의 부정을 문화로, 교양의 부정을 교양으로 이해하면서도 그 이해가 오해라는 것을 반성하지도 않고 진정한 가르침을 배우려하지도 않는다. 이 속물들은 도취와 카니발의 심미적 유행과 광기를 부정하면서 희망과 안락함과 쾌적함을 내세우고 그런 낙천적 사유의 고전적 전형을 찾고 합리화하기 위해 "역사를 장악하면서 이 쾌적함에 방해되는 모든 학문, 특히 철학과 고전문헌학을 역사학으로 바꾸어"버리려고 했다.[46] 이 속물적 사유의 두목은 '모든 현실적인 것은 이성적이라'고 한 헤겔이며 그 본류는 헤겔을 따르는 맹신도들이다.[47] 현실의 문화적 요구는 역사의 화석이 아니고 역사의식에 의해 형성된 것도 아니다. 그것은 "천재와 전제"에 의해 창조된다.[48] 현실적인 모든 것은 결코 이성적인 것이 아니다. 다만 그렇게 주장하는 속물의 눈에 현실이 이성적으로 보일 뿐이다. 이 속물들은 가정과 생계와 직업과 같은, 오직 먹고사는 일에 몰두하는 것만을 "삶의 진정함"으로 간주하고

43 KGW, Bd. III-I, 159 쪽. '속물' = Philister, '현대성 그 자체' = das Moderne an sich.
44 KGW, Bd. III-I, 161쪽. '뮤즈의 아들인 예술가나 진짜 문화인과는 반대' = Gegensatz des Musensohnes, des Künstlers, des äcten Kulturmenschen.
45 같은 곳. '교양' = Bildung.
46 같은 곳.
47 같은 곳.
48 같은 곳. '천재와 전제' = Genius und Tyrannis.

동서고금의 거의 모든 문화에 내재하는 "재미"를 무시할 뿐만 아니라, 그 재미에 의해 자신들이 내세우는 삶의 진정한 덕목들이 농락당한다고 여겨지는 순간, 그런 예술적 문화에 저주를 퍼붓는다. 속물들은 현실의 진짜 예술적 정황들을 "병들고 엉뚱한" 짓거리로 낙인찍는다.[49] 병들고 엉뚱할 뿐 아니라 쓸모없고 유해한 영혼을 묘사하고 찬미하는 횔덜린적 · 쇼펜하우어적 사유는 자신과 자신의 나라를 보존하고 지켜야 하는 외국과의 전쟁이나 위기에서 나약함과 절망 이외에는 아무것도 보여줄 수 없다. 이런 평가의 주역인 속물들은 인간과 예술의 진정성이 나약함과 절망으로 감싸인 비극적 영혼들에 의해서 표현되고 드러나는 것을 모른다. 그들의 건강함에 대한 찬미, 이성에 대한 찬미는 전쟁과 투쟁에서의 승리, 사회적 지배 세력의 권력에 대한 찬미 이외에 아무것도 아니라는 것이다. 니체는 이와 같은 반예술적 경향의 대표적 속물인 슈트라우스를 반시대적 시각으로 비판하면서 그 대안으로 쇼펜하우어의 생철학적 실존 개념과 그 도야를 반시대적 고찰의 세 번째 글에서 제시한다.

49 같은 곳, 167. 니체는 이런 속물의 대표로 D. 슈트라우스를 들면서 슈트라우스가 쇼펜하우어 사상을 "건강하지 않고 쓸모없는 철학의 전형"으로 평가하는 데 대해 반박한다. '재미' = Spass, '병들고 엉뚱한' = krank und überspannt.

제2장

초기 니체 사유에서 속물 교양 비판

라이프치히 대학

1
천박한 이 시대

> 지금 참으로 천박한 독일에 교양이 타락하여 길바닥 위에 뒹굴고 있다. 모든 위대한 것을 질시하는 시기심이 후안무치하게 지배하며 행복을 향해 질주하는 이들의 보편적 소란이 귀청을 찢을 듯이 울려 퍼지는데도 사람들은 여기에서 생성의 문화를 가지게 될 것이라는 희망에 휩싸인다. ……[1]

1872년에 쓴 유고 「우리 교육제도의 미래에 대하여」에서 니체는 독일의 거의 모든 교육기관이 자국의 교육 내용이 다른 나라의 것보다 월등 뛰어나다는 것을 공개적으로 전제하고 또 학생들에게 이것을 가르치는 것이 "독일 정신의 보편적 혁신과 회복과 정화를 위해", 그리고 또 미래를 위해 얼마나 위험한지 경고한다.(137) 이 우월감은 시대에도 사실에도 맞지 않으며 앞으로 나아가려는 자기 성찰을 방해한다는 점에서도,

1 Über die zukunft unserer Bildungsanstalten, 1872, KGW, Bd. III–2, 272쪽. (=ÜZB) 이하 같은 곳 참조.

또 지금의 승리를 미래의 패배로 바꿀 수 있다는 점에서도 정당하지 아니하다. 이 우월감 아래서 행해지는 제도 교육의 또 다른 문제는 "가능한 한 단기간 내에 쓸 만한 공무원을 길러내고" 수시로 어려운 시험으로 학생들을 주눅 들게 하여 그들의 절대 복종심을 끌어내는 것이다.(155f.) 교육기관의 이 학생 착취는 진정한 교육이나 교양과는 정반대의 것이다. 게다가 국가는 국가 경쟁력을 내세워 오직 양만을 내세우고 보다 더 많은 것을 가르치고 배우도록, 즉 "교육(교양)의 확대와 확산"을 획책하고 제도권 학교에서는 이것을 충실히 수행한다.(160) 그러니 교육의 질이 떨어지는 것은 사필귀정인 것이다. 게다가 학문 분야는 점점 세분화되고 왜소화되어 선생이나 학생이 모두 타 분야에 장님이 되는데도 이것을 비판하기는커녕 오히려 자랑으로 여기는 풍토가 학자 스스로에 의해 조성되고 있다. 이런 교육의 결과는 "특정 나사나 기계 부속품"만을 생산할 수 있는 공장 노동자를 양산하는 것이다.(162) 오늘날 작은 일에 충실한 것과 육체노동자의 성실성을 치켜세우는 것은 결코 우연이 아니다. "인간의 존엄"을 "노동의 존엄"과 동일시하는 현대의 속물들이 알아야 할 것은 인간성을 위해서도, 예술은 물론 교양을 위해서도 또 인간 실존을 위해서도 노동은 "치욕"이라는 사실이다.[2] 더구나 "학문에서 노동 분업"이란 "교양을 축소하는 것", 아니 "교양을 폐기 하는 것" 이외에 아무것도 아니라고 니체는 개탄한다.(259) 저널리즘은 이 시대 교육의 문제점을 지적하거나 비판하는 대신 오히려 제도권과 한통속이 되어 그들이 만들어낸 현대판 노예제도에 의한 노예 교육을 속물 문화화하여 저속한 언어로 조장하는 데 한몫을 하고 있다.

니체는 자기 나라 언어를 소중하게 생각하라고 가르친다. 모국어의

2 Nietzsche, Fünf Vorreden zu fünf ungeschriebenen Büchern, KGW, Bd. III–2, 259쪽.

사용 태도에서 그 정신세계는 물론, 학문, 예술, 문화의 모든 것이 선명하게 나타나므로[3] 이 모든 것의 심장이요 두뇌가 바로 언어인 것이다. 저속한 언어는 저속한 학문, 저속한 예술, 저속한 교양, 저속한 정신세계를 만들고 고급 언어는 고급 교양, 고급 문화, 고급 정신세계를 창조한다. 슈트라우스와 쇼펜하우어를 대비한 니체의 의도 중의 하나가 여기에 있는지 모른다.[4]

이 장에서는 니체가 본 천박한 시대 문화의 두 주범인 학자와 철학자 계층의 속물 특성을 살펴보려고 한다. 그리고 시대 극복의 역사적 인간상과 그 최고점에 위치한 쇼펜하우어의 실존상에 대한 니체의 이해를 정리하고자 한다. 미리 주의해야 할 것은 속물 문화의 최후 대안으로서 니체는 쇼펜하우어를 제시함에도 불구하고, 거의 대부분 쇼펜하우어 사상이나 그의 텍스트 분석과는 무관한 쇼펜하우어라는 철학자 개인과 관련된 몇 가지 사적(私的) 사안과 사유에 대한 니체 자신의 주관적 느낌과 평가만을 진술하고 있다는 것이다. 이 쇼펜하우어는 니체 자신이다.[5] 이

3 같은 곳, 168쪽.

4 1879년의 『인간적인, 너무나 인간적인』 제2권 서문에서 「반시대적 고찰 I-다비트 슈트라우스, 고백자와 저술가」는 '독일 숭배주의와 그 안일함, 그리고 슈트라우스의 언어의 타락에 대한 분노'의 동기에서 쓴 것이라고 니체는 회고한다. 이 동기는 이미 본 대학 학창 시절에 싹튼 것으로, 한편으로는 슈트라우스의 기독교관에 대한 절대 신봉과, 다른 한편으로는 헤겔적 합리주의와 낙천주의에 대한 반발을 함축한다. 슈트라우스 비판은 니체 자신이 그 분위기에서 성장하고 배운 소위 "독일적 교양과 독일적 속물근성"에 대한 부정적 반성이다. 1879년경 니체는 그 이전 속물 교양의 대안으로 제시한 쇼펜하우어와 바그너에 대한 칭송을 거두면서 그가 비판했던 속물 교양의 전형인 슈트라우스의 사상 역시 자신의 사유 배경이었음을 암시한다. 신교 목사이며 신학자인 슈트라우스는 27세에 『예수의 생애』를 출간하여 기독교와 성경의 합리적 부분만을 인정하고 반이성적 내용들은 배척할 것을 요구하여 교회와 문화계에 격렬한 논쟁을 일으킨다. 이때 니체를 감동시킨 것이 전통 기독교의 파괴라면, 분노케 한 것은 기독교 대용으로 새로운 이성 종교인 낙천주의, 즉 인류의 희망과 역사의 진보에 대한 확고한 믿음으로 무장한 새로운 종교의 확립과 그 전파이다. 슈트라우스의 사상은 기독교 신화를 헤겔식 합리주의로 해석한 것으로 당시 독일 교육과 교양의 중심부에 자리한다.

점을 필자가 비판할 의도는 없다. 오히려 이런 글쓰기가 니체의 탁월한 독창성의 토대가 되고 있기 때문이다. 필자가 니체의 글 자체를 미시적으로 살펴보려는 이유가 여기에 있다.

5 니체 자신이 이 점을 분명히 한다. Menschliches, Allzumenschliches, II, KGW, Bd. IV-3, 3쪽 참조.

2
학자의 반문화적 속물 습성

니체에 의하면, 학자가 문화를 주도해서는 안 된다. 학문 자체의 차가운 배타적 중립성과 그에 종사하는 학자들의 배타적 이기심 때문이다.[6] 학문은 본성상 가치중립적이어서 냉정하고 건조하며 불편부당해야 하는데 이것은 뒤집어 말하면 인간 본질을 규정하는 생동하는 감정에 적대적이라는 말이다. 문제는 학문 자체의 이런 본성이 그에 종사하는 학자들의 심성조차 동일한 특성으로 덮어씌워 그들을 비인간적인 냉혈인으로 만든다는 데 있다. 그러니 학문을 하는 학자들이 문화를 주도하면 속물 문화, 즉 비인간적 냉혈 문화를 만들어내는 것은 자명하다. 학자가 문화를 주도해서는 안 되는 또 다른 이유는 많은 경우 그들이 자기의 편향적 충동과 욕망을 은폐하고 보편적 진리를 추구하는 밝은 지성만을 가진 것처럼 위장하거나 특정 진리를 찾으려는 목적 아래 특수 충동을

6 Nietzsche, *Schopenhauer als Erzieher*, KGW, Bd. III-1, 389쪽.

감추고 있기 때문이다. 물론 이 같은 은폐와 위장을 학자 자신이 알고 있는 경우도 있고 모르고 있는 경우도 있다.

활기차고 생동하는 문화를 결코 학자층이 주도해서는 안 되는 학자의 근원적 특징을 니체는 보다 상세하게 제시한다. 요컨대 그는 학자의 특징을 '우직함과 단순한 것에 대한 감각', '가까운 것을 날카롭게 관찰하는 능력', '좋아하고 싫어하는 것에서 본성적으로 냉정성과 일상성 유지', '감정의 빈곤과 삭막함', '낮은 자기 평가, 즉 겸손함', '자기 스승과 지도자에 대한 충성', '학자로 들어선 궤도를 습관적으로 달려가기, 즉 한번 받아들인 습성에 따르는 무사유적 진리 감각', '권태로부터의 도피', '밥벌이의 동기', '동료 학자들에 대한 존경, 즉 그들의 경멸에 대한 공포', '허영심', '놀이 충동', '정의를 향한 충동'을 들고 있다.[7]

'우직함과 단순한 것에 대한 감각'은 익숙한 것과 분명한 것 또는 그렇게 보이는 것에 집착하는 학자의 일반적 성향을 말한다. 옛것과 옛 이론에 별나게 애착을 가지며 사소하고 작은 것, 중요하지 않은 것, 익숙하거

7 같은 곳. '우직함과 단순한 것에 대한 감각' = Biederkeit und Sinn für das Einfache, '가까운 것을 날카롭게 관찰하는 능력' = Scharfsichtigkeit in der Nähe, '좋아하고 싫어하는 것에서 본성적으로 냉정성과 일상성 유지' = Nüchternheit und Gewöhnlichkeit seiner Natur in Neigen und Abneigungen, '감정의 빈곤과 삭막함' = Armuth an Gefühl und Trochenheit, '낮은 자기 평가, 즉 겸손함' = geringe Selbstschätzung, Bescheidenheit, '자기 스승과 지도자에 대한 충성' = Treue gegen ihne Lehrer und Führer, '학자로 들어선 궤도를 습관적으로 달려가기, 즉 한번 받아들인 습성에 따르는 무사유적 진리 감각' = gewohnheitsmässiges Fortlaufen auf der Bahn, auf welche man den Gelehrten gestossen hat, Wahrheitssinn aus Gedankenlosigheit, gamäss der einmal angenommenen Gewöhnung, '권태로부터의 도피' = Flucht vor der Langweile, '밥벌이의 동기' = das Motiv des Broderwerbs, '동료 학자들에 대한 존경, 즉 그들의 경멸에 대한 공포'=Achtung vor den Mitgelehrten, Furcht vor ihrer Missachtung, '허영심'=Eitelkeit, '놀이 충동' = Spieltrieb, '정의를 향한 충동' = Trieb nach Gerechtigkeit. 학자(der Gelehrte)의 이상의 특징들을 니체는 이미 1873년 유고에서 서술한다. KGW, Bd. III-4, Nachgelassene Fragmente, Sommer 1872-Ende 1874, 29〔13〕, 235~239쪽.

나 낯설지 않은 것에 대해 집착하는 습성은 진정한 철학을 위해서도, 또 새로운 문화 창조를 위해서도 방해가 될 뿐이다.[8] '가까운 것을 예리하고 날카롭게 통찰하는 능력'은 전통적 학자의 훌륭한 미덕으로 칭송되기도 하지만 따지고 보면 이 능력은 먼 곳에 있는 것, 보편적인 것을 보지 못하는 근시안적 무능력이기도 하다.[9] 이 부류 학자들은 너무 가깝게 사물에 밀착해서 보고 판단하므로 사물을 구성하는 전체 모양을 보지 못한다. 즉, 나무는 보되 숲은 보지 못한다. '자기가 좋아하고 싫어하는 것에서 본성적으로 냉정성과 일상성을 유지'하는 특징은 주어진 관찰 대상 또는 학의 대상에 자기의 주관적 호오감을 개입하지 않고 사실 그 자체로 들어간다는 위안을 가지고 실제로 어느 정도의 성과를 거둘 수도 있다.[10] 온갖 가설들을 거부하고 어떤 사실이 생겨나게 된 일상적 동기와 결과를 포착하여 그 사실의 전모를 밝힌다는 생각 역시 또 하나의 가설일 뿐이다. 이 가설에 의해 두더지처럼 어떤 사안에 접근할 수 있을지는 몰라도 그가 추구하지 않은 대부분의 수많은 영역들은 물론 진짜 중요한 희귀하고 위대한 사실들이 모조리 무시된다는 결정적 맹점을 가지고 있다.[11] '감정의 빈곤과 삭막함'의 성향은 잔인하고 차가운 칼과 같은 태도로 수많은 지식이 가져다주는 고통을 느끼지 못하기 때문에 생체 해부나 수술에 적합할 수는 있어도 인간과 문화에 대한 진정한 통찰

8 그 대표적 예가 코페르니쿠스적 체계에 대해 무작정 반대한 당시의 학자들의 태도이다. KGW, Bd. III-4, Nachgelassene Fragmente, Sommer 1872-Ende 1874, 29〔13〕, 235쪽.

9 Schopenhauer als Erzieher, 391쪽 참조. 마치 망원경으로 물체를 볼 때처럼 렌즈 안에 있는 것만 보고 그것이 주변의 다른 것들과 긴밀한 관계 속에 있다는 것을 보지 못하는 근시안적 태도를 말한다.

10 같은 곳, 392쪽. 이것은 랑케의 실증사학의 관점을 비판한 것이다.

11 중립적이라는 미명으로 자기 앞의 온갖 잡동사니를 찾아내는 이점은 있으나 "희귀한 것, 위대한 것, 비정상적인 것, 즉 중요하고 본질적인 것을 이해하는 데는 부적합"하다. KGW, Bd. III-4, 236쪽.

에는 아무 쓸모가 없다.

'낮은 자기 평가, 즉 겸손'은 어떤 대상을 탐구하고 그 성과가 무엇이든 탐구자 자신의 지위와 상황에 대해 불평불만을 느끼지 못하는 태도를 말한다. 이런 이는 학문의 종노릇은 충실히 할지 몰라도 인간과 문화에 대한 진정한 탐구를 할 능력은 없다.[12] '스승과 지도자에 대한 충성'은 학자 집단을 결속시키는 중요한 역할을 함에도 불구하고 학문을 위해서도 문화를 위해서도 나쁜 태도이다. 진리의 도움이 아니라 스승과 지도자의 도움으로 학문의 전당에 들어섰고 돌머리라도 상관없이 존경과 충성을 통해 또 사랑과 배려를 통해 일가를 이룰 수도 있다. 그렇게 해서 일가를 이루었다 해도 스승의 결함조차 모방하고 부재하는 전통에서 스승의 장점과 미덕은 점점 축소되고 소멸되어갈 뿐이다. '학자로 한번 들어선 길을 습관적으로 따라가고 한번 받아들인 습성으로 무사유적 진리 감각'으로 굳어지면 자신의 현 상황에 대한 반성 없이 무작정 하던 일을 계속하는 태도를 가지게 된다. 특정 물건 수집가나 해설자, 색인이나 도감 도록 제작자처럼 이 태도를 가진 사람들은 왜 그 일을 하는지 의문을 갖지 않고 그냥 하던 일이어서 기계적으로 할 뿐이다.[13] 독창적이며 쓸모 있는 일이 무수히 많음에도 불구하고 그들은 아랑곳하지 않고 미련하게 자기 일만 반복한다. '권태로부터의 도피'는 여유를 즐길 줄 모르는 태도, 무언가 급박하고 부지런하게 움직일 때 안도하는 마음가짐이다. 위대한 철학자가 여유와 여가를 즐기는 데 비해 이 태도를 가진 이들은 여유와 한가로움에 안절부절못하며 이 불안을 해소하기 위해 자극이 되는 책들을 부지런히 닥치는 대로 들추며 씨름한다. '밥벌이의 동기'는 밥벌이 수단으로 학문을 하는 태도를 말한다. 이것은 직업으로서

12 초라하고 형편없는 영역을 연구하면서도 그것을 자기희생이나 낭비로 느끼지 못하는 학자의 태도이다. KGW, Bd. III-4, 237쪽.

13 Nietzsche, Schopenhauer als Erzieher, 393쪽.

학자 집단에 대한 니체의 비판인데, 보다 높은 임금과 지위를 보장해주는 이들에게 아첨하면서 그들의 구미에 맞는 진리를 찾아 보여주려 하는 습성이 여기 속한다. "밥통은 성품을 결정한다"라는 속담은 이들의 습성에 꼭 맞는 말이다.[14] 물론 이런 습성은, 밥통을 채우는 데는 쓸모없으나 꼭 필요한 문화와 인간 실존에 대한 진리 요구에는 아무런 기여도 하지 못한다. '동료 학자들에 대한 존경과 그들의 경멸에 대한 두려움'은 자신들의 직업적 존립과 연관되어 있다. 학자들은 이종 연구에서뿐 아니라 동종 연구에서도 치열한 경쟁 속에 있으며 언제나 질시와 질투로 차 있다. 그런데 이 질투는 다른 학자들의 연구 성과에 대해 아낌없는 존경을 표시하도록 한다. 요컨대 질투는 후에 자기 자신의 연구 성과에 대한 다른 학자들의 아낌없는 존경을 되돌려 받기 위한 반대급부의 보증수표인 셈이다. '허영심'은 겸손함의 반대로, 고지식한 학자 무리에는 다소 드문 심성이다.[15] 이 부류의 학자들은 희귀하고도 특수한 분야를 선택하고 오직 자신만이 할 수 있는 방식으로 연구한다. 이들은 오지 탐험이나 유적지 발굴 등처럼 엄청난 경비와 비용이 들고 국제 간의 협력을 필요로 하기 때문에 통상적 학자의 수입과 재능으로는 엄두도 못 낼 대상을 선택하며, 이들이 원하는 것은 오직 명예뿐이다. 흥미 있는 것은 이들이 결코 자기의 배와 밥통을 채우는 데 관심이 없다는 점에서 변종 학자군이라 할 수 있다.[16] '놀이 충동'은 온갖 수수께끼를 푸는 것과 같은 재미 때문에 학문을 하는 태도를 일컫는다. 이런 성향을 가진 이들은 힘든 학문일지언정 힘들게 하거나 고통스럽게 하지 않는다. 그들은 다만 놀이와 게임의 기분이 지속될 때까지만 연구하므로 심층에 이르지는 못하지만, 바로 이 놀이 기분 때문에 간혹 밥벌이 학자가 놓치는 것을 발

14 KGW, Bd. III-4, 238쪽.
15 Nietzsche, Schopenhauer als Erzieher, 394쪽.
16 KGW, Bd. III-4, 238쪽.

견하는 큰 성과를 내기도 한다.[17] 또 이들은 직업적 속박과 승진 욕구에 매여 연구하는 학자보다 자신들이 더 진리를 사랑한다고 여긴다. '정의를 향한 충동'을 가진 학자들은 신앙과 믿음에 기초해서 인정되는 어떤 것을 진정한 진리라고 믿는 성향을 말한다. 이런 성향은 충동으로 인한 여타의 심리적 감정과 다를 바 없다. 이 성향 소유자들은 종교적 믿음과 소망, 형이상학적 근거와 초월을 하나로 뭉쳐 자기화하고 그것을 추구한다는 점에서 냉철한 학자들과 구분되지만 속세에서 무시할 수 없는 학자 무리를 형성하고 있다.

앞에 열거한 학문에 임하는 학자들의 성향들이 언제나 종합되고 통일되어 나타나는 것은 아니다. 때로는 이 중 하나나 둘, 혹은 여럿이 합쳐서 표출되지만, 어느 경우든 결과는 "진리의 하인이 출현"하는 징표일 뿐이다.[18] 이제 그런 학자들을 존경할 이유도 없고 그런 학자들에 의해 봉헌되는 진리에 머리를 조아릴 이유도 없다. 어차피 그런 비생산적 학자와 학문은 천재의 진정한 맥을 끊는 해로운 것이기 때문이다. "…… 그렇기 때문에 모든 시대에 천재와 학자는 서로 적대적이었다. 학자들은 본성(Natur)을 죽이고 분해하고 이해하려 하고 천재들은 새로 살아 있는 본성을 통해 본성을 증대시키려 한다. 그래서 속된 생각과 활동의 충돌이 있는 것이다. 전적으로 행복한 시대에는 학자가 필요 없고 학자를 알지 못했고 전적으로 병들고 불쾌한 시대에는 학자를 가장 고귀하고 존엄한 인간으로 평가하고 첫 번째 자리를 내어준다."[19] 학자가 우대받고 천재가 괄시받는 오늘날은 분명히 병든 사회가 틀림없다. 천재를

17 같은 곳, 239쪽.

18 Nietzsche, Schopenhauer als Erzieher, 395쪽. '진리의 하인의 출현' = das Entstehen des Dieners der Wahrheit.

19 같은 곳. '새로 살아 있는 본성을 통해 본성' = die Natur durch neue lebendige Natur, '속된 생각과 활동의 충돌' = Widerstreit der Gesinnungen und Thütigkeiten.

무시하고 이해하지 못하는 병든 사회에서 진정한 문화 의식이 없는 것은 당연한 일이다.

이 시대를 지배하는 속된 권력인 국가와 밥벌이 생계층과 직업적 교양 속물들과 학자들은 한통속이 되어 진정한 문화 의식과 참 문화를 고사시키고 있다. 국가는 겉으로는 문화 장려를 외치지만 밥벌이들이 요구하는 안녕과 복지를 자기 존립의 근거로 내세우며 그 이상의 천재적 실존의 높은 목적을 이해하지 못하며 이 때문에 모든 교육과 교양을 개인의 영리 추구와 그것을 극대화하는 것을 자기 의무로 정립한다. 교육과 교양을 장악한 속물들과 직업적 예술가들은, 밥벌이층과 한통속이 되어 제도를 만들어내는 국가의 눈치와 구미에 맞는 생산품들을 만들어내는 데 혈안이 되고, 본성상 학문의 노예인 학자층은 창조적 문화와는 무관하거나 그것에 해로운 연구를 하는 데 머리를 처박고 있다. 이 세속적 권력들은 모두 자기에게 유리한 문화를 구축하여 재주 없는 학생을 학자로, 재능 없는 기술자를 예술가로, 탐욕스러운 사람을 정치가와 공무원으로 만드는 현대판 교육제도를 만들어내고 있다. 이 권력들은 마치 병정처럼 열을 갖추고 일사불란하게 자기 임무를 수행하면서 참으로 높고 깊은 사유와 재능을 가진 진짜 문화와 그 창조자인 천재들을 추방한다.

3
제도권 철학 교수의 속물근성

자연의 섭리와 목적에[20] 거스르는 종교적 도그마와 진보, 보편적 교양, 국민, 현대 국가, 문화 투쟁 등과 같은 비이성적 허튼 개념들이 지배하는 오늘날 어떻게 쇼펜하우어 같은 위대한 천재가 출현할 수 있었을까? 불모의 "우리 시대"에 쇼펜하우어 같은 "철학적 천재"가 나타나는 조건을 니체는 성격의 자유로운 남성성, 일찍이 습득한 인간 인식, 학자 교육을 받지 않는 점, 애국심에 구속되지 않는 것, 밥벌이 생계의 강제를 받지 않는 것, 국가와 관계 맺지 않은 것으로 규정한다. 이것은 모두 합쳐 "자유"라는 한마디로 압축할 수 있다.[21] 여기서 니체는 국가와 어떤 우호적 관계도 맺지 않는 태도를 주목한다. 왜냐하면 진짜 철학자, 즉 "철학의 광기를 몸 안에 가진 이는 정치의 광기를 가질 시간이 전혀 없기 때문"이다.[22] 이 점에서 플라톤을 위시한 정치사상가들은 진정한 철학자가 아니며 칸트를 위시한 대학의 철학 교수들 또한 국가의 녹을 먹으며 그 명령에 따르는 "나쁜 철학자"들일 뿐이다.[23] 알려진 대로 쇼펜하우어는 헤겔과의 경쟁의식에 의한 심리적 억압으로 대학교수직을 팽개치고 독일 강단 철학에 대한 불만을 글로 남긴다. 니체는 천재 철학자는 절대 자유를 누려야 창조적이고 독창적 사상이 나오는데, 그러기 위해서는 국가의 간섭을 일체 받아서는 안 되고 제도적 학교 교육에서도 해방되어야 한다고 강조한다.

대학은 중요한 국가기관 중 하나로 국가의 존립과 문화 발전이라는 목적에 기여하도록 되어 있어서 그에 봉사하는 학자들은 일종의 관료이며 교수 직위는 관직이다. 공무원으로서 철학 교수는 철학 과목으로 밥벌이를 하되 임금을 국가로부터 받으니 국가의 요구와 명령을 따를 수

20 Nietzsche, Schopenhauer als Erzieher 7절은 초기 니체의 자연관을 보여주는 단초를 제공한다. 여기서 '자연'은 물리적 자연이 아니라 인간 본성과 역사의 본성의 의미를 가진다. 자연은 '공동의 유용성(gemeinnützig)'이라는 목적을 가지고 있지만 이 목적 실현을 위한 최선의 '세련된 수단과 기회'를 잡는 능력이 결여되어 있으므로 '커다란 고통과 멜랑콜리'를 느낀다는 것이다(400쪽). 자연이란 그렇게 되어야 할 역사이고 비자연은 그렇게 일어나야 하는 것과 반대의 사건이 일어나는 것, 따라서 일종의 반역사적인 것이다. 가령 천재가 나타나야 하는 것은 역사의 당위이며 자연인데 그것을 막고 둔재가 판을 치는 세속은 반자연적인 것, 또는 반역사적인 것이다. 그러나 역사적인 것이 세속적인 것을, 반시대적인 것이 본질적인 것을 말하기도 한다는 점에서 이 용어의 의미는 서로 뒤바뀌기도 한다. 7절에서는 자연이 자기 목적을 제대로 실현하지 못하고 '서투르고 낭비적'이고 '경험 미숙적'이고 '미련한' '소모적인' 방법으로 나아간다. 이것은 예술가와 철학자의 예만 보아도 자명하다. "예술가와 철학자는 자연의 목적의 지혜에 가장 탁월한 증명을 제공함에도 불구하고 자기 수단에서 자연의 합목적성에 대립되는 증명이기도 하다. 예술가와 철학자는 모두에 맞아야 하는데 언제나 약간만을 맞출 뿐이다. 이 소수조차도 철학자와 예술가가 총을 쏠 때의 강도로 맞추는 것이 아니다. 원인으로서의 예술과 결과로서의 예술을 그처럼 다른 방식으로 평가해야 하는 것은 슬픈 일이다. 원인으로서의 예술이 그렇게 거대한데 결과로서의 예술이 그렇게 활기 없고 여운 같다니."(401쪽) 여기서 자연은 원인이기도 하고 본성이기도 하다.

21 같은 곳, 407쪽.

22 같은 곳, 405쪽. '철학의 광기' = furor philosophicus, '정치의 광기' = furor politicus.

23 같은 곳, 409쪽.

밖에 없다. 매사에 복종적인 노예, 자유가 없는 노예는 그가 무엇을 하든 어떤 공로가 있든 위대할 수는 없다. 국가는 결코 자기에게 반항적이고 비판적인 냉소자들에게 녹 대신 벌을 주며 따라서 교육 공무원들은 점점 더 순종적으로 되어 참으로 해야 할 일은 아니하고, 해서 안 되는 일만 골라서 하게 된다. 그들은 국가가 필요로 하는 특정 종교와 예술, 사회질서와 제도 등을 선별적으로 인정할 뿐 아니라 그것을 보호 권장하고 교육해야 하기 때문이다. 국가는 특히 철학 교수들, 즉 "자신의 철학적 하인들"을 필요하다고 판단되는 만큼만 뽑으면서, 그들 중 누가 좋은 학자고 나쁜 학자인지 판정할 수 있으며 나쁜 학자들을 해고하고 좋은 학자들을 포상할 수 있다는 위력을 과시하고, 학과의 필요한 모든 분야를 채우고도 남을 충분한 수의 좋은 학자들이 여기저기 지천으로 널려 있다고 믿는다.[24] 게다가 국가는 자기가 선발한 교수들에게 어디서 누구와 함께 일할 것인지 또 무엇을 어떻게 학생들에게 가르칠 것인지, 날짜와 시간을 정해주고 규칙적이고 일률적으로 강의할 것을 지정하고 명령한다. 이렇게 자유가 박탈된 교수가 할 수 있는 일은 무엇인가? 무능 교수, 나쁜 학자라는 말을 들으면서 불명예스럽게 쫓겨나지 않기 위해 그들은 하기 싫은 일도 해야 하고, 하고 싶은 일도 못 하면서, 무해 무덕한, 가르쳐도 그만 안 가르쳐도 그만인 것을 강의하고 연구한다. 수업 시간에 머릿속에 아무것도 떠오르지 않아도 무엇인가를 떠들어야 하고 독창적 창조 철학 대신 별 쓸모도 없는 철학사, 온갖 잡동사니로 얼룩진 해롭기조차 한 엉터리 이론과 생각들을 뒤섞어 가르친다.[25]

본시 찬란한 문화를 꽃피운 고대 그리스나 인도에서는 과거의 역사나 철학사를 뒤적이는 것이 진정한 철학의 업무가 아니었으니 오늘날 이런

24 같은 곳, 411쪽 이하. '자신의 철학적 하인들'=seine philosophischen Diener.
25 같은 곳, 412쪽 참조. 오늘날 철학자는 "소위 철학사 위를 이리저리 기어오른다." Nietzsche, Fünf Vorreden zu fünf ungeschriebenen Büchern, 275쪽.

일을 하는 자들을 철학자라 하기보다는 차라리 유능한 "문헌학자, 골동품 고물상, 언어학자, 역사학자"라 부르는 것이 옳을 것이다.[26] 온갖 난해한 사상과 허접한 생각, 어리석고 쓸데없는 이론과 사유의 역사를 배운다는 것은 학생들에게는 엄청난 고문이다. 가르치는 모든 것을 머릿속에 집어넣을 수도 없으니 학생들의 혼란과 절망과 울화통만 커진다. 삶의 교훈과 지침이 되는 철학은 철학사에 있는 것이 아니요, 철학 시험에 있는 것도 아니며, 대학에서 이것을 가르칠 수도 없다.[27] 그러니 대학의 철학 시간에 학생들에게서 한숨과 저주가 나오는 것은 너무도 당연하고 또 국가와 교수들은 이것을 의도적으로 자행함으로써 철학적 천재의 산출을 막고 복종적 인간을 배출하려 한다. 철학 교수들은 자신의 무능과 무식을 감추기 위해 온갖 가면을 준비하고 저희 스스로도 무슨 소리인지 모를 요상하고 애매한 말들을 뒤범벅으로 쓰면서도 머리를 끄덕이면서 속이고 속아 넘어간다.[28] 그들은 무언가를 배우는 것보다 아무것도 모르는 것이 훨씬 더 철학적이라고 말하는 데 이골이 나 있고 학문의 체계에 약간의 틈새만 있어도 두더지처럼 파고들어 어두움의 왕국을 건설하려 한다. 이들이 자연과학에 들어가면 자연과학을 파괴하고 개별 과학에 진입하면 개별 과학을 망친다. 특히 독일 철학자들은 온갖 추상과 얼룩과 잘못된 확신에 심취해서 "머리로 대들보를 들이받는 위험"을 위험으로 알지도 못하면서 자신은 물론 자연과학과 역사학을 송두리째 망치고 있다.[29] 자연과학과 역사학이 몽상과 사상 사이를 왔다 갔다 하

26 Schopenhauer als Erzieher, 413쪽. 니체는 철학사 교육이 청년들에게 불필요할 뿐 아니라 해롭다고 주장한다.

27 같은 곳.

28 이들은 온갖 추상 개념들과 고정된 모형 틀이 뒤섞인 하나의 전체 구름(eine ganze Wolke von solchen Abstraktionen und Schablonen)을 만들어 쌓아 올린다. Nietzsche, Fünf Vorreden zu fünf ungeschriebenen Büchern, 275쪽.

29 Schopenhauer als Erzieher, 416쪽 이하.

면서 엉터리 철학의 옷을 입고 비틀거린다. 이 병든 철학의 껍질을 벗겨 내려면 국가와 학문 양쪽에서 그들에게 보냈던 우호적 시선을 거둠은 물론 단죄하고 저주해야 한다. 이것이 진정한 "문화의 요구"이다.[30] 이 요구를 실현하는 길은 간단하고도 쉬운 일이다. 기성 철학자들에게 배우고 그들의 생각을 따르는 학생들이 졸업을 해도 그들에게 일거리나 취직자리를 주지 않거나 아예 그런 자리를 없애거나, 그들이 배운 것을 인정하지 않으면서 그들을 감시하고 박해하고 그들에게 급료를 주지 않으면 된다. 이때 학생들은 좀 더 진지하고 솔직하게 새로운 직업을 얻기 위해 느끼고 생각하고 공부하며 노력할 것이다. 학생이 사라지면 강단의 철학자들의 사정도 마찬가지로 직업을 잃고 전전긍긍하게 될 것이다. 니체의 표현은 좀 더 노골적이다. "그럴 때 이 겉치레 인간들은 뿔뿔이 흩어져 도망가 여기저기서 거처할 지붕을 찾을 것이다. 이때 이곳저곳에 목사 자리도 선생 자리도 생길 것이며, 어떤 이는 신문 편집부로 살금살금 기어들고, 또 어떤 이는 여고생을 위한 교과서를 쓸 것이고, 가장 이성적인 이는 쟁기질을 하러 갈 것이며, 가장 허영심 많은 자는 궁정으로 갈 것이다. 갑자기 모든 것이 둥지에서 날아가 텅 비어버린다. 왜냐하면 나쁜 철학자들을 내쫓는 것은 쉬우며 그들에게 혜택을 주지 않으면 되기 때문이다."(418)

결국 국가가 이런 학자들을 고용하는 것은 진리 때문이 아니라 국가의 이기적 목적 때문이고 학자들이 기꺼이 봉사하는 것 역시 자신들의 이기적 목적 때문이다. 진리를 포기함으로써 학자는 국가가 정당하고 신성하며 진리의 수호자라고 선전하고 그것을 반대시하는 자들을 이단으로 단죄한다. 그들은 순종적 시민교육과 애국적 국민윤리를 가르치며 비판 정신을 갖지 못하도록 눈코 뜰 새 없이 철학사의 온갖 집동사니를

30 같은 곳, 417쪽.

배우고 외우도록 강요한다. 그러나 국가가 안정되어 더 이상 철학자들의 봉사가 필요 없어지거나 반대로 그들의 학교 교육이 국가의 안정에 별 도움이 안 된다고 여겨지는 때가 언제인가는 오게 마련이다. 그들 없이 국가의 독립과 안전은 물론 대학 자신의 존속조차 별 문제가 없게 되는 순간, 또 대학 교육이 생존에 꼭 필요한 것이 아니라고 많은 사람들이 깨닫는 순간, 기존 철학은 버림받게 된다. 이미 그런 순간이 도래한 지금 더 이상 대학에 가서 철학을 공부할 필요가 없어지고 대학은 철학과를 존속시킬 이유가 사라지고 국가는 철학자를 요구하지 않게 된다. 요즈음은 벌써 저널리스트 정신이 경망스러운 방식으로 철학을 대신하고 대학과 국가 이념을 교육한다.[31] 국가권력으로부터 쫓겨나고 대학 교육으로부터도 밀려나서 이 시대정신과 문화의 저편으로 버려진다 해도 그것을 해방과 자유라고 깨달으면 된다. 이 자유야말로 자신의 품위를 지킬 수 있는 진짜 묘약임을 깨닫는 것은 학자들에게는 물론 국가와 대학에도 바람직한 일이다. 이때 철학은 비로소 잃어버린 위엄을 되찾을 수 있고 여론과 세속의 노예에서 고매한 주인으로 격상할 수 있다. 진정한 철학과 철학자는 평시보다 난세에 더욱더 빛을 발하며 시대와 인간이 위험 속에서 헤맬 때 더욱 밝고 투명한 광채를 내품는 것이 아닌가?[32]

31 같은 곳, 420쪽.
32 같은 곳, 422쪽 참조. 이때 대학 철학의 묘비명에는 "그것은 아무도 슬프게 하지 않는다"라는 문장이 새겨질 것이다.(423쪽)

4

시대 극복의 세 가지 인간상

진정한 철학자는 자기 시대를 날카롭게 객관적으로 판단하는 "정의의 재판관"이며 그 시대와 그 안에 살고 있는 인간생활의 "개혁자" 여야 한다.[33] 스스로 그 시대를 진솔하게 살기 때문에 생의 본성을 알고 그 시대의 결함을 객관적으로 파악할 능력이 있기 때문에 이 두 가지 역할을 성실히 수행할 수 있었던 이가 바로 쇼펜하우어, 즉 생과 생의 의지를 우리에게 가르치고 한심한 그 시대를 넘어 "하나의 문화, 하나의 빛나는 자연을" 동경하는 쇼펜하우어이다.[34] 이 역할을 수행하는 것은 자기 시대와의 엄청난 "투쟁", 개인적 안위의 관점에서는 참담한 절망을 안겨주지만 자유와 자신을 회복한다는 관점에서는 실존의 위대한 승리를 안기는 그런 투쟁이다.[35] 흥미 있는 것은 니체가 이에 대한 하나의 사건으로 쇼

33 같은 곳, 358쪽. '정의의 재판관'=ein gerechter Richter, '개혁자'=der Reformator.
34 같은 곳.
35 같은 곳.

펜하우어와 그 어머니의 불화를 들고 있다는 것이다. 작가인 친어머니는 자식인 쇼펜하우어의 괴팍하고 고집스런 성격을 타이르고 사교계의 명사들과 좋은 관계를 유지하면서 그 문화를 배우고 익히기를 요구하나, 아들은 자유분방하면서 크고 작은 모임에서 사회 유지들과 예술과 문학에 대해 담론하는 어머니를 못마땅해하다 결국은 노골적으로 서로를 헐뜯고 욕하다가 종당에는 모자 관계를 단절하게 된다. 니체는 이것을 다음과 같이 평가한다. "위대한 인간은 누구나 기꺼이 자기 시대의 진짜 자식으로 여겨진다 해도, 또 언제나 그들이 소인들보다 더 강하고 민감하게 결함(궁핍)에 고통스러워한다 해도 자기 시대에 대한 위대한 자의 투쟁은 겉보기에 단지 자기 자신에 대한 무의미하고 파괴적인 투쟁으로 보인다." 그러나 이것은 단지 겉보기에 가상일 뿐이다. 왜냐하면 위대한 이는 자기 시대에서 위대하고자 하는 것을 방해하는 것, 다시 말해 그 자신이 자유이며 전적으로 자기 자신이고자 하는 것을 방해하는 것과 투쟁하기 때문이다. 이로부터 결론은 그의 적수는 근본적으로는 그 자신 속에 있는 것, 이것은 본래적으로는 자기 자신에 즉해 있으나 자신이 아닌 것과의 싸움이다. 말하자면 "섞일 수 없는 것과 영원히 하나 될 수 없는 것을 불순하게 혼합하고 함께 병존해놓은 것에 대한, 시대에 맞는 것을 반시대적인 것에다 잘못 접합하는 것에 대한 싸움이다. 그러니 소위 시대의 아들은 단지 시대의 의붓아들일 뿐인 셈이다."[36]

자신을 생물적 물리적으로 낳은 어머니지만 그가 위대한 사람, 즉 쇼펜하우어일 경우 그 시대의 천박성의 상징인 자기 어머니는 극복하고

36 같은 곳, 358쪽. '섞일 수 없는 것과 영원히 하나 될 수 없는 것을 불순하게 혼합하고 함께 병존해놓은 것에 대한' = gegen das unreine Durch-und Neben-einander von Unmischbaren und ewig Unvereinbaren, '시대에 맞는 것을 반시대적인 것에다 잘못 땜질하는 것에 대한' = gegen die falsche Anlöthung des Zeitgemässen an sein Unzeitgemasses, '진짜 자식' = das ächte Kind.

지양해야 할 속물 문화라는 것, 또 그것을 통해 자기 시대인 친어머니로부터의 자유와 해방을 성취하는 것이야말로 소인으로서는 불가능하지만 위대한 사람은 이것을 당연한 의무라는 것을 인식하고 그것과의 직접적 투쟁을 감행한다는 것, 따라서 그는 그 시대의 아들, 자기 어머니의 진짜 아들이지만 이것은 동시에 그 시대의, 그 어머니의 의붓자식이라는 것, 여기서 반시대적인 것(쇼펜하우어)은 시대적인 것(어머니)과 미련 없이 결별하고 진짜 실존과 문화를 되찾으려는 동경을 선언한다는 것이다. 이런 실존을 유지하면서 순수하고도 건강한 인간성을 동경하는 마음으로 쓴 쇼펜하우어의 저술들이야말로 "시대의 거울"로 우리는 사용할 수 있다.[37]

그 시대를 풍미하던 헤겔학파의 낙천주의, 즉 역사는 발전하며 그 발전의 정점은 프로이센이라는 것, 그리고 시작이 보불전쟁의 승리의 결과인 "새로운 독일 제국의 수립"이라는[38] 낙천주의, 그들의 승리와 희망에 들뜬 축제, 왁자지껄한 웃음과 노래의 신바람 잔치에 대한 통렬한 조롱을 니체는 쇼펜하우어의 염세주의를 빌려서 서술한다. 물론 이 조롱은 겉보기로도 그 내면으로도 진지한 것인지는 따져보아야 한다. 왜냐하면 다른 곳에서 그는 참전용사로서 이 전쟁을 위대한 민족의 위대한 승리로 자축하기 때문이다. 필자는 이 조롱이 민족의 위대함과 승리를 영원히 확보하기 위한 시대에 대한 반성의 촉구이고 이 반성은 단순한 사회 비판이 아니라 개인의 실존에 대한 통찰에서 시작되어야 한다는 뜻으로 이해한다. 이 통찰의 출발은 현재 상황 부정으로서 염세주의이며 이 염세주의의 교사로 쇼펜하우어가 천재적 최적임자라는 것이다. 승리에 도취한 제국 시대의 낙천주의가 신문 잡지의 천박한 저널리즘과

37 같은 곳, 358쪽.
38 같은 곳, 360쪽.

하나로 들어붙어 모든 것을 정치적 사건으로 환원하고 여론화하여 쉽게 해결하려 하는 것에 대한 비판, 다시 말해 낙천주의로는 인간 내면의 실존적 본질에 단 한 치도 다가설 수 없으며[39] 그럼에도 거기에 안주하여 우상 숭배를 할 경우 희망과 승리는 사라질 수 있다는 비판이 니체의 사유 내면에 감춰져 있다고 하겠다. 국가의 안녕과 희망과 그에 대한 봉사의 강조가 당시 정치 문화를 이끌어가는 어리석은 헤겔주의의 작품이라고 이해한 그는 이 낙천주의의 웃음과 어리석음이 문화 그 자체의 부패를 깨닫지 못한다고 우려한다. 사람들은 서로 헐뜯고 "척도 없는" 학문들은 "가장 맹목적 자유방임주의"에 매달려 목적 없이 이리저리 헤매면서 지금까지 "확고한 것으로 믿었던 모든 것들"을 무너뜨리게 된다.[40] 그 전조는 "천박한 화폐경제"를 신봉하는 "교양 신분들과 국가들"에 의해 분명하게 나타난다.[41] 이런 신분과 국가에게 진정한 교양을 맡길 수는 없음에도 그들은 보란 듯이 시대 문화를 지배하고 교양인과 학자 신분은 속수무책으로 이에 동조한다. 조각조각 흐트러진 문화와 인간성을 하나로 통일하던 중세적 의미의 종교도 죽은 돌처럼 석화되어버리고 근대적 이성도 무능해진 오늘날은 더 이상 쪼개질 수조차 없는 "원자의 시대, 원자적 혼돈의 시대"이다.[42] 오늘날에는 종교나 이성 대신 국가가 분열되고 흐트러진 문화와 인간성의 조각들을 통일하려 하지만 통일하려는 쪽도 그 대상이 되는 쪽도 "이 땅 위에 있는 가장 거칠고 사악한 힘들에 의해, 즉 영리를 추구하는 자들의 이기주의와 군사적 폭력 지배자들에 의해" 점령되어 도처에서 이권과 강제력이 난무한다.[43] 지금의 이 위

39 같은 곳, 361쪽.
40 같은 곳, 362쪽. '가장 맹목적 자유방임주의'=Imblindesten Laisser faire.
41 같은 곳.
42 같은 곳, 363쪽.
43 같은 곳, 364쪽.

기는 방금 생긴 것이 아니라 이미 근대에 시작된 것이다. 니체에 의하면 근대 이래 지금까지 이런 위기를 극복하는 세 가지 대표적 인간상의 원형이 정립된다. 하나는 수많은 대중들에게 영향을 끼친 "가장 큰 불"이라 할 수 있는 루소의 인간, 다른 하나는 일반 대중들에게는 오해를 받지만 소수인에게는 깊은 영향을 준 괴테의 인간, 그리고 가장 활동적인 이들에게 깊은 인상을 주는 쇼펜하우어의 인간상이 그것이다.[44]

루소는 일체의 정치적 권위를 추상한 자연적 개인은 누구나 자유롭고 평등하다고 함으로써 온갖 사회주의 운동과 혁명의 중심에 있다. 왕권과 귀족 세력과 부와 명예를 자기 것으로 한 소수의 비자연인들은 순수한 다수의 자연인, 진정하고도 신성한 자연인을 인간 영역에서 제거하려 한다. 인간 문화를 결정하는 학문과 예술, 과학과 문명적 이기들에서 밀려난 비인간적 인간들이야말로 진짜 자연적 인간이며 인간의 성스러운 자연이라고 루소는 가르친다. 니체는 이런 인간관이 대다수의 많은 대중들에게 사회적 계급성을 가르치고 일깨우지만 동시에 역사적으로 축조되어온 모든 것을 혁명적으로 붕괴시키는 흥분과 "비자연의 혼란"을 초래하는 위험도 있다고 진단한다.[45] 이에 비해 괴테의 인간은 대중들의 위험한 흥분과 격정과 혁명적 혼란을 진정시키고 내면화한다. 루소가 개인의 자연성의 집합이 사회임에도 불구하고 그 사회의 제도와 문화로부터 소외되었다는 점을 일깨워 대중들을 혼란과 혁명으로 밀고 나간 것과 달리, 괴테는 이 자연성의 내면에 있는 "삶에 대한 뜨거운 갈망과 불만과 동경"을 파우스트적 인간을 통해 조용하게 묘사한다.[46] 이것은 루소와는 반대의 방법이며 그 방법을 이해하는 소수의 엘리트에게

44 같은 곳, 365쪽.
45 같은 곳.
46 같은 곳, 366쪽. 니체는 괴테의 파우스트적 인간을 루소의 인간에 대한 최고의 "가장 대담한 묘사"라 평가한다.

깊은 영향을 준다. 루소의 익명적 개인으로서의 인간이 그 자연성을 찾기 위한 혁명적 반항으로 나타난다면, 괴테의 파우스트는 삶을 향한 괴로움과 탐욕을 내면화함으로써 폭력과 부정의 행동을, 아니 행동 자체를 거부하고 포기하는 것으로 나타난다. "…… 그리하여 세계 해방자 파우스트는 단지 하나의 세계 여행자가 될 뿐이다. 삶과 자연의 모든 왕국은, 모든 과거의 예술들과 신화들은, 모든 학문들은 만족할 줄 모르는 명상가가 날아서 지나가는 것을 본다. ……"(365) 괴테의 인간은 행동하는 이가 아니라 명상하는 이, "주시하는 이"일 따름이어서 인간 내면의 온갖 사건들과 요소들의 중첩에 따르는 상황들을 관찰한 대로 기록할 뿐 행동하지 않기 때문에 인간과 사회에 이익이 될 것도 없지만 그렇다고 위험하지도 않다. 이에 비해 쇼펜하우어는 인간은 인간답게 생각하고 욕망하며 불만스러울 때 우울해하고 기분 나쁠 때 화를 내며 또 그렇게 행동하라고 가르친다. 이런 행동이야말로, 즉 나쁠 때 나쁜 것을 알고 또 나쁘게 행동하는 것이야말로 그것을 반성해서 더 좋아질 가능성을 열 수 있다고 니체는 여긴다. "쇼펜하우어의 인간은 진실성의 임의의 고통을 스스로 짊어진다. 이 고통은 그 자신의 의지를 죽이고 자기 본질의 완전한 전복과 전도를 준비하는 데 기여한다. 이렇게 나아가는 것이 삶의 본래적 의미이다."(367) 이 같은 쇼펜하우어의 인간적 태도는 낙천적 인간이나 현실을 긍정적으로 사는 대다수 사람들에게 반감을 줄 수 있지만 인간 실존의 본성을 밝히려는 이에게는 진정한 철학 교사이다. 그는 인간 일반이라는 보편적 인간을 정의하고 해설하는 것이 아니라 자기가 체험으로 겪은 주관적 "고통"을 인간 실존의 본질이라 주장함으로써 "소위 학문적 인간이 유지하는 차갑고도 혐오스러운 중립성과는 거리가 먼" 진리, 다시 말해 자신을 "인식된 진리의 첫 제물"로 바쳐서 얻은 깨달음의 진실을 선언한다.[47] 이 선언으로 그는 자신을 낳고 키운 인위적인 모든 제도들의 적대자가 되지만 동시에 실존적 영웅의 현존에 대한 고백이 참됨을 더욱 확실히 한다. 비록 주관적이지만 실존의 객관적 진리인 현존재의 고통이야말로 속물적 세속 사회에서 온갖 역할로 찢기고 갈라져 희극을 연출하는 현대인들의 가면과 배역의 허구를 일깨우는 기폭제이다. 부평초처럼 살다 죽어가는 개인들이 민족과 제도와 학문을 적극적 능동적으로 주조하고 발전시키면서 살아간다고 믿는 이들은, 즉 "영원한 생성"과 그 "생성의 역사"가 "인간이 자신을 망각하는 거짓 인형극"의 무대라는 것을 모른다.[48] 이 연극과 놀이에서 더 이상 남의 배역을 할 수 없다는 의식, 우리를 기만적으로 공허하게 만든 남의 배역을 내던지고자 하는 영혼의 깨달음이 인간을 영웅으로, 자기를 자신의 주인으로 만드는 첩경이다. 이것이 어두움과 암흑에서 깨어난다는 것의 본래 의미이다.

---

47 같은 곳, 368쪽. '소위 학문적 인간이 유지하는 차갑고도 혐오스러운 중립성과는 거리가 먼' = weit entfernt von der kalten und verächterlichen Neutralität des sogenannten wissenschaftlichen Menschen.

48 같은 곳, 370쪽.

5

시대의 속물화에 대한 쇼펜하우어의 저항

생의 원시성에서 인간은 동물에 속한다. 살아 있기 때문에 살아야 하는 생의 맹목적 욕망을 축복으로 보는 동물이 없듯이 그렇다고 그것을 고통으로 인식하는 생명체도 없다. 생이 고통이라는 것, 이유도 없이 맹목적으로 매달리며 결국은 그로부터 버림받는 무의미한 형벌이요, 형벌의 거울임을 깨닫는 순간 그는 예술가이며 철학자요, 진짜 성자이다.[49] 이것을 쇼펜하우어는 가르친다. 생의 내면에 흐르는 불쾌함과 두려움, 불안과 공포의 심연을 느끼며 그것을 잊어버리려고 사람들은 끊임없이 소란스러운 사교 모임이나 어울림에 정신을 팔며 생활한다. "삶의 매 순간 우리에게 무언가를 말하려 하나 우리는 그 귀신 소리를 들으려 하지 않는 일이 유령처럼 일어난다. 우리가 혼자 조용히 있을 때 무엇인가 귓속에서 속삭이는 것 같아서 두렵고, 그래서 우리는 조용함을 싫어하고

49 같은 곳, 376쪽 참조.

사교를 통해 귀를 막는다."[50] 그렇다고 심연에서 들려오는 불안과 공포의 목소리를 완전하게 잊어버릴 수도 없다. 이와 같은 선잠 상태에 있는 동물적 일상인들을 깨워 그들의 실존과 현존재의 전모를 적나라하게 보여주는 이들이 바로 철학자들이며 예술가요, 성자이다. 니체에 의하면 이들의 역할을 하나로 종합하여 우리를 일깨우는 것이 바로 쇼펜하우어의 영혼이다. 그의 사상이 우리로 하여금 현존과 "실존의 거대한 상형문자"를 직관하도록 하고 일상의 규칙적 생활을 지배하는 피상성의 내면을 느끼도록 하기 때문이다.

무의미와 무목적과 허망한 실존에 대해 이해한다는 것은 니체 당시 시대를 지배하는 어설픈 사회주의나 사회윤리의 공허한 위선을 이해하는 부수적 성과도 얻게 한다. 개인들이 사회와 국가를 구성하는 것이 인간의 본성인 것처럼 믿고 사회와 국가의 궁극 목적이 "만인의 행복, 또는 다수의 행복"에 있다는 것, 따라서 사회와 국가는 이 목적을 실현하려고 끊임없이 발전해갈 것이라는 헤겔적 또는 공리적 낙천주의가 이 시대를 지배하고 있다. 이런 주장은 개인의 실존에 대한 심각한 위해를 함축한다. 어떤 인간도 자기 자신을 위해 존재하는 것이지 타자 존재를 위한 수단으로 실존하는 것이 아니다. 마찬가지로 누구든지 하나의 자기 자신이지 많은 수 가운데 있는 익명적 하나일 수 없다. 인간을 수량으로 계산하는 순간, 개인의 가치와 의미는 상실되고 그는 다수의 수단으로 희생된다. 따라서 수량적 다수의 이익이나 행복이 아니라 가장 소중하고 희귀한 천재적 개인의 이익을 우리는 고려해야 한다.[51] 사회와 나라에 대한 개인 희생의 강요는 정당화될 수 없는 폭력이라는 것을 사람들에게 교육함으로써 문화에 대한 옳은 인식, 즉 "문화는 모든 개인의 자

50 같은 곳, 375쪽. '귀신 소리' = Geisterstimme.
51 같은 곳, 380쪽 이하 참조.

기 인식의 자식이며 그 불만의 자식"이라는 사실을 깨우치게 된다.(381) 요컨대 참된 문화는 천재의 산물이며 천재를 지향하는 노력이요, 집착의 결과물이다. 쇼펜하우어는 이 점을 우리에게 가르친다.

천재에 대한 동경과 연민과 실패한 자연을 새로운 도약으로 촉진하는 열정을 내적 동력원으로 하면서 동시에 이 동력을 활동에 연결시켜 행동으로 실천해낼 때 문화는 비로소 주체적 형태를 가지게 된다. 이 실천적 행동은 필연적으로 투쟁을, 즉 문화적 창조성과 천재적 독창성을 억압하고 방해하는 "관습이나 법과 제도들"에 대한 강력한 저항을 수반하게 된다.[52] 니체는 문화를 강조하고 장려하지만 문화의 진정한 목적인 "천재의 탄생"을 인정하지 않는 "권력들"의 네 가지 이기심을 들고 있다.[53] 그 첫 번째는, 무엇인가를 "얻으려는 자의 이기심"의 주체이다.[54] 이들은 매사에 이익과 그 보장을 받기 위해 움직인다. 생계를 생의 목적으로 하는 대부분의 일상인들과 그들의 이기심을 정당한 것으로 평가하는 세속적 공리주의자들이 여기 속한다. 다다익선을 구두선처럼 외치며 "가능한 한 많은 인식과 교양을, 즉 가능한 한 많은 욕망과 그에 따르는 많은 생산을, 그러므로 가능한 한 많은 이윤과 행복"을 삶의 신조로 삼는다.[55] 부르주아 자본주의의 근본원리인 욕망과 그 충족의 순환 체계와 생산, 소비, 교환, 분배의 상업적 · 산업적 메커니즘에 대한 체계적 분석 대신 니체는 도도하게 흐르는 이 물결을 실존 미학적 관점에서 노래한다. 이런 사회의 문화나 교육은 철두철미 욕망 충족이라는 유용성의 잣대로 재단되고 평가되며 그러므로 돈벌이의 수단으로 전락할 수밖에 없다.[56] 때문에 이들은 돈을 숭배하며 돈처럼 온갖 방향으로 유통되는 인

52 같은 곳, 382쪽.
53 같은 곳, 389쪽.
54 같은 곳. '얻으려는 자의 이기심' = die Selbstsucht der Erwerbenden.
55 같은 곳, 383쪽.

간이 되고자 하면서 온갖 인식과 교육을 양적으로 확대해나간다. 사회나 국가는 이런 팔방 유통적 인간 상품의 대량생산을 위한 대량 인식과 지식을 확대하는 것을 목적으로 정하고 이것이야말로 최대 다수의 최대 행복을 이루는 첩경이라고 설교한다.[57] 이와 같은 사회에서는 "지성과 점유", "소유와 문화"는 "자연적이면서도 필연적으로 연결"되어 있어서 마치 하나인 것처럼 작동한다.[58] 여기서는 돈과 소득을 목표로 하지 않고 고독하게 유유자적하거나 많은 시간을 소비하되 돈과 소득과는 무관한 인문학적 교양이나 예술과 같은 것을 지향하는 취향은 "섬세한 이기주의" 또는 "비인륜적 교양 – 향락주의"라고 욕을 먹는다.[59] 결국 빨리 많은 돈을 벌 수 있도록 가르치는 교육과 교양이 이런 사회와 개인을 만들었고 또 물적 소유와 점취 욕망에 눈먼 성향의 개인들의 욕구가 하나로 어우러져 그와 같은 사회를 교호적으로 만든 것이다.

천재의 산출과 탄생을 방해하는 두 번째 요소는 "국가의 이기심"이다.[60] 국가는 자기 문화를 가능한 한 보편화하여 널리 국제적으로 확산시키려는 이기적 목적을 가지고 있다. 이를 위해 국가는 제도적 권력을 가지고 국민들과 그들의 욕망을 통제하기도 하고 자유롭게 권장하기도 한다. 문화 국가의 명성을 얻으려면 국가는 국제 경쟁에서 우위를 차지해야 하고 또 현재의 힘을 이미 존재하는 기존의 제도를 더욱 공고히 하는 데 집중해야 한다. 문화의 다양한 요소 전반에 대한 배려와 장려보다 자신의 목적에 맞는 요소들과 성향들을 선별적으로 육성한다. 국가의 목적에 맞지 않는 것들은 생존을 위해 자신의 존재 이유를 왜곡 또는 변

56 같은 곳.
57 같은 곳, 384쪽.
58 같은 곳. '지성과 점유' = Intelligenz und Besitz, '소유와 문화' = Reichthum und Kultur.
59 같은 곳. '비인륜적 교양 – 향락주의' = der unsittliche Bildungs -Epikureismus.
60 같은 곳, 384쪽. '국가의 이기심' = die Selbstsucht des Staates.

형시키거나 국가 목적에 맞추어 스스로를 말살시키는 위험에 직면한다. 그 전형적 예가 기독교이다. 기독교는 국가의 세속적 목적의 수단으로 전락하자마자 더 이상 인간을 위한 종교가 아닌 위선과 거짓의 수렁으로 타락한 퇴물이 된 것이다.[61]

천재의 탄생을 거부하는 세 번째 요소는 "추하거나 권태로운 내용을 의식하고 그것을 소위 "아름다운 형식"으로 감추려는 위선적 세력들이다.[62] 이들은 대체로 겉모양이나 현상이 본래의 의미와 다르다고 믿으며 전자로부터 후자를 유추하고 평가하는 습성을 지닌다. 동시에 이들은 어떤 것이든 금방 지루해하고 권태를 느끼면서 한없이 새로운 것을 욕구하고 추구한다. 이 세력은 기존 문화를 변형시키고 새 문화를 받아들여 자기화하는 데 강력한 영향력을 행사하는 일련의 문화 권력이다. 이들은 자기가 처한 상황과 자기가 가진 것에 쉽게 싫증을 내어 그것을 지속적으로 유지하지 못하는 대신, 호기심을 자극하는 모든 것을 일단 수용하여 거기에서 흥미와 재미를 느낀다. 그들은 새로움을 받아들이고 뒤섞어 소비할 준비가 되어 있으므로 이들을 고객으로 하는 온갖 직업군이 나타나 그들의 구미를 더욱 돋우고 활성화시킨다. 니체는 여기서 보불전쟁의 승리가 새로운 것을 쉽게 자기화하는 좋은 통로 역할을 했다고 지적한다. 프랑스의 선진 문화와 예술을 받아들여 자신의 것으로 삼는 것은 패자에 대한 승자의 관용과 너그러움이며 이를 통해 독일적 야만과 설익음과 미련함과 우직함이 아름다운 우아한 형식으로 도야될 수도 있다. 문제는 풍요와 우아함과 세련된 매너가 독일적 무형식과 둔감을 완화하는 역할에도 불구하고 지나친 무비판적 수용이 독일 문화에 내재한 고유한 천재성을 차단하고 파괴하는 위험을 내포한다는 데 있

61 같은 곳, 385쪽 참조.
62 같은 곳, 382쪽.

다. 이것은 무식한 독일 문화의 우월감보다도 더 위험한 것이다.

천재의 출현을 거부하는 네 번째의 요소는 "학문의 이기심과 학문에 종사하는 학자들의 고유한 본성" 이다.[63] 학문은 본시 객관적 일반화를 지향하기 때문에 "차갑고 건조하며" 중립적이다.[64] 이것은 다른 말로, 사랑, 불만, 동경과 같은 인간 내면의 감정에 대해 적대적이라는 뜻이다.[65] 이 특징은 학문 자체의 본성임에도 불구하고 거기에 종사하는 학자들의 성격조차 그런 형태로 바꾸어 인간성을 메마르게 한다. 근원적으로 다른 두 존재인 학자와 학문을 학의 본질이 하나로 묶어놓는다는 사실은 '학문이나 학자가 문화를 주도해서는 안 된다'는 명제를 유도해 낸다. "문화를 본질적으로 학문의 장려로 이해하는 한, 냉혹한 차가움이 고통 겪는 위대한 인간을 스쳐 지나간다. 학문은 어디서나 단지 인식의 문제만을 볼 뿐이며 이 학문 세계에서 고통은 자기 일이 아닌 어떤 것, 이해할 수 없는 어떤 것이어서 기껏해야 다만 하나의 문제에 불과하기 때문이다."(390)

63 같은 곳, 389쪽. '학문의 이기심' = die Selbstsucht der Wissenschaft.
64 같은 곳.
65 같은 곳.

6
시대 문화의 되새김

이웃나라 프랑스대혁명을 자기네 나라의 일로, 자기네 나라를 침공한 나폴레옹을 자기 나라의 희망으로 열광했던 독일인들의 무지와 무식을 일깨운 것은 피히테에서 헤겔로 이어지는 관념론 철학과 그에 토대를 둔 민족주의 교육이었다.[66] 나폴레옹이 아직 독일 땅을 벗어나기도 전에 그는 해방자가 아니라 정복자라는 각성이 전 독일 국민에게 알려지는 데 피히테의 공로는 누구보다 지대하다 하겠다. 헤겔은 프랑스가 아니라 기독교 이념으로 통일되는 독일에서 세계사가 완성된다는 역사 진화론적 교설로 자국민의 열등감을 치유하면서 후학들을 교육하고 다가올 희망을 전도한다. 헤겔이 죽을 즈음인 1830년경, 독일은 애국주의와 민족주의로 무장하여 영국의 산업혁명의 경제적 성과와 프랑스혁명의 정

66 피히테는 물론 헤겔 역시 혁명에서부터 나폴레옹의 독일 입성 초기까지는 자기 나라 일처럼 환영했다.

치적 성과를 자국의 상황과 수준에 맞추어 초등학교부터 대학에 이르기까지의 전 교육과정에서 체계적으로 가르치게 된다. 헤겔 철학이 지엽적 민족주의 성향보다는 보편적 세계주의 성향이 강했음에도 불구하고 학교 교육을 주도한 사상은 변형된 헤겔 철학이고 그것을 가르친 이들 역시 정도의 차이는 있으나 자칭 타칭 헤겔주의자들이었다. 온갖 정치 경제적 사건들이 중첩되고 그와 함께 문화 예술적 운동이 한데 어우러지면서 독일은 강력한 민족주의 국가를 이루게 된다. 이 국가의 힘의 표출이 1870년 보불전쟁의 승리이다. 니체 역시 참전했던 이 전쟁의 승리는 엄청난 희망으로 독일인들을 들뜨게 한다. 문화계와 대학과 정부는 하나가 되어 독일의 모든 것, 독일적인 모든 것이 프랑스에 승리했고 독일을 세계사적 주역으로 만들었다고 자축하고 저널리즘은 끊임없이 여기에 기름을 부으면서 선전 선동 한다. 전후 몇 년간 니체는 승전 축제의 낙천주의가 가져올 비극과 문화 몰락을 우려하면서 그 당시 시대성의 비판으로서 반시대성을 역설한다. 그에 의하면 반시대성은 당시의 진보적 낙천주의 속물 문화와 제도권 교육에 적나라하게 드러난다고 생각한다. 전자의 대표로 헤겔주의자 다비트 슈트라우스를, 후자의 대표로 제도권 교육을 맡은 기성의 강단 철학자들을 꼽고 이 양쪽의 대안으로 교육자로서 쇼펜하우어를 제시한다. 이 사상은 특히 「반시대적 고찰 III-교육자로서 쇼펜하우어」에 분명하게 나타난다.

제3장

니체의 청년교육론

라이프치히의 괴테상

1
청소년 개념

초기 니체에서 교육론과 관련된 청년은 김나지움과 대학의 학생을 의미한다.[1] 김나지움은 16세기 초에는 고전적 교양을 목적으로 한 기초 학교였으나 19세기 초에 대학 준비 교육기관이 된다. 초등학교 4년 후의 김나지움은 5학년부터 13학년까지 9년간으로 이 기간에 대학 수학에 필요한 능력을 배양하게 된다. 역사적으로 주마다 다소 다르게 변천하기는 했으나 대체적으로 김나지움이 지향하는 교육 목표는 책임성, 자발

1 바젤 시절의 니체는 독일 제국의 수립과 더불어 더욱 강화되는 경건주의 학교 교육에 반감을 가지고 Über die Zukunft unserer Bildungsanstalten, 1872(=ÜZB), '우리 교육제도의 미래에 대하여'라는 제목으로 몇 차례 강연을 한다. 이것에 1873~1875년 사이의 네 편의 글 『반시대적 고찰』을 합쳐 좁은 의미의 니체 교육론으로 이해할 수 있다. 1876~1878년의 『인간적인, 너무나 인간적인』에서는 이전 교육론에서의 반역사주의 성향이 완화되고, 그렇게도 비판하던 실증주의적 역사 방법론, 그중에서도 특히 "개념과 감각의 화학"이라는 분석적 방법으로(KGW, IV-2, 19쪽) 의식 이전의 역사를 설명하면서 "역사적으로 철학하는 것" 을 강조한다(같은 곳, 21쪽).

성, 논리적 사고력, 구조 형성 능력, 의사소통 능력, 자료의 수집과 분석 및 종합력, 문화 이해력, 창조력, 단결심, 공동 작업 능력, 그리고 성취 의욕 등의 배양이라 하겠다. 저학년인 5학년부터 10학년까지는 각 과목의 기초 지식을 학습하는 것을 목표로 한다. 학생들은 자연과학의 기초 과목인 수학 · 물리 · 화학 · 생물 · 기술과, 인문학의 기초인 그리스어와 라틴어 등의 고전어, 종교학, 지리학, 역사학, 정치학 등을 이수하며, 철학은 이 모든 과목의 기초학으로 편성되었다. 11~13학년은 본격적인 대학 입학을 준비하는 상급반으로 19세기 후반 이미 자연과학 계열과 정신과학 계열로 나뉜다. 특히 12학년과 13학년 과정에서는 각 학생별로 자기의 소질과 적성, 그리고 학업 능력에 따라 스스로 공부할 과목을 선택하고 선택과 필수과목에 대한 일정한 기준의 학점을 이수하고 졸업 논문을 작성하고 곧 대학 입학 자격을 주는 아비투어(Abitur)로 마무리 된다.

Junge는 14세 이하의 유년 또는 소년이라면, Jugend는 14~18세의 법적 미성년으로 김나지움의 중 · 상급반 학생들이 여기 속하며 우리말로 청소년이라 하는 것이 적절할 듯하다. Student는 법적 성년으로 대학에서 전문 분야를 선택하여 연구하고 상세하게 배우는 학자, 학생이라는 의미이며, 따라서 김나지움 학생은 결코 Student가 아니다. 니체는 때로는 이 둘을 분리하고 때로는 구분 없이 표현한다. 필자 역시 니체의 용법과 이해를 엄격히 따르나, Jugend와 Student를 하나의 세대로 통합할 때와, 교육과 교양의 관점에서 후자는 전자의 완성이고 전자는 후자의 시발점이라는 의미로 이 용어들을 사용할 경우에는 그냥 청년이라는 말을 선택할 것이다.[2]

교육의 개념 정의에 관한 칸트의 사상은 아직도 확고한 고전에 속한다. "인간은 교육되어야 할 유일한 피조물이다. 교육이란 말 아래서 우리는 양육(먹이고 입혀서 돌보기, 부양하기), 규칙과 규율의 가르침(훈육)

과 사실과 사태에 관한 지식의 알려줌 및 온전한 교양 교육을 우리는 이해한다. 이에 따르면 인간은 젖먹이(유아)와 아동과 실습 학생으로 나뉜다."[3] 이 칸트의 정의를 요즘 말로 설명하자면, 양육과 유아적 훈육은 가정교육과 초등학교의 몫이요, 그 대상이 어린애와 아동이라면, 생존과 공존의 보다 높은 사안들에 대한 초보적 훈육과 지식 교육은 김나지움 저 · 중학년 소년이 대상이 될 것이다. 이에 비해 사회의 문화와 역사는 물론 자연과 우주의 기본 사안과 법칙에 대한 지식 교육과 인간의 본성에 대한 교육은 김나지움 고학년과 대학의 몫이다. 칸트는 물론 김나지

2 Jugendlichkeit, Jugendzeit, Jüngling 등의 용어 역시 Jugend와 Student로 압축된다.

3 "Der Mensch ist das einzige Geschöpf, das erzogen werden muß. Unter der Erziehung nämlich verstehen wir die Wartung(Verpflegung, Unterhaltung), Disciplin(Zucht) und Unterweisung nebst der Bildung. Dem zufolge ist der Mensch Säugling, -Zögling - und Lehrling"(Kant, Pädagik, Kant's gesammelte Schriften, hrsg. von der Königlich Preußische Akademie der Wissenschaften, Bd. 9, Berlin/Leipzig. 1923, 441쪽). 여기서 Erziehung은 모든 가르침과 배움을 종합한 가장 넓은 의미의 교육을, Wartung은 젖먹이에서 아동에 이르는 어린이로 생명적 생존을 유지시키고 돌보는 것인 Verpflegung과 그 지속적 부양인 Unterhaltung을, Disciplin은 단독 생활이나 공동생활에서 해야 할 것과 해서는 안 되는 원칙의 강제적 가르침으로서 훈시와 훈육인 Zucht을, Unterweisung은 사건이나 사태 또는 사안에 대한 인식과 지식 전수를, Bildung은 국가와 사회의 한 시민으로 부족함이 없는 인격적 · 도덕적 · 법적으로 완성된 성숙한 개인으로 도야하는 교육을 의미한다. 헤겔 역시 마찬가지로 이해하고 있다(Hegel, *Grundlinien der Philosophie des Rechts*, §209 참조). Bildung은 본시 종교적 미학적 개념으로 고대부터 철학사에 나타나 발전하나, 인본주의 철학과 교육학적 의미로 전환한 것은 18세기 중 · 후반에 칸트, 멘델스존, 훔볼트 등을 통해서이다. 이들은 Bildung을, 넓은 의미에서는 문화와 계몽의 통일(M. Mendelssohn, *Schriften zur Philosophie*, hrsg. von M. Brasch, Breslau 1880, 246쪽), 개인과 공존적 인륜체의 매개적 통일(D. Benner, *Wilhelm von Humboldts Bildungstheorie. - Studie zum Begründungszusammenhang neuzeitlicher Bildungsreform*, Weinheim/Müdnchen 1990, 77쪽)이며, 좁은 의미에서는 교육과 인격의 통일 또는 교육(교양)의 전 체계로 이해한다. 이 이해는 헤겔에게도 깊은 영향을 준다(헤겔의 교육론에 대해서는, 윤병태, 「헤겔의 『정신현상학』에서 '도야와 교육'의 참된 의미」, 『청년기 헤겔 철학』, 용의 숲, 2007, 403~424쪽 참조). 니체 역시 이 이해에서 크게 벗어나지 않는다.

움과 대학의 교육을 구분하거나 합쳐서 탐구하는 대신 유년에서 도덕적 · 법적 인격의 완성에 도달하는 대학 이전의 청소년(Jugend) 교육을 다룰 뿐이다. 여기서 주목할 것은 칸트 교육철학에서는 Bildung이 인격과 인륜, 그리고 문화와 예술 교육을 함축하나 그것은 제도적으로 성년 이전에 완결되어야 하는 교육이라는 점이다. 이것은 헤겔에서 개인이든 사회든 국가든 역사든 문화든 Bildung을 절대정신에 도달하려는 끝없는 정신의 노동으로 파악하는 것과 대조를 이룬다. 이 때문에 헤겔은 Bildung을 학교 교육의 범위에 제한하지 않으며 아직 진행하는 역사 속에서 완성되는 것도 아니다.[4] 이와 달리 니체는 Erziehung이 Bildung에서 완결되고 모든 Erziehung은 그 목적으로 Bildung을 지향한다는 점에서 특수한 경우가 아니면 이 두 용어를 구분하지 아니한다. 그에게는 김나지움도 대학도 Erziehung의 기관이며 Bildung의 기관이다.

이런 이해의 토대 위에서 필자는 니체의 독일 교육제도 및 교과목 비판과 당시 교양의 교육철학적 핵심인 역사와 역사성의 문제점과 그 대안으로서 청년과 청년성에 초점을 맞추어 탐구하고자 한다. 니체의 교육론은 진리와 지식의 자기 명증성에 입각한 인식과, 그와는 별개의 의지에 토대를 두는 실천의 극단적 분리를 부정하는 특징을 가진다. 이것은 삶의 현재성의 강조를 위한 근대적 사유의 비판이기도 하고 객관성의 절대성에 대한 강력한 이의 제기이기도 하다.

4 헤겔에서 Bildung은 의식이 정신의 진리에 도달하는 길 이외에 다른 것이 아니다〔Hegel, PhG, 11쪽 이하〕. 정신의 진리는 피나는 교육과 훈련을 통해 얻게 되는 최고 수준의 문화, 예술, 국가, 종교이며, 따라서 철학함과 그 결과 자체이다. 자연적 동물로서 인간이 사회적 · 문화적으로 인간이 되는 제도적 장치들 역시 Bildung이며 그 성과이다(조상식, 「훔볼트의 Bildung 개념에 대한 교육학적 이해」, 『헤겔연구』 16, 204, 226쪽 이하 참조).

2
독일 교육제도의 비판

1. 독일 교육제도의 일반적 문제점

『비극의 탄생』 출간 한 달 후인 1872년 2~3월 사이에 니체는 '우리 교육제도의 미래에 대하여'라는 제목으로 바젤에서 몇 차례 강연을 한다. 후에 유고로 출간된 이 내용은 지금까지도 별 주목을 받지 못하나 니체의 교육철학을 보여주는 매우 중요한 자료이다. 니체도 참전한 보불 전쟁은 1870년 독일의 승리로 끝난다. 승전 축제에 도취한 독일의 문화계와 교육계는 이 승리가 19세기 초에 개혁한 독일 교육의 성과라고 다 같이 목청을 돋워 합창하는 터였다.[5] 니체는 강연에서 이것을 잘못된 평가라고 경고한다.[6] 이런 평가는 교육과 예술 종사자는 물론 특히 언론(신

5 H. Scheuerl, (hrsg.), *Klassiker der Pädagogik*, 4Bde., München 1991, 『교육학의 거장들』 2, 전 4권, 정영근 외 역, 한길사, 2004, (=H. Scheuerl), 73쪽 이하 참조.

문과 잡지)에서 주도하면서 다양한 전거들로 입론을 정당화하였는데 그는 문화와 예술을 살리기 위해서도, 포만감으로 나태해지는 독일 의식을 깨우기 위해서도 새로운 교육으로 진정한 독일 정신을 되살리고 발전시켜야 한다고 강조한다.[7] 그 출발점은 자국의 현재 문화 상태가 다른 문화 민족에 비해 탁월하다는 생각이 단지 망상일 뿐이라는 것을 깨닫는 것이다. 요컨대 교육이란 언제나 미래를 대비하기 위함이요, 미래를 지향하는 교육은 "독일 정신의 일반적 회복과 정화"라는 것을 알고, 지금의 잘못된 교육제도를 버리고 다시 태어나야 한다는 것이다.[8]

니체는 당시 독일 전체가 오직 '현대적'이고 '시대에 적합한' 것만을 요구하는 천박한 분위기에 휩싸여 있다고 강조하면서, 이 분위기를 확대 재생산하는 주범은 자국 교육의 다음과 같은 두 경향성, 즉 하나는 "교육을 확장하고자 하는 추동성", 다른 하나는 "교양을 축소하고자 하는 추동성"이라고 비판한다.[9] 전자는 교육의 질적 수축과 집중을, 후자

6 ÜZB, 138쪽, III-4, 183쪽 이하 참조. 독일의 교육제도의 잘못된 방향은 바로 이 같은 근거 없는 전제의 비자연적 성격에서 유래한다.

7 '본시 강연들과 관계는 없지만 강연을 듣기 전에 읽어야 할 머리말'에서 니체는 자기 강연을 들으면서 다음의 세 가지 조건, 즉 1. 서둘지 말고 그냥 조용히 읽을 것, 2. 읽으면서 언제나 자신과 자신의 교양을 개입시키지 말 것, 3. 비판의 새로운 대안을 기대하지 말 것을 요구한다(ÜZB, 140쪽). 이 요구는 이 강연이 교육에 대한 합리적 체계적 연구와 비판이 아니라 자신이 생각하고 느낀 바의 진술이되 그 객관적 진위 여부나 체계적 대안은 여기서 문제 삼지 않는다는 뜻이다.

8 ÜZB, 137쪽. 건강한 문화가 창조된 시대(미래)와 현재의 타락한 문화. 건강한 문화 교양을 위해서는 김나지움과 대학이 파괴되어야 한다. 교육과 교양에 대한 열린 사색이 필요하다(Fünf Vorrede, 256쪽). 현재의 타락한 문화는 속물 교육과 교양의 결과이다(이에 대해서는, 윤병태, 「초기 니체 사유에서 속물 교양 비판」, 이 책 2부 2장 참조). 몇 년 후 메모에서 니체는 기성의 교육자를 교육하기 위해 글을 쓴다고 말한다. Nachgelassene Fragmente von Anfang 1875 bis Frühling 1876, Bd. IV-1, 5〔25〕.

9 ÜZB, 137쪽. '현대적' = modern, '시대에 적합한' = zeitgemäß, '교양을 확장하고자 하는 추동성' = der Trieb nach möglichster Erweiterung der Bildung, '교양을 축소하고자 하는 추동성' = der Trieb nach Verminderung und Abschwächung derselben.

는 그 강화와 자족을 부정적 측면에서 수반하기 때문에 심각한 후유증을 낳고 있다. 물론 이 둘은 상호 대립된다기보다는 동일한 본성의 서로 다른 측면이다.

교양을 확장시키려는 추동성은 단기간 쓸 만한 공무원을 양성하고 직업인을 길러내는 실용적 목적과 이 목적에 맞는 보편적 교양 교육을 하나로 하려는 의도와 관계된다.[10] 현대적이고 시대에 적합한 이 교육 방향을 결정하는 지침은 '국민경제학적 교의'이다.[11] 그 특징은 첫째, 되도록이면 많은 지식과 교양을 습득시킬 것, 둘째, 더욱더 많은 욕구와 생산을 최선의 미덕으로 교육할 것, 셋째, 따라서 가능한 한 많은 행복, 최대 소득(이익)과 최대 화폐 수입에 최선의 방법을 가르칠 것, 이것이 오늘의 교육 목표이다.[12] 이제 교육과 교양은 힘 안 들이고 쉽게 가장 많은 돈을 벌 수 있는 모든 길과 방법을 알려주는(인식시키는) 것, 인간관계도 민족 관계와 교류도 모조리 세속적 이익의 기준으로 측정하여 최대의 이익을 얻도록 훈련시키는 것이다. 여기서 교양의 과제는 "쿠란트적 인간",[13] 즉 돈 자루 인간, 절렁거리는 돈주머니 인간을 생산해내는 것이다. 다시 말해, 자신이 가진 지식과 인식의 양으로부터 되도록 많은 양의 이익(행복)을 얻어내도록 훈육시키는 것, 이것이 근대 교육기관의 목적이다. "각자는 자기 자신에 대한 정확한 견적을 뽑아야 하고 그가 자신의 삶에서 얼마나 많이 요구하고 얻어낼 수 있는지"를 알아야 하므로, "지성과 교육의 결합이 바로 인륜적 요청"이 된다.[14] 여기서는 사람을 고독하게 하고

10 같은 곳, 155쪽.

11 같은 곳, 159쪽, KGW, Bd. III-3, 253쪽. Unzeitgemässe Betrachtungen III-Schopenhauer als Erzieher, KGW, III-1, 384쪽. '국민 경제학적 교의' = nationalökonomische Dogmen.

12 ZB, 159쪽, Unzeitgemässe Betrachtungen III-Schopenhauer als Erzieher, KGW, III-1, 383쪽.

13 같은 곳.

돈과 이익을 넘어서는 목적을 설정하여 많은 시간을 소모하는 교양은 반인륜적 "부도덕한 교양 쾌락주의"로 모두 증오의 대상이 된다.(160) 인륜과 도덕은 단시간 내에 돈을 버는 존재로 만들어내는 "속성 교양"을 요구하는 것 이상이 아니기 때문이다.(160) 빨리 많은 돈을 벌어들이는 인간이 되려면 그에 필요한 철저한 요령과 교양이 필요하고 그런 인간들을 교육하는 수준이 그 사회의 문화를 결정한다. 이런 사회의 결함은 자명하다. 지상의 물질적 안락으로 모두가 돌진하는 곳에 진정한 정신의 교양이나 심미적 예술은 자리 잡을 수 없으며 온갖 부조리와 사회문제와 범죄가 득세할 수밖에 없다는 것이다. 이것은 교양과 문화와 예술의 소멸이라는 야만적 결과를 초래한다.[15]

교양을 축소시키려는 추동성은 연구 분야가 광범위해지면서 학이 극도로 세분화되는 오늘날 더욱 가속화하는데, 이런 특징은 그 당시 이미 고착화되고 있다. 생활의 속도가 빨라지면서 우수한 재능을 가진 인재도 업적을 이루려면 극히 제한된 자신의 특수 전공 분야에만 집중할 수밖에 없게 된다. 이 말은 다른 분야에 관심이나 재능이 있어도 건드릴 수 없다는 의미이다. 자기 전공에서 전문가라 해도 결국은 타 분야에 대해서는 상식을 넘지 못하거나 장님이 된다. 이처럼 배타적 전공 학자는 평생을 기계의 한 부품이나 나사 이외에는 어떤 것도 만들지 못하는 공장 노동자와 유사하게 된다. 그런데도 독일에서는 이 같은 전공 외 분야의 무지, 즉 타 전공에 무지한 자기 전공 두더지가 마치 자족과 자립의 표시

14 ÜZB, 160쪽. 이하 모두 같은 곳. '지성과 교육의 결합' = Bund von Intelligenz und Bildunng, '도덕적 요청' = eine sittliche Anforderung.

15 Fünf Vorrede, 268쪽 참조. 교양의 확대에는 국민경제학의 교의와 내적으로는 다르나 결과적으로는 같은 동기가 있다. 그것은 모든 사회 계층을 폭넓게, 그리고 수많은 관점과 인식의 다양성과 상대성을 교육하면, 특정의 유일한 인식 또는 믿음 체계에 대한 독선적 신앙의 절대성은 완화된다. 이것은 특정 종교의 도그마적 신념에 토대한 인식의 강요와 억압에서 사람들을 해방시키는 긍정적 효과도 있다(같은 곳, 161쪽 참조).

로서 존경의 대상이 될 뿐 아니라 널리 선전되고 칭송된다.[16] 교양인이 학자와 동일시된 것은 오래된 전통이다. 그러나 이제 이런 것을 믿어서는 안 된다. 학에 유리하고 인간에게 해로운 학문도 있고 그런 학문에 종사하면서 인간성을 착취하는 해로운 학자도 있다. 자신의 창조물을 흡혈귀처럼 소진시키는 학문이 무슨 소용이 있는가? "학문에서의 분업은 실용적으로는 종교가 의식적으로 여기저기서 찾는 목적과 같은 것을 추구한다. 그것은 교양을 축소하는 것, 심지어 교양을 폐기하는 것이다." (162)

니체는 근대적 학문의 이런 경향을 부추기는 것으로, 당시 상업화의 절정으로 치달으면서도 겉으로는 마치 사회문화와 교양의 선도자로 자처하는 언론, 특히 신문을 지목한다. 언론은 학문들 사이에 자리 잡고 앉아서 학문 상호 간을 제 구미와 일상인에 맞게 접착해주는 끈끈이 노릇을 하는 계층임에도 불구하고, 매일매일 자신들이 문화의 진정한 목표를 지향하는 역군인 것처럼 행세한다.[17] 결국 교양의 확장과 축소는 언론에서 하나로 연합한다. 신문이 교양의 자리를 대신하자, 교양의 가치를 인정하는 학자들조차 이 중개자인 신문에 기대어 재롱을 부리고 아부한다. 이 중개자 계층은 모든 생활양식, 신분들, 모든 예술, 모든 학문들 사이의 틈새를 메꾸면서, 신문들이 그러하듯, 자기 식으로 판단하고 이해하여 사람들이 믿도록 설교한다. 찰나의 하인인 신문과 기자가 이제 모든 시대의 지도자요, 대변자 행세를 하면서, "찰나로부터 구원해주는 위대한 천재"로 등극했으니, 오늘날에는 교양의 고유 목적이 마치 신문에서 그 정점에 이른 것 같다고 니체는 비판한다.[18]

---

16 같은 곳, 161쪽 이하.

17 ÜZB, 162쪽. 언론은 이제 철학과 대학을 대신하고 국가 이념을 교육한다. Unzeitgemässe Betrachtungen III–Schopenhauer als Erzieher, KGW, III-1, 420쪽.

2. 김나지움 교육의 문제점

모든 교육의 중심지는 김나지움이며 대학은 다만 그 교육의 연장일 뿐이다.[19] 이 중심점이 지금 잘못 정립되고 운용된다는 데 심각한 교육적 문제점이 있다. 첫 번째 문제는 모국어 사용의 수준, 즉 말하기, 글쓰기 수준이 신문 수준으로 저질이며 형편없다는 것이다. 말이란 단순한 의사 교환의 수단일 뿐 아니라 정신과 문화의 요체이다. 제대로 된 말을 구사하고 그 말을 글로 훌륭하게 표현하는 것은 그 나라 정신문화의 크기와 위대함을 결정한다. 저질의 언어는 저질의 정신을 나타내고 고급의 언어는 고급의 취향, 고급의 예술성을 보여준다. 고등교육기관에서 좋은 취향을 갖도록 엄격한 언어 훈련이 필요한 것은 이 때문이다. "너희의 언어를 소중하게 생각하라. 언어에서 성스러운 의무를 느끼지 않는 자는 고등교육을 받을 싹수가 없다. 여기서 지적할 수 있는 것은 너의 모국어를 다루는 태도에서 너희들이 예술을 얼마나 높이 또는 소홀히 평가하는지, 또 어느 정도 예술에 친화적인지 나타난다. 우리의 언론에서 습관적으로 사용하는 특정 단어나 관용구에 대해 생리적 구역질을 느끼지 못한다면 교양을 얻겠다는 노력을 그만두어라."(168) 학교 교육의 목적은 자명하다. 미성숙한 청소년 학생들을 진정한 사람으로, 진정한 교양인으로 육성하는 것이며 그 시작은 언어에 대한 성스러움을 느끼도록 훈련시키는 것이다. 이는 또한 교육의 의무이며 선생의 의무이기도 하다. "재능이 부족한 학생들이 언어에 대한 성스러운 전율을 느낄 때까지 선생은 자신의 활동을 계속해야 한다."(168) 선생은 언어의 실천적 교육 외에 독일 정신의 장려 교육에 집중해야 한다. 언어는 국적이 있

18 ÜZB, 163쪽, *Die Geburt der Tragödie*, 126쪽.
19 ÜZB, 167, 229쪽 참조.

다. 보편 언어가 존재하는 것이 아니라 특정 민족의 언어, 즉 독일인에게는 독일어가 존재하며 거기에 그 민족의 정신이 내재한다. 또 이 정신을 가장 선명하게 보여주는 전범은 그 나라의 모국어 구사의 위대한 영웅들이다. 언어의 이러한 본질을 올바르게 이해하면 교육은 자연스럽게 실천적으로 된다. "독일 민족이 소유하고 있는 소수의 진정한 교양인의 정신, 우리의 위대한 시인과 예술가들의 정신을 제대로 연결시켜 가르쳐야 한다. 그런데도 김나지움에서는 아직 미성숙한 소년들의 정신을 좀먹게 한다. 우리의 거장들을 주제넘은 야만으로 오해하고 평가절하하고 깎아내리면서 비웃음을 학생들에게 심어준다."(170) 이것은 후세가 다 부끄러워할 일이다.

두 번째 문제는 김나지움의 현재의 형식적 교육 편제에서는 진정한 교양이 아니라 단지 학식을 채우거나 언론의 천한 표현 습성에 맞도록 학생들을 가르치고 있다는 것이다. 특히 언어의 현재화에는 책임지지 않으면서 모국어인 독일어를 마치 죽기라도 한 것처럼 "해부학적 희생물로 전락시켜" 난도질하면서 그 유래와 용법에 대한 과거의 흔적이나 추적하는 "학술 역사적" 수업 방식은 심각한 폐해를 안고 있다.[20] 이를 극복하려면 언어의 표현적 생명성과 자기 수양의 엄격한 훈련, 즉 진정한 "실천적 교수법"의 도입이 필요하다.[21] 살아 있는 것을 살아 있는 것으로 취급해야 하듯이, 언어 또한 살아 있는 언어로 취급하는 것이 실천적 교수법의 본질이다. 이것이 교사의 기본 태도여야 한다. 참된 실천적 교수법은 역사적 관점의 제거에서만 얻을 수 있다. 중요한 것은 사물들을 옳게 사용하는 방법이지 사물의 인식이나 인식 방법이 아니요, 그 역사적 유래나 전개 과정의 해명은 더더욱 아니다. 교육은 어차피 실천을

20 같은 곳, 169쪽.
21 같은 곳.

위한 것이다.[22] 역사적 방법이 교사에게는 편한 방법이기는 하나, 학생에게도 선생에게도 해롭기는 마찬가지이다.

세 번째는 김나지움에서 논문 작성의 문제점이다.[23] 당시 독일에서는 학생들의 논문 작성을 김나지움 교육의 정점으로 두고 있다. 논문의 지침은 주제에 대한 개인적 인격성의 토대 위에서 대상에 대한 개성적이고 독창적인 분석 또는 해석의 관점을 확립하는 것이다.[24] 주제 선택은 자유이며 해석은 독자적 개인으로서 호소가 돋보여야 한다는 것이다. 니체는 아직 성장 과정에 있는 청소년들이 고유한 사유 관점을 정립한다는 것은 말도 안 되며, 논문에서 자립성, 개별성, 인격성을 함축해야 한다는 것은 더더욱 어불성설이라고 단언한다.[25] 이런 교육이 실패하는 이유를 굳이 설명할 필요도 없다. 미성숙한 어린 나이에는 서툴고 괴상한 형식과 사유, 형태나 표현들의 온갖 무절제를 독창적이라고 잘못 이해하기 때문이다. 요컨대 그 나이에 이해한 독창성이란 실은 독창성이라기보다는 비난받을 만한 내용이나 서술일 뿐이다. 이를 바로잡으려면 형식적 내용적으로 엄격한 체계적 교육이 필요하지만, 그런 교육을 받을 수 있는 이들은 실은 김나지움 학생들이 아니라 뛰어난 소수의 "성숙한 성인들" 일 것이다.[26] 김나지움 수업은 교양이나 자유 또는 자율의 교육이 아니라, "엄격한 습관과 관점을 가지도록 형식적이고도 체계적인 실천적 훈련"을 시켜야 하고 학생들로 하여금 실천적 훈련을 "성스러운 의무" 로 받아들이도록 훈육해야 한다.[27]

22 Menschliches, Allzumenschliches I, KGW, IV-2, 216쪽 참조.
23 독일어 논문 작성(deutsche Arbeit)은 학적 가치는 전혀 문제되지 않는 주제에 대한 일종의 자유로운 서술 형식의 김나지움 작문을 말하나, 그 결과물에 대한 교사의 평가가 내려진다는 면에서 결코 자유로운 서술은 아니다. 19세기 초까지는 그리스어와 라틴어로 작성하는 것이 일반적이었다.
24 ÜZB, 170쪽 이하 참조.
25 같은 곳, 171쪽.
26 같은 곳, 172쪽.

김나지움의 네 번째 문제는 고전 교육에 있다. 특히 "고전 교육"은 어떤 것보다 신중해야 한다는 것이 니체의 생각이다.[28] 그것을 통해 문화와 정신이 풍요로워지며 올바른 방식으로 새로움을 정립할 수 있기 때문이다. "고전적 전범"을 익히는 것은 하루아침에 되는 것이 아니라, 긴 훈련과 강도 높은 실습으로만 얻을 수 있는 것이다.[29] 전부터 김나지움에서 고전 교육, 형식적 교육, 또는 학문을 위한 교육을 구두선처럼 외치지만, 이는 김나지움에서 성공적으로 수행할 수 있는 것은 아니다. 형식적 교육은 자유 인격의 완성을 목표로 하지만 김나지움에서 얻은 결과는 디민 아만과 무성부적 자의일 뿐이기 때문이다.[30] 모국어는 다른 모든 분야의 기초이며 생산적 토대이므로 김나지움 교육의 정수는 모국어 교육인데도 이것을 소홀히 하고 있다. 이 소홀이 고전 교육의 부실로 이어진 것이다. 교육도 문화도 교양도 모두 다 언어, 즉 모국어의 올바른 걸음마에서 시삭된다. 잘못된 작금의 언어 교육의 결과가 "학식과 야만적 취향의 야합, 학문과 언론의 결탁"으로 나타난다.[31] 오늘날의 교양 수준이 괴테, 실러, 레싱, 빙켈만이 살았던 시대보다 타락한 이유가 여기에 있다.[32] 고전 교육은 강제적 "인위적으로라도 엄격하고 진지한 모국어

27 같은 곳, 173쪽.
28 같은 곳, 174쪽. '고전 교육'=klassische Bildung.
29 같은 곳. '고전적 전범'=klassisches Vorbild.
30 같은 곳, 175쪽.
31 같은 곳, 177쪽. 언어를 통해 "의식적 사유"가 가능한데도 의식적 사유로 언어를 규제하는 것은 언어와 언어의 생명성은 물론 그 문화를 망친다(Vom Ursprung der Sprache, KGW, II-2, 185쪽).
32 언어의 타락과 질병의 원인은 "감정(Gefühl)"이 아니라 철학적 "사유의 영역"을 지나치게 확대한 근대적 사상에 있다(UB IV, 27쪽). 오늘날 교육의 실패는 "음악의 영혼"을 가르치지 않은 것이며(같은 곳, 31쪽), 따라서 바그너식의 음악적 감성의 언어의 재정립과 그에 대한 철저한 교육이 요구된다(같은 곳, 30쪽). 개념적 사유와 사고는 결코 "사물의 본질"에 도달하지 못한다(Die Dionysische Weltanschauung, KGW, III-2, 68쪽).

사용 습관을 기르는 것"에서 시작해야 한다.[33] 여기에는 물론 괴테나 레싱과 같은 위대한 스승과 지도자가 전형으로 필요하다. 모국어의 기본에 대한 철저한 형식적 교육과 실천적 도야가 그리스 · 로마의 고전으로 인도할 수 있기 때문이다. 고대 그리스에 대한 감각을 가진다는 것은 가장 힘든 교육적 투쟁과 예술적 재능의 결실이다.[34] 오늘날 김나지움 학생들에게 순수한 고대 그리스인, 로마인은 죽은 사람들이다. 호메로스가 재미있은들, 재미에서 지금의 삼류 소설을 따를 수 없다. 고대의 영웅이나 비극의 주인공들이 지금 여기 있는 나와 나의 감정에 무엇이며 무슨 의미가 있는지는 비단 학생만의 문제가 아니라 선생에게도 마찬가지의 문제이다. 이 의미 발견의 길을 교육해야 하는데 그렇지 못한 것은 지금의 김나지움에서는 장님이 장님을 가르치기 때문이다.[35] 김나지움에서 미숙하나마 유익한 하나의 과목은 고전어 강독, 즉 그리스어, 라틴어 같은 고전어를 모국어로 번역하고 해설하고 강의하는 것 정도이다. "하나의 언어를 다른 언어로 번역하는 연습은 멋진 일일 뿐 아니라 유익하다. 게다가 자신의 언어에 대한 예술적 감각까지도 배양할 수 있다." (180)

독일에서 "인문 교육"의 실패는 김나지움의 고전 교육 실패에 그 원인이 있는데, 이것은 오늘날의 김나지움이 "비독일적, 특히 외국적인 또는 코즈모폴리턴적인 교양에 지나치게 경도된 결과"이다.[36] 이것은 "독일의 정신, 즉 민족정신"을 부정하면 고대 그리스 세계로 직접 들어갈 수 있다는 황당무계한 망상에서 유래한다.[37] 모국어 교육의 파행성 역시 이

33 ÜZB, 177쪽 이하.
34 같은 곳, 179쪽.
35 Menschliches, Allzumenschliches II, KGW, IV–3, 94쪽 이하 참조.
36 ÜZB, 181쪽. '인문 교육' = Humanitätsbildung. 또 다른 실패의 원인은 김나지움 교육의 언론 정신과의 수상쩍고 은밀한 결합과 관련이 있다(같은 곳, 186쪽).

망상에서 생긴 것이다. 현대의 독일 문화는 진정한 독일 정신에 뿌리박고 있지 않다. 그렇다면 독일 정신은 대체 무엇인가? "…… 진정한 독일 정신은 비록 고상한 형태가 아니라 거칠고 조야한 모습을 하고 있을지라도, 현대가 결함 있는 문화라 비난하는 바로 그 영역 속에 잘 보존되어 있다. 반대로 지금 별나게도 거만하게 '독일 문화'라 부르는 것은 코즈모폴리턴적 집합체일 뿐이다. 이 집합체는 기자가 실러를, 마이어베어가 베토벤을 그리듯이 그렇게 독일 정신과 관계한다.[38] 여기에 가장 강한 영향력을 행사하는 것은 가장 깊은 본질에서 비게르만적인 프랑스인들의 문화이다. 이 문화는 평범하고 불확실한 취향으로 모방되고 있으며, 그러면서 독일 사회와 언론, 예술과 문체론에 위선적 형태를 주고 있다. 로만적 본질로부터 성장해온 본래의 독창적 문명이 이 시대에 이르기까지 프랑스에서 만들어낸 완전한 예술적 효과를, 물론 이 복제본이 결코 거두지는 못한다."(182) 외국 문화를 자국에 맞게 독자성을 가지고 받아들이는 대신, 독일처럼 단지 모방하고 복제하는 데 급급하면 국제적으로 망신을 당할 것은 자연스러운 이치이다. 김나지움의 장래는 독일 정신을 교육해 확고하게 정착시키는 것에 있다. "이 정신은 종교개혁과 독일 음악 속에서 그 모습을 드러냈고, 독일 철학의 엄청난 용맹성과 엄격성 속에서, 그리고 최근에는 독일군들의 입증된 충성심에서 저 끈질긴, 모든 가상을 거부하는 힘을 증명했다."(183) 이런 정신을 학교의 근본이념으로 설정하고 확립할 때 독일은 정화되어 참된 수호신을 가지게 된다.

학교 교육은 결코 "대중 교육"이 아니라 "선별된 개인, 위대하고도 영

37 같은 곳. 그러나 진정한 독일 정신은 고전, 특히 고대 그리스 문화의 길을 제대로 교육받는 데서 육성된다. Die Geburt der Tragädie, KGW, III-1, 125쪽 참조.

38 이 시대의 진정한 독일 정신을 대표하는 유일한 철학자는 쇼펜하우어이다(Fünf Vorrede, 276쪽).

원한 일에 적합한" 인재를 만들기 위한 교육을 목표로 해야 한다.(190) 고전 교육은 그 토대이며 출발점이다. 고전 교육은 문헌학적 · 역사적 연구만으로는 한계가 있으며, 오히려 그 의미와 사유를 물 흐르듯 말과 글로 표현하는 태도를 배우고 이것을 모국어로 이전하는 것에 그 본질이 있다. 그런데도 지금의 김나지움에서 선생들은 고전어의 문법이나 어원 등의 기원적 역사적 방식으로 교육함으로써 고전도 학생도 모두 죽이고 있다.[39] 국가는 국가대로 학교를 교원, 공무원이나 군 등의 양성소쯤으로 여기고 여기 필요한 덕목과 자질과 명예심과 복종심 등을 가르칠 것을 요구한다. "…… 국가는 문화의 밀교 사제로 등장해 자신의 목표를 장려하고 족치는 동안 자신의 충복에게 보편적 국가 교육의 횃불을 들고 자기 앞에 나타날 것을 강요한다. 국가의 충복들은 흔들거리는 불빛 속에서 국가를 최고 목표로 하고 교양을 위해 자신들이 이제껏 노력한 보상으로 국가를 재인식해야 한다는 것이다. …… 이런 현상은…… 예컨대 한때 국가의 목적을 추구하던 철학 경향, 즉 헤겔 철학을 상기시킨다……."(199 이하) 국가와 애국만을 이상으로 하는 교육은 교육을 위해서도 문화를 위해서도 대단히 잘못된 것이다. 고대 그리스에서는 현대와 달리 국가가 참으로 인본주의적이고 교화적이어서 시민들은 기꺼이 국가에 봉사했고 또 봉사하는 것을 당연시했다. 시민들은 국가의 보호가 없으면 문화는 물론 생존 자체가 불가능하다고 여길 정도로 국가를 믿었다. 왜냐하면 국가는 자신과 자국의 문화를 지키는 "국경수비대요, 조정관이며 감독관" 일 뿐 아니라, 자신의 동료이며 실존의 토대이기 때문이다.[40] 독일 정신의 핵심은 종교개혁, 독일 음악, 독일 철학인데 이것은 국가가 장려해서 생겨난 것은 결코 아니라는 것이 니체의 생각이다.

39 ÜZB, 197쪽 참조.

교양은 고난과 생존 경쟁에서 생겨나는 것이 아니라 오히려 "그 위에서" 형성되는 것이다.[41] 궁핍과 생존경쟁에서 필요한 것은 그것을 해결할 도구이지 교양은 아니다. 생존경쟁력을 키우고 교육하는 데에 가장 절실한 것은 생활고 극복에 적합한 교육제도로서, 소위 요즘 흔히 과학 또는 실용학이라 불리는 것들, 가령 생리학, 지질학, 화학, 법학, 의학 등을 위주로 편성된다. 이 학문들은 그 탁월한 실용성에도 불구하고 시적 상상력은 물론 자연에 대한 생동적 이해를 가로막는 단점이 있다.[42] 의사, 기술자, 변호사, 공무원, 관료, 군인 등을 위한 직업 교육은 김나지움이나 대학과 같은 순수 교양 기관의 교육과 무관하며 그 기관에서 해야 할 일도 아니다. 진정한 교양은 자연과 주위 세계 속에서 스스로를 발견하고 인식하도록 하는 것이기 때문이다. 직업교육기관을 따로 만들면 궁핍의 수요를 간단하게 충족시킬 수 있다. 이제 김나지움은 단순히 대학 입학과 공무원 양성이라는 실용적 목적에서 해방되어야 한다. 진정한 교양은 시대의 생활고를 해결하는 배급소이거나 역사적 흥미를 해소하는 고고학 박물관이 아니라 인간의 본성을 찾고 고양하는 도장이어야 한다.[43]

40 같은 곳, 201쪽. 헤겔 역시 국가를 그리스적 폴리스의 전형으로, 또 자국민과 그 문화 보호의 요체이며 민족정신의 현상 형태로 이해한다. 이 점에서 니체는 헤겔을 왜곡하고 있다. 아마도 니체는 헤겔이 국가가 단순한 폴리스의 전형일 뿐 아니라 살아 있는 신, 현실적 신으로 헤겔이 평가한 것에 대해 비판한 것 같다.

41 ÜZB, 205쪽 이하.

42 같은 곳, 207쪽 참조.

43 이것이 도야와 교육의 과제이며, 이 과제를 충실히 수행한 교육자가 바로 쇼펜하우어이다(UB III, 337쪽).

3. 대학 교육의 문제

김나지움이 설정한 교육 목표는 그 외의 모든 교육의 중심이 되어야 한다. 그 교육 목표가 부당하면 김나지움은 물론 그 밖의 모든 교육이 잘못된 방향으로 나가기 마련이다. 대학 역시 김나지움 교육의 연장일 뿐이다.[44] 그러나 전통적으로 김나지움의 가장 주요한 목표 중 하나가 자립적 전문 학자를 양성하는 대학에 입학하는 것으로 인식되어왔다.[45] 자립적 전문 학자는 스스로 자유로이 분야와 대상과 그 탐구의 방법을 선택하고 독창적으로 연구 성과를 내고 그것을 발표하고 교육하는 능력을 가진다. 대학을 위한 길들이기로서 김나지움은 모국어 수업을 통해서 자립성과 개성을 일깨우게 된다는 것이 일반적인 생각이었다. 다소 엄격하더라도 학문에 대한 자극으로 많은 것을 배우고 습득하여 내면에 축적함으로써 학에 대한 자율적 열정을 키우는 곳이 김나지움이라는 것이다.[46] 물론 대학은 김나지움과 분명한 차이가 있다. 우선 대학생(Student)은 법적으로 성인이며 고등학생(Gymnasiast)은 미성년이다. 성인으로서 대학생은 기초 공부도 끝났고 정신적 · 육체적 성장도 끝낸 상태에 있다.[47] 학적 · 인격적 자립성이 대학생의 본질이라면 대학은 더 이상 김나지움과 같은 교육기관은 아니다.

그러나 학생이나 교수나 자립적 학자들이라고 스스로 믿고 있음에도 불구하고, 교수들은 "수동적 강의 방식"에 따라 일방적으로 강의하고 학생들은 일방적으로 들을 뿐이며, 그들에게는 다만 여러 강좌 중 몇 개를 선택할 정도의 자유만이 있을 뿐이다.[48] 교수와 학생, 교수의 사유와 행

44 ÜZB, 167, 229쪽 참조.
45 같은 곳, 229쪽.
46 같은 곳, 231쪽.
47 같은 곳.

동과 학생의 지각 사이에는 극복하기 힘든 심연이 놓여 있다. 니체는 이렇게 조롱한다. "……교수는 종종 말하는 동안에도 읽는다네. 일반적으로 교수는 그런 청중이 가능한 한 많이 왔으면 하고, 급한 경우에는 몇 명이라도 만족하나 단 한 명뿐일 때는 만족하지를 못하네. 말하는 입 하나와 수많은 귀들, 또 그 반만큼의 필기하는 손들 — 이것이 학문 기구의 겉모습이고 작동하고 있는 대학의 교양 기계일세. 게다가 이 입 주인은 많은 귀들의 소유자들과는 분리되어 무관하게 있어. 이 이중적 의미에서 자립성을 사람들은 감격하여 '학문적 자유'라고 칭송한다네. 그런데 그 한 사람은 더 많은 자유를 위해 자신이 원하는 것은 대충 말하고, 다른 이들은 자신이 원하는 것을 대충 듣지. 다만 이 두 집단에서 얼마 떨어지지 않은 배후에 국가가 긴장된 감독관의 표정으로 서서 가끔 자신이 그 특이한 말하기와 듣기 과정의 목적이고 목표이며 본질이라는 것을 상기시키고 있을 뿐이네."(232) 니체는 대학에서 교양이라는 것이 "입에서 귀로 가는 것"이요, "모든 교양 교육은 강의식 수업 방식일 뿐"이니, 자유니 자율이니 하는 것은 허울뿐인 쭉정이라고 조롱한다.[49] "그러나 듣고 안 듣고의 선택권, 무엇을 들을 것인지의 선택권 역시 학술적으로 자유로운 사상을 가진 학생들에게 위임되어 있기 때문에, 또한 학생들은 자신이 들었던 모든 내용과 신뢰성과 권위를 부정할 수 있기 때문에, 엄격한 의미에서 교양 교육은 모두 학생들 자신의 몫이라네. 인문김나지움에서 추구하는 자립성은 이제 교양을 향한 학자의 자기 교육이라고 끝없는 자부심을 가지고 나타나며 화려한 깃털을 과시하고 있다네."(232) 김나지움에서는 의존심, 훈육, 예속, 복종을 강요하고 자립성은 모두 거부하면서도, 대학에서의 엉터리 자립심이 김나지움에서 형성

48 같은 곳. 교수가 입을 통해 단지 읽는 자로 있다면, 학생은 "단지 귀를 통해서, 청강자로" 존재할 뿐이다.

49 '강의식 수업 방식'=akromatisch.

된 것이라는 주장은 말도 안 된다는 것이다.[50] 결국 대학생이 스스로 내세우는 교양은 차라리 김나지움 때부터 박탈된 수양과 교양의 껍데기라는 말이 옳을 것이다.

대학 교육이 교양의 정도를 찾으려면, 참된 철학에 대한 욕구와, 예술에 대한 본능적 감각, 그리고 모든 문화의 진정한 범주요, 정언명령인 고대 그리스·로마적 교양 척도에 의한 독일 정신이라는 세 가지가 올바르게 정립되어야 한다. 그러나 지금의 대학의 현실은 어떠한가?

첫째, 인간은 어렵고도 진귀한 모든 문제들에 휩싸일 때 철학적 경외심을 가짐으로써만 심오하고 고귀한 교양이 자라난다. 이 토양이 바로 진정한 철학에 대한 욕구이다. "질풍 같은 청년 시절에는 거의 모든 개인적 사건이 이중의 빛으로 반사된다. 하나는 모든 일상성의 예시로, 또 하나는 불가사의하고 영원한 설명을 요하는 문제의 예시로 나타난다. 자신의 경험이 마치 형이상학적 무지에 감싸여 있다고 생각하는 이 나이에 이끌어주는 손을 가장 필요로 한다. 그는 갑자기 거의 본능적으로 존재의 이중성을 확신하게 되고 이제까지 정성들여 가꾸어온 기존 견해의 확고한 토대를 상실하기 때문이다."(233~234) 비록 대학생이라 해도 이때는 성숙이 아니라 미성숙의 시기이며 자유나 자립성이 아니라 도움이 필요한 시기이다.[51] 그런데 이런 젊은이들을 타락시키는 것은 헤겔 철학으로 얼룩진 "역사적 교양"이며, 이것으로 모든 것을 역사화하고 이성화하는 우를 범하게 되고 "청년의 철학적 충동"은 역사적 교양으로 변질되어버린다.[52] 이것은 대학에서 진짜 철학이 추방되고 문헌학적 역

50 같은 곳, 232쪽 이하. 니체는 아마도 배움의 기쁨보다 예속의 절망 때문에 학교를 "감옥의 현존재(Gefängnisdasein)"라고 했을 것이다(UB IV-1, 225쪽).

51 ÜZB, 234쪽.

52 같은 곳, 235쪽, Fünf Vorrede, III-2, 274쪽. UBII는 이 교양의 출처와 구조를 나름으로 해석한 것이다. '역사적 교양'=historische Bildung, '청년의 철학적 충동'=philosophische Trieb.

사학이 그 자리를 대신하게 되는 소이이다. 그러니 요즈음 소위 "철학한다는 것"은 너무도 "정치적이고 경찰적"이어서 병든 사람을 더욱 병들게 하고, 병든 문화를 더욱 병들게 할 따름이다.[53]

둘째, 대학의 예술에 대한 태도는 교육과 교양의 중심축이다. 그러나 오늘날의 대학은 예술에 대해 아무것도 하지 않는다. 예술적 사유와 학습, 예술혼의 추구는 물론, 예술 작품들을 학문적으로 비교하려는 교육적 조짐은 대학 어디에도 없다. 예술에 대한 몇 개의 강좌가 있고 주마간산으로 무책임하게 예술사나 뒤적거리면서 그 지식과 박학을 자랑한다고 미련함과 무관심의 기본 흐름에 변화가 생기는 것은 아니다.[54] 분명한 것은 예술은 인식보다 더욱 생명과 삶의 본질에 가깝다는 것이다.[55]

소위 학문적으로 자립한 대학(대학생)이 철학도 예술도 모르고 살고 있다는 것을 우리는 목도한다. 이것은 대학에서 세 번째 본질의 실종으로 이어진다. 이런 상황에서 무슨 그리스·로마인의 철학, 문학, 예술을 공부할 마음이 생기겠는가? 대학이 "교양과 교육의 궁핍"에서 헤어나지 못하고 있는 것은 당연하다.[56] 말만 자율이지 대학은 편협하고 사소한 전문성 속으로 함몰되어 허무와 낙담 사이를 배회하며, 긴장된 활동과 무기력, 피곤과 게으름 사이를 방황한다. 대학은 잘난 척하면서도 일하기 싫은 속물들 앞에 움츠러들면서 자신의 무능력을 실감한다.[57] 사소한 유용성에 사로잡혀 실생활에 도움이 된다고 여겨지는 것에 매달리는 것은 진정한 교양으로 인도하는 참된 지도자가 없기 때문이다. 항해의 나침반도 머리 위의 별들도 사라진 대학은 방향도 갈피도 잡지 못하고 우

53 Die Philosophie im tragischen Zeitalter der Griechen, III-2, 306, 298쪽.
54 ÜZB, 235쪽, Das griechische Musikdrama, III-2, 6쪽 이하 참조.
55 Fünf Vorrede, 254쪽.
56 ÜZB, 236쪽.
57 니체는 속물 사상의 전형으로 헤겔주의자 슈트라우스를 든다(윤병태, 「니체의 슈트라우스 비판과 그 대안」, 이 책 2부 1장 참조).

왕좌왕한다. 이것이 그 잘난 소위 자립성, "진정으로 교양이 필요한 영혼 속에 반영된 학술적 자유의 모습"이다.[58] 김나지움 학생뿐 아니라 대학생 역시 자유나 자율성이 아니라, 위대한 지도자에게 헌신하고 거장들이 간 길을 열심히 따라가는 것이 가장 시급한 욕망이어야 할 그런 나이이다.[59] 그런데 청년을 타락시키는 것은 "현대의 사이비 문화"의 대표자요, 그들은 신문기자와 언론, 탈선한 교양인들이다.[60] 이들에 의해 거짓과 가짜가 판을 치는 기형적 교양이 사회적으로 유포되고 가공된다. 참된 교육제도에 의해서만 참된 스승이 제공되며, 학생들은 진정한 목표를 설정할 수 있다. 이 삼자의 조화로운 합주로써만 진정한 교양, 즉 영혼에 생기를 불어넣는 숨결을 그들에게 품어내 줄 수 있는 "진정한 독일 정신"의 교양이 제도적으로 정립되고 꽃피게 된다.[61] 그런데 현실은 그 반대이다. 현재 대학에서 배우는 것은 독일적 학식, 독일적 독창성, 독일적 인식욕, 희생을 불사하는 독일적 근면 등으로 위장한 거짓이며 이런 곳에서 가장 우수한 인재들은 파멸해간다.[62] 진정한 교양 제도(교육제도)는 "남성답게 진지하고 과묵하며, 강인하고 대담한 독일 정신, 종교개혁에서 탄생하여 건강하게 지켜온 촌부의 아들 루터의 정신"을 가꾸는 것이어야 한다. 이것은 "독일학생연맹"의 이념이기도 하다.(241) 진정한 독일 정신을 가리는 잘못된 교육제도 아래서도 유일한 교훈적 시도를 니체는 "독일학생연맹"에서 보고 있다. 승전의 월계관으로 자유

58 Unzeitgemässe Betrachtungen II–Vom Nutzen und Nachteil der Historie für das Leben, KGW, Bd. III–1, (=UBII), 237쪽.
59 같은 곳, 237쪽 이하, UBIV, 7쪽 참조.
60 UBII, 237쪽. 탈선한 교양인의 전형이 바로 슈트라우스이다(UBI과 그에 대한 연구, 윤병태, 「니체의 슈트라우스 비판과 그 대안」, 이 책 2부 1장 참조). '현대의 사이비 문화' = Pseudokultur der Gegenwart.
61 UBII, 238쪽.
62 같은 곳, 239쪽 참조.

를 가지고 귀환한 학생들의 이 정신은 결코 작금의 대학 교육의 결과가 아니라 전쟁에서 실천적으로 다시 체험한 "독일학생연맹"의 옛 이념이다. "가장 순수한 인륜적 힘을 내적으로 혁신하고 일깨우는 곳", 그곳이 바로 진정한 교양 제도가 뿌리내린 곳이다.(241) "위대한 지도자가 필요하고 모든 교양은 복종과 함께 시작된다는 것", 패배가 아니라 승리를, 굴종이 아니라 조국의 해방을 가져오는 교양이 진정 독일적 교양이라는 것을 체득하면서 "그(학생)는 타키투스가 이해한 것을 배우고, 칸트의 정언명령의 의미를 깨달았으며, 칼 마리아 폰 베버의 칠현금 연주법과 검술에 열광하게 되었다. 철학과 예술, 그리고 고대의 문이 그에게 활짝 열렸다."(241 이하)[63] 옛날의 코체부 살인 사건은 진정한 지도자가 없어서 생긴 잘못된 문제의식의 결과라고 니체는 비판한다.[64] 어쨌거나 그는 교

63 같은 곳, 241쪽 이하. 독일학생연맹은 나폴레옹의 프로이센 침공 후에 싹튼 민족주의 · 애국주의 운동이다. 이에 대한 긍정적 평가는 애국주의는 진정한 교육과 교양 정립의 방해물이라는 주장(199쪽 이하 참조)과 어떻게 조화될 수 있는가?

64 현재까지도 대학에서 면면히 민족주의 노선을 지켜오고 있는 '독일학생연맹(Deutsche Burschenschaft)'은 1815년 6월 예나 대학에서 결성된 낭만적 애국주의 학생 단체이다. 1815년 3월 나폴레옹은 엘바 섬을 탈출, 재집권한 뒤 6월 워털루에서 영독 연합군에 패전한다. 당시 독일은 대학을 중심으로 '독일과 독일 민족은 무엇이며 누구인가, 그리고 어떻게 그것을 보존할 것인가' 하는 반성이 불길처럼 번지면서 애국청년동맹을 결성한다. 강력한 결속력을 바탕으로 1817년 전 독일 학생 대표들이 튀링겐 고성에 집결하여 민족주의와 자유주의의 기치를 걸고 단합대회를 하면서 단체명을 '전독일학생연맹'으로 개칭한다. 이해 교육부장관으로 취임한 아르텐 슈타인이 하이델베르크에 있던 헤겔을, 피히테 후임으로 베를린 대학으로 초빙한다. 1819년 전독일학생연맹원인 칼 잔트(K. Sand)는 러시아의 스파이 노릇을 한다고 소문난, 러시아 대사관에 근무하던 자국 시인 코체부(A. v. Kotzebue)를 살해한다. 이 살인 사건은 독일의 대학과 정치계에 동정론과 반대론의 이분화를 가져오고, 헤겔, 슐라이어마허, 프리스 등의 저명 학자들 역시 그 찬반 논쟁에 뛰어든다. 애국 살인의 정당성을 주장한 슐라이어마허, 프리스와 달리 헤겔은 애국은 정당하나 살인은 범죄라는 입장을 강력히 개진한다. 이 사건을 계기로 슐라이어마허와 헤겔의 사이는 회복 불가능 상황으로 치닫는다. 니체 역시 독일학생연맹에 나타난 두 가지 측면, 하나는 진정한 독일 애국 청년 정신의 표출과 그 표출이 지도자가 없을 때 왜곡된 사건으로 나타난다는 것을 여기서 지적한다.

양은 교육의 결과이며 진정한 교육은 자유가 아니라 엄격한 지도와 가르침, 피나는 훈련과 노력의 결과임을 강조한다. "…… 모든 교양은 오늘날 사람들이 학문적 자유라고 찬미하는 것과는 반대에서, 즉 복종과 순종과 함께, 훈육, 굴종과 함께 시작하기 때문이다. 위대한 지도자들에게 추종자들이 필요하듯이, 뒤따르는 자들에게는 지도자가 필요하다……."(242) 현대 문화는 이를 망치려 한다. 요즈음 독일의 오케스트라와 그에 종사하는 음악인들은 목적도 방향도 국적도 없이 벌이는 음악 딴따라이다.(243) 제대로 된 훈련도 연습도 없는 듯, 맞지도 않는 리듬과 박자, 온갖 패러디 등이 자유의 이름으로 뒤범벅이 되어 있다. 제대로 배우지도 않고 권태와 축 늘어짐과 흐물거림, 괴상한 리듬과 멜로디 등으로 타락한 추태를 자유라는 이름 아래 용서받으려 한다면, 이것은 교육에 대한 폭력이요, 교양에 대한 범죄이다. 이런 음악 상황에 풍부한 상상의 날개를 단 천재가 나타나 이 지도자를 중심으로 전혀 새로운 질서와 조화, 창조적 조화를 형성할 때, 이 질서와 조화의 창조적 체계를 대학 교양으로 수용하고 받아들여야 한다.[65]

65 같은 곳, 243쪽 참조.

3

교육에서 역사의 대안으로서 청년과 청년성

1. 삶과 역사의 관계와 교양의 기만성

역사란 무엇인가? 역사를 어떻게 해석해야 하며 역사 서술의 방법은 어떠해야 하는가? 이런 물음은 니체에게 중요하지 않다. 그가 문제 삼는 것은 역사 이해에서 어떤 태도가 인간의 현존적 생명력을 고양시킬 수 있는가 하는 것이다. 역사의 '생에 대한 봉사'나 '현재와 미래에 대한 역사의 봉사', '역사의 과잉은 생명적인 것에 해로운 것이다'라는 주장은 역사관이나 역사 서술의 방법이 아니라 역사에 대한 현재적 평가를 우선시한다.[66] 오늘날의 학문, 그중에서도 역사학의 분위기는 역사가 학문이 되어야 하고 그러기 위해서는 삶이 아니라 학문 그 자체의 요구와 조건에 따라 과거의 것을 과거의 것으로 복원해내는 일에 몰두한다. 그러

66 같은 곳, 267쪽.

니 현재의 삶이 과거지사를 지배하는 것이 아니라 그 반대, 다시 말해 과거지사가 생동하는 현재를 좀먹는 결과를 도래시킨다.[67] 게다가 사실 자체에 대한 부합인 진리가 과거 그 자체에 대한 부합으로 강조되고 유포되고 세뇌함으로써 문화계는 물론 일상인들조차 "엄청난 양의 소화되지 않은 지식의 돌멩이들"을 덜그럭거리면서 달고 다닌다.[68] 니체가 보기에 현대와 현대인은 심각한 역사와 지식의 과잉병에 걸려 있다. 이 병은 삶의 활기를 갉아먹어 시들어 죽게 함에도 불구하고 오히려 자부심을 가지고 온몸 안팎을 이런 역사와 지식으로 치장하는 데 그 심각성이 있다. 이 병의 증세를 악화시키는 주범은 역사학이나 그 지식이라기보다 차라리 이것을 무비판적으로 퍼뜨리고 선전하는 현대적 교육과 교양이라고 그는 강조한다.

교양과 역사적 교양을 동일시하는 현대의 고질병을 고치기 위해서는 먼저 진정한 교양과 해로운 교양을 구분해보는 것만으로도 충분하다. 진정한 교양은 몸과 마음을 살찌우고 생기를 북돋우며 실존과 현존을 더욱 풍요롭게 하는 지혜와 지식을 일컫는다. 이에 비해 잘못된 교양은 현재성에 대한 고려 없이 어떤 사건 또는 대상에 대한 지식, 다시 말해 오늘날 유포되고 있는 교육 지식 자체에 그 특징이 있다. 이 교육 지식을 써먹을 곳은 아는 체하는 데 이외에는 없으며 따라서 생의 결단에 아무 도움도 되지 않는다.[69] 온갖 옛것들과 낯선 시대와 관습들, 과거의 철학과 종교와 문학 등에 대한 백과사전식의 긁어모음을 교양이라 할 수 없다. 위대한 힘을 가졌던 강인한 시대에는 오히려 비역사적 문화가 지배한다. 진정한 교양을 가진 문화민족은 삶과 역사의 괴리, 삶과 지식의 간극을 극복하고 개인으로 하여금 생명력 있는 자유 인격을 형성하는 데

67 같은 곳.
68 같은 곳, 268쪽.
69 같은 곳, 269쪽 참조.

정열을 바친다. 자연스러운 삶의 모습은 인위적 인습이나 습관에 젖거나 낯선 것의 모방에 의해서가 아니라 자연스러운 고유 생활과 그에 대한 생각과 결단에서 형성되고 나타나는 것이다. 니체에 의하면, 속물 교양의 전형은 당시의 독일이며 독일인은 열등감 때문에 게걸스럽게 타국의 문화를 모방하고 타 시대의 역사를 긁어모으며 부자연스럽게 거들먹거린다고 비판한다. 한마디로 "우리 모두는 역사 때문에 썩어 문드러졌다"라고 절망적으로 외칠 수밖에 없다는 것이다.[70] 여기서 역사는 독일의 역사나 독일 민족의 역사가 아니라, 현대 독일인이 열심히 습득하는 속물 교양의 대상과 내용으로서 옛날 역사에 대한 그들의 수용 태도와 습득된 교양을 드러내는 천박한 태도를 말한다. 니체는 독일인과 독일 민족의 강인한 삶의 정신을 희망적으로 바꾸기 위해 비역사적 현존에 대해 새로이 생각하고 교육할 것을 요구한다. 독일이 강해지고 강함을 지속하기 위해 독일 정신의 강인함을 찾아내고 그것을 고양시켜 독일인 전체의 삶의 통일로 승화시켜야 한다는 것이다.[71]

교육과 교양 과잉으로서 역사 과잉은 의식의 내면과 외면이 분열되어 정신이 병들게 되고 그 인격 또한 분열되고 병약해진다. 문제는 이 분열과 병약을 병의 증후로 깨닫지 못하고 미덕과 정의로운 정신의 풍요라고 오진하는 데 있다. 그래서 시대뿐 아니라 민족은 물론 개인조차 생기를 잃고 시들어간다. "…… 역사의 과잉을 통해 지금까지 말한 내면적인 것과 외면적인 것의 대립이 생겨나고 그로 인해 인격성이 약화된다. 이 과잉 때문에 한 시대는 자신이 가장 고귀한 미덕과 정의를 다른 시대보다 더 많이 가지고 있다는 환상에 빠져든다. 이 과잉 때문에 민족 본능은 손상되고 전체 못지않게 개인 또한 성숙하지 못한다. 이 과잉 때문에 인

70 같은 곳, 273쪽. Menschliches, Allzumenschliches II, KGW, IV-3, 20쪽 참조.
71 Fünf Vorrede, 274쪽.

류의 연륜에 대한 언제나 유해한 믿음, 즉 지각생이며 모방자라는 믿음이 자라난다. 이 과잉 때문에 한 시대는 자기 자신을 넘어가는 아이러니라는 위험한 기분에 빠지고, 그보다 더 위험한 냉소주의 기분에 빠지게 된다. 이런 분위기 속에서 시대는 점점 더 영리한 이기적 실천으로 익어가고, 이 때문에 생명력이 마비되어 결국은 파괴되고 만다."[72] 소화 능력 이상의 역사를 처먹어댄 이 시대에, 나라는 물론 개인들조차 어디서 무엇이 왜 굴러들어 왔는지 미처 알기도 전에, 그런 것들에 의해 규정되어 꼭두각시처럼 움직인다. 무엇이 생에 도움이 되고 그렇지 않은지 생각할 겨를도 없고 능력도 없게 만드는 시대에 우리가 살게 된 것이다. 인간의 자연적 본능이 온통 추상되고 추방되어 사람들은 진짜 저 자신이 누구인지 모르면서 "교양인으로서, 학자로서, 시인으로서, 정치가로서" 가면을 쓰고 남의 인격을 연출한다.[73] 입으로는 자유 인격을 외치지만 남의 영혼을 가지고 있는 현대인들을 깨우는 것은 과거나 과거의 인습이나 그에 대한 교육과 교양이 아니라, 종교와 예술, 특히 허위의식에 가득한 지배 문화를 비판하고 배척하는 문화, 다시 말해 진정한 인간 욕구와 일치하는 문화를 보여주는 종교와 예술이다.[74] 따져보지 않아도 분명한 것은 "보편적 교양 때문에 고통받는 이 시대에 모든 학문들 중 가장 진정한 학문이며 진실의 벌거벗은 여신인 철학"은 온통 낯선 남의 가면을 뒤집어쓴 부자연스럽고도 인위적인 독백으로 시간을 보내고 있다는 사실이다.[75] 해도 그만, 아니 해도 그만인 주장들, 들어도 그만, 아니 들어도 그만인 말들, 늙은이와 어린 손주와의 유아스러운 한담이야 위험하지 않으니 그나마 괜찮다 하겠다. 문제는 오늘날 철학이 그런 한가한 휴

72 같은 곳, 275쪽.
73 같은 곳, 267쪽.
74 같은 곳, 277쪽.
75 같은 곳, 276쪽.

식에만 머물러 있지 않고 우리를 옥죄고 감시하는 "정치적이고 경찰적"인 속성을 드러낸다는 데 있다.[76] 철학은 오늘날 교회와 정부, 관습과 전통, 학교와 제도에 얽매여 옛날 영광을 추억하면서 거기에 순응하고 따를 것을 은밀히 강요한다. 무능하고 객쩍은 철학이 삶에서나 교양에서나 생존권을 주장해서 안 되듯이 정치적이고 경찰적인 철학은 생동하는 진정한 교양의 세계에서 추방되어야 한다.[77] 진정한 교양은 역사를 현재의 시각에서 현재에 유용하도록 평가하고 인식하는 것이다. 지금 필요한 것은 우리를 역사적으로 이해하는 것이 아니라 과거의 역사를 현재에 봉사하도록 재해석하는 것이요, 생에 불필요한 역사는 버리고 필요한 것만을 취하여 교육하는 것을 지금 교양의 과제로 설정해야 하는 것이다. 시체를 해부하는 것은 그 시체가 살아 있던 과거와 과거 속의 한 개인의 신체 구조를 알기 위해서가 아니라 살아 있는 현재 인간의 골격 구조를 인식하기 위한 수단일 뿐이다.

2. 역사의 객관성과 역사의 심판에 대한 비판

역사를 삶의 지표로 삼아야 한다고 여기는 이들의 가장 강력한 무기는 역사의 객관성이다. 그들은 인간 삶의 모든 원칙들은 "정의에 대한 욕구와 요구" 위에서 수립되고 이것은 또한 역사적 객관성을 요구한다.[78] 니체는 이런 생각이 두 가지 점에서 잘못이라고 생각한다. 첫째, 삶의 정의가 객관적이어야 한다 해도 그 정의가 결코 역사적 객관성을

76 같은 곳. '정치적이고 경찰적인' = politisch und polizeilich.
77 같은 곳.
78 같은 곳, 281쪽. '정의에 대한 욕구와 요구' = Bedurfnis und verlangen nach Gerechtigkeit.

필요로 하는 것은 아니다. 게다가 역사적 객관성이라는 것조차 따지고 보면 현재의 잣대로 측정된, 따라서 진짜 객관성이 아니라 주관적으로 평가된 객관성 이상이 아니다. 이것은 그들이 객관적이라 믿는 역사가 더 주관적이고 주관적이라고 비난하는 통속적 견해가 덜 주관적일 수도 있다는 의미이다. 더구나 역사가 아니라 사물 속에 완전히 몰입해서 그것을 표현해내는 것으로 객관성을 이해하면 심미적 예술가의 작품들을 객관적이라 할 수 있다. 삶과 삶의 충동을 정당화하고 그 정의를 실현하는 데 보다 활력적인 것은 역사의 정당성이 아니라, 있는 그대로 삶의 자연성을 그려내는 예술적 정당성이다.[79] 그러므로 역사적 객관성이 삶의 정당성의 건축 기호라는 생각은 잘못된 것이다. 둘째, 역사적 객관성을 진리 좌표로 삼고 동시에 그것을 정의로운 지표로 삼으려는 이들은 역사의 심판을 "세계 심판"으로 설정하고 그것으로 삶의 본성을 판결하려 한다.[80] 이 앞에서 생각 없는 생활인의 "호기심, 권태에 대한 공포, 질투와 허영심, 놀이 충동" 등등의 감정들은 유죄 판결의 직접 증거로 제시된다. 그러나 이런 감정이야말로 인간 삶의 자연적 본성이라는 점에서 오히려 피고의 위치에서 재판관의 위치로 뒤바꾸어야 한다. 다시 말해 역사적 객관성이 아니라 삶의 객관성이 정의의 지표가 되어야 한다.

자연은 강제로 파괴할 수 있지만 그 본성을 거스르도록 강요할 수는 없다. 아마도 이 점에서 객관성을 가장 잘 보여주는 것은 자연일 것이다. 오늘날 교양은 이미 뻔한 사실로 판명이 난 것을 한없이 반복 실험해서 똑같은 사실을 찾아내는 헛수고를 하고, 똑같은 방식으로 분명한 사실을 끊임없이 역사적 객관성이라는 이름으로 과거사에 현재를 꿰어 맞추는 헛수고를 한다. 니체는 경고한다. "역사가 일종의 꽃과 열매와 같은

79 같은 곳, 286쪽 참조.
80 같은 곳, 282쪽 이하.

보편적 사상 속에서 자신의 의미를 인식하지 말기를 나는 바란다. 차라리 역사의 가치는 아마도 알려진 일상적 주제, 즉 일상의 멜로디를 정신적으로 풍요롭게 풀어서 다시 고쳐 쓰고 고양시켜 포괄적 상징으로 높임으로써, 본래 주제 속에 있는 심오한 의미와 위력과 아름다움의 전체 세계를 예감토록 하는 데 있다."[81] 따라서 객관성은 더 이상 역사성에 있는 것이 아니라 예술적 능력과 창조, 경험적 데이터 속으로 기꺼이 몰입해 들어가 그 본성을 찾아내 객관적으로 그려내는 예술성에 있다.[82] 과거의 역사가 오늘의 재판관일 수 없고 세계의 재판관일 수는 더더욱 없다. "오직 현재가 가진 최고의 힘으로부터만 너희들은 과거를 해석할 수 있다."[83] 이것이 니체의 결론이다. 현재의 최고 권력자만이 현재뿐 아니라 미래를 설계할 수 있으며, 역사를 심판하고 세계를 심판할 수 있다. 현재의 최고 위력만이 현재를 황폐하게 하는 과거와 역사를 휴식케 할 수 있다. 현재의 문제를 해결하기 위해 과거나 역사를 뒤적일 필요도 없고, 역사가들에게 물을 필요도 없다. 위대한 인간의 이야기 속에 스스로 몰입해 그의 객관적 위력을 찾아내면 현대 교육의 덫, 역사적 교양의 덫에서 벗어나 그것을 잠재울 수 있을 것이다.

3. 파괴의 역사심판적 성격과 노동 비판

니체에게 역사는 살아 있는 모든 것을 파괴시키고 몰락시키는 파괴력

81 같은 곳, 288쪽. '정신적으로 풍요롭게'=geistreich.
82 같은 곳, 288쪽.
83 같은 곳, 289쪽 이하. '오직 현재가 가진 최고의 힘으로부터만 너희들은 과거를 해석할 수 있다'=Nur aus der höchsten Kraft der Gegenwart dürft ihr das Vergangenen denken.

이다. 파괴와 더불어 새로운 것이 탄생하지 않는다면 역사도 현재도 존재하지 않을 것이다. "역사적 정의의 심판은 언제나 소멸이다. 역사적 충동 뒤에 건설 충동이 결과하지 않는다면, 희망 속에서 살아 있는 미래가 만족스러운 토대 위에 자기 집을 짓도록 파괴되고 청산되지 않는다면, 정의가 홀로 지배한다면, 창조하는 본능은 힘을 잃고 용기를 잃게 된다."[84] 새로움은 파괴에서 시작되지만 파괴는 새로움을 소멸하는 힘이다. 과거에 머무르는 어떤 것도 파괴에 머무를 것이며 지식이나 종교는 물론 학문 일반도 과거의 덫에 잡혀 있는 한, 파괴의 잿더미에 있는 것이다. 새로움의 창조는 니체에 의하면 "사랑" 또는 "사랑의 환상"에 의해 가능하다. 말하자면 사랑이야말로 과거의 파괴적 위력을 상쇄하고도 남는 건설 위력이라는 것이다. 완전한 것과 옳은 것에 대한 무조건적 믿음 속에서만 인간은 무엇인가를 창조해낼 수 있다.[85] 창조가 예술의 본성이고 역사가 소멸의 본성인 한 예술은 역사에 대립된다. 이것은 역사가 소멸 속으로 사라지지 않고 부활하려면 예술의 옷을 입고 사랑과 믿음으로 재창조되어야 한다는 뜻이다. 어떤 학문이든 역사와만 관계 맺고 역사적으로만 고찰되면 생기를 잃고 소멸하고 만다. 역사적으로 기독교를 인식하는 것은 기독교의 소멸을 의미하고 역사적으로 예술을 이해하는 것은 예술의 파괴를 의미한다. 살아 있는 모든 생명체는 "비밀스러운 어떤 안개층"이 필요하며[86] 그에 대한 믿음과 표현에서 예술과 종교가 나타난다. 예술과 종교와 더불어 인간은 자신의 유아성을 극복하고 새로움의 세계로 성숙해간다.

현대인은 성숙해지는 대신 미성숙의 상태로 사는 데 익숙하고 안도하며 삶보다 역사를, 종교나 예술보다 학문이 지배하는 사회에 사는 데 더

84 같은 곳, 292쪽. '소멸'=ein Vernichten.
85 같은 곳, 293쪽. '사랑의 환상'=Illusion der Liebe.
86 같은 곳, 294쪽.

편안함을 느낀다. 삶의 질이나 내용이 단순하고 척박해진 것은 당연한 귀결이다. 예술적 광기와 환상에 의해 그려지는 삶이 아니라 학문과 역사적 교양에 의해 수동적으로 주조된 삶은 자유 인격이 아니라 유용성의 노예, 기능인의 노예로 전락한 인격이 그 주체일 뿐이다. 이것은 오늘을 결정하는 가장 대표적 사건으로 보이는 "가능한 한 유용한 공동 노동"에서 분명하게 나타난다.[87] 니체에 의하면 오늘날 노동의 체계화와 사회화는 역사와 역사적 교양과 교육의 피할 수 없는 결과이다. 인간은 이 시대의 천박성에 길들여지고 교육되어 스스로를 "노동 시장"에 진열하여 스스로를 상품으로 팔려 한다. 시장에서든 공장에서든 노동은 인간의 성숙을 방해하는 본원적 활동이다. 노동은 인간성의 눈을 멀게 하는 흉측한 수단이어서 국가와 전쟁과 정치의 하수인으로 내몰려도 그것이 무엇을 의미하는지 깨닫지 못하고, 음악과 예술을 음미하면서 진정한 인간이고자 하는 예술적 취향을 무지몽매하게 만들어버린다. 야만과 폭력과 강제에 의해 영혼이 닳아 문드러지면서도 구역질조차 하지 않는다. 이 한심한 상황을 초래한 장본인은 "흘러넘치면서 마비시키는 폭력적 역사화" 이외에 다른 것이 아니다.[88] 역사화로 채색된 공장화된 학교와 선생과 학생은 모두가 한통속의 노동자들로, 유용 노동에 투입된 노예들이며 이익만을 추구하는 노예 상인들이다. 이런 공장 노동자들에게 천재는 불필요하며 오직 분업 노동과 생산성과 이윤만이 그들을 하나로 묶어놓는다. 이런 사회는 결코 인간적인 사회도 아니고 창조적인 사회도 아니다. 그것은 죽음의 사회, 과거로 사라지고 말 역사적 사회이다.

우리가 인식해야 할 것은 죽음에 대한 기억이 아니라 삶에 대한 기억이며 이것이 인류를 되살려낼 희망의 메시지라는 사실이다. 삶은 종말

87 같은 곳, 295쪽. '가능한 한 유용한 공동 노동'=gemeinsame möglichkeit mutzbare Arbeit.

88 같은 곳, 296쪽.

이나 죽음이 그 목적지가 아니라 자유로운 욕망과 미지의 세계에 대한 동경과 희망이 그 목적지이다.[89] 이 삶의 기억은 모든 역사 또는 역사 그 자체를 단지 지나간 과거요 죽음으로 완전 부정하지는 않는다. 지금의 나와 나의 삶은 희망으로 설계되지만 과거의 산물이다. 지금의 "독일인"은 이름 없이 사라져 죽어간 이들의 후손이나 "침몰하는 고대의 후손"이 아니라 살아 있는 고대 문화의 후손이며 생동하는 고대 그리스 문화의 후계자이다. 따라서 이런 정신으로 그들에게 "자연적인 것과 인간적인 것"을 교육하고 교양해야 한다.[90] 새로운 시대, 새로운 정신을 수립하기 위한 자연적인 것과 인간적인 것의 교육 대신, 죽어버린 과거들을 뒤적이며 쓸모없는 과거들에 대한 감탄으로 도배한 역사 교육으로 오염된 문화계 일반을 일컬어 "역사의 과잉"이라고 하고 이것이야말로 살아 있는 것에 해악을 끼친다고 니체는 말한다.[91] 그러니까 역사 속에서 역사성이 아니라 비역사적인 자연성과 현실성으로 찾아내는 것, 이것이 진정한 교육과 교양의 과제라는 것이다. "그러나 거기에서(위대한 것과 자연적인 것과 인간적인 것의 원초 세계인 고대 그리스에서 - 필자) 우리는 본질적인 비역사적 교양의 현실을, 그럼에도 불구하고 혹은 그렇기 때문에, 말할 수 없이 풍요롭고 생동적인 교양의 현실을 발견한다."[92]

니체에 의하면 독일의 교육과 교양을 망친 전형은 헤겔 철학이다. 헤겔은 독일을 그리스 · 로마 문화와 기독교 정신을 세계사적으로 이은 마지막 역사적 후손이라고 역설했다. 게다가 헤겔은 역사를 "민족정신의 변증법"에 의해 "세계 심판"을 수행하는 정신이며 "스스로 실현하는 정신"이라 규정한다.[93] 니체의 이해대로 헤겔에서 역사가 자기 시대에 대

89 같은 곳, 300쪽과 비교.
90 같은 곳, 302쪽.
91 같은 곳, 254쪽 "역사의 과잉"은 "역사적 교양의 과잉"이다(같은 곳, 310쪽).
92 같은 곳, 303쪽.

한 정당화라면 자기 시대의 삶과 현재에 역사의 봉사를 서술한다는 점에서 니체 자신의 근본 의도와 다르지 않다.[94] 그가 비판한 것은 헤겔이 역사 과정 전체를 이끌어가는 신과 그 신을 만들고 완성하는 역사의 위력과 권력을 주장한다는 이해에서 시작한다. 이것은 역사를 절대 종교화하는, 다시 말해 그 앞에서 어떤 인간도, 현재도, 굴종적으로 무릎을 꿇을 수밖에 없는 폭력으로 간주하는 것과 다를 것이 없다는 것이다. 역사에 대한 절대화는 죽음에 대한 절대화일 뿐이라는 것이다. 세계니 역사니 할 것이 아니라, 오직 지금 숨 쉬는 인간에 대해서만 말해야 하고, 역사 과정이니 세계 과성이니 할 것이 아니라 지금 생성에 대해 말해야 한다는 것이다.[95] 역사의 종말로서 세계의 종말, 세계 심판은 논리적인 것이 비논리적인 것을 완전히 극복한 그 순간이겠지만, 아직 세상은 "비논리적인 것"이 지배하고 앞으로도 그러할지니 역사의 종말은 쉬이 오지 않을 것이라는 것이 니체의 생각이다.[96] 이념적 역사의 권력과 폭력으로부터 "우리 청년들의 권리"를 지켜 현재와 미래를 보존하기 위해 먼저 알아야 할 것은, 지금 현재가 "역사적 감각의 무절제(과잉)에 고통당하는데도 이런 과잉이 의도적으로 장려되고 촉진되고 이용하는" 그런 시대라는 사실이다.[97]

93 같은 곳, 304쪽.
94 니체는 헤겔의 역사 목적론과 그것의 교육적 효과를 비판하기 위해 역사적 인간 형성이라는 해석학적 개념을 헤겔적 변증법으로 이용한다. 그는 헤겔이 역사적 사실과 역사학을 자신의 이념 체계에 맞추어 재진술하여 역사 목적론화함으로써, 비판직 역사철학은 물론 삶과 생기의 현재성을 말살한다고 비판한다(H. Scheuerl, 75쪽 참조).
95 니체, 위의 책, 308쪽.
96 같은 곳, 314쪽.
97 같은 곳, 319쪽. '우리 청년들의 권리'=das Recht unserer Jugend.

4. 역사의 대안으로서 청년과 청년 교육

니체에 의하면, 역사 교육의 과잉에는 그것을 통해 청년의 혈기와 활력을 제거하여 자신들이 조정하기 쉽도록 길들이려는 기성세대의 문화 이기주의의가 감춰져 있다. 청년은 "불같은 정열, 반항심, 자기 망각과 사랑"을 본성으로 하고 그것으로 성장해간다.[98] 그런데 노·장년들은 과거와 역사를 무기로 청년의 본성을 말살하고 정열과 용기와 희망을 무화시킨다. 이것은 그들의 속임수이며 역사의 속임수이다. 교묘하게도 그들은 "역사 조망의 관점을 지속적으로 이동하면서 주위를 뒤덮고 있는 분위기를 제거함으로써 비역사적으로 느끼고 행동하지 못하게 하는" 방식을 사용한다.[99] 청년은 이 때문에 청년 본성을 잃고 타협과 밋밋함과 나태에 몸을 맡겨 장년이 되고 노인이 되고 싶어 하고 그렇게 되어간다. 늙은이의 목표는 구원도 희망도 아니다. 이것은 오히려 청년들의 특징이며 따라서 세계 구원과 희망을 가능케 하려면 이런 노인 이데올로기인 역사 과잉으로부터 용감하게 해방하는 것이다.

현대와 현대인은 역사 과잉의 결과이므로 그것이 내포한 위험을 고스란히 간직한다. 인간의 미성숙과 허약함에서 탈출하기 위해서는 역사를 통한 교육에서 과감히 탈피해야 한다. 저항이 강하면 강할수록 청년은 자신의 본성을 더욱 분명하게 되찾는다. 청년 교육은 역사적 교양에 대한 지식이 아니라 자기 도야의 교양 교육이어야 한다. 교양 교육의 목표는 결코 학자 양성이 아니다. 자유로운 인격체, 자유 교양인의 양성은 삶의 자연성과 본성에 대한 통찰에서 시작해야 한다. 잘난 체하고 아는 체하는 데 역사의 과잉은 훌륭한 도구이지만 진정한 젊음과 젊음의 인간

98 같은 곳, 319쪽. '불같은 정열, 반항심, 자기 망각과 사랑'=Feuer, Trotz, Selbstvergessen und Liebe.

99 같은 곳, 319쪽.

상을 교육하는 데는 독약이 된다. 니체는 당시 학교의 교과 내용과 교육제도의 문건들에서 교육의 획일성과 역사성 및 그 피해를 지적한다. 청년 교육은 미술관이나 박물관에 박제되고 전시된 역사적 유품들을 보여주는 것이 아니라 지금 현재 작가들이 직접 일하고 있는 작업장을 보여주는 것이어야 한다. 철저하게 연마하고 끊임없이 훈련해야 얻게 되는 숙련도 높은 삶이라야 손색없는 작품으로 형상화되는 것이다. 누구에게나 삶은 자기의 수제품이어야지 공장 제품이어서는 안 된다. 독일인은 지금 독일의 교육 때문에 문화를 가질 수 없으며 독일의 교양 때문에 교양을 가질 수 없다. 살아 있는 인간 대신 온통 죽은 개념들로 뒤범벅해서 그려낸 인간이 진짜 생명적 인간일 수 없듯이 온통 사라진 역사 이야기로 묘사한 인간이 구체적으로 숨 쉬고 활동하는 현존 인간일 수 없다. "나는 생각한다. 그러므로 나는 존재한다"라는 말은 "개념 공장과 단어 공장"의 현수막 글은 될 수 있어도 생을 대변하는 명제일 수는 없다. 이제 이 명제는 "나는 살고 있다. 그러므로 나는 생각한다"라는 생의 현수막으로 바뀌어야 한다.[100] 오늘날은 개념 존재나 텅 빈 존재가 아닌 생명력으로 꽉 찬 삶이 필요하다. 이 삶을 채우고 풍요롭게 하는 것은 역사도 개념도 아닌 오직 청년이다. "신도 아니요, 인간도 아니다. 오직 자신의 청년이다. 이 청년을 사슬에서 풀어주면 너희들의 청춘과 함께 삶도 해방된다. 왜냐하면 삶은 감옥 속에 묻혀 있을 뿐 시들어 죽은 것은 아니다. 너희 자신들에게 물어보라!"[101]

역사에 의해 시들어간 환자를 살리는 힘을 가진 것은 청년이며 바로 이 청년의 활력이 역사의 병을 진단해낸다. "삶의 조형력을 파괴하는 역사의 병"을 병인 줄 모르는 무지렁이와 학자들을 일깨우고 잃어버린 건

100 같은 곳, 325쪽. '나는 살고 있다. 그러므로 나는 생각한다'=vivo ego cogito.
101 같은 곳, 325쪽.

강과 자연을 되찾는 약을 가진 자가 바로 청년이며, 동시에 그 약으로 병자를 치료할 수 있는 자가 바로 청년이다. 역사의 병을 고치는 청년의 약을 니체는 "비역사적인 것과 초역사적인 것"이라고 이름 붙인다. 니체는 이것은 다음과 같이 정의한다. "비역사적인 것"은 망각할 수 있는 기술과 힘이며 자신을 경계 지어진 하나의 지평 안에 가둘 수 있는 기술과 힘이다. "초역사적인 것"을 나는 생성에서 시선을 돌려 현존재에 영원과 동일 의미의 성격을 부여하여, 예술과 종교로 화하도록 하는 위력들이라 부르고자 한다."[102] 그러니까 비역사적인 것은 인간이 자신의 생명력과 개성을 촉진시키는 것에 시야를 고정시키고 그 밖의 모든 것을 망각하는 재주와 힘이라면, 초역사적인 것은 인간 자신의 현존에 내재하는 영원한 것과 누구에게나 같은 의미를 가지는 것을 예술과 종교로 만드는 권력이라는 것이다. 여기서 학문은 설 땅이 없다. 니체가 보기에 학문은 역사병의 병원체이며 이 힘과 권력의 적대자이기 때문이다.[103] 학문은 사물의 진리를 밝힌다는 명목으로 이미 생성된 것, 역사적인 것에만 눈길을 주므로, 존재하는 것, 영원한 것을 보지 못하면서 망각과 지식의 죽음을 증오하는 독극물이기 때문이다. 생과 현존의 영원에 대한 믿음을 거부하고 개념의 성으로 삶을 지배하려는 학문 대신 삶을 본질로 하는 "삶의 보건학"이 요구된다.[104] 삶의 보건학은 역사병 때문에 시드는 삶을 비역사적인 것과 초역사적인 것이라는 "자연 해독제"로 회복시켜

102 같은 곳, 326쪽. '비역사적인 것과 초역사적인 것'=das Unhistorische und das Ueberhistorische.

103 같은 곳, 326쪽.

104 같은 곳, 327쪽. 니체가 여기서 삶의 보건학이 학문을 대신해야 한다거나 학문이 독이므로 사라져야 한다 하지 않고 "학문 옆에(neben die Wissenschaft) 가까이 놓인다"라고 한 것은 학문이 그가 주장하듯이 그렇게 독기가 있는 것은 아닐 수도 있다는 해석의 여지를 남긴다. '삶의 보건학'=ein Gesundheitslehre des Lebens.

건강하게 하는 목적을 가지고 있다.[105] 그리고 이 약사요, 의사가 바로 청년이다. 학문과 역사에 무식하기 때문에 어떤 개념과 학적 개념 체계에도 물들어 있지 않으며, 오로지 막무가내 활동과 투쟁과 다짜고짜 주먹질과 무절제와 거침이 그들의 희망의 특권이기 때문에, 역사병으로 무능하고 노쇠해진 현대를 활력과 삶의 충만으로 과감하게 치유할 수 있다는 것이다.

105 같은 곳.

4

청년성, 말과 글

초기 니체의 교육론은 미시적으로 보면, 당시 독일의 사회 교양과 교육제도의 비판이다. 그러나 거시적으로 보면, 고대 그리스의 비판적 사유의 교육 비판과 문화 비판의 시대적 재구성으로 이해할 수 있다. 이론과 실천은 독립적으로 분리된 것이 아니라 삶에서 하나로 일치한다는 그리스적 척도에 따라, 자기 시대의 문화와 교육이 근대적 학문에 의해 분열이 극단화되었다고 강조한다는 점에서 그러하다.[106] 삶의 통일성을 가장 생기 있고 발랄하게 연출하는 것은 청년이며 청년성이다. 이 청년성을 나타내는 원초적 기호는 문자에 대비되는 말이라고 니체는 이해한다.

1871/2년 겨울 학기 '플라톤 대화 연구 입문' 강의에서[107] 니체는 플

106 H. Scheuerl, 74쪽 참조.

107 니체는 이 글에서 플라톤의 사상을 빌려 처음으로 청년과 청년성의 의미를 분명히 한다.

라톤을 "청년들의 본래적 철학적 지도자"라고 평가하면서 그 이유로 학문에 대한 열정과 변증법적 사유와 교육을 들고 있다.[108] 플라톤이 서양 사상의 진정한 교육자라는 것은 새로운 주장이 아니다. 그의 대화록은 자기 사유의 단순한 객관적 기록이라기보다 당시 그리스 청년을 교화하기 위한 교육서요, 정신 계도의 지침서라는 평가는 이미 오래전부터 알려진 사실이기 때문이다. 아테네 청년을 타락시킨 죄목으로 처형된 소크라테스를 최고 스승으로 연출시킨 것은 단지 문학적 드라마의 효과를 극대화하기 위한 것만은 아니다. 니체는 특히 『파이드로스』를 "청년다운 성격"을 가진 중요한 저술 중 하나로 평가하면서[109] 그 이유를 "문자"에 대한 "말"의 우위를 강조하는 대목을 들고 있다.[110] 『파이드로스』에서 소크라테스는 문자 또는 쓰인 글보다 직접 진술되는 말이 생동성과 진리성에서 우위를 점한다고 주장한다. 소크라테스는 여기서 이집트의 문자 신화를 소개한다. 문자는 이집트 나우크라티스 지방의 토착 신 테우트의 발명품이다.[111] 테우트는 달의 운행과 시간을 주재하며, 수학, 천문학, 기술과 의술의 신이기도 하다. 일반적으로 그리스에서는 신의 서기로 알려져 헤르메스와 동일시되기도 한다. 테우트는 문자를 만들어 이집트의 파라오 타무스에게 찾아가 그 유용성을 설명하면서 도입할 것을 권한다.[112] 글자는 "상기와 지혜의 묘약(φάρμακον μνήμηςτε καὶ σοφίας)"이므로 글자를 배우는 것은 사람들을 더욱 지혜롭게 하며 기억력을 높여줄 것이라는 것이다.[113] 이에 대해 타무스는 문자란, 첫째, 상기가 아니

---

108 KGW, Bd. II-4, 7쪽. '청년들의 본래적 철학적 지도자'=der eigentliche philosophischc Fühler der Jugend.

109 KGW, II-4, 11쪽. '청년다운 성격' = Charakter der Jugendlichkeit.

110 KGW, II-4, 10쪽, Phaidros, 274b~278b. '문자' = Schrift, grammata, '말' = Rede.

111 '테우트'= Teuth, 이집트 신화에서는 Thoth.

112 '타무스'=Thamus.

라 암기를 도울 뿐이며, 둘째, 학도들에게 속견만을 불러일으킬 뿐 진리를 일깨워주지는 아니한다는 이유로 거절한다. 소크라테스가 이 신화를 소개한 이유는 분명하다. 글로 쓴 것, 즉 문자화된 것은 이미 알고 있는 것을 되짚어 기억해내는 것 이외의 효능이 없다. 게다가 글은 한번 기술되고 나면 자유로이 날아다니므로 들어야 할 것, 알아야 할 것과 그렇지 못한 것을 선택하지 않는다. 또한 글은 배움의 정열에 불타는 이들의 의문이나 물음에 어떤 올바른 대답도 주지 못한다.[114] 글은 진리 인식이 아니라 기만적인 거짓 억견으로 유도할 뿐 아니라, 부당한 공격에 대해 직접 스스로를 방어할 능력도 없다. 글 쓰는 것이 "멋진 유희(παγκάλη-παιδιά)" 이기는 하지만, 그 가치라야 건망증 생기는 노년의 나이에 대비해 학자가 기억의 수단들을 모아서 저장하는 것 이상은 아니니다.(276e) 니체가 주목한 것은 글이란 오직 알려고 하는 학자의 "기억을 위한 수단" 이라는 플라톤의 주장이다.[115] 『파이드로스』에서 글은 기성 학자, 이미 배운 자의 기억을 되살리는 보조 수단이지 무지한 자 또는 학생 교육이나 진리 탐구의 목적을 위한 진정한 매체가 아니다. 학생 교육은 글이 아니라 말이어야 한다. 진리에 가까운 것, 진리를 직접 보여주는 것은 말이지 글이 아니다. 글은 말의 모방일 뿐 진리의 직접 표현은 아니라는 점에서 모방의 모방일 따름이다. 따라서 글은 말과 교육의 보조 수단 그 이상이 아니다. 이 글은 니체가 당시의 지배적 플라톤 해석자, 특히 슐라이어마허의 플라톤 해석 비판의 한 부분을 이루는 것으로 그의 교육론과 직접 연관은 없다.

말과 글은 사태 표현의 관점에서는 직접성과 간접성, 현재성과 과거성의 특징을 가지나, 의식의 저장 관점에서는 망각과 기억의 본성을 나타

113 Phaidros, 274e.
114 Phaidros, 275d.
115 '기억을 위한 수단'=Erinnerungsmittel.

낸다. 말은 사태의 지금과 여기의 살아 있는 현재를 음성 또는 표시의 진술로 표현하지만, 동시에 표현과 더불어 과거 속으로 사라진다. 과거로 사라진 것을 되살려내는 것은 의식적 기억력이다. 그런데 기억은 개인 또는 문화에 따라 일정 특성과 한계가 있어서 생의 인식과 실천에 꼭 필요한 것만 되살려내는 것이 아니다. 생에 필요한 것은 버리면서 필요치 않거나 방해가 되는 것을 시도 때도 없이 떠올리고 불면의 밤을 보내는 일은 누구에게나 허다하게 있을 수 있다. 망각이 기억보다 중요하다고 한 번이라도 생각해본 이는 분명 어린애는 아닐 것이다. 반대로 꼭 필요한 사안인데도 도내체 기억이 나지 않는 경우도 부지기수이다. 기억이 망각보다 생에 더 유익하다고 한 번이라도 생각해본 이 역시 유아일 수는 없다. 다행인 것은 인간에게는 잊고 싶은 일을 망각하게 하는 술(디오니소스)이 있듯이 사라진 기억을 되살려내는 데 가장 탁월한 효능을 가진 문자(아폴론)도 있다. 일어난 사태를 깡그리 잊어서도 아니 되듯 모조리 기억해내서도 안 된다. 잊을 것은 잊고 기억할 것은 기억하면서 사는 것이 건강하고도 생명력 있는 삶이다(한심한 것은 꼭 그렇게 되지 않는 것이 보통 사람들의 습성이라는 것이다). 건강하면서 생기 찬 삶의 최선의 주체는 청년이다. 청년에게 중요한 것은 지금 여기의 생동하는 운동과 변화의 사태이다. 기억할 것만 기억하고 잊을 것을 잊는 것이 건강한 인간의 지표라면 그것은 청년이다. 온갖 것을 기억의 창고에 저장해놓은 역사의 글들과 그것을 제도화하여 교육하려는 기성 강단 교육을 과감하게 거부할 수 있는 이는 진정한 청년이다. 단순한 망각이 아니라 생의 활력을 위해, 잊어야 하되 잊히지 않는 것을 잊고, 기억해야 하되 기억나지 않는 것을 반조형화(反造形化 : 도취)하기 위해, 의도적으로 디오니소스와 대화하는 것은 청년의 특권이다. 이 특권을 철학적으로 정당화하는 것이 『파이드로스』의 '문자에 대한 말의 우위론' 해석에서 다져지기 시작하는 니체의 청년교육론이다.

부모 옆에 잠든 니체

제4장

니체의 역사 이해

1
역사적 교양과 병

니체는 「반시대적 고찰 II – 삶에 대한 역사의 공과」 서문에서 "나의 활동을 증가시키거나 직접 활기를 불어넣지 않으면서도 나를 가르치려고 하는 그 밖의 모든 것을 나는 증오한다"라는 괴테의 말을 인용하면서 이것을 역사 이해에 대한 자신의 사유 기초로 삼고자 한다. 괴테가 생기와 활동을 제거하거나 잠재우는 역사뿐 아니라 그 밖의 다른 모든 학설과 이론들을 포괄적으로 거부한다는 의미에서 이 말을 했듯이, 니체 역시 역사만이 아니라 학문과 문화 일반에 대한 지식과 인식을 '역사'라는 개념 속에서 진술한다는 점에서 그의 사상은 여타의 고전적 역사철학과는 근본적으로 성격을 달리한다. 「반시대적 고찰 I」에서는 현재를 지배하는 이성적 낙천주의와 세속주의가 생의 실존에 미치는 악영향을, 「반시대적 고찰 III」에서는 현재 대학과 문화계를 지배하는 타성적 교육 방식과 철학 교육의 난맥상과 그 극복의 대안으로서 쇼펜하우어의 인생과 사상 교육을, 「반시대적 고찰 IV」에서는 새로운 시대 사유와 문화의 활기찬 대안으로서 바그너의 음악 정신을 강조한다면, 「반시대적 고찰 II」에서는 역사 개념에 함축될 수 있는 인식과 이론에 대한 것들 중 실존적 삶의 활력과 생기를 억제하는 효과를 내는 모든 요소를 제거해야 한다는 사상을 서술한 것이다. 우리가 흔히 역사철학 서술로 알고 있는 그의 「반시대적 고찰 II」의 제목은 "삶에 대한 역사의 공과"이다. 이 글의 목적은, 실존적 인간 삶에 유용한 역사와 해로운 역사의 두 종류의 역사가 있는데 후자는 실생활의 영역에서는 물론 학의 영역에서도 추방해야 한다는 주장을 정당화하기 위한 것이다. 다시 말해, 우리는 "삶과 행위를 위해 역사를 필요로 하는 것"이지 그 반대, 즉 역사를 위해 우리의 삶이나 행위가 있는 것은 아니며, "이기적 삶과 게으르고 나쁜 행위를 미화하기 위해" 우리가 역사를 필요로 하는 것은 더더욱 아니라는 것이다.[1] 니체는 이 관점을 서술함에 합리적 논증이나 논리적 설명이 아닌 생활과 경험에서 가졌던 본인의 "느낌을 묘사하는" 방식을 택한다고 미리 말한다.[2] 물론 이 느낌은 "순수하고도 근본적인 것"이어서 많은 사람들에게 공감을 줄 것이라고 자신하면서도, "두 세대 이래 독일인들에게 인지되는 (……) 그처럼 강력한 역사적 추세"에 대한 비판이기 때문에 "반시대적 고찰"이라는 점을 분명히 한다.[3] 그는 느낌으로서 이 비판적 고찰로 "이 시대가 자랑하는 역사적 교양"이 사실은 "시대의 결함이며 질병이요, 결핍"이라는 것, 이 때문에 오늘을 사는 우리 모두가 "역사적 열병"에 고통당하고 있다는 것을 보여주고자 한다.[4]

1 *Unzeitugemessige Betrachtungen* II, (=UBII), 242쪽. 이 말은 학문적 고찰이 아니라 시적 서술이라는 뜻이기도 하다.

2 UBII, 242쪽. 진정한 역사적 사유는 생과 세계를 "의미와 힘과 아름다움"의 지평으로 끌어올리려는 것이다. 김정현, 『니체, 생명과 치유의 철학』, 책세상, 2006, 150쪽.

3 UBII, 242쪽. 이 글을 쓸 때가 1874년이니 이로부터 두 세대 전이면 1814년이다. 아직 랑케가 학문 활동을 하기 이전이니 "두 세대 이래"라 함은 헤겔에서 시작하고 그 이후 랑케에게서 확립, 만개하는 역사주의에 대한 비판을 겨냥하는 것처럼 보인다.

2

생의 자연성과 비역사성으로서 역사

1. 생과 역사적인 것

생명의 자연 본질은 순간적 현재에 접해 현존한다는 것이다. 동물에게 산다는 것은 어제에 대한 기억은 물론 내일에 대한 바람이나 계획 없

4 이런 생각은 쇼펜하우어의 '인식으로서의 역사는 세계는 물론 인간의 본질 이해에 아무 쓸모도 없다'는 사상에서 유래한다(A. Schopenhauer, *Die Welt als Wille und Vorstellung* 378쪽 참조). 니체의 '역사적 교양(historische Bildung)' 비판은 그때까지 돈독하던 부르크하르트와의 관계를 소원하게 만든다. 부르크하르트는 역사적 교양과 교육이야말로 모든 "인간화(Humanisierung)"의 필요조건이고 동시에 삶의 실천에서 생겨난 결과라고 강조한다(J. Burkhardt, *Weltgeschichtliche Betrachtungen*, Stuttgart, 1955, 260쪽. 니체와 부르크하르트의 관계에 대해서는, E. Salin, *Vom deutschen Verhängnis–Gespräch an der Zeitenwende* : Burkhardt - Nietzsche, Hamburg, 1959 참조). 역사적 교양은 생의 객관성을 찾아내고 이 토대 위에서 역사학의 과학화가 가능하다고 보는 관점을 비판한다(H. Schnädelbach, *Die Geschichtsphilosophie nach Hegel–Die Problem des Historismus*, München, 1974, 『헤겔 이후의 역사철학』, 이한우 역, 문예출판사, 1993, (=H. Schnädelbach), 105쪽 참조).

이 밤낮으로 또는 아침부터 저녁까지 "순간의 말뚝에 묶여" "쾌와 불쾌"에 따라 먹고 마시는 활동이니, 거기에는 우울하거나 권태로울 겨를조차 없다.[5] 살아 있는 것들에서는 쾌적함을 추구하고 불쾌를 해소하거나 피하는 것이 순간순간의 활동을 결정하는 최고 원칙이기는 하나, 생의 목적 자체가 쾌락과 행복이 아니며 활동의 지표가 쾌락을 따르고 있다는 것조차 생명체는 인식하지도 못한다. 바로 이런 사실, 즉 행복을 추구하지도 않고 활동의 원인과 방향에 대해 인식하지도 못하는 생의 자연성이 생명체로서 동물의 행복이라면, 이 행복의 근원은 "망각", 즉 잊어버리는 것이다.[6] 망각이야말로 생의 자연성이 내포한 생명적 본질인 것이다. 왜 어디서 태어났고, 누가 무슨 이유로 나를 낳았으며, 어찌하여 저곳이 아니고 이곳에, 저 때가 아니고 이때에 태어났으며, 어떻게 지금의 이곳에서 이런 모습으로 있는지, 지금 이 순간이 지나면 나는 어떤 모습으로 있게 될는지 하는 일체의 물음과 인식을 모조리 무화(無化)하는 것, 이것이 바로 망각이며 망각의 침묵이다. 이에 비해 인간은 과거를 잊지 않는 것이 인간 고유의 본성인 것처럼, 자기가 묶여 있는 매 순간순간이 과거의 산물임을, 또 그것이 미래의 과거로 떨어져 나간다는 것을 알아야 하는 것처럼 가르치고 배우며 살아간다. 사람들은 과거도 무(無)이고 미래도 무이며 이 순간 또한 무로 흘러간다는 것을 기억해야 할 것처럼, 끊임없이 평화와 휴식을 잃고 전전긍긍한다. 무와 망각의 심연으로 사라져가는 삶의 과거 조각들을 굳이 되살려 고통받는 이를 역사적으로 사는 인간이라 한다면, 매 순간순간이 과거의 밤안개 속으로 영원히 사라지는 것을 직시하되 의식하지 않으면서 오직 현재에만 몰두하는 동물, 지금 여기 자신이 가지고 있는 모든 것을 현재화하여 있는 그대로 보

5 UB II, 244쪽. '쾌와 불쾌'=Lust und Unlust.
6 UBII, 244쪽. H. Schnädelbach, 99쪽 참조.

여주면서 숨길 것도 감출 것도 남겨놓지 않는 동물, 따라서 일체의 시간성에서 자유로이 해방된 것처럼 보이는 동물은 "비역사적으로 사는" 존재이다.[7] '비역사적으로 산다'는 것은 '무시간적으로 산다'는 뜻이며 있는 그대로 순진무구하게 산다는 의미이다. 이에 비해 역사적으로 사는 인간은 "과거의 거대한, 그리고 점점 더 거대해지는 하중"에 짓눌리는 느낌 속에 괴로워하며 살아간다.[8] 이 하중의 괴로움이 크면 클수록 인간은 거기 저항하면서 그것을 부인하고 잊기 위해 온갖 취미와 놀이 모임에 끼어들어 일시적으로 자신을 맡기기도 한다. 인간의 생의 자연성은 결코 이런 모습이 아니다. 잊어버릴 과거도 애타게 기다릴 미래도 없이 "과거와 미래의 울타리 사이에서 행복에 넘쳐흐르는 맹목성"으로 유희하면서 놀이에 열중한 어린 시절이 누구에게나 있을 것이다. 하지만 아이는 너무도 빨리 "망각"에서 강제로 쫓겨나면서 파라다이스를 잃고 "투쟁과 고통과 권태"와 눈물의 골짜기로 끌려 들어온다.[9] 이때 아이는 현재와 미래가 "결코 완성되지 않는 미완료 과거"의 "암초"라는 것을 뼈저리게 배우고 각인한다.[10] 이것은 삶의 자연성에게도 현존재에게도 하나의 재앙이다. 이 재앙을 벗어나는 길, 다시 말해 죽지 않고도 이 재앙을 벗어나 행복하게 살 수 있는 길이 전혀 없는 것은 아니다. 살아 있다는 사실만을 행복으로 여기고 어떤 고통이나 수치심도 다 버리고 주어진 순간순간을 주인 없는 신전의 개처럼 어슬렁거리고 사는 것을 최고

7 UBII, 245쪽. '비역사적' = unhistorisch.
8 UBII, 245쪽.
9 같은 곳.
10 같은 곳, '죽음'이야말로 망각의 거대한 바다이기는 하지만, "현재와 현존재(die Gegewart und das Dasein)"를 영구적으로 말살시킨다는 것과, 현존재를 단지 과거적인 것으로, 즉 현재성의 부정으로 고착화시킨다는 두 가지 이유 때문에 니체에게서 거부된다. '결코 완성되지 않는 미완료 과거' = ein nie zu vollendendes Imperfectum.

삶이라고 실천으로 입증하려 했던 견유학파를 생각해보라.[11] 불쾌와 욕망과 결핍과 목마름을 잊어버리고 자신의 본성으로 되돌아올 수 있는 유일한 위력은 "망각할 수 있다는 것, 좀 더 유식하게 말하자면 자신의 지속을 비역사적으로 느낄 수 있는 능력"이다.[12] 이 점에서 생명체의 행복, 특히 인간의 행복은 망각의 크기와 양에 비례한다고 할 수 있다. 가장 불행한 사람은 지나간 크고 작은 매사를 망각하지 못하는 사람이요, 가장 행복한 사람은 자기의 모든 과거를 잊어버리는 사람인 것이다. 망각 없이 생성을 보려는 자는 생성의 어지러움과 고통일 뿐이며 망각으로 생성을 보려는 자는 끝없는 새로움에 휩싸인 환희이다. 생성의 화려함은 시간 속을 흐르는 물리적 · 생리적 운동이 아니라 그것의 해소를 초래하는 망각의 운동 속에서만 제대로 나타나 보이기 때문이다.

역사란 과거의 사건이며, 사건 진행이요, 그 이야기이다.[13] 잠 못 이루는 불면의 밤을 보내는 사람은 바로 과거의 사건과 그 진행과 이야기에 결박되어 끝없이 되새기는 자이다. "역사적"이란 과거의 사건과 그 진행 및 옛이야기에 밀착된 일체의 기억 사태이며, 이런 성향이 지나친 인간은 끊임없이 과거사를 토하고 되새김질하며 밤낮으로 불면증에 시달린다. 이것은 역사적 기억에는 한계가 있어야 한다는 메시지이며, 기억이 지나쳐서는 안 된다는 경고이기도 하다. 다시 말해 "불면과 되새김질"로서의 역사병 징후는, 과거 반추에 어떤 한도가 있어서 이 한도를 넘어서면 살아 있는 것은 손상을 입고, 한 인간이든 한 민족이든 한 문화든 궁극적으로 몰락해버린다는 것을 보여준다.[14] 니체는 여기서 기억으

11 같은 곳, 245쪽.

12 같은 곳, 246쪽. '잊을 수 있다는 것' = das Vergessen-können, '자신의 지속을 비역사적으로 느낄 수 있는 능력' = das Vermögen, während seiner Dauer unhistorisch zu empfinden.

13 니체에서 역사는 "사실이기 이전에 사건"이요, 그것도 근본적으로는 "권력 의지인 삶의 사건"이다. 이진우, 『실험적 사유와 극단의 사상』, 책세상, 2009, 201쪽.

로서의 역사와 망각으로서의 비역사가 일정 조화를 이루어야 한다고 주장한다.[15] 과거의 모든 것을 기억으로 되새기면서 살아갈 수 없듯이, 그렇다고 과거의 모든 것을 깡그리 잊어버리면서 살 수도 없다는 것은 우리의 상식이다. 이 경계가 기억의 한도이면서 동시에 망각의 정도로서 조화이다. 니체는 이 한도와 정도 결정의 지표를 유연한 "조형력"의 크기로 이해한다. "조형력은 스스로 고유한 방식으로 성장하고 과거의 것과 낯선 것을 변형시켜 자기 것으로 만들며 상처를 낫게 하고 잃어버린 것을 대체하고 부서져 나간 형식들을 스스로 복제할 수 있는 힘"을 뜻하며 이 힘이 하나의 인간과 하나의 민족, 하나의 문화의 창조적 생명력을 결정한다.[16] 이 힘이 없는 사람이나 문화는 작은 자극의 체험이나 고통에도 회복 불능의 상처를 입으면서 쇠망하지만, 반대로 이 힘이 강인한 사람이나 민족은 어떤 강력한 재난의 체험에서도 그것을 극복하여 자기 것을 더욱 살찌우는 자양분으로 삼을 수 있다. 요컨대 이 힘이 강할수록 역사적 의미는 약해지며 역사를 현재 자신의 현존을 위한 수단으로 만든다. 이 힘을 내면적 본성으로 강인하게 갖춘 사람이나 민족은 남의 것이든 나의 것이든, 외래의 것이든 과거의 것이든, 모든 것을 자기 삶의 도구로 전환시킨다. 그들은 불가능하거나 할 수 없는 일 앞에서 절망하

14 UBII, 246쪽. '니체의 역사병과 그 치료학'에 대해서는, 김정현, 위의 책, 제5장 참조.

15 니체에서 역사 공과 판정 기준은 언제나 삶의 활력이다. H. Schnädelbach, 96쪽 이하 참조.

16 UBII, 247쪽. '조형력' = die plastische Kraft. 조형력은 '유연한 힘'으로 번역해도 좋다. 이 개념은 부르크하르트의 역사의 '연속성(Kontinuität)' 개념과 대립된다. 니체의 이 글이 왜 부르크하르트와 멀어지게 했는지는 자명하다(H. Schnädelbach, 100쪽 이하 참조). 니체에서 조형력은 생의 본성이다. 부르크하르트에서는 연속성이 정신의 본성이고 생은 이 정신에 의해 규정된다(Burkhardt, *Weltgeschichtliche Betrachtungen*, 260, 269쪽. 부르크하르트의 연속성 개념에 대해서는, H. M. Baumgartner, *Kontinuität und Geschichte–Zur Kritik und Metakritik der historischen Vernunft*, Frankfurt/M., 1961, 102쪽 이하 참조).

는 대신 그것을 "잊어버릴 줄 알거나", 혹은 인간의 능력과 정열과 배움과 목적 밖에 무엇인가 있다고 여기거나 믿는 대신 자기 힘에 의해 조정되고 통제되는 것으로 여긴다.[17] 강인한 생명력은 따라서 자기의 생의 활동 영역 내에 들어오는 일체의 것을 자신이 운용할 수 있는 하나의 지평으로 끌어들여 자기화하는 조형력과 같은 뜻이다.[18] 한마디로 말해서 삶의 활력을 위해 잊을 것은 미련 없이 잊고, 잊어서 안 될 것, 즉 반드시 기억해야 할 것은 기억하는 것, 이것이야말로 현존적 생과 문화의 기본 원칙이다.[19] 역사 비판의 글머리에 니체가 강조하던, 모든 것을 잊어야 할 것 같던 망각이 이 지점에서 비로소 중립적 관점, 즉 기억만큼이나 망각도 중요하다는 주장으로 완화된다. "(……) 비역사적인 것과 역사적인 것은 한 개인의 건강은 물론 한 민족과 한 문화의 건강을 위해서도 똑같이 필요하다."[20]

역사적인 것과 비역사적인 것이 개인과 민족과 문화에 다 같이 필요하다는 말은 니체에게서 물론 중립적으로 처음부터 끝까지 일관되는 주장은 아니다. 생과 현존의 본성은 역사성이 아니라 비역사성에 있고 이것을 생존의 바탕으로 하는 것은 동물이다. 게다가 동물은 이 비역사성 때문에 "최소한 권태와 왜곡이 없는 행복 속에 살고" 있으며 바로 이 점이, 다시 말해 "비역사적으로 느끼는 능력이 보다 더 중요하고도 근원적

17 UBII, 247쪽.
18 같은 곳.
19 이것은 부르크하르트의 사상이기도 하다. 니체 역시 문화가 집단적 기억의 산물임을 인정한다. 기억이 없으면 "문화의 전승 자체가 불가능"하다. 김용수, 『니체 문화철학의 수용과 영향사』, 정동호 외, 『오늘 우리는 왜 니체를 읽는가』, 책세상, 2006, 474쪽.
20 UBII, 248쪽. '비역사적인 것과 역사적인 것은 한 개인의 건강은 물론 한 민족과 한 문화의 건강을 위해서도 똑같이 필요하다'=das Unhistorische und das Historische ist gleichermassen für die Gesundheit eines Einzelnen, eines Volkes und einer Cultur nötig.

능력"으로 자리매김되는 것이다.[21] 건강한 일상인은 제 눈의 안경인 세계를 경험하고 체험하면서 살아간다. 체험과 경험 내용을 완전하게 망각하지 않고 필요한 만큼만 기억 창고에 저장하고 필요할 경우에 꺼내 쓰면서 살아갈 때, 그는 정상적인 건강한 삶을 사는 것이고, 이 면에서 그는 동물적 삶을 사는 것이다. 그의 경험과 체험이 지엽적이고 편향적이어서 일반화될 수 없다는 사실이 그에게 별문제 될 것은 없다. 오히려 체험의 편향성과 지엽성이 그 자신의 개성 있는 주체적 삶을 형성하기 때문이다. 결국 '비역사적인 것'은 "생을 생산해내고 산출하면서 그것을 감싸 안는 분위기"와 같은 것으로, 이 분위기가 깨어지면 생의 활력도 깨어지는 것이다.[22] 그렇다고 인간이 동물과 하나의 합동을 이루는 것은 물론 아니다. "생각하고 숙고하고 비교하고 나누고 합하는 것"이 인간의 고유 습성이고 이 습성은 '비역사적인 것'을 역사적으로 제한한다.[23] 문제는 이 제한이 지나쳐서 "역사의 과잉"을 초래하고 유포하는 데 있다.[24] 삶을 위해 과거를 이용한다는 구실로 일어난 온갖 사건들을 역사로 만들면서 역사가 넘쳐흐르고 이런 상황에서 인간은 인간이기를 멈추고 짐승보다 더 한심한 비인간이며 반인간으로 전락하게 된다. 비역사적 근원적 생의 포대기조차도 파괴되기 때문이다.

21 UBII, 248쪽.
22 같은 곳, 248쪽. '감싸 안는 분위기' = ein unhüllende Atmosphäre. 부르크하르트에서도 생은 역사적 총체성의 토대이기는 하나, 역사적인 것의 이해와 설명의 토대는 아니다. 이와 달리 니체에서 생은 역사학의 존재 가치와 의미를 판정하는 지표가 된다. 즉, 생은 역사학을 규범적으로 평가하는 원리이다(H. Schnädelbach, 96쪽).
23 UBII, 249쪽.
24 '역사의 과잉' = ein Übermass von Historie.

2. 초역사적인 것

모든 것을 망각하고 순수하게 생의 자연성에 따라 비역사적으로 사는 것이 짐승이라 한다면, 모든 것을 역사로 기억하고 생의 자연성은 문제조차 삼지 않으면서 기억의 전 내용을 인식으로 체계화하려는 이를 역사학도라 할 수 있을 것이다. 이에 비해 모든 것을 망각하는 것이 아니라 대부분은 망각하되 오로지 하나, 그것이 사물이든 사상이든 오로지 하나를 위해 주어진 순간순간을 정열적으로 소모하고 태우는 자는 비역사적 토대 위에서 역사를 초극하는 삶을 창조해낸다는 점에서 진짜 사람인 "초역사적" 인간이다.[25] 그는 생의 순간과 현존을 중시하되 그 자연성에 강제적 타율적으로 매이지 않는다는 점에서, 그리고 자기 앞의 세계 안에서 수동적으로 변화하는 것이 아니라 그 세계를 능동적으로 자유로이 바꾸어나간다는 점에서, 비역사적이며 동시에 그것을 초월해 넘어선다.[26] 생의 안락이나 행복 때문이 아니라 오직 자기가 지향하는 대상에 대한 맹목적 열정 때문에 그는 행동하며, 누구의 어떤 평가에도 아랑곳하지 않으면서, 심지어는 자기 행위에 대한 자신의 평가조차 의심스러운 때에도 그 행위를 멈추지 못한다. 자기가 보기에도 남이 보기에

---

25 이 예로 니체는 "한 여성을 위해, 혹은 한 위대한 사상으로 인해 격정적 열정으로 이리저리 이끌리고 헤매는 어떤 한 남자"를 들고 있다. 여기서 '한 여성'을 '코지마 부인'으로, '한 위대한 사상'을 '쇼펜하우어 철학'으로 바꾸면, '한 남자'는 자연히 '니체' 자신이 된다. 코지마에 대한 사랑이 맹목적 비역사적이지만 동물적이지 않고, 자기의 모든 감성과 지성과 기억이 그녀 주위를 맴도는 순환 운동이며 활동이라는 면에서 역사를 뛰어넘는 초역사를 이룬다. 쇼펜하우어 경우에도 사정은 같다. '초역사적' = überhistorisch.

26 부르크하르트는 정신은 물론 생 또한 역사를 초월해 존재할 수 없다고 생각한다(*Weltgeschichtliche Betrachtungen*, 7쪽 이하, H. White, *Metahistory-The historical Imagination in Nineteenth-Century Europe*, The Johns Hopkins University Press, Boltimore, 1979, 『19세기 유럽의 역사적 상상력-메타역사』, 천영균 역, 문학과지성사, 1991, 632쪽 이하 참조).

도 무의미한 순환적 반복 행위의 목적은 불투명하고 애매하지만, 이 반복 행위는 단지 동물적 본능이나 기억력 없음 때문이 아니라 놓칠 수 없는 그 대상을 향한 기억 때문이며, 이 행위는 비역사적이되 동물적인 것은 아니다. "이것은 세계에서는 가장 부당한 사태이며 지나간 과거에 대해서는 편협하고 감사할 줄 모르는 상태이다. 위험에 대해서는 눈먼 맹목이고 경고음에 대해서는 듣지 못하는 귀머거리 상태이다. 이것은 밤과 망각의 죽은 바다를 휘젓는 하나의 살아 있는 작은 소용돌이이다. 이 상태는 그러나 철두철미 비역사적이고 반역사적이며, 부당한 행위뿐 아니라 정당한 행위의 모태이기도 하다. 그리고 그와 같은 비역사적 상태에서 먼저 갈망하고 추구하지 않고서는 어떤 예술가도 자기 그림을, 어떤 야전 장군도 승리를, 어떤 민족도 자유를 얻지 못한다."[27] 주체의 관점에서는 이런 상태야말로 단순한 사랑이나 정열이 아니라 어떤 것도 초극해버리는 신들린 것 같은 맹렬하고도 격정적 사람의 신적 활동의 상태이다. 만일 누군가가 모든 위대한 역사적 사건들은 거의 예외 없이 이러한 비역사적 본성의 격정적 분위기에서 탄생된다는 것을 배우고 체득하여 알게 될 때 "초역사적 관점"을 인식할 능력을 갖게 된다.[28] 그러니까 초역사적 관점은 위대한 역사적 사건들이 잡동사니 과거 역사에 대한 인식량과는 전혀 무관한, 그러나 격정적 사랑으로 자기 자신의 일을 지고의 사랑으로까지 이끌어간, 따라서 비역사적인 위대한 개인들이 만들어낸 역사라는 것을 알고 그렇게 행동하는 관점이다.[29] 이런 인식과

27 UBII, 249쪽 이하. '비역사적' = unhistorisch, '반역사적' = widerhistorisch.

28 같은 곳, 250쪽. 역사적인 것의 과대평가와 역사병에 대한 대안이 바로 초역사적인 것이다.

29 이 "비역사적 인간"은 헤겔의 "세계사적 개인"으로서 "영웅"의 의미 영역과 상당 부분 일치한다〔Hegel, *Philosophie der Weltgeschichte* I–*Die Vernunft in der Geschichte*, hrsg. von J. Hoffmeister, Hamburg, 1955, 97쪽 이하, Hegel, *Vorlesung über die Philosophie der Geschichte*, TW, Bd.12, (=Geschichsphilosophie), 44쪽 이하 참조〕.

실천의 관점을 '초역사적'이라 하는 것은, 더 이상 역사를 의식하지 아니하되 "모든 일어나는 사건의 유일한 하나의 조건인 행위자의 영혼 안에 있는 맹목성과 부정성을 인식하며", 또 구차하게 자신의 자연적 생을 구걸하거나 사회적 평가에 주눅 들지 않고 의연히 생활하는 단초를 갖기 때문이다.[30] 역사적 인간이 낙천적으로 역사의 진보와 진화를 믿고 과거에 대한 기억으로 현재와 미래를 재단하면서 신기루 같은 희망을 유지한다면, 초역사적 인간은 역사적으로 과거, 현대, 어느 시대든 상관없이, 지리적으로 인종적으로 국가적으로 어느 곳, 어느 나라, 어느 누구든 상관없이, 종교적으로 무엇을 신앙하든 상관없이, "어떻게 그리고 무엇을 위해 살았는가?"에 주관적이지만 진심으로 치열하게 답한 이들을 체험하고 스스로 고유의 실존적 답을 내릴 준비가 된 사람이다.[31] 역사적 인간이, 인간 현존의 의미는 "한 과정의 경과에서 점점 더 많이 드러나게 되며" 따라서 지금 현존재의 의미는 지금 이전, 즉 과거의 현존 양태에 대한 인식의 전체라고 믿고 또 그것을 통해 미래를 평가하는 데 비해, 초역사적 인간은 "과정 속에서 축복을 받는 것이 아니라 개별적 순간 하나하나가 모두 세상의 완성이며 종말이라고" 이해한다. 이제 초역사적 인간이 역사적으로 인간과 역사를 고찰하는 모든 방식에 반대하는 이유는 자명하다. 그는 인간 삶과 역사를 외적으로 일어난 사건으로 간주하여 그 과정의 끝을 희망의 완성으로 이해하고 설명하려는 것은, 인간 실존의 본성에 대해 아무것도 말하지 않는다기보다 그것을 은폐하는 것과 같다고 생각한다. 이에 비해 초역사적 인간들은 교육이나 가르침

30 UBII, 250쪽. '모든 일어나는 사건의 유일한 하나의 조건인 행위자의 영혼 안에 있는 맹목성과 부정성'=die Eine Bedingung alles Geschehens, jene Blindheit und Ungerechtigkeit in der Seele des Handelnden.

31 같은 곳. 이처럼 생의 활력에 따르는 인간 전형이 부르크하르트에서는 문화 개념이다. H. Schnädelbach, 101쪽 참조.

의 목적이 행복인지 미덕인지 참회인지 체념인지 통일된 합의를 가진 적도, 가질 수도 없지만, 그러나 지나간 것을 역사적으로 고찰하는 방식에 대항하여 한목소리로 동의하는 것은 '지나간 것과 현재의 것은 동일한 것'이라고 하는 주장이다. 이 말은 참으로 다양하게 표현되지만 "소멸되지 않는 유형은 항상 현재함으로써 불변적 가치와 영원히 동일한 의미를 가지는 정지된 구성물이다"라는 하나의 명제로 유형화된다.[32] 외적으로 일어나는 사건의 전개가 예나 지금이나 같다는 것이 아니라, 욕구와 고통과 절망과 기쁨과 쾌락이라는 성정(性情)에서도, 보고 듣고 느끼고 이해하는 지성(知性)에서도, 동서고금을 통해 인간 본성에서 달라진 것은 없다는 것이다. 수백 수천의 서로 다른 언어와 풍습이 있다 해도, 인간의 실존적 본성은 배워서 알려지는 것이 아니다. 초역사적 사상가가 "민족과 개인의 모든 역사를 그 내면에서 밝혀내고" 인간의 실존을 그 자체에서 고찰하여 "다양한 상형문자의 원초적 의미"를 해명하고 보여줄 뿐이다.[33] 역사든 역사학이든 삶과 그 실존에 기여하고 봉사해야 한다.[34] 역사가 삶의 수단이 아니고 목적이 된다면 그런 역사는 하나의 지배 권력이 될 따름이다.[35] 권력을 공고히 하기 위해 역사는 더욱 인식

32 UBII, 252쪽. '하나의 과정의 경과에서'=im Verkauf eines Prozesses. 역사는 단순한 과거지사가 아니라 현재의 관점에서 재해석된 현재의 이야기(Geschichte)라는 사상은 헤겔이 그 전형이다. 다만 이 이야기는 자유 이념의 전개 과정이며 그 이념의 실현이 역사적 현재의 완결을 주제화한다. 이념 전개의 과정 역사에서 "미래의 나라"인 미국이 제외된 것은 바로 역사의 현재성 때문이다. 이에 대해서는, Hegel, Geschichtsphilosophie, 114쪽 이하와, B. T. Wilkins, *Hegel's Philosophie of History*, Kornell University Press, 1974, 『헤겔의 역사철학』, 최병환 역, 서광사, 1995, 63쪽 이하 참소.

33 UBII, 252쪽.

34 철학 또한 마찬가지로 삶에 봉사하는 기술이어야 한다. 철학은 "삶을 위한, 삶에 의한 해석이자 예술"일 때 비로소 진정한 것이다. 백승영, 『니체, 디오니소스적 긍정의 철학』, 책세상, 2005, 107쪽.

35 이진우, 『니체, 실험적 사유와 극단의 사상』, 책세상, 2009, 198쪽 참조.

의 권위적 외형적 체계를 정형화하게 된다. 이런 상황은 직업으로 먹고 사는 학자와 교수들에게 역사에 대한 공고한 인식의 대량화를 교육과 교양으로 격상시키는 것은 불가피할 뿐 아니라 필요하다는 믿음을 준다. 이제 역사가 삶에 봉사해야 하며 이럴 때만 역사는 사실 그 자체와의 만남이라거나 수학적 학문처럼 명석판명하다거나 또는 확실한 진리라는 황당한 주장을 누구도 하지 않게 된다.[36]

36 UBII, 253쪽 참조.

3
니체의 역사 이해 유형론

1. 기념비적 역사 이해

학문은 본시 인간의 실천적 삶을 위한 도구로서 탄생한 것이지만, 어느 때부터인지 그 자체 존재의 목적을 얻게 되고 그때부터 인간의 삶이 학문의 수단으로 전락하게 되었다. 이런 성격을 가장 첨예하게 보이는 학문이 철학이라면 그 두 번째가 역사학이라 하겠다. 『비극의 탄생』에서 철학이 아니라 예술, 그것도 음악 정신을 토대로 한 예술로 되돌아갈 때 비로소 삶은 풍요를 느끼고 즐길 수 있다고 강조된다면, 「삶에 대한 역사의 공과」는 단지 불필요한 것이 아니라 인간의 생동성을 해치는 파괴적인 역사와 역사학에 관한 비판을 과제로 한다. 사마천이나 헤로도토스뿐 아니라 대부분의 고전 역사가들이 일어났던 일들을 기록하여 후세에 전하려 했던 것은 이를 거울삼아 후손들이 현세와 미래에 대해 해서는 안 될 일과 해야 될 일을 알도록 하기 위함이었다. 그러나 세월이 지나면서 또 역사 서술의 특징상 사실과는 다른 사관이나 의도 및 이해관계가 개입되고 그 진위를 판별하려는 인식적 관심이 더해지면서 역사는 역사학으로 전개된다. 이렇게 역사학이 전문화되면서 일상인의 생의 좌표로서의 목적의식이 이 학문에서 사라져버렸다. 니체가 삶을 위한 역사와 삶에 해를 끼친 역사를 구분한 것은 이 점에 주목한 때문이다.

널리 알려져 있듯이 니체는 역사 이해를 '기념비적 역사'와 '골동품적 역사', 그리고 '비판적 역사'의 세 종류로 나눈다.[37] 역사 이해의 방식은 역사를 필요로 하는 개인 고유의 이해관계와도 연결되어 있다. 어떤 이들은 자기의 욕망과 의지 관철을 위해 적극적이고 능동적으로 투쟁하면서 자신이 기댈 수 있는 확고한 신념과 활력을 가진 자를 지금 여기의 현실 속에서 찾을 수 없다고 여기고, 그 전형을 역사 속에서 찾는다.[38] 이들은, 그가 살고 있는 시대는 너무도 타락하고 추악해서, 자신처럼 보다 높은 뜻과 의지를 품고 그것을 관철하기 위해 정열적으로 행동하고 실천하는 자는 있지도 않다고 생각하면서 자신의 스승은 역사 속에 있다고 여긴다. 이들은 대충 살아가면서 환락과 안락을 즐기는 일상인들을 천한 것들로 경멸하며 존경과 명예를 존중한다. 따라서 이 부류의 사람들에게 삶의 목표는 개인적 행복이나 안락이 아니라 명예의 전당 속에 근사한 조각상으로 남을 수 있는 위인이 되는 것이며, 이들은 스승을 찾기 위해 또 스승으로 추앙받기 위해 역사를 배우려 한다. 역사에 위인으로 남는 것이야말로 영원히 사는 것이라는 믿음은 순간의 쾌락과 일상생활을 헛된 것으로 보고, 역사를 영원으로 간주하면서 자신의 모습이 생의

37 UBII, 254쪽. 이것이 역사 이해의 방식인지 수용의 방식인지는 좀 더 따져보아야 한다. 분명한 것은 역사 서술의 방식은 아니다. '기념비적 역사'=eine monumentalische Historie, '골동품적 역사'=eine antiquarische Historie, '비판적 역사'=eine kritische Historie.

38 니체는 실러와 괴테를 이런 타입의 인간으로 본다.

기념비로 세워지기를 염원한다. 그들에게 순간은 헛된 것이 아니라 영원의 한순간이어야 가치 있으며 그러기 위해 매 순간 최선으로 투쟁하고 역사적 순간을 역사적 영원으로 바꾸어야 한다고 다짐하며 그렇게 행동한다. "개인들의 투쟁 속에서 위대한 계기들이 하나의 사슬을 이루고 수천 년 동안 인류의 맥을 이어온다는 것, 나에게는 이미 오래전에 지나간 하나의 계기의 최고가 아직도 생동적이고 밝고 위대하다는 것, 이것이 기념비적 역사의 요구에 일치하는 인간성에 대한 신앙의 근본 사상이다. 그러나 위대한 것은 영원해야 한다는 이 요구에서 가장 공포스러운 투쟁이 불붙는다. 왜냐하면 아직 살아 있는 모든 것들은 그렇지 않다고 소리치기 때문이다."[39] 기념비적 역사는 역사를 자신의 명예와 욕망과 권력을 더욱 공고하고 확고히 하기 위한 수단으로 이용하되 지금 현재 힘 있고 권력 있거나 혹은 앞으로 그럴 가능성이 충분히 있다고 여기는 그런 이들의 이해 방식이다. 그들은 지금 여기 있는 현존재를 존중하지 않는 삶이 아름답다는 교훈을 역사에서 배우고 자신의 역사를 보여줌으로써 현재와 미래 세대를 가르치려고 한다. 분명 이런 이해는 역사 자체가 아니라 그들 자신의 역사에 대한 믿음과 인식으로 스스로의 삶의 행동과 업적에 자부심을 가질 수 있고 부분적으로 이 깨달음을 후대 또는 여기저기에 이전할 수도 있다. 그러나 세상에는 기념비적인 것이 아니라 일상적이고 하찮은 일들과 그런 일들로 세월을 허비하며 사는 비천한 사람들이 훨씬 더 많다. 마지막이 죽음으로 끝나는 것이 자명한 사실임에도, 그들은 생을 놓지 않으려 한다는 점에서 생의 노예이며 이런 태도가 유한한 인간의 진정한 삶의 태도일 수 있다.[40] 이것은 기념비적 역사 이해가 단지 "모든 시대의 위대한 것이 상관관계와 연속성을

39 니체, 같은 곳, 255쪽.
40 같은 곳, 255쪽.

가진다는 믿음"일 뿐이며, "세대교체와 과거로 흘러감에 대한 저항"에 불과할 따름이라는 뜻이다.[41]

니체는 기념비적 역사 이해의 결정적 결함은 과거의 위대했던 사건이 오늘날(현재)에도 존재하며 미래에도 존재할 수 있다는 '추측'에 기초해 있으므로, 사실 관계에 문제가 있다는 것이다.[42] 현재적인 것은 그 고유의 길이 있기 때문에 과거의 것이나 미래의 것과 절대 연관성이나 연속성은 있을 수 없다. 과거의 것을 현재에 맞추려면 과거 사실 그 자체를 극단적으로 가공하여 바꾸어야 하고, 오늘의 것을 미래에 맞추기 위해서도 같은 일을 해야 한다. 이것은 인과관계의 왜곡이며 사실의 왜곡이다. 결국 기념비적 역사는 완전한 진리성을 사용할 수 없다. 왜냐하면 이 역사는 전적으로 다른 것을 유사하게 만들고 일반화하여 결국은 똑같은 것으로 만들어버리는 것이기 때문이다. 기념비적 역사는 "원인을 대가로 결과를 기념비적으로, 다시 말해 모범적으로 그리고 모방할 가치가 있는 것으로 세우기 위해 주제와 동기의 차이를 약화시키게 된다. 그래서 기념비적 역사는 가능한 한 원인들을 간과하기 때문에, 과장하지 않고 표현한다면, 모든 시대에 효과를 나타내는 사건에 관해서라기보다 효과 그 자체의 쌓아올림이라 부를 수 있을 것이다."[43]

역사 속의 어떤 사건을 위대함으로 덧칠하고 그것을 현재와 미래의 지표로 설정하는 것은 한편으로는 "유추를 통한 기만"이지만, 다른 편으로는 "일상적 현재와 과거의 평범함에 대한 폭력이요, 사실 자체에 대한 횡포"일 수 있다.[44] 과거는 사라짐 속으로 흐트러져 없어지며 "미래와 우

41 같은 곳, 256쪽. '세대교체와 과거로 흘러감에 대한 저항'=ein Protest gegen des Wechsel der Geschlechter und die Vergänglickeit.

42 같은 곳, 참조.

43 같은 곳, 257쪽 이하. 민족 국경일은 이 효과의 전형이지만 원인 결과의 역사적 결합이 아니다.

연의 주사위놀이에 결코 동일한 것이 나올 수 없다"는 것을 인정한다면, 기념비적 역사의 위험은 자명하다. 그것을 인용하는 자의 주관적 의도에 따라 진실이 왜곡되고 변형되고 치장된다는 것이다. 교활하고 이기적인 자가 권력을 장악하고 이런 역사를 자기 목적 실현의 수단으로 사용하면, 그 나라는 "전쟁과 혁명"으로 혼란의 극에 도달하게 된다.[45] 반대로 무능하고 어리석은 자가 이런 역사를 권력이 아니라 예술에 들이댈 경우, 창조적 예술가들이 입는 피해는 치명적이다. 진정한 예술가만이 삶을 위해 역사를 배우고 그것을 필요로 하기 때문에 그들에게는 역사의 기념비나 기념비적 예술사는 무의미하다. 예술과 삶의 독창성에도 위배되고 우상 파괴의 자유정신에도 위배되기 때문이다.[46] 기념비적 역사 숭배자들이 많아지면 질수록 예술가는 범죄자 취급을 받을 수밖에 없다. 그들은 현대적인 것은 아직 기념비적일 수 없고 역사의 권위도 없으며 예술사적 규준도 결여되어 있다고 여론몰이를 하기 때문이다. 니체에 의하면 그들은 "예술 일반을 제거하려고 하므로 예술 전문가들로, 또 의사로 행세하지만 근본적으로는 독살을 노리고 있는 것이다."[47] 위대한 것이 과거에는 있었지만, 지금도 미래에도 아직 나타나지 않는다고 한다면 이것은 실은 위대한 것의 탄생도 탄생의 희망도 존재하지 않는다는 뜻이다.

44 같은 곳, 258쪽.
45 같은 곳.
46 같은 곳, 참조.
47 같은 곳, 260쪽.

2. 골동품적 역사 이해

골동품적 역사 이해는 관습을 중시하고 예로부터 존경받는 것들을 보존하면서 과거를 가꾸고 돌보는 태도에 그 본성이 있다.[48] 이런 이해를 가진 이들은 자신들이 살고 성장해온 땅과 그 땅의 역사를 "충성과 사랑"으로 존경하고 보듬으면서 지금 "그 자신의 현존재에 감사"드리는 마음으로 충만해 있다.[49] 그들은 자신과 자신이 있게 된 조건들을 손상 없이 보존하여 후손들에게 전해주려 한다. 그가 자란 곳의 역사는 비록 하찮은 것이라 해도 조상의 역사이며 자기 자신의 역사요, 후손들의 역사이므로, 적어도 그에게는 사소한 것일 수 없다. 그곳 어디에든, 어떤 것이든, 조상의 영혼이 깃든 것이며 그곳에서 일어났던 사건들 역시 조상과 나의 영혼이 깃든 것이기 때문이다. 이들은 자신의 존재뿐 아니라 인격과 생활 전체가, 과거와 현재와 미래가 그들이 살던 땅의 산천과 관습과 제도에서 탄생했다는 사실을 잊지 않는다. 뿐만 아니라 여기 있는 모든 것들이 앞으로도 결코 사라지지 않으며 사라져도 아니 된다고 여기기 때문에 그 보존을 위해 헌신한다. 이런 이에게 개인으로서의 개성적 존재는 그리 중요하지 않다. 나 개인이 아니라 "우리" 공동체만이 영원하며 따라서 "가족 정신, 부족 정신, 도시 정신"으로 자신을 느끼고 자리매김한다.[50] 이들은 오늘날 더 이상 사실 자체의 확인이 어려운 안개 속 고대의 이야기와 역사조차 추론과 유추와 비교로 흔적을 찾아내고 재현하려고 한다. 이런 태도야말로 그들 자신의 삶의 현존을 위해 역사를 이용하는 훌륭한 예가 될 수도 있다. 단순히 사실 자체의 발견에 목적

48 같은 곳.
49 같은 곳, 261쪽.
50 같은 곳, 아마도 이것은 헤겔의 인륜 정신, 특히 민족정신에 대한 비판을 시도하는 것 같다.

이 있는 것이 아니라 지금 현재의 이곳에 대해, 또 이곳에 사는 이들의 생동적 활기를 확립하기 위해, 그 땅과 선조들의 역사를 찾아내 되살리려 하기 때문이다.

니체는 이런 태도가 "역사적 골동품적 존경심"에서 유래한다고 이해한다.[51] 이 존경심은 모든 역사에 다 적용되는 것이 아니라 자기가 살고 있는 땅과 그 조상들의 특정 역사에 대한 경외감에 근거한다. 그는 특히 독일 고대사에 대한 새로운 연구와 평가에서 당시 주도적 역할을 한 이들의 태도를 비판한다. 고고학자들이 유적지를 탐사하여 유물들을 찾아내듯이 베일에 싸여 있던 고대의 흔적들 속에서 독일의 정신과 용기를 찾아내고 그것이 이 땅은 물론 이 땅에 살던 사람들과 외면적 관계 속에서 어떤 방식으로 나타나고 전개되는지를 밝혀내고 음미한다. 내면에는 강력한 뿌리 의식과 민족의식, 즉 지금 이 땅에서 일어나는 모든 일들과 현존재들이 우연한 사건들이 아니라 조상의 얼과 영혼과 문화를 이어 발전시킨 필연의 결과이며 따라서 제대로 보존하여 후손들에게 넘겨주어야 한다는 의지로 충만되어 있다.

발굴하는 이와 수집하는 이의 의도와 속셈이 서로 다르기는 하지만 골동품은 그것이 만들어진 용도대로 사용하려는 목적을 지금 현재는 가지고 있지 않다. 니체에서 골동품은 그것이 생성된 시대의 상황을 오늘과의 연속선상에서, 다시 말해 오늘 우리의 위치와 사정을 보다 더 선명하게 치장하기 위한 이들의 역사 모형이다. 이 역시 과거 그 자체로서 역사적 사실 인식을 지향하지 않으며 그럴 능력도 없다. 이 관점에서 역사가 생에 어느 정도 기여할지언정 현재적 맥락 전체에 대한 제대로 된 인식이나 이해를 주는 것은 아니다. "(……) 그리하여 우리는 기념비적 역사에서 지각했던 것, 즉 역사가 삶에 봉사하고 삶의 충동에 지배받는다

51 같은 곳, 262쪽. '골동품적 존경심' = historisch-antiquarische Verehrungssinn.

는 것을 여기서도 지각하게 된다. 좀 더 자유롭게 예를 들어 설명해보자면, 나무는 자기 뿌리를 보는 것 이상을 느끼는 것이다. 이 느낌은 그러나 보이는 가지의 크기와 힘으로 그 뿌리의 크기를 측정한다. 나무는 거기에서 이미 틀릴 수 있다. 그렇다면 나무는 단지 숲이 자신을 방해하거나 촉진시키는 만큼만 숲을 알고 느끼는 것이지 그 이상은 아니니 얼마나 자기 주변의 숲 전체에 오류를 저지르는 것인가? 한 인간의, 한 도시 공동체의, 하나의 전체 민족의 골동품적 감각은 언제나 하나의 제한된 시야를 가진다. 그 시야는 거의 모든 것을 지각하지 못하며 그가 보는 얼마 안 되는 것도 너무 가까이, 그리고 너무 고립시켜 볼 뿐이다. 이 시야는 나무를 측정할 수도 없고 따라서 모든 것을 똑같이 중요하다고 여기고 개별적인 것 각기를 지나치게 중요하게 여긴다."[52] 이 관점의 결함은 자명하다. 발굴해낸 유물들이 제각기 고유한 위치와 가치를 가짐에도 불구하고, 일반적으로 같은 중요도와 가치가 있다고 여김으로써 역사를 획일화하기도 하고, 반대로 그것들에 대한 존경심 대신 적대감을 가지고 무시하거나 내버림으로써 본래 의도였던 삶을 위한 역사의 공헌을 삶에 대한 방해로 전락시킬 위험이 있다. 삶을 파괴하는 방식으로 삶에 봉사하는 그런 역사 이해는 더 이상 올바른 태도일 수 없다. 골동품이 미라나 박제품이어서는 안 되며 단순한 장식물이어서도 안 된다. 진정한 이해의 방식은 존경심이나 적대감이 아니라 생명력의 활기에 기여하는 힘 위에 세워져야 한다. 결국 골동품적 역사는 "현재의 신선한 삶"이 혼과 영혼을 불어넣으면 생명을 얻고 그렇지 않으면 죽어버린다.[53]

52 같은 곳, 263쪽.

53 같은 곳, 264쪽. '현재의 신선한 삶=das frische Leben der Gegenwart. 여기서 생의 현재성과 존재자의 진리로서 생에 대한 헤겔 사유와 비교해보는 것도 흥미있다. 헤겔의 역사성과 생의 관계에 대해서는, H. Marcuse, *Hegel's Ontologie und die Grundlage einer Theorie der Geschichtlichkeit*, Frankfurt/ M., 1932 참조.

3. 비판적 역사 이해

과거에 있었던 것이나 사건에 대해 그 사료들을 맹목적으로 긁어모으는 것은 학문에도 삶에도 해가 될 뿐이다. 편집증적 고물 수집광은 그 자신과 제 식구는 물론 타인의 삶에도 위험하다. 과거의 역사를 삶의 역사이며 삶의 보존이라고 믿는다 해도, 지금 현재의 삶의 생동성과 창조성의 요구를 무시한다면 역사의 보존은 물론, 삶의 보존에서도 그 생산에서도 실패할 수밖에 없다. "골동품적 역사는 다만 삶을 보존하는 것만 이해하지 산출하는 것을 이해하지 못한다. 그러므로 이 역사는 생성자를 과소평가한다. 골동품적 역사는 기념비적 역사가 가지고 있는 본능, 즉 생성자를 알아내는 본능이 없기 때문이다. 그래서 골동품적 역사는 새로운 것에 대한 힘찬 결단을 방해하고 또 행위자를 마비시켜서 언제나 경선함을 손상하고 손상해야 할 행위자로 만든다."[54] 낡고 오래되었다고 모두 불멸적인 것도 아니요, 모두 다 가치 있는 것도 아니다. 옛 관습이나 제도 및 종교 등은 새로운 삶의 창조 능력을 유지하는 동안만 의미 있는 것이다. 우리에게 무엇보다 중요한 것은 현재의 삶이다. 현재적 삶을 억압하고 시들게 하는 일체의 고통과 부담을 떨쳐버려야 한다는 비판 의식으로 역사를 이해하려 할 때 비판적 역사가 나타난다.[55] 비판적 역사의 본질은 삶에 대한 봉사이다. "인간은 살기 위해 과거를 파괴하고 해소할 힘을 가지고 있어야 하고 때로는 그 힘을 사용해야 한다. 이것은 과거를 법정으로 끌어내어 고통스럽게 심문하고 유죄 판결을 내림으로써 도달된다. 모든 과거는 유죄 판결을 받을 가치가 있다 (……)."[56] 과거든 현재든 그 내용을 채우고 있는 것은 인간의 사건이며, 인간의 사

54 같은 곳.
55 같은 곳, 260쪽.
56 같은 곳, 265쪽.

건인 한 약점과 결함이 있게 마련이고 이런 것들을 찾아내 현재적 삶의 권력과 실존적 삶의 권력으로 판결을 내리는 것이다. 이 삶은 물론 인식적으로 진리요, 도덕적으로 선한 그런 권력이 아니라, "저 어둡고도 충동적으로 걸근대면서 스스로를 욕망하는 권력"이다. 요컨대 삶 자체는 인식도 도덕도 아니므로 옳고 그름이나 진위로 판정하는 대상일 수 없다. 삶이라는 권력의 판정이 "언제나 무자비하고 언제나 부당한" 이유가 여기에 있다.[57]

생이란 꼭 생겨나야 해서 생겨난 것도 아니고, 그렇다고 영원히 살기 위해 생겨나는 것은 더욱 아니다. 아무것도 생기지 않았으면 좋으련만, 기왕 생겨난 것이 소멸하는 것은 그럴 만한 이유와 가치가 있어서 일 것이다.[58] 이것이 생 밖에서 생겨난 삶과 생의 정당성과 부당성을 평가하는 것은 잘못이라고 하는 소이이다. 신의 건망증이 세상을 창조했는지 어떤지는 몰라도 "망각" 이야말로 삶의 생동성을 촉진시키는 생의 활력소이다. 그럼에도 그 생이 망각을 망각하고 역사에서 어떤 일이 일어났고 그 일이 왜 몰락했으며 그때 어떠한 제도와 계층과 문화가 왜 마땅히 소멸해가야 했는지 끊임없이 비판적으로 이해하려는 태도는 삶의 활력을 빙자함에도 불구하고 실은 삶의 쇠퇴를 초래한다. 이런 태도는 삶 자체에게도 위험하다. "과거를 재판하고 파괴하는 방식으로 삶에 봉사하는 사람들이나 시대들은 언제나 위험하고 위험에 처한 사람들이요, 시대들이다. 왜냐하면 우리는 옛날 세대의 결과이므로 그들의 과실의 결과이며 열정과 오류의 결과요, 심지어 그들이 저지른 범죄의 결과이기 때문이다."[59] 분명 인간이 과거의 고리로부터 절대적으로 단절되는 것

57 같은 곳. '저 어둡고도 충동적으로 걸근대면서 스스로를 욕망하는 권력' = jene dunkle, Triebende, unerstättlich sich selbst begehrende Macht.

58 같은 곳.

59 같은 곳, 266쪽.

은 불가능하다. 과거의 잘못과 오류를 찾아내 그것을 비판하고 단죄한다고 해서 우리 자신이 거기에서 유래한다는 사실 자체가 지워지지 않는다면, 우리 스스로 속에 과거의 유전인자가 본래적 천성으로 있다는 뜻이다. 역사 비판이 힘을 가지려면 이 본래적 천성에 대한 비판을 반성으로 바꾸어 새로운 천성을 정립하고 그것을 가꾸고 확산시켜나가는 것이다.

역사의 세 가지 유형은 역사 서술이나 역사학 서술의 방법론이 아니라 삶에 기여하는 역사에 대한 세 가지 이해 방식이다. 이 세 가지 방식이 삶에 기여하는 정도가 얼마만큼 다른지에 대한 명확한 니체의 설명은 없다. 어떤 때는 기념비적 역사가, 또 어떤 때는 골동품적 역사가, 또 다른 때에는 비판적 역사가 삶에 기여한다는 것, 그리고 각기 기여의 내용이 다르다는 것과 그 역기능, 즉 삶에 대한 봉사가 아니라 그 파괴적 측면을 가진다는 것을 니체는 서술할 뿐이다. 다만 여기서 설명된 역기능의 강도의 순서가 순기능의 순서와 반대로 되는 것에 주목하면 그 서술 순서가 결코 임의적이지 않다는 점을 우리는 알아차릴 수 있다. 기념비적 역사가 위대한 것을 창조하고 세우려는 정치, 사회, 문화적 권력자들의 지평이라면, 골동품적 역사는 보수적 고전주의 문인 또는 예술가들의 관점이다. 이와 달리 비판적 역사는 현재 중심의 일상인들이나 생철학적 역사관으로 이해할 수 있다. 어쨌거나 이 세 가지 역사 이해의 방식은 니체에서 역사적인 것에서 비역사적인 것, 초역사적인 것으로 이행하는 하위 단계로 설정된다. 생에서는 역사성이 아니라 실존적 생명성이 그 본질이기 때문이다.[60] 그러나 이 부분만으로는 다음의 문제가 해결되지 않는다. 역사에 대한 이해와 평가는 비역사적인가 초역사적인가? 역사에 대한 위의 세 가지 관점이 생에 기여하는 만큼 생을 파괴한다면 또 다른 역사 평가의 대안이 있는가? 있다면 무엇인가?

4
생의 자연성 회복

「삶에 대한 역사의 공과」를 니체의 역사관이나 역사 이론으로 진지하게 이해하려는 시각은 타당하지 않다. 이 저술은 역사에 대한 진지한 이론도 체계적 탐구도 아니며, 역사철학의 고유 주제들에 대한 논리적·논증적 서술을 목표로 하지도 않는다. 그럼에도 이 글은 이 시기 전후로 쓰인 다른 세 편의 「반시대적 고찰」과 공통된 목적의식 아래서 기획된다. "반시대적"이란 말은 19세기 초부터 보불전쟁 승리의 결과로 생겨나는 독일 제국의 탄생 수년 후인 1876년까지 문화와 교육의 독일적 분위기에 대한, 생철학적 관점에 입각한 니체의 비판을 함축하는 용어이다.[61] "반시대적"은 '시대에 반한다'는 뜻이 아니라 일상 언어의 의미에

60 정동호, 「니체의 삶과 사상」, 정동호 외, 『오늘 우리는 왜 니체를 읽는가』, 책세상, 2006, 51쪽 참조.

61 니체 역시 19세기 독일인을 위한 참된 교육자는 헤겔의 문하생이라고 평가한다 (칼 뢰비트, 『헤겔에서 니체로』, 강학철 역, 243쪽).

서 칸트 이래 관념론 철학적 용어인 '비판(Kritik)'에 상응하는 말로, '시대적 선입견을 배제하고 사태를 순수하게 보자, 사태 접근을 방해하는 선입견을 찾아내어 그것의 부당함을 지적하고 극복하자'는 의미이다.[62] 그러니까 네 편의 「반시대적 고찰」은 하나의 주제 의식, 즉 '이 시대 문화의 비판'으로 압축된다.[63] 이때 문화는 제도권 교육과 그에 순응하는 사회 분위기 일반으로 이해된다. 때문에 이 글들 전체는 속물 교양의 원조로서 헤겔과 그 학도들, 그중에서도 특히 슈트라우스 비판이며 그 사상의 핵심인 헤겔적 이념과 이념 교육 비판이며, 그 영향으로 확립된 역사주의 교양 문화 비판이며, 그 대안으로서 쇼펜하우어 철학과 바그너의 예술 정신의 전파이다.[64] 「삶에 대한 역사의 공과」는 당시 제도권 교육의 교육철학에서 그렇게도 강조하던 게르만족 프로이센의 위대함에 대한 역사적 증거의 끊임없는 세뇌에 대한 니체식 저항의 표현이다.

니체가 역사의 대안으로 제시한 "생" 개념은 헤겔 사후 학계와 문화계의 화두였다. 헤겔이 생과 생명의 자연성과 역사성을 변증법적으로 결합시키려 하지만, 그 사변성 때문에 한편에서는 사회 개혁과 변혁 운동에서 사회 실천적 방향으로 변형시키고, 다른 한편에서는 그것을 문화예술 운동의 새로운 동력으로 변형시킨다. 헤겔에서 생의 자연성은 정신성으로의 도야를 통해 인간화, 역사화되는 데 비해, 니체는 오히려 역사적 생의 이해를 자연성으로 되돌릴 것을 요구한다. 헤겔이 생의 자연성이 가진 동물 본능적 비합리적 요소가 교육과 문화에 의해 이성적 인간으로 도야된다고 믿는 데 반해, 니체는 오히려 교육과 문화가 생의 자

62 '반시대성'을 철학의 본성으로 이해하면 그것은 "자기가 사는 시대를 자기 안에서 극복하여 시대를 초월하는 것"과 같은 의미이다. Nietzsche, *Der Fall Wagner*, KGW, VI-3, 3쪽.

63 이 시대 문화를 지배하는 학적 권력을 니체는 "역사적 교양"으로 이해한다.

64 그러나 바그너의 문학적 예술 정신은 1840년대의 혁명적 헤겔주의에서 유래한다(칼 뢰비트, 위의 책, 227쪽 이하).

연적 창조력을 말살시킨다고 강조한다. 「삶에 대한 역사의 공과」는 역사학자들보다는 일반 대중들에게 더 매력적일 수 있다. 역사학자와 일반 대중은 생존 목적에서 다른 종류의 인간이다. 일반인들은 생활에 별 도움이 되지 않는 역사를 알 필요도 없고 또 알려고도 하지 않는다. 그날그날 살기 바쁜 일상인에게 필요한 것은 생계를 통한 생존의 지속이지 역사나 역사학이 아니다. 반대로 역사학자는 역사적 사실 인식이 그 생존과 실존의 목적이며 근거이다. 니체가 역사학자에게 주는 가치 있는 메시지가 있다면 현재적 삶의 풍요에 기여하는 역사와 역사학만이 의미 있다는 것이다. 생의 활력과 유연성이 역사 구성과 역사학 정립의 창조적 동력이지 그 반대인 역사적 인식과 개념 규정이 생의 활력을 직접적으로 담보할 수는 없기 때문이다. 그러나 개인적 생이 사회 문화가 되려면 동물적 자연성과 야수성에서 벗어나야 한다. 이 야수적 자연성을 탈피하는 첩경은 철학함이요, 또한 역사에 대한 교육함이다. 이 점에 유의하면 니체의 역사 인식은 시대 풍자의 성격을 강하게 가진다고 하겠다.

제5장

학자의 사명과 학문의 태도

1
문화 교류의 두 가지 반성적 태도

문화는 교류한다. 어떤 한 지역 또는 한 집단의 문화는 다른 지역 또는 다른 집단의 문화와 서로 영향을 주고받는다. 신화, 종교, 언어, 습관, 도구, 기술 등의 공유는 일정 지역의 집단을 통일하여 고유의 독창적 문화권을 형성하지만 그 독창성은 이미 타 신화, 타 종교, 타 언어, 타 습관, 타 도구, 타 기술과의 교류 속에서 만들어진 것이다. 순수 독자적으로 자생, 성장, 번영하는 문화는 사실상 불가능하다. 교류는 우연적으로 생길 수도, 필연적 사건에 의해 유발될 수도 있다. 교류는 실용적 필요에 의해, 혹은 이주나 이민에 의해, 혹은 침략과 정복에 의해 일어나기도 한다. 문화 교류를 통해 문화는 성장하기도 하고 쇠망하기도 한다. 평화 시의 여행이나 상거래, 이민과 같은 수평적 교류에서 타 문화 수용의 객관적 지표는 유용성과 기능성 및 효율성이고 그 주관적 지표는 호기심과 관심이다. 자타 문화의 비교에서 유용성과 효율성과 기능성이 객관적으로 우수하다고 생각되면 열등한 것을 버리고 우수한 것을 받아들이는 것은 인지상정이다. 대체로 도구적 학문과 과학적 기술 등이 여기에 속하며 이 수용에서 그 독창성이나 고유성은 문제 되지 않는다. 이질 문화에 대한 호기심이나 호의적 관심은 우열과 고저를 따지기 힘든 풍습이나 예절 또는 예술과 신화와 같은 것들에 대한 태도에서 나타난다.[1] 이 영역은 주관적이지만 고유성과 독창성에 고저우열을 따질 수 없다는 점에서, 또 심각한 갈등을 수반하지 않는다는 점에서 문화 교류의 생산적 측면이라 하겠다. 이와 달리 정복과 피정복 사이의 교류 관계는 강제적이며 일방적이다. 강자 문화는 약자에게 일방적 · 강제적으로 흘러들어간다. 이때 약자의 저항이 강하면 강할수록 강제성의 강도는 약화되고 그 반대의 경우 일방적 유입의 속도는 빨라진다. 흥미 있는 것은 약자 문화를 지키기 위한 저항의 가장 강력한 무기는 고유 언어와 풍습과 전통과 종교라는 것이다. 이 중 풍습과 전통과 소속 개인들을 하나로 통일하는 최상 최선의 것은 고유 언어, 즉 모국어이다. 결국 문화는 교류와 간섭을 통해 변형되어 발전하기도 하고 쇠퇴하기도 하며, 주체 의식이나 종교, 그리고 언어의 힘이 강하면 강할수록 고유문화를 지켜낼 수 있고 그렇지 못하면 고유문화의 소멸과 더불어 민족정신도 사라진다.[2]

문화 교류의 가장 극단적 형태는 전쟁이다. 다양한 종류의 전쟁과 그 결말이 있으나 그 결과의 극단적 형태는 패전과 승전의 두 경우이다. 패전은 민족과 민족정신의 소멸, 즉 자국 문화 일반의 몰락 위험성의 본원적 강제적 계기가 된다. 패전국에서 뜻있는 철학자들과 지사들이 자국민을 일깨우기 위해 노력하는 것은 당연하고도 자연스러운 일이다. 고유의 정신을 일깨워 패전의 열등감을 극복하고 미래의 역사를 새로 쓰

1 믿음의 절대성에 토대한 종교는 비록 그 체계의 주관적 특징에도 불구하고 그 갈등은 어떤 것보다 파괴적이라는 점에서 특수 분야이다.
2 윤병태, 「다문화와 학문의 태도」, 국제언어인문학회, 2010년 학술대회 발표 논문집, 7쪽 이하 참조.

기 위해 해야 할 일과 해서는 안 되는 일을 자국민에게 교육하기 위해 철학자는 어떤 사명감을 가지고 학문에 임해야 하는지를 깊이 반성하는 것은 망국의 소멸에서 벗어나는 첩경이다. 반대로 승전은 민족과 민족정신의 확장, 즉 자국 문화 일반을 타국과 타 영역으로 확대하는 번영의 자연적 · 필연적 계기가 된다. 국가기관의 관료와 정치인은 물론 온갖 매체들과 속물들이 합심하여 자국 문화의 우월성을 구두선처럼 외치고 선전선동하는 것 또한 승전국의 특권이기도 하다. 그러나 승전의 이러한 오만은 강인했던 고유 정신의 안이와 부패를 초래할 수 있다. 민족과 민족문화와 나라의 미래는 눈앞의 승전에 대한 단순한 열광적 환호가 아니라, 자문화의 단점과 야만성을 비판적으로 반성하고 타 문화의 독창성을 객관적으로 평가하고 겸허하게 수용하는 열린 태도에 달려 있다. 다음은 피히테와 니체의 학자의 사명과 학문의 태도에 대한 서로 다른 관점을 소개함으로써 오늘 이 나라 학자와 학문의 태도 정립에 참고로 삼으려는 의도로 쓴 글이다. 피히테는 1794년 한편으로는 프랑스혁명의 열기가 독일을 휩쓸 것을 내심 기대하면서도 다른 한편으로는 강력한 프랑스 문화의 강제적 유입에 대한 우려를 하는 터에서 '학자의 사명'이라는 주제로 대학에서 강연회를 몇 차례 한다. 이와 달리 니체는 당시 강단 철학적 학자와 학문의 풍토에 대한 비판을 통해, 1870년 이래 보불전쟁에서 승리한 독일 학계와 문화예술계의 자만과 우월 의식이 우수한 프랑스 문화의 창조적 수용조차 막아버린다는 것, 또 이것은 궁극적으로 전쟁 승리자인 독일 민족정신의 몰락을 초래할 수도 있다는 것을 경고하려고 한다. 필자는 이 두 경우 모두 전쟁에서의 패전(또는 패전 가능성)과 승전이라는 극단적 문화 교류에서 자신이 속한 나라에 실존적으로 예속될 수밖에 없는 학자와 학문의 태도가 어떻게 정립되어야 하는가의 문제에 대한 철학적 고민으로 이해한다.

2

학자와 학문에 대한 반성적 태도 : 피히테

"학문의 본질은 진리와 자유이고, 자유는 인간의 본질이다. 따라서 인문학의 위기는 인간성의 위기이며, 인간 자유의 훼손이다."[3]

학자는 사회의 다양한 인간 집단들 중 특정 직종에 종사하는 이들을 일컫는 말이다. 이것은 학자가 인간과 사회를 떠나서는 존재할 수 없으며 그것도 사회적 실존으로서 특정 사명을 가진 계층임을 뜻한다. 따라서 학자는 학자이기 전에 우선 인간이어야 하며 인간의 본분을 지키는 실천가여야 한다. 인간은 동물이지만 그러나 동물이어서는 안 된다. 본

3 피히테, 『학자의 사명에 관한 몇 차례의 강의』, 1794, 서정혁 역, 책세상, 2002, 11쪽. 피히테는 '학자의 사명'이라는 주제로 예나 대학, 에어랑겐 대학, 베를린 대학에서 세 번 강의했다. 프랑스혁명 이념을 학문을 추구하는 학자의 기본 이념으로 설정하고 독일 교육계를 어떻게 개혁할 것인가를 학생과 교수들에게 강연한 것이다. 이 강연들은 나폴레옹의 독일 침공 후, 그러니까 프로이센의 패전에서 위기에 처한 민족의식을 고취하기 위한 강연 '독일 국민에 고함'(1808년)보다 14년 앞서 한 것이다.

분을 지킨다 함은 인간 안에 있는 동물성을 지양하여 인간 자신을 찾는 것이다. 다시 말해 인간의 목적은 인간이며 이 목적은 교육과 도야를 통해 도달된다. 감정이 중요하지만 동물적 야만에 매인 감정이어서는 안 되며 인간의 감정, 즉 이성과 조화하는 감정이어야 한다. 요컨대 이성과 교육에 의해 문화로 이전되는 그런 감정이어야 한다. 문화는 도야이며 인간 본성을 발견하고 창조하는 노력 이외에 다른 것이 아니다. 각 개인마다 문화의 수준이 다르고 정도가 다르듯이 각 집단과 민족에서도 서로 다른 수준과 단계가 있는 것은 그것이 바로 도야이며 교육이기 때문이다.[4] 문화 수준과 단계는 이성과 감정의 조화와 통일의 단계, 즉 교육과 도야의 단계이다. 이것은 자연과 인간에 대한 지식 수준의 단계라고도 할 수 있다. 이 지식에서 물론 기술로의 응용이 가능한 오성 지의 영역을 제외해서는 안 된다. 다만 오성 지만으로는 인격 도야와 인간 본성의 발견에 도달할 수 없다는 한계가 있다. 최고선은 도덕적 · 종교적 절대자가 아니라 이성적 존재자인 인간이 그 자신의 본성과 완전히 일치한 상태이다.[5] 이 일치에서 인간으로서의 행복을 얻을 수 있다. "비이성적인 모든 것을 자신에게 종속시키고 고유의 법칙에 따라 비이성적인 모든 것을 자유롭게 지배해나가는 것, 이것이 바로 인간의 궁극적 최종 목적이다."[6] 이성적이지만 유한하고 감성적이지만 자유로운 존재자 인간에게 완전한 자기동일성을 이루고 비이성적 모든 것을 이 자기에 예속시키는 것은 이루어질 수 없는 꿈이라 해도 그것을 목표로 하지 않는다면 인간은 동물성을 벗어날 수 없다.

인간은 사회적 동물이다. 인간은 인간관계 속에서 태어나고 그 안에서 살고 또 그 안에서 죽는다. 사회는 개인 자신의 본성과 사명을 똑같이

4 피히테, 서정혁 역, 29쪽 참조.
5 같은 책, 30쪽.
6 같은 책, 31쪽. 강연의 존칭 어투는 서술문으로 바꾸었음.

가진 다른 사람들과의 관계의 장이며 이 관계의 특성은 사회를 '우리'라는 인륜적 이성, 이성적 인륜으로 실재화한다. 사회는 우리에 의해 형성되지만 반대로 이 우리를 만들고 도야하는 문화의 원형이기도 하다. 어느 경우든 비이성적 요소들을 제거하는 것이 인간과 사회 모두의 과제요, 교육과 도야의 과제이다. 현실적 인간도 사회도 완전한 자유 존재가 아니라 자유 존재라는 목표를 완성하려고 노력하는 주체이며 따라서 완전한 사회 건설이 자유의 목적이며 이상이다. 이상이 없으면 인간이 아니며 자유가 없으면 인간 사회가 아니다. 비록 도달할 수 없는 꿈이라 해도 그것을 현실화하려고 노력하는 것, 이것이 사회적 인간 본연의 자세이다. 그렇다고 사회 속의 인간 개개인들이 모두 다 동일한 조건과 실존에 처해 있는 것은 아니다. 누구나 태어난 지리적 · 문화적 조건이 다르고 자질과 가정과 교육의 조건이 다르므로 이성의 수준이나 자유의 단계 역시 동일하지 않다. 못난이와 잘난 이가 있고 똑똑한 이와 멍청한 이가 있으며 지혜 있는 자와 그렇지 못한 자가 뒤섞여 있는 곳이 또한 사회이다. 그러나 사회와 그 이념은 잘난 이가 못난이로, 탁월한 군자가 변덕 많은 소인으로, 지혜로운 자가 아둔한 자로 부패해가는 것이 아니라 그 반대이며 반대를 지향하고 노력하는 것, 이것이 사회 속에 사는 인간이 갈 방향이고 서로 다른 개인들을 묶어놓은 사회의 지향 방향이다. 이것은 서로 다른 사람들의 인간관계가 지배 예속이 아니라 서로의 인격과 위치와 직분을 인정하는 한에서만 인륜적 타당성을 갖는다. 인간의 상호관계는 수단과 목적의 관계가 아니라 목적과 목적의 관계여야 하기 때문이다. 제대로 된 사회는 그 안에서 타인들과의 작용에서 나를 완성해가며 나의 작용에서 타인들이 완성하는 과정이며 그 궁극에서 개개인 모두의 차이 속에서 같음을 실현하는 그런 곳이다. 다시 말해 삶과 경쟁의 끊임없는 투쟁 속에서 삶과 경쟁과 투쟁의 이성적 이념과 이상을 찾아내고 거기 도달하려고 노력하는 것, 이것이 사회적 개인의 소명이다.

인간의 재능과 육체적 차이는 그 근원이 자연에 있지만 신분과 사회적 차이와 같지 않음의 근원은 사회에 있다.[7] 개인의 실존적 차이와 경험적 삶의 차이나 재능의 차이는 자연과 사회를 받아들이는 소질과 수용 방식을 결정한다. 사람들이 각기 고유의 직업과 생활 방식을 사회 속에서 가지는 이유이다. 개인의 차이와 특성이 서로 다르고 이에 따라 고유의 생활 방식과 직업을 택하지만 이 차이가 자유에 반하는 사회적 불평등을 야기해서는 안 된다. 이 불평등은 조정되기 어려운 갈등을 초래하고 이 갈등이 사회의 퇴보, 문화의 퇴보를 가져올 수 있기 때문이다. 이것은 개인들이 모두 서로 다른 소질들을 최선으로 발휘할 수 있도록 평등한 사회적 조건이 만들어져야 한다는 뜻이다. "…… '이성적 존재가 각자에게서 스스로 소질이 모두 균등하게 도야되어야 한다'는 요구 속에는, 동시에 '서로 다른 이성적 존재자 모두가 서로 균등하게 발전해야 한다'는 요구가 포함되어 있는 것이다. 모든 사람의 소질은 단적으로 순수이성에 기초해 있기 때문에 이 소질들이 즉자적으로 동일하다면, 이 소질들은 모든 이성적 존재자에게서 동등한 방식으로 도야되어야 마땅하다."[8] 개인들의 서로 다른 특성과 재능이 평등한 조건에서 평등 교육과 도야를 통해 최선의 능력을 발휘하도록 하는 것, 이것은 사회의 책무이고 교육의 목적이다.

사회 속의 개인은 그 소질 계발과 교육으로 스스로에 맞는 직업으로 생업에 종사한다. 학자는 배우는 학생 집단이며 학문으로 생업에 종사하는 직업 집단이다. 문제는 학문의 본질이 진리의 추구라는 데 있다. 진리는 즉자적으로는 가치중립적이다. 이것은 학자가 생업으로서 자리를 잃어도 진리 추구를 멈추어서 안 된다는 뜻이다. 겸손도 오만도 생계도

7 피히테, 57 쪽.
8 피히테, 60쪽 이하.

권력도 진리와 진리 추구의 활동을 방해해서는 안 된다. 이 점에서 학자는 영원한 중립적 학생이다. 이 중립적 태도가 진리에 대한 정열과 같은 것이라면, 그것은 "청년의 정신"이다. 왜냐하면 "청년은 아직까지 궁핍한 제한된 목적의 조직에 얽매이지 않으면서, 사심 없이 학문적인 일에 종사하는 자유를 누릴 수 있는 아름다운 시기이기 때문"이며 "또한 청년은 자만이라는 부정적 정신에도 아직 얽매이지 않고, 단지 비판만 하려는 악착같은 노력이 지닌 몰내용성에도 사로잡히지 않는 시기이기 때문" 이다.[9] 하여간에 누가 발견했던 진리는 발견자만의 이익을 위한 것이 아니라 타인들과 사회 전체의 이익을 위한 것이다. 이익이라는 용어는 어폐가 있다. 진리의 근원은 이익이 아니라 알려고 하는 학문 본래의 마음가짐이며 그 앎의 내용은 자신의 것이 아니라 만인의 것이다. 학문에는 첫째 욕망과 욕망 충족의 방법에 관한 지식의 체계가 있으며 이 지식은 수용과 전달의 통일로 각 분야에 제공되고 확산되어 발전한다. 이 지식 체계는 경험과 체험, 타 문화와 타민족과의 교류를 통해 더욱 활성화되므로 배타적이면 배타적일수록 정체되고 시들어간다. 일체의 기술과 기술로 응용 가능한 경험과학들이 이에 속한다. 그러나 여기서 주의할 것은 이 지식들이 불의와 범죄에도 쓰일 수 있기 때문에 그 적용과 응용의 결과를 고려해야 한다는 것이다. 물론 이것은 경험과학의 영역을 넘어서는 철학적 인문학의 요구이다. 무익할 뿐 아니라 해롭고 사악한 지식이 분명 있고 중립적 지식도 사용과 응용에 따라 악한 결과를 가져올 수도 있는 것이다. 인문학적 교양 없이 경험과학에만 종사하는 학자들의 단계를 학문에서 오성의 단계라 한다면, 진리를 향한 순수 열정이 가득한 학자의 단계는 철학적 · 정신적 단계라 하겠다. 이 단계에서 학문은 인간의 실용적 · 기술적 · 경험적 지평을 뛰어넘으며, 진리의 가치중

9 헤겔, 『교수 취임 연설문』, 서정혁 역, 책세상, 2004, 27쪽.

립성은 선악과 그 평가의 가치중립성이 아니라 진리 자체의 진리성의 의미로 나타난다. 사악한 지식은 지식일 수 있어도 진리는 아니며, 해로운 앎은 앎이긴 하나 그것을 모름만 못한 앎이다. 진리의 진리성은 생과 존재에 생기와 영혼을 불어넣는 강도에 의해 결정된다. 매사에 영리하고 박식하다고 학자가 아니듯 매사를 편리하게 하고 선악 구분 없이 상대화하는 것이 학문이 아니다. 따라서 지식의 유용성은 진리성에 기초하지 않으며 진리성에 기초하지 않은 지식은 비록 옳다고 해도 참은 아니다.

학자가 해야 할 또 하나의 중요한 과업은 자신이 속한 나라와 사회가 세계사적으로 어떤 위치와 단계에 있으며 국제적으로 어떤 수준과 상황에 있는지를 학문적으로 밝히고 사회에 알리는 것이다. 학문과 진리는 시대와 국적에 중립적이지만 학자와 그가 대상으로 하는 것은 그가 살고 있는 사회와 시대에서 본 대상이며 이 점에서 학자와 그가 본 대상은 국적이 있다. 이것을 무시하면 학자도 그의 학문도 모두 다 뜬구름 같아서 그의 죽음과 더불어 사라져 버린다. 수없이 국적을 바꾸고 탐구 대상을 바꾼다 해도 그 인격의 동일성마저 버리면 인격 분열 장애자가 되는 것처럼 자기 시대와 사회의 현재적 좌표를 제대로 모르면 진정한 학자가 될 수 없다. 마찬가지로 그의 시대와 사회에서 그런 학자의 실존을 절박하게 필요로 하지도 않는다. 자기가 속한 사회와 시대에 대한 인식과 교육은 그 시대와 사회의 진보와 진보를 통한 이상에 도달하려는 인본주의 이념을 보여주는 것이다. 학자는 이상의 세 가지, 즉 진리 자체를 지향하는 순수한 철학적 열정으로 순수 지, 순수 진리, 인간의 현실적 삶에 실용적으로 도움이 되는 경험적 진리, 그리고 역사 속의 '지금 여기'의 좌표를 정확하게 추적하고 인식하고 자기 사회에 알리는 행동의 진리를 종합적으로 탐구하는 소명을 가진다. 학자가 궁극적으로는 학문을 밥벌이 수단으로서가 아니라 인간과 사회, 그리고 문화와 역사 진보를 지향하고 교육한다는 점에서 단순히 아는 것을 팔아 생계 수단으로 하는 삼류 직업군과는 물론 생업에 종사하는 일반인들과도 근본적으로 구분된다.

3

학자와 학문에 대한 비판적 태도 : 니체

독일 이상주의는 현재가 미완이고 앞으로 (미래에) 진화와 진보를 거쳐 이상에 도달한다는 낙천주의 세계관을 내포한다. 이에 비해 역사주의는 현재 그 자체가 하나의 완성품이어서 과거와 미래는 더 이상 진보라는 이름으로 현재를 속박할 수 없고 또 그렇게 해서도 안 된다는 상대주의 세계관을 전제하는 경향이 있다. 이에 비해 주정주의(Voluntarismus)는 반이성의 실존적 세계관으로 역사와 문화의 진보를 거부하는 태도를 보이기도 한다. 근대에 문화와 역사의 진보와 발전이 실은 인간 본성의 오해에 기초한 착시 현상이라고 강조한 대표적인 이는 루소와 니체이다. 루소는 문화는 인간 본성을 타락시키는 동력이어서 문화의 진보는 인간 본성의 타락의 심화로 생각한다. 문화는 비인간본성적 학자들의 학문 탐구 결과에 대한 사회적 수용과 전달과 전승으로 형성되므로 학문의 발전 정도와 인간성의 퇴보는 비례한다. 결국 학자와 그들의 학문은 인간의 모든 궁핍과 타락의 원천이라는 것이다. "인간은 사악하다. 그러나 만약 그들이 불행하게도 학자가 되도록 태어났다면 그들은 더욱 사악해질 것이다. 그들이 추구하는 학문은 전혀 쓸모없는 것이요, 그 학문이 미치는 영향력 때문에 더욱 위험스러운 것이기도 하다. 학문은 한가한 무위도식에서 만들어졌기 때문에 무위도식을 조장한다."[10] 루소에 의하면 자연 상태의 인간, 즉 인간 본성의 상태는 선악과를 따먹기 이전의 인간의 황금 상태이며 신의 은총 속에 있는 상태이다. 이성이 생겨나 스스로와 타인을 분별하고 대상을 분별하면서 불행은 시작된다. 인간 본연의 감정에 의한 생활이야말로 최선이며 거기가 바로 인간의 진정한 고향이다. 이성이라는 미명으로 문명과 문화라는 것을 만들어 교육하고 전파하는 것, 이것은 인간에게 더러운 죄악이다. 죄악에서 벗어나기 위해, 다시 말해 인간 본연의 고향으로 돌아가기 위해, 이성의 잘못된 사용의 결과를 분명히 인식하기 위해 인간 본성에 대한 깨달음과 탐구가 요구되고 그 내용을 교육하고 전도해야 한다.[11]

루소에게 중요한 것은 진리와 선과 아름다움이 무엇이며 어떤 구조로 되어 있는가에 대한 논리적 이해가 아니라, 인간은 무엇을 원하고, 하고 싶어 하는지, 또 무엇을 싫어하고 무엇을 좋아하는지에 대한 감정의 종합 덩어리라는 사태에 대한 강조이다. 인간 본성은 개인이나 인류의 진보와 발전이 아니라 지금 이 상황에 있는 나의 의지와 감정의 호불호에서 분명하게 드러난다. 그는 이성과 지식, 문화와 전통이라는 것은 온갖 이름으로 무수한 가면을 감추고 상황에 따라 다른 가면을 만들어내는 공장이며, 학문이라는 것은 다름 아닌 이 가면과 공장의 주인이라는 이

10 J-J Rousseau, *Discours sur les sciences et les arts*, in: Euvres completes, Vol. 3. Paris 1823, 15ff.

11 피히테는 이런 루소의 생각이 자기모순이라고 비판한다. 한편으로는 학문과 문화와 교육을 부정하면서 다른 한편으로는 이것을 적극적으로 주장하기 때문이다(피히테, 98쪽). 요컨대 인간 본성으로 복귀하려면 학문적 탐구와 그를 위한 학자와 대중들에게 교육이 필요하다는 것은 잘못이라는 것이다.

해에 도달한다. 그에게 자연 상태는 동물로서 인간 실존 본래의 모습이다. 그러므로 학문이니 문화니 역사니 하는 가면극으로 인간 본래의 모습을 은폐하는 것을 과감하게 파헤쳐야 한다는 것이다. 이것이 새로운 학문과 문화 창조를 위한 또 하나의 과제이다.

후일 니체는 루소적 인간을 대중들에게 비친 "가장 위대한 불"로 묘사하면서[12] 자기 시대의 학문과 문화를 비판한다. 지금 우리를 둘러싸고 있는 인위적인 모든 것은 인간의 본성을 가리는 어두운 장막이다. 그중에서도 가장 사악한 것은 교육과 도야이다. 문화라는 이름의 교육과 도야로 비자연화된 인간, 비자연인을 만들어내지만 거기에서 이득을 보는 이들은 소수의 반자연적 신분들이다. 교육과 학문은 소수로 하여금 정치경제적 권력과 사회적 지배권을 장악하는 데 이용되게 하고, 대다수의 비자연인, 즉 교육과 정치경제적 그늘에서 쫓겨난 대부분의 인간들을 그늘에게 굴종시키도록 한다. 지배와 예속의 불평등과 부자유는 인간 본성의 자유와 평등에 위배된다는 것을 선포함으로써 거짓 장막에 큰불을 놓으며 어둠을 대낮처럼 밝힌다. 니체는 반학문과 반교육에 대한 열광적 옹호 태도에서, 그리고 정신이 아니라 의지가 인간의 자연이라는 우렁찬 주장에서 분명 루소의 후계자이다.

칸트 이래 학문은 무엇이며 진리는 어떻게 구성되고 체계화되는가에 대한 자유로운 탐구를 대학 이념으로 설정하여 한 세기도 지나기 전에 독일은 학문의 모든 분야에서 유럽의 어느 나라보다도 탁월한 학적 성과를 얻는다. 복잡한 정치사회적 사건들이 뒤얽혀 있음에도 불구하고 19세기 중·후반경 독일의 산업화는 프랑스와 영국의 수준을 넘어서게 되는데 그 근본 원인은 초등학교부터 대학까지 철저한 민족 교육과 철학적 인문학 교육을 한 데 있다. 교육의 내용은 학문의 진리성과 진선미

12 Nietzsche, Schopenhauer als Erzieher, KGW, Bd. III-1, 365쪽.

이념, 민족의 근면과 성실과 진취성 역사의 진보, 그리고 국민의 애국심이었는데 이런 교육을 받은 이들이 다시 학교의 교사, 국가의 공무원, 경찰과 군인 간부로 발탁된다. 교육의 이 같은 종합적 결과가 보불전쟁의 결과로 나타나고 학교와 언론 매체에서는 이 승리를 독일 교육의 승리로 대대적으로 선전하는 터였다. 학자들의 강단 철학에 대한 자부심은 하늘을 찌를 듯했고 고등학교까지의 교육은 대학에서 제시한 이념들의 현실화 실험장이 되었다. 이것이 학계, 문화계, 예술계의 전폭적 지지로 강화 고착되는 상황이 나타난다. 이런 상황에서 니체의 루소적 교육관과 학문관이 선언된다.

오늘 우리의 상황은 당시 독일의 상황과 같은 것도 있고 다른 것도 있다. 같은 점은 당시 독일은 선진 프랑스와 영국의 학문과 문화를 복사하고 복제하면서 빠른 시일에 학문과 산업에서 이 두 나라 수준에 도달한다는 점이다. 우리 역시 산업화에 뛰어든 지 반세기도 되기 전에 복사와 복제와 모방을 통해 비록 최고 수준은 아니라 해도 우리보다 먼저 시작한 나라보다 탁월하게 빨리 본궤도에 올라선다. 다른 점은 독일은 당시 스스로 세계사의 최고 단계에 도달한 선민의식과 자부심을 회복하고 그 자부심을 훼손할 수 있는 일체의 것을 제거하는 데 교육과 문화 전체가 합심하는데, 우리는 그런 자부심도 없고 아직도 선진 문화의 힘없는 추종자라는 노예 의식을 한편으로 가지면서, 다른 한편으로 산업화 물결로 유입되는 문화 선진국에 비굴한 열등의식을 가지거나, 반대로 기술 후진 국민들에게 근거 없는 우월 의식(결코 주인 의식도 아닌)을 보인다는 것이다. 보다 더 큰 차이는 당시 독일 학계와 문화계의 독일어 사랑은 우리와는 비교할 수 없는 수준이었다. 학문적으로나 문학적으로 괴테에서 이미 당시 국제어로 인정되던 프랑스어를 능가한다고 믿고 대학의 모든 강의는 자국어로 행해지고 있었다. 경제 성장으로 빈부의 격차가 심해지자 사회 분열을 우려한 정치 세력에서는 재빨리 사회보장제도를 도입하여 국민 안정에 힘쓰며, 다양한 사회적 갈등을 하나로 통일하여 보불 전쟁에서 승리한다. 전쟁 승리에 도취한 사회 전반 특히 사상계, 언론계, 문화계는 무엇보다 독일의 위대함을 학문에 대한 진리 추구의 성실성과 진리에 대한 의무의 복종성에서 찾으며 그런 논지를 확대 재생산하였다. 니체는 이런 분위기 속에서 학문은 무엇이며 거기에 어떤 태도를 취해야 하는지 묻게 된다. 이제 그의 학문에 대한 비판적 사유를 간단히 정리해보자.

전통적으로 지식(학문)은 가치중립적이라 여겨져 왔다. 가치중립은 때와 장소에 상관없이 같은 진리 값을 가지며 누가 그 지식을 사용하든 손상되지 않는 것을 말한다. 그러나 이것은 학문이 감정 없는 비인간적인 본성을 가진다는 뜻이다. 일상인들은 이런 지식을 생활의 도구로서 쓸모 있는 경우는 이용하고 그렇지 않은 경우 망각하거나 버려두므로 그들에게나 사회에서나 이것이 크게 문제 될 것이 없다. 문제는 이 차갑고 불편부당하며 비인간적 지식을 추구하는 학자들 자신이 비인간적으로 차가운 습성을 가지게 된다는 것과 이런 습성으로 무장하고 학문 자체에는 노예이면서 인간들에게 주인으로 행세하려는 해괴한 경향이 있다는 것이다. 그러니 생각 있는 이들의 눈에는 자신들이 알고 있는 지엽적 지식의 노예로서 사회와 세상을 가르치고 살아 움직이는 문화를 지배하려는 그들이야말로 학문 전체를 위해서도 인간을 위해서도 필요하지 않다.

학자의 또 다른 특징 중 하나는 옛것과 옛 이론에 별나게 집착하는 것이다(자연과학자들은 이와 반대로 지금 자기 감각에 또는 그렇게 보이는 것, 분명한 것에 집착하는 습성이 있어 그것이 무의미하거나 인간 생활에 도움은커녕 해로울 수 있다는 사실에는 전혀 개의하지 않는다). 이것은 인문학자, 그 중에서도 특히 철학자나 역사학자들에게서 보이는 특징이나 이런 태도는 새로운 문화를 창조하는 데도, 또 현재의 삶에 생기를 불어넣는 데도 방해가 될 뿐이다.

자기 전공만을 중시하고 오로지 그 대상에만 집착하는 것은 학문이 전문화, 세분화하면서 생겨난 필연적 결과이기는 하나, 여기에는 엄청난 위험이 도사리고 있다. 이것은 자기 집 정원의 나무는 보되 남의 집 정원의 나무는 물론 마을의 숲 전체를 보지 못하는 태도이다. 제 집 나무는 알되 그 개별성도 보편성도 또 그것과 관계된 특수성도 알지 못하는 전반적 근시인 것이다. 근시는 원시만큼이나 사물을 제대로 볼 수 없다. 타 전공, 타 분야를 연구하고 탐색해서 자기 분야와의 통일을 이루어야 하는 이유가 여기 있다. 학문에서 제 영역만 고집하는 두더지는 제 영역에서도 남의 영역에서도 별 쓸모가 없어 이곳저곳에서 쫓겨나게 마련이다. 다양한 전공에 대한 인문학적 통일 의식이 개별 학문 전체의 기초적 마음가짐이 되어야 하는 이유이다. 이것은 세상에 다양한 존재자가 각기 다른 존재 양태를 가지면서 서로 긴밀히 연결되어 있다는 사실을 깨닫는 데서 시작한다. 존재자의 양태만큼이나 다양한 학문이 가능하고 존재자의 양태만큼이나 다양한 문화도 가능하다는 사실을 받아들이면 오직 자신의 배타적 학문의 관점이 얼마나 협소하고 어리석고 비창조적인지를 이해할 수 있다. 가령 어떤 문화권에서 개는 인간의 친구이지만 다른 문화권에서는 인간의 가축이며, 또 다른 데에서는 친구이면서 가축이기도 하다. 어떤 문화권에서 코카인은 마약 원료이지만 다른 문화권에서는 영약의 원료이며, 또 다른 문화권에서는 마약도 영약도 아니다. 이런 의식의 차이는 단지 관점의 차이나 의미의 차이가 아니라 사실의 차이요, 존재자의 차이이다. 의학에 종사하는 이들 중 전부는 아니지만 대부분은 인간 자체를 질병의 실체로 보고 생로병사를 싣고 움직이는 육체적 기계로 여긴다(치과학을 하는 이들은 오직 이빨과 직접 관계된 부분만 관찰할 뿐 다른 부위는 물론 생명체로서의 인간에게는 관심조차 없다). 게다가 그들은 인체의 온갖 개별적 부위들이 마치 독립적이기나 한 것처럼, 심장과 혈관과 내장과 위와 간장과 눈과 뼈를 독립적인 것으로 간주하고 분석하고 뒤적거린다. 이런 태도로는 심장의 본질이나 뼈의 본질은 물론 이 모든 지체를 한몸에 가진 하나의 생명체로서 인간을 이해하는 것이 불가능하다. 이러한 태도는 이해만 불가능한 것이 아니라 인간에게 그리고 학문 자체에게 매우 범죄적으로 위험하다. 각 기관의 모든 지체가 하나의 생명체의 부분이고 이 부분은 제각기뿐 아니라 그 전체의 통일 속에서 이해해야 하는 것처럼 학문의 각 전공 분야도 이와 같다. 각 전공 분야의 탐구는 그 부분의 전문 지식을 제공하지만 이 지식이 단지 지엽적 앎이 아니라 학문적 인식으로 확립되려면 전체적 통일의 체계와의 관계를 알아야 한다. 미국사가 중국인뿐 아니라 우리에게 의미 있으려면 한국사와의 관계 및 역사 전 체계와의 통일 속에 비춰 봐야 한다. 중국만의 역사는 중국사를 위해서도 중국인을 위해서도 위험하고 해롭다. 반역사적 왜곡의 가능성조차 알아차리지 못하기 때문이다. 하나의 그릇이 밥이나 반찬에게는 그것들이 거주하고 담기는 집이고, 도기공에게는 생산물이고, 그릇 가게 진열대에서는 보여주기 위한 전시물이고, 상인에게는 하나의 상품이며, 부부 싸움을 하는 이들에게는 협박무기가 될 수 있다. 이것은 그 용도의 다양성이나 관점의 상대성 때문에 그러한 것이 아니라 현 존재 양태의 다양성 때문에 그러하다. 양태는 언제나 지금 여기라는 유일성을 가지면서 그 지금 여기의 변화라는 다양성을 가지므로, 따라서 다양을 하나 속에, 또 하나를 다양 속에 인식하는 반성적 사유가 필요하다. 이것이 다문화와 단일 문화 관계의 역동성을 이해하는 최소한의 전제 조건이다.

마치 작업에 매몰된 노동자처럼 한 분야에 모든 노력과 시간을 투자하는 것이 학문의 진정한 태도인지는 곰곰이 따져보아야 한다. 몰두하는 것은 대상의 물리적 본성을 찾아내는 데 중요한 성과를 거두고 따라서 학자의 중요한 덕목임은 틀림없지만 이 태도가 학자 자신의 창의적 열정을 훼손할 수도 있다. 위대한 철학자나 창조적 학자들은 자유로움과 여유, 넉넉함과 여가를 즐기면서 학문 활동을 했다는 것은 역사가 입증하고 있다. 천체와 별의 운행 궤적에 대한 밤잠 없는 관찰과 기록과 분석이 위대한 천문학자가 되는 조건이 아니라, 여가를 즐기면서 그 결과들이 사실인지 이리저리 알아보고, 왜 그런 관찰 결과가 나오는지 사색하는 것이 위대한 천문학자의 조건일 수 있다. 한가로움을 안절부절못하고 한여름 해변에서 파라솔을 펼치고도 그 아래서 전공 서적을 읽는 사람 중에 위대한 학자가 없는 것은 자연의 이치이며 법칙이다.

예나 지금이나 밥벌이 수단으로 학문을 택하는 부류가 있고, 고대의 소피스트의 예에서처럼 분명 밥벌이의 절박성이 학문에서 괄목할 만한 성과를 내기도 한다. 오늘날은 제도권, 비제도권을 가리지 않고 학문을 직업으로 하는 대부분의 학자들은 진리에 대한 호기심과 요청 때문이 아니라 생계를 위해서 지정된 분야를 지정된 방향으로 추구하고 교육한다. 서양 속담에 “돈을 낸 이는 신청곡을 선택할 권리가 있다”라는 말이 있다. 직장을 준 주체, 즉 임금을 주는 주체가 학문 분야와 방향을 명령할 권리가 있는 것은 어쩌면 당연하다. 하지만 이런 주종 관계에 얽매이면 학자의 학문적 재능은 소멸될 수밖에 없다. 주인의 구미에 맞는 것만을 작곡하고 연주하는 음악가는 독창성도 진취성도 쓸데없다. 그는 오직 아부하고 보수를 올리는 데에만 재주를 부리게 되기 때문이다. 진선미를 탐구하는 것을 학문의 목적으로 하지 않고 학문을 직업의 수단으로 하면 그는 더 이상 학자가 아니라 직장인이다. 진리 탐구 자체를 목적으로 하고 그 밖의 모든 것을 수단으로 하는 것이 진정한 학자의 태도이지만, 오늘날 학교와 학업에 종사하는 대부분이 진정한 학자이기보다는 지식을 교육하는 직업 교사의 역할에 머무르는 것은 이 시대 본성상 어쩌면 당연할지 모른다.

학문에 종사하는 이들이 느끼는 만족감 중 하나는 열심히 주제를 탐구하면서 수수께끼가 풀리는 기쁨과 희열을 경험한다는 것이다. 이 희열은 진리 추구의 중요한 원동력이 틀림없다. 학문 추구에서 고통과 지루함과 재미없음이 엄습하면 그런 이는 다른 일을 하는 것이 현명하다. 그렇다고 이 희열이 놀이와 재미 충동에 기초하고 있다면 그런 사람 역시 학문에 잘못 들어선 것이다. 놀이 기분에서 유래하는 재미는 놀이가 아니라 노동이라고 느끼는 순간 사라지며 따라서 이런 재미가 지속되는 동안만 추구하고 그 내용은 천박한 경우가 허다하기 때문이다. 진리 발견 그 자체에서, 그 과정과 성과와 자기의 노력, 이 모든 것에서 희열을 느낄 때 그는 진정한 학자이다.

4
문화에 대한 자기반성

일찍이 헤겔은 생기 있는 학문의 태도는 자유로운 철학 정신의 토대 위에서만 수립될 수 있다고 강조한 적이 있다. 생기 있는 학문의 태도란 유용성이나 취향으로부터도 자유로운 입지점을 가지며, 이것은 계획에 따라 한 주일을 노동하고 난 후 휴식하는 일요일의 마음가짐에 비유할 수 있다. "철학과의 소통은 삶의 주일로 간주될 수 있습니다. 가장 훌륭한 제도 중 하나는, 일상의 시민생활에서 인간의 유한한 현실성 속에 갇혀 있다가도, 주일이 되면 일상에서 벗어나 자신의 시선을 지상에서 천상으로 고양시키면서 자신의 이성성과 영원성과 본질을 스스로 의식하게 되는 일입니다. 인간은 주일을 위해 한 주를 열심히 일하지 한 주 동안 할 일을 위해 주일을 가지지는 않습니다."[13] 진정한 학문으로서 철학

13 헤겔, 「베를린 대학 교수 취임 연설문」, 『교수 취임 연설문』, 서정혁 역, 책세상, 2004, 39쪽.

은 세속의 일시적 요구나 필요에 따른 봉사가 아니라, 진리 자체에 대한 탐구 행위에 그 목적이 있으며 이를 통해 문화와 사회와 국가를 자유의 본성으로 완전하게 삼투시키는 것이다. 때문에 이 자유는 결코 현실과의 단절일 수 없다. 자유는 아무것도 하지 않거나 모든 것을 다 하려는 의지가 아니라, 현실에서 해야 할 것은 어떤 일이 있어도 하고, 해서 아니 될 것은 무슨 일이 있어도 하지 않는 결단의 자유이며, 그것을 참되게 알고 행동하는 학자적 삶의 태도이며 또한 학문적 태도이다.

문화와 역사 진보의 가능성은 정신이 현실 속에만 안주하지 않는 현실 극복의 필연성을 찾는 자유에 뿌리박고 있다. 현실과 삶에 단순히 안주하는 것은 자유로운 학문의 태도도, 삶의 태도도 아니다. 진정한 학적 태도는 일상적 삶의 뿌리와 지향점에 대한 깨달음과 확증, 지금 여기라는 구체적 현재가 가진 유한성과 제한성을 지속시키고자 하는 안이한 자연적 태도에 대한 경고와 교육과 도야 이외에 다른 것이 아니기 때문이다.

진선미에 대한 통일성의 진리 추구가 고전적 의미에서 학문이라면 이것은 동과 서가 동일하다. 고대 희랍에서 사물 자체의 본성을 밝히는 것이 진리이고, 이 진리의 최고 위치는 선의 본질 규명과 그 실천이며, 그 규명과 실천의 진실한 태도가 아름다움의 극치라 한 것은 주지의 사실이다. 물론 여기서 사태의 본질 규명이라는 인식론적 · 논리적 태도를 학문의 기초로 삼은 것은 동양과 다르다 할 수 있다. 동양, 특히 유학에서 '수신제가 치국평천하'는 학자와 학문의 목적이다. 학자 개인의 몸과 마음을 올바르게 하고 그러기 위해 천문 지리를 터득하는 것이며, 그 기본이 확립될 때 타인과 조화하고 상생하며 집과 가정의 화평과 화목에 도달한다. 물론 이에 이르기 위해 피나는 지적 · 실천적 노력과 훈련이 필요하다. 이 기초가 확립되었다고 여겨질 때, 다시 말해 학문이 최상의 수준에 도달했다고 여겨질 때 사회와 국가의 통치에 일조하여 세계 평화를 이루도록 이끌어나가는 것, 이것이 학문의 목적이다. 여기 동서고금에 무슨 큰 차이가 있는가?

제6장

생명에 이르는 병

Friedrich Nietzsche
Klavierkompositionen
Klavier: Carsten Storm

질병은 생명체의 생리적 현상이다. 살다 보면 누구나 여기저기 다치기도 하고 두통, 치통, 복통 등등의 아픈 경험을 하게 마련이다. 겉보기에 멀쩡해도 상사병에 골병이 들 대로 든 소심한 사람, 평생을 함께 살아온 가족을 어느 날 갑자기 몰라보는 사람, 골격이나 목소리가 분명 남자인데도 자신이 여자라고 믿고 그렇게 행동하는 사람을 보는 것은 결코 드물지 않다. 원인이 인체 내에 있거나 밖에 있거나 생리적 기능에 장애를 보이는 경우 우리는 그것을 객관적 의미의 질병이라 한다. 그러나 병의 종류는 생의 종류만큼이나 다양해서 당대의 온갖 재주를 동원해도 기관 손상이나 장애를 찾아낼 수 없는 특이한 고통과 통증을 호소하는 주관적 질환도 허다하며, 본인 스스로 어떤 이상 증후를 느끼지 못하고 객관적으로도 병의 징후들이 나타나지 않음에도 개인을 서서히 비정상적으로 몰락시키는 괴이한 병들도 얼마든지 있다. 페스트처럼 서양인의 세계관을 근본적으로 바꾼 병도 있고, 매독이나 에이즈같이 환자뿐 아니라 그 배우자나 친구까지 창피하게 만드는 질병도 있고, 폐병처럼 창백함과 사랑의 범벅으로 측은하게 묘사되는 질병도 있다. 빨리 키워내야 팔기에도 잡아먹기에도 이익이 된다고 여기는 파렴치한 인간 욕심이 초식동물에게 육식을 시켜 생겨나는 광우병도 있다. 최근에는 제약회사들이 국가 또는 세계 보건행정기구와 야합하여 만들어낸 신종 질병들이 무궁무진하게 생겨나는 추세이다. 개인적 목적으로 꾸며낸 병이나 병원 의사들의 특정 목적이나 오진에 의해 만들어지는 병도 헤아릴 수 없이 많은 것이 오늘의 현실이다. 병이 지배하는 사회가 된 것이다.

무슨 병이든, 어디가 아프든, 아픈 부위는 그것만으로 독립적인 것이 아니라 몸 전체와 연결되어 있기 때문에 그에 영향을 받는 것은 유기체 몸 전체이다. 손가락이 아프다고 손가락만의 문제가 아니라 몸 전체의 문제인 것이다. 게다가 몸은 의식과 연결되어 하나의 통일된 생명체를 이루는 것이니 손가락이 아프면 몸이 아프고, 몸만 아픈 것이 아니라 정신도 아프다. 병이 신체적 경험만이 아니라 정신적 경험의 지평으로 부상하는 것은 병의 특성이 아니라 생명체 자체의 본성 때문인 것이다.

아마도 산다는 것 자체, 즉 생은 병일지도 모른다. 끊임없이 순간순간을 고쳐 완성해나간다는 점에서도 그렇고, 고통을 수반한다는 점에서도 그렇고, 그 최후가 죽음이라는 데서도 그렇고, 죽음에서 모든 고통이 사라진다는 점에서도 그렇다. 플라톤의 「파이돈」은 생을 질병과 동일시하는 소크라테스에 대해 말한다. 아테네 청년들의 정신을 타락시켜 병들게 한 죄목으로 감옥에 수감되어 있던 소크라테스가 사형 집행 당일 친구 크리톤의 면회 및 입회에서 그와 나누는 마지막 대화로 원숙기 플라톤 사상의 중요한 면모를 보여주는 작품이 바로 「파이돈」이다.[1] 「파이돈」의 마지막은 죽기 직전 소크라테스가 친구 크리톤에게 다음과 같이 유언하는 장면으로 끝을 맺고 있다. "오! 크리톤. 아스클레피오스 신에게 닭 한 마리를 바쳐야 하네. 잊지 말고 봉헌해 드리게." 이 말은 크리톤이 장례에 대해 묻자 "시체는 더 이상 소크라테스가 아니니 알아서 하라"라고 대꾸하고 형리로부터 사약을 받아 마신 직후의 일이었다. 아스클레피오스는 고대 그리스의 의술의 신이다. 병이 회복되면 감사의 표시로 닭을 바치는 것이 당시 가난한 서민들의 관례였고 소크라테스는 죽음을 통해 비로소 생이라는 병이 치유되었으니 의신에게 감사의 표시를 하자는 것이다. 영혼 불멸을 믿든 안 믿든 죽음은 생의 고통을 치유하는 확실한 처방이므로 질병의 완쾌요, 철학은 건전한 영혼의 정련이라는 점에서 죽음에 대한 연습과 훈련 이외에 아무것도 아니라는 것이 그의 지론이었다.

그러나 대부분의 일상인들에게 병은 살아 있음의 또 다른 징표이다. 병의 결말을 죽음으로 이끌어서 아니 되는 이유는 생의 현실적 목적이 바로 그 지속이기 때문이다. 환자나 환자의 질병 치료를 위탁받은 의사 또는 병원이 해야 할 일은 병의 원인과 고통을 제거하여 건강을 회복시키는 것이다. 인류 출현과 더불어 나타난 질병은 자연스럽게 의술과 의사, 종교와 종교인을 탄생시켰다. 인류학적 관점에서 생성 순서상 종교와 종교인이 먼저일 수도 있다. 질병과 죽음과 절망과 고통과 배고픔은 갈등과 전쟁과 자연재해와 함께 개인은 물론 그가 속한 집단에게 나쁜 것, 즉 악으로 표상되고 그 악을 제거하는 위력으로 선한 신을 상정하는 것은 자연스러운 일이다. 악에 대한 저주와 선에 대한 찬송과 구원의 기도는 종교의 특징이다. 초기 인류에서 원시시대에 이르기까지 질병은 악의 근원 표상이고 그 병을 고치는 신은 선의 근원 표상이었다. 주술과

1 플라톤의 원숙기 저작들은 그의 사상의 집대성일 뿐만 아니라 세계문학의 걸작으로 평가된다. 「파이돈」은 죽음에 대한 대화이며 그의 영혼 불멸 사상의 핵심이다. 인간은 감각과 감성적 세계 때문에 죽을 수밖에 없는데, 죽는 것은 육체이고 남는 것은 영혼이며 육체에서 해방된 영혼은 이데아 세계로 이행한다. 이것을 아는 것은 철학, 즉 순수 지에 의한 것이다. 이는 「향연」이 삶에 대해 말하고 아름다움을 향한 에로스를 통해 영혼이 영원한 삶의 나라로 올라간다는 주장과 대조를 이룬다.

주문과 기도는 리듬과 운율을 가진 노래이며, 악기들이 동원되는 음악이며 오페라이다. 무당이나 종교인들은 주술과 주문을 분명하게 들어줄 신을 상정하고 그 전능성을 선포하고 모두에게 맹목적 순종과 믿음을 강요한다. 이 외에도 세례를 하거나 신체의 아픈 부분을 문지르거나 주무르는 행위가 수반되기도 하고 술이나 약초 또는 그 밖의 특정 물질의 주입, 음용을 지시하기도 한다.

주술사나 무당 또는 종교인이 환자에게 행하는 이런 의식은 오늘날의 용어로 정리하면 약물치료와 물리치료의 병행이라 하겠다. 진단과 치료에서 초월적 위력이나 신을 배제하고 순전히 체험과 경험적 분석만을 이용하는 이들 또한 원시시대부터 있어왔다. 인류 초기 이 부류의 전문가들은 무당 또는 종교인과 경쟁자 관계이기도 하고 동업자 관계이기도 했다. 종교로부터의 절대 독립이라 하기는 어려우나 의신으로 추앙받는 아스클레피오스는 히포크라테스의 조상, 즉 직업적 의사와 의술의 종조이다. 그는 종교적 의학을 의학적 종교로 전환시키고 히포크라테스는 이로부터 종교성보다 합리성을 전통으로 확립하면서, 원시적이기는 하나 객관적 질병과 주관적 질환을 구분한다. 이때쯤 대부분 신들이 가진 것으로 사람들이 믿었던 병 치료 능력이 아스클레피오스와 그 후손들의 전유물로 정착해간다. 『일리아스』에서 신이 내린 분노의 결과로 질병과 기근 및 전쟁은 신에 대한 믿음과 순종과 봉헌으로 역전되고 회복된다는 종교적·미신적 신앙은 합리적 직업 의술 집단인 아스클레피오스 가문 의사들의 의료 기술에 대한 믿음으로 서서히 바뀌어간다.

동서고금을 막론하고 신흥종교는 병 고침을 제일 조건으로 교세를 확장해나간다. 신체적 질병뿐 아니라 정신적 고민이나 괴로움 등을 교주 또는 교리에 대한 신앙의 힘으로 고칠 수 있다는 주장이 대부분 종교의 복음이다. 합리적 의술이 서서히 뿌리를 내릴 때쯤 이에 맞서는 새로운 종교적 치료 신앙이 다시 부활한다. 기적적 치료의 유일한 예는 죽을 사람을 고치는 것이 아니라 죽은 사람을 살려내는 것이다. 의사는 죽은 사람을 살려낼 수 없고 그런 능력이 있다 해도 함부로 살려내서도 안 된다. 이는 의신 아스클레피오스가 파이드라의 애증의 결과로 죽은 테세우스의 아들 히폴리토스를 살려냈으나 죽은 자가 살아나서는 안 된다는 하늘의 법칙을 어긴 죄로 제우스의 벼락에 맞아 죽는 것을 상기해보면 된다. 죽은 사람을 살려낼 수 있는 능력을 가진 유일한 이는 구세주 하느님이다. 예수는 앉은뱅이와 장님과 문둥이는 물론 그 앞에서 치유를 갈구하는 대부분이 환자를 고치고 심지어는 죽은 자를 살려내기도 한 인류 역사상 최고의 종교 신 의사이다. 아스클레피오스가 잘못 치료한 덕분에 죽어서 신으로 추앙된 신 인간이라면 예수는 환자의 믿음이 절대적이라는 조건만 있으면 그의 옷을 만지기만 해도, 그와 눈이 마주치기만 해도 불치의 병을 낫게 한다. 믿음만 있으면 그가 만지거나 응시하기만 해도, 밀 한마니로도 깨끗하게 치료된다. 병은 종류나 증상에 상관없이 모두 다 마귀의 놀이요, 악의 장난이다. 예수만 기적의 치유 능력이 있는 것이 아니라 그의 제자들도 병을 고치는 능력이 있다는 증언으로 보아 이들을 특정 방식과 기술로 병을 고치는 종교 의학 집단으로 볼 수 있다. 이 예증들은 수많은 수도원들에 남아 있는 기록들에 의해 더욱 확실하게 밝혀진다.[2]

히포크라테스 이래 합리주의 의학의 근본 문제는 '질병이란 무엇인가'와 '건강이란 무엇인가'이지만 이 문제는 본래는 철학의 문제였다. 근대까지 의학이 철학의 그늘 아래 있을 수밖에 없었던 이유는 병과 건강에 대한 정의가 단순히 육체적 고통과 고통의 소멸이라는 것만으로는

2 과학이 종교를 대신하는 현대에 "종교 과학" 또는 "기독교 과학"이라는 용어가 생겨나 믿음에 의한 신앙 치료를 여기에 포함시키지만 이것은 엄밀한 의미의 과학으로서 치료 체계는 아니다. 그러나 지나치게 인간을 기계로 보는 현대의 기계론적 사고 결함에 대한 반성적 의미를 제공한다.

충분하지 않다는 오래된 반성 때문이다. 철학은 그 출발인 탈레스에서부터 조화와 부조화의 대립쌍 개념으로 우주와 자연은 물론 정신과 육체의 건강과 질병을 설명한다. 몸과 마음의 균형과 조화는 신체의 각 장기들의 건강한 기능을 산출하여 정상 생활을 영위하고 그렇지 못할 경우 건강을 잃고 병을 얻게 된다. 마찬가지로 주거지의 자연과 환경이 조화롭지 못하거나 균형이 깨질 때 여러 가지 질병이 생기며 따라서 균형적 자연원소와 정신 및 신체의 균형원소가 무엇인지 탐구하는 것은 철학에서 매우 중요하다. 우주 구성 원소설이나 인간 체액설 등은 이런 철학적 사유의 결과물이다.

일찍이 의신 아스클레피오스는 칼과 약과 음악으로 환자를 치료했다. 칼은 환부를 도려내거나 절제하는 수술칼로서 여기에는 더 이상 덧나지 않도록 하는 소작(불이나 달군 쇠로 지지는 것)과 뒤처리까지를 의미한다. 약물은 당시의 민간요법에서 사용되던 효능 있는 동물, 식물, 광물 등등을, 음악은 온갖 리듬과 장단을 맞춘 주문과 기도와 때로는 흔들어대는 춤까지 포함되는 일체의 행위를 일컫는다. 현대의 의술에서도 음악, 주술이나 기도 음악을 제외한 나머지 두 가지는 변함없이 사용되고 있다. 고대 그리스에서 이미 종교적 주술이나 기원이 아닌 화려하고 경쾌한 리듬의 순수 음악의 치료 효과가 문서로 전해진다. "노래가 질병 치료에 이용되었음을 증명하는 여러 기록들이 있다. 필리스티온(Philistion) 형제는 저서 제22권 『치료법에 대하여(On Remidies)』에서 어떤 피리 연주자가 통풍이 있는 환자의 신체 부위에 대고 특별한 멜로디를 연주했더니 몹시 떨리고 욱신욱신 쑤시던 부위에 통증이 사라지면서 환자가 편안해졌다는 내용을 적었다."[3] 데모크리토스 역시 피리 연주가 환부의 통증을 줄여준다고 믿었으며, 음악이 훌륭한 치료법 중 하나라고 겔리우

3 헨리 지거리스트, 『문명과 질병』, 황상익 역, 한길사, 2008, 344쪽.

스(Aulus Gellius)는 전언하고 있다.[4] 우리나라의 전통적 무당 푸닥거리 역시 대사와 춤과 음악의 오페라적 절묘한 조화로 귀신(병)을 쫓아내는데, 이 같은 치료법은 오늘날에도 서로 다른 원시 문화권에서 공통적으로 보이는 현상이기도 하다.

지금은 역사 속에서 사라졌지만 음악만이 유일한 치료법이었던 타란티즘이라는 질병이 있었다. 13세기부터 18세기까지 남이탈리아의 풀리아 지방과 남스페인의 일부 지역에서 발생했던 이 병은 의학사에 가장 특이한 질병 중 하나로 평가된다. 이 병에 대한 믿을 만한 서술로는 병의 발생 지역인 풀리아에서 20년 동안 의사 생활을 한 에피파니우스 페르디난두스(Epiphanius Ferdinandus)의 의학서와[5] 조르조 바글리비(Giorgio Baglivi)의 논문이 있다.[6] 특히 바글리비는 이 병의 발병지가 이탈리아 최남단 동쪽의 항구이므로 동방과의 교역이 활발한 데다 여름에는 비도 바람도 없이 작열하는 태양 아래 가마솥 찜통같이 뜨거운 공기 속에 주민들이 살아야 했다는 것에 주목한다. 그는 주민들이 정열적인 데다 다혈질이며 기질은 강인하나 체질은 왜소하고 심술궂고 급하고 흥분하기 쉬우며 고집스럽고 이방인에게는 경계심이 심하나 자기네끼리는 단결력이 강해 잘 어울린다는 것, 그런데 염증과 질병에는 취약하고 광기와 우울증이 걷잡을 수 없다는 것을 기록하고 그 원인이 이곳의 작열하는 태양의 열기 때문일 것이라는 추측을 덧붙인다. 이 지역에 별나

4 Gellius, Attic Nights, 위의 책, 355쪽 참조.

5 Epiphanius Ferdinandus, *Centrum Historiae seu Observationes et casus Medici, venetiis*, 1621. *Histonia* LXXXI, *seu Casus octuagesimus primus*, Demorsu Tarantulae, pp 248~268.

6 "Dissertatio de Anatome, Morsu, dt Effectibus Taratulae", reprinted in the various editions of the Opera Omnia Medico-Practica et Anatomica, 1695(eng.), *A Dissertations of the Anatomy, Bitings and other Effects of the venemous Spider, call'd Tarantula*, London, 1723.

게 미친개가 많다는 것은 별나게 우울증 환자와 미친 사람이 많다는 것과 무슨 필연적 상관관계가 있어 보이기도 한다. 미친개가 많으니 물린 사람도, 미친 사람도 당연히 많았으리라. 풀리아 지방의 주 도시는 타란토(그리스어로는 타라스, 라틴어로는 타렌툼)인데 이 지방 전체에 타란툴라라는 왕거미가 살고 주민들의 민속춤인 타란텔라가 성행했다고 한다.

타란툴라라는 이름의 거미는 세계적으로 무수히 많으나 독이 있는 경우는 매우 드물다. 또 독이 있다 해도 타 지방 사람들은 대단찮은 증세를 보이지만 풀리아 사람들은 이 거미에 물리면 춤바람병이 걸린다고 믿는다. 타란티즘이란 타란툴라에 물려 그 독이 퍼져 생긴 타란티스모인데 이 병에 걸린 사람을 일컬어 타란티티라 한다. 이 병은 열기가 가장 맹위를 부리는 7월에서 8월 사이의 한여름 한 달 동안 발생한다. 깨어 있거나 잠들어 있거나 상관없이 갑자기 따끔한 느낌과 더불어 발병하는데 환자는 벌에 쏘인 것처럼 화끈거린다고 말하면서 안절부절못한다. 거미를 보았다는 이도 있지만 못 본 이들이 언제나 더 많다. 한 가지 공통점은 그들 모두가 타란툴라 거미에 물렸다는 확신이다. 그들은 식구들과 조용히 의논하여 의사를 찾는 대신 다짜고짜 집 밖으로 뛰쳐나와 길거리에, 시장에 모여들고 순식간에 수십 명 아니 수백 명으로 뭉쳐 극도로 흥분하면서 춤을 춘다. 길바닥 춤이란 습성상 사람이 모여들게 마련이고 모여들면 함께 흔들어대게 마련이다. 춤판은 슬슬 커지고 커지기 위해 음악이 요구된다. 그들은 모두가 타란툴라에 물렸거나 전에 물린 경험이 있는 이들이다. 지금 막 물리지 않았지만 흔들어대는 이에게 물어보면 올해는 아니지만 작년 또는 재작년에 물린 적이 있는데 그 독이 올해 다시 퍼진 것이라고 증언한다. 이것은 치료 불가능함을 의미한다. 동일 증세가 언제나 다시 나타난다는 것은 치료해도 그 순간일 뿐 다시 그 고통을 겪는다는 증거이기 때문이다. 그래서 사람들은 독이 체내에 있다가 열기가 사라지면 독도 사라지고 열기가 시작되면 독이 다시 활성화되는 희귀병이라고 믿게 되었다.

이 병을 단순한 지방병이나 집단 꾀병으로 매도할 수 없었던 것은 모든 연령대에서 모든 직업에서 골고루 나타나는 특징 때문이다. 대부분의 환자들이 혈기 왕성한 청년층이었지만 다섯 살 어린애에서부터 94세 노인층에 이르기까지, 남녀를 가리지 않았으나 남자보다 여자들이 훨씬 많았다고 보고되고 있었다. 특히 젊은 시골 여자들과 농민들의 증세가 심했지만 도시의 남녀들은 물론 수녀와 신부들까지 계층을 가리지 않았다. 인종 역시 토박이뿐 아니라 이주자들, 흑인, 백인 가릴 것 없었고 따라서 집시들도 있었고 흑인들도 있었다. 흑백 남녀노소가 길바닥에서 열나게 춤추는 모습을 상상해보라! 게다가 춤이란 맨 정신보다 한잔 술이 더욱 흥을 돋우는 것은 동서고금이 다르지 않다. 한 손에 술병을 들고 한 손으로는 다른 사람의 어깨나 허리를 잡고 흔들고 돌면서 거리와 광장에서 난무한다. 괴상한 옷차림과 기괴하고 음탕하고 파렴치한 행동이 아무렇지도 않게 인정되고 일탈과 비정상이 자연스런 현상으로 여겨지고 사람들은 이런 행위에서 신바람과 희열을 느낀다. "때때로 그들은 일시적 기분 때문에 값비싼 의복, 호사스런 조끼, 목걸이, 장신구들을 착용하곤 한다 …… 그들은 화사한 색깔의 옷을 잘 입는데 주로 빨간색, 초록색, 노란색 옷들이다. 반면에 검은색은 도저히 참을 수 없다. 검은색을 보자마자 크게 한숨을 쉰다든지, 그들 앞에 서 있는 사람 중 누군가가 검은색 옷을 입으면 마구 때려 쫓아내기 일쑤이다."[7] 밝고 화려한 원색의 옷을 입고 아무 생각 없이 나오는 대로 악을 쓰고 울부짖으며 노래하다 땅에 주저앉아 흥얼거리거나 구덩이를 파거나 진흙탕에서 뒹굴거나 하면서 음악이 나오면 어김없이 흔들어대면서 광기의 춤을 춘다.[8] 술과 음

7 Baglivi, 위의 책, 347쪽. 지거리스트, 앞의 책, 355쪽에서 재인용.
8 지거리스트, 356쪽 참조.

악과 춤은 언제나 함께 붙어 있어서 어디서나 쉽게 구할 수 있었다. 역설적이게도 술과 음악과 춤이 한데 어우러지면 어우러질수록 거미의 공격도 심해지고 그럴수록 광란의 춤판 축제는 더욱 고조된다. 연주가 돈이 되자 음악가 집단이 조직화되고 수가 불어나면서 춤판은 더욱 커진다. 일단 춤판에 끼어들면 누구나 거미에 물린 것으로 여겨지니 악사들의 지갑은 더욱 두터워져 갔다. 이들이 연주한 것은 매우 빠르고 템포도 8분의 6박자로 반복되는 단순한 멜로디로 이 곡조를 일컬어 타란텔라라 하는데 이로부터 후세에 타란텔라라는 춤과 댄스음악이 생겨나고 쇼팽, 리스트, 베버는 이 춤을 위한 피아노곡을 작곡하기도 한다. 어쨌거나 17세기 중반 수도사이며 학자인 키르허(Athanasius Kircher)는 그 당시 춤판에서 불려진 노래를 기록함으로써 이 음악이 단지 기악만이 아니라 노래도 있었다는 것을 확실하게 입증한다.[9] "……어미 타란툴라도, 새끼 타란툴라도 아니었어요. 그것은 바로 큰 잔에 담긴 와인이었어요. 어디가 물렸나요. 사랑하는 사람아. 오, 다리였군요, 오, 젖가슴이었군요." "바다로 데려가 주세요. 절 낫게 하려면. 바다로, 바다로. 거기엔 절 사랑해줄 연인이 있어요. 바다로, 바다로. 이 생명 다하는 날까지 당신을 사랑할 거예요." 노래 가사는 거의가 남녀 간의 사랑과 육체관계의 직간접적 갈구의 표현으로 되어 있다.

이 춤과 연주는 짧게는 3~4일, 길게는 1~2주일 지속되었고, 해가 뜰 때 시작하고 밤늦게 끝났다고 한다. 중간중간 잠깐씩 쉬는 것은 지쳐서가 아니라 악기 줄이 늘어나 음정이 맞지 않기 때문이며 정오가 되면 춤을 멈추고 집으로 돌아가 침대에서 이불을 뒤집어쓰고 땀을 푹 낸 뒤 가벼운 음식과 죽으로 식사를 하고 휴식을 취한 뒤, 오후 2시쯤 다시 모여

9 A. Kircher, *Magnes sive de Arte Magnetica Opus Tripartium*, Roma, 1641, Editio Secunda Post multo Correctior, Coloniae Agrippinae, 1643, P.760, 764 지거리스트, 위의 책, 357쪽에서 재인용.

춤추기를 반복하고 저녁에는 침대에서 땀을 내고 휴식을 취하고 잠자리에 든다.[10] 이렇게 며칠 또는 1~2주일 춤추고 땀을 내고 자기를 반복하면 병이 낫는다고 사람들은 믿지만 이듬해 열기가 심해지는 여름이 오면 다시 재발할 것이라는 것 또한 아무도 의심하지 않는다.[11] 흥미 있는 것은 이 병에 걸렸다고 낙담하거나 절망하는 이가 하나도 없다는 것이다. 반대로 춤바람에 끼어들기 위해 이 병에 걸린 것처럼 행세하는 가짜 환자들, 즉 사랑에 빠졌거나 실연한 사람, 외로움에서 탈출하고자 하는 사람 등 꾀병 환자들이 늘어났고 춤추는 때가 왔을 때 더욱 정열적으로 뜨거워지기 위해 의도적으로 그 이전 성행위를 참는 이들조차 허다했다 한다.[12]

이 병의 원인과 증상 및 결과에 의사들이 깊은 관심을 갖게 된 것은 17세기 들어와서이다. 이전에도 물론 병에 대한 여러 보고가 있었으나 왜 유독 풀리아 시방의 타란툴라만 독이 있어 병을 일으키는지, 타란툴라 거미도 음악을 들으면 춤을 추는지, 다른 지방의 동종 거미에 물려도 왜 춤추는 증상은 나타나지 않는지 등의 의문을 품고 주의 깊게 관찰 분석한 자료들은 1600년경 중반부터 생겨난다. 타 지방 의사들이 그 거미를 구해 스스로 물려보고 음악을 연주케 하여도 물린 부위가 약간 부풀어 오르는 것 외에는 춤추고 싶은 어떤 충동도 일어나지 않는 것을 관찰하고는 춤병의 원인이 거미가 아니라 불볕더위와 열기가 쉬이 빠져나가지 못하는 풀리아 지방의 구릉과 해안 지형의 특성 때문일 것으로 추측되기도 하였다. 그러나 기후와 지형이 유사한 다른 지방에서는 그 거미에 물려도 두통, 호흡 곤란, 갈증, 욱신거림 등의 통증은 생겨도 춤병도 춤추고 싶은 증후도 없었다. 4~5일 또는 일수일 이상 정신없이 춤추고 땀

10 지거리스트, 360쪽 이하.
11 같은 곳, 361쪽.
12 지거리스트, 361쪽.

흘려 녹초가 되면 낫지만 이듬해 그때쯤 다시 발병하는 것도, 또 그 춤의 흥을 돋우는 빠르고 경쾌한 리듬곡이 수세기 동안 풀리아 지방에서 연주되던 바로 그 곡일 경우에만 춤의 치료 효과가 있는 것도 합리적으로 설명하기 어려웠다. 결국 당시 의사들이 내린 결론은 그 지방 거미의 독이 인체의 체액을 응고시켜 정신을 비정상적으로 흥분시켜 부들부들 떨림과 경련을 일으킨다는 것, 이 흥분 상태를 진정시키기 위해 음악에 맞춰 격렬한 춤을 땀 흘려 춘다는 것, 이때 응고된 체액이 풀리면서 안정을 찾으며 음악은 춤을 추게 할 뿐 아니라 아직 알려지지 않은 어떤 치료 효과를 주는 것 같다는 것 정도이다.

타란티즘은 18세기 중엽을 거치면서 급격히 감소된다. 이 병에 대한 의학적 · 과학적 · 문화적 관심이 유럽 전역에 퍼져나가고 의사들이 보다 더 과학적 태도를 취하면서 타란툴라 거미의 독이 비슷한 기후대의 동종 수준 이상이 아니며 벌레에 물린 정도라는 것이 밝혀지면서 병이 아닐지도 모른다는 의혹에 무게가 실리기 시작한다. 그렇다고 또 다른 의혹들, 가령 왜 부자나 귀족들보다 가난하고 헐벗은 사람들과 젊은 남녀들이 별나게 많이 이 병에 걸리는지, 왜 이 병을 치료하기 위해(춤추기 위해) 없는 주머니를 털어 악사들의 연주료를 지불하는지 의심스러웠다. 이 지방에서 20여 년 의사로 있으면서 이 병에 대한 여러 가지 설들을 수집했던 페르디난두스는 "어떤 이들은 이 병이 병이 아니라 한다는 것, 또 어떤 이들은 이 병이 거미에 물려 생기는 것이 아니라 정신병이나 우울증이다"라고도 한다는 것을 서술하고 타란티즘에 대한 음악 치료 효과와 풀리아 지방이 옛날 그리스 전통이 깊게 남아 있다는 것을 언급한다.[13] 이 지방은 고대 그리스 식민지로 기원전 6세기 후반 사모스 출신의 피타고라스가 이주하여 죽을 때까지 후학을 양성한 바로 그곳이다. 위

13 지거리스트, 367쪽.

대한 의사 크로톤의 알크마이온과, 이미 지구가 우주의 중심이 아니라 변두리라는 것을 간파한 천문학자 필로라우스도 이곳 피타고라스학파의 제자들이다. 피타고라스의 가르침은 오르페우스의 음악을 구원의 수단으로 하고, 수학, 기하학, 천문학, 의학을 중시하는 학문 전통과 금욕과 절제를 실천 덕목으로 중시한다. 이 학파에서는 음악이 단순한 여가를 보내는 놀이가 아니라 인간 영혼을 순화시키고 우주의 조화와 질서를 체득케 하는 근원적 훈련이고 배움이며 어지러운 정신과 마음을 바로잡는 순수 기관으로 이해한다. 더구나 이 지방은 고대 그리스 시대 이래 디오니소스와 대지의 여신 데메테르를 모시는 풍습이 오랫동안 지속되었다. 특히 고대에도 디오니소스 제전은 음악과 춤과 술과 섹스가 하나가 되어 수일 동안 지속되는 것으로 유명하다. 밤이나 낮이나 빨강, 파랑, 노랑 등의 원색의 옷을 입고 포도 덩굴로 치장된 티르소스 지팡이를 흔들면서 서로 음담패설을 하면서 꼬집고 물어뜯고 채찍질하다가 끌어안고 한 몸이 되는 것에서 절정을 이룬다. 고대 종교나 문화에 대한 전통도 지식도 사라졌다고 생각된 근대의 도시 타란토, 디오니소스 축제와 제전이 1,000여 년 전 이미 흔적도 없이 사라졌다고 여겨지는 풀리아의 타란티즘에 대한 다음과 같은 목격담은 무엇을 의미하는가? "춤추는 도중에 포도 덩굴이나 갈대의 초록색 가지를 허공에 대고 마구 흔들거나 또는 그 가지를 물에 담그면서 괴상하게 즐거워하고 또는 그 가지를 얼굴과 목 주위에 힘차게 감는 행동을 하는 사람들도 있다."[14] 그들이 춤추면서 부르는 노래에는 "타란툴라가 당신 어디를 물었나요? 치마 속을 물었지"라는 후렴구가 마치 우리나라의 '강강수월래'처럼 끊임없이 반복적으로 이어지기도 한다.[15]

14 Baglivi. 위의 책, 347쪽. 지거리스트, 355쪽에서 재인용.
15 지거리스트, 358쪽 참조.

타란티즘은 디오니소스 제전의 시대적 변용으로 보는 것이 오늘날의 일반적 정설이다. 기독교가 유입되어 제국의 국교로 정착되면서 그리스 신전은 헐리고 그 자리에 교회가 들어서고 일체의 이신 의식은 기독교 의식으로 대치된다. 그렇다고 옛 전통의 흔적이 완전히 사라지지는 않았다. 성공적 정착을 위해서 기독교는 민간신앙 의식을 어느 정도 수용할 수밖에 없었고 이것은 기독교 전파사에서 보편적 경향이다. 고대 디오니소스 신앙을 서서히 지울 수는 있었다 해도 그 의식까지 사라진 것은 아니었다. 주민들은 주민들대로 전통을 살리면서 기독교를 자연스럽게 받아들이는 집단 지성을 발휘한 것이다. 아마도 외래 기독교 믿음의 강요에 대한 토속신앙 주민들의 원초적 꼼수였는지도 모른다. 춤과 노래와 음악을, 악과 동일시하는 열병이 아니라 자연 또는 계절과 동일시되는 타란툴라의 독성에 돌림으로써 전통도 살리고 기독교의 경건주의에 대한 믿음도 살리는 절묘한 선택인 것이다. 지거리스트는 필자와는 약간 다른 해석을 한다. "디오니소스에 대한 선정적인 숭배 의식을 기독교가 동화해나갈 수는 없었다. 이에 대해서는 싸워야 했다. 하지만 바로 이 의식들은 이곳 주민들에게는 아주 뿌리 깊은 원초적 본능에 속하는 것이었다. 그래서 이러한 의식은 그대로 남을 수밖에 없었고 사람들은 비밀리에 모여 고래로부터의 그 춤을 계속 추었을 것이라는 것도 어렵지 않게 상상할 수 있다."[16] 세월이 지남에 따라 기독교 권위가 강화되고 결국은 인간의 원초적 본능에 속하는 춤과 음악만이 잔여물로 남아 전승하게 되었다는 것이다. 급기야 이것이 질병으로 규정되고 또 질병이라는 이름 아래 그것이 고쳐질 때까지는 증상, 즉 격렬한 춤과 노래와 과격한 행동과 욕설과 패설이 용납되고 정당화된 것이다. 이제 죄인이나 이교도가 아니라 환자 취급을 받기만 하면 된다.

16 지거리스트, 368쪽.

현대에는 더 이상 타란툴라 거미를 핑계 삼아 춤추지 않아도 된다. 마음만 먹으면 온 동네 온 도시인들이 연합하지 않고도 언제 어디서나 노래하고 춤출 수 있는 노래방도 있고 룸살롱도 있다. 혼자 출 수도 있고 둘이 출 수도 있고 여럿이 출 수도 있고 또 그렇게 해도 병에다 죄를 덮어씌울 필요도 없다. 필자는 타란티즘이 개인이나 군소 집단으로는 결코 대항할 수 없는 막강한 폭력에 맞서 원초적 생명성을 지키려는 인간 본능의 처절한 표현이라고 생각한다. 현대에는 종교가 교회나 사원에 갇혀 무소불위의 권력을 상실한 시대이다. "신은 죽었다", "우리가 그를 죽였다"라고 이미 한 세기 전에 니체가 외쳐도 지금까지 무능하게 들을 수조차 없는 귀머거리 처지가 된 것이 오늘날의 종교요, 기독교이다. 다른 종교라고 해서 처지가 다르지 않다. 삼바 축제나 베니스 축제, 옥토버페스트 등과 같은 특정 종교나 정치색을 배제한 현대의 축제 역시 부자나 귀족들보다는 그 사회의 중하층의 놀이 문화이며 축제 문화이다. 축제가 끝난 열 달 후에 증가하는 그 지역 신생아의 수를 확인해보는 것은 누구에게나 즐거운 일일 것이다. 음악과 춤과 섹스가 한데 어우러진 신나는 잔치를 지금도 병이라 한다면 그것은 생명에 이르는 병이 아닐까? 부활과 생명과 축제의 신을 위한 고대인의 찬가를 한번 들어보자.

> "머지않아 이 나라 전체가 춤을 추게 되리라. / 경배하는 무리들을 인도하시는 분은 다름 아닌 브로미우스이시라네. / 산으로 산으로! / 그곳에는 여인들의 무리가 디오니소스에 의해 북과 베틀에서 / 쫓겨나 기다리고 있다네."[17]
>
> "들판에는 젖이 흐르고 포도주가 흐르고 / 벌들의 넥타르가 흐른다네. / 박코스 신은 지팡이에서 쉬리아산 향연처럼 / 송진불이 활활 티오르게 하신다네. / 뛰고 춤추고 / 환호성을 지르도록 / 떠돌아다니는 자들을 고무하시며,

---

17 「박코스의 여신도들」, 『에우리피데스 비극』, 천병희 역, 110~115, 493쪽. 브로미우스는 디오니소스의 별명으로 '떠들썩하는 자'라는 뜻임.

/……/황금을 흘려보내는 트몰로스 산의 자랑거리여,/우렁찬 팀파니 소리에 맞춰/디오니소스를 찬미하라/환호하는 신을 환호하며 찬양하라/…….”[18]

18 앞의 책, 140~167, 494쪽 이하.

제7장

니체 사유를 결정하는 19세기 중엽 시대 상황의 색조

맑스와 엥겔스

1
정신에서 물질로

모든 철학은 각기 "자기 시대의 아들"[1]이라는 말은 어떤 한 시대가 지나가면 그때 생겨난 철학이 용도 폐기된다는 뜻이 아니다. 대부분의 이류 철학의 탄생과 소멸이 자기 시대의 종말과 더불어 쉽게 역사 속으로 사라지는 것과 달리 고전으로 남는 위대한 사상들은 자기 시대와 더불어 흘러가는 것이 아니라 축적되고 쌓여서 시대를 초월하는 정신문화의 이정표 역할을 한다. 앞으로 한두 세기가 지난 뒤에도 니체가 칸트나 헤겔 또는 맑스와 동렬의 위대한 철학자로 평가될 수 있는지는 의문이나 그가 죽고 난 뒤 한 세기를 넘긴 오늘날의 니체는 그 어떤 위대한 고전 철학자들보다도 높은 인기를 누리고 있다. 비록 현대 이후의 새로운 시대에는 평가가 달라져서 망각으로 그를 묻어버린다 해도 지금의 정신문

1 Hegel, *Grundlienen der Philosophie des Rechts*, TW, Bd. 7, (=Rechtsphil.) 26쪽. "개인에 관해 말하자면 누구나 개인은 각자 자기 시대의 아들이다. 철학 또한 마찬가지로 자기 시대를 사유로 파악한 것이다."

화에 새겨진 그의 사상은 어떤 철학자의 것보다 크고 막강하다. 그 이유는 무엇일까?

필자는 오늘날의 사회 문화의 기본 형식이 헤겔의 죽음과 더불어 상징되는 정신주의의 몰락과 물질주의의 탄생에서 형성된다고 확신한다. 물론 이 형성은 아직 끝난 것은 아니라 지금도 여전히 강력한 진행 과정상에 있으며 그 시작은 산업혁명과 프랑스혁명이라는 정치경제사적 사건이다. 내세 구원이 아니라 이승에서의 구원을, 그리고 그 구원의 메시아를 인간 이성으로 인식하는 시점을 우리는 근대의 출발로 이해한다. 근대는 이성을 철학의 본성으로 확립하고 이에 따라 현상뿐 아니라 현상의 근거나 배후조차 합리적 이해 속으로 재편하며 이를 위해 수학과 물리학이 중세적 초월자의 권능을 위임받게 되는 시기이다. 여기서 이성은 오성적 수학의 원리이면서 동시에 경험적 현상과 물리학의 원리이다. 이제 이성은 일체의 자연현상과 사건들을 분석하고 종합하며 인과관계를 찾아내고 결과를 정리하는 정신의 실체로 격상되며 이와 함께 초월적 전능자의 권한을 가지게 된다. 더 이상 신이 아니라 신의 전능을 대신하는 인간 이성이 우리의 생과 사, 은총과 구원과 번영과 부활을 약속하게 된다.[2] 일단 저승이 아닌 이승에서의 구원을 믿게 되자 그 실현을 위한 방식은 신에게 기도하거나 은총을 갈구하는 것 대신 소시민적 실생활의 안락과 편안함을 추구하고 교회나 절대군주의 부당한 압제와 강제에서 해방되는 것이다. 영국의 산업혁명과 프랑스대혁명은 이러한 세속적 인간 욕구를 실현하기 위한 상징적이면서도 실질적인 사건이다. 데카르트에서 스피노자, 라이프니츠로 이어지는 대륙 이성론, 칸트에서 피히테, 헤겔로 대표되는 독일 관념론 철학은 각기 방법과 체계와 결말

2 L. Feuerbach, *Gedanken über Tod und Unsterblichkeit*, Nürnberg, 1830, Ludwig Feuerbach Werke in sechs, (=LFW), Bd. 1, Frankfurt/M., 1975, 87쪽 이하 참조.

에서 다른 면이 있지만 이성과 경험만이 우리 인간을 이승에서 구원하는 힘이라는 것, 그리고 그 구원의 십자군 노릇을 하는 것은 자연과학이라는 것을 다 함께 합창한다. 또 다른 편에서는 자연과학자들과 경제학자들이 안 들어도 그만인 철학적 합창 대신 부지런히 망원경과 현미경을 만들어 천체와 미시 세계를 탐색하고 인체를 해부하며 우주와 세계와 인간의 본성을 인간 자신의 눈으로 확인하며 가난과 빈곤에서 해방되는 길은 효과적인 노동과 노동의 결과물에 대한 정당한 보호라는 것을 직접적으로 확인하고 이론으로 입증한다. 과학과 기술의 발전은 무력으로 이웃 나라를 침략하고 강탈하는 데도 탁월한 효과가 있으며 이 경쟁에서 뒤처지면 나라는 물론 백성의 존재 자체가 위태롭다는 것을 깨닫게 되자 자본 축적을 통한 산업화와 식민지 쟁탈전에 불이 붙는다.

헤겔의 세계사적 역사이성이나 절대정신을 고지식하게 신학적 종교적 의미의 신이나 초월자로 이해하는 이는 이제 더 이상 존재하지 않는다. 그것은 산업혁명과 프랑스혁명 이념의 종합으로서 인간의 보편이성, 문화이성의 완결태이다. 이 이념은 역사적 실재로서 양 혁명의 부정적 측면이 지양된 최후의 결말로 가정된 인류의 미래상이다. 그것은 시작도 끝도 인간의 구체적 의식에 의해 형성된 물질적 · 정신적 통일체요 복합체이다. 이 이념을 물질의 관점에서 소외된 정신으로 이해하고, 또 반대로 정신의 관점에서는 물질적 토대 형성자로 간주하면서 그 형성자를 삶의 구체적 경영 방식으로 해석하면, 포이어바흐와 맑스의 유물론으로 변전한다.[3] 그들이 기독교를 유일한 종교가 아니라 무수한 종교 중 하나라는 것, 유일신이 더 이상 기독교만의 본성이 아니요, 신의 상징은 종교 일반의 보편적 현상이라는 것, 그리고 그 내면에는 인간성이 도사

3 L. Feuerbach, *Das Wesen des Christentum*, 1841, LFW, Bd. 5, 317쪽 이하, K. Marx, *Zur Kritik der Hegelschen Rechtsphilosophie*, MEW, Bd. 1, 378쪽 이하, K. Marx, F. Engels, *Deutsche Ideologie*, MEW, Bd. 3, 17쪽 이하, 25쪽 이하 참조.

리고 있으며 이것을 밝혀내어 왜곡된 신학을 세속적 인간학으로 바로잡아야 한다는 것을 강조하는 것은 그들의 시대가 이미 철저한 물질적 합리주의로 전환되고 있음을 직접적으로 시사하는 것이라 하겠다. 그들의 시대는 1830년부터 분명하게 시작된다.

2

이성의 세계 지배와 그 종말의 사회사

헤겔의 60세 회갑(1830) 생일에 제자들이 메달을 증정했는데 그 메달 앞면은 헤겔의 초상을, 뒷면 왼쪽에는 책을 읽고 있는 남자와 그 뒤로 지혜의 상징인 올빼미가 기둥 위에 앉아 있으며, 오른쪽에는 한 여인이 자기보다 큰 십자가를 받들고 있고, 남자와 여자 사이에 얼굴은 남자 쪽을 향하고 한쪽 팔은 여인의 십자가를 가리키는 알몸의 천사가 있다. 이 그림은 헤겔로 상징되는 천사가 철학 또는 이성을 상징하는 올빼미와, 신 또는 기독교를 상징하는 십자가를 중재하는 의미를 지니고 있다.[4] 헤겔의 뜻에 따라 그가 죽은 후에 이 메달은 첼터(C. F. Zelter)에 의해 이런 메모와 함께 괴테에게 전해진다. "…… 아무리 나 자신이 십자가를 짊어져야 할 처지라 하더라도 십자가를 사랑하라니 너무합니다." 메달을 전해 받은 괴테 역시 "…… 나로서는 그것(메달 뒷면 그림)이 지옥이 입을

4 칼 뢰비트, 『헤겔에서 니체로』, 강학철 역, 37쪽 참조.

벌린 것처럼 여겨진다"라는 평을 덧붙인 답장을 보낸다.[5] 이 편지와 메모는 철학과 신학에 대한 당시 문화계 분위기를 보여준다. 지식계에서는 신학과 철학은 종합될 수 없는 이질적 본질에 의해 세워진 것이며 따라서 더 이상 신학을 철학으로, 또 철학을 신학으로 흡수하거나 화해하려는 노력은 부질없다는 것, 믿음이나 신앙이 아니라 이성의 지혜를 통해서만 철학은 본연의 제구실을 하며 여기서 신과 신에 대한 형이상학은 용도 폐기될 수밖에 없거나 새로 신으로 등극한 인간에 대한 탐구가 그 자리를 대신해야 한다는 생각이 널리 확산되어 있었다.[6] 따라서 헤겔 철학이 기독교를 의미하는 십자가를 이성의 지표로 사용한다면 이는 시대를 역행하는 엄청난 반동이라는 의혹이 헤겔 철학 전반에 대한 비판적 재해석을 요구하는 상황이었다. 일상에서 별 의미 없이 보이는 십자가가 아니라 심각하게 말해지는 고난의 십자가는 '인간적인 것'에도 어긋나고 '이성적인 것'에도 대립될 뿐 아니라 '역겨운 것'이라는 괴테의 주장은[7] 당시 유럽 지성계에 새로울 것이 없었고 철학자들 역시 신과 신학을 상징이나 은유 이상으로 해석해서는 안 된다는 학계의 여론에 지배되고 있었다. 글자 그대로 이해하려는 이들에 의해 헤겔 사상은 철학적 신학으로 규정되면서 그에 대한 비판과 되비판으로 학계는 점점 시끄러워진다. 르네상스의 감수성 예민한 시인과 화가들에 의해 신성과 인간성의 동등함이 직접적이고도 현란하게 그려지면서 이미 신적인 모든 것을 인간화하려는 의도는 분명하게 나타난다. 복음서는 더 이상 신

5 같은 곳.

6 10년 후 L. 포이어바흐는(Ludwig Andreas Feuerbach)는 이러한 사상을 좀 더 학적으로 명확히 한다. *Das Wesen des Christentums*, 1841, LFW, Bd. 5, 317쪽. 이 책이 출판되자 〈아우구스부르거 알게마이네 차이퉁(Augusburger Allgemeine Zeitung)〉은 포이어바흐를 "급진 헤겔주의자 중에서도 가장 급진적 인물"이라고 평한다. 물론 포이어바흐는 이에 동의하지 않는다.

7 1831년 괴테가 C. F. 첼터에게 보낸 편지, 칼 뢰비트, 앞의 책, 38쪽.

의 말씀의 기록이 아니라 종교 문학이며 종교 산문이라는 것, 그 은유의 내면에는 세계와 자연에 대한 전체적 상상력의 숭배가 예찬되고 있으며 생과 사, 번영과 소멸이라는 세계 운동은 디오니소스적 십자가로 채색된다는 것이 계몽기의 철학자와 예술가들의 일반적 생각으로 정착된다. 십자가의 예수가 고난의 생을 영위하는 인간의 참모습이라면 그 십자가에 예배하는 것은 인간 자신에 대한 예배임이 틀림없다.

이때쯤 기독교의 십자가와 신을 종교적 믿음의 신실성으로 서술하는 대신, 인간과 인간성의 사회현상적 · 심리적 묘사가 유행처럼 번지면서 혼란과 가상과 착각과 헛수고와 고통과 패러독스와 아이러니가 생의 본래성인 것처럼 과장되고 자유와 교양과 학문에 대한 고전적 이해 대신 충동과 본능과 어쩔 수 없음이 예찬되고 보기 흉하거나 권태로운 것, 무가치한 것과 잔인한 것, 성욕을 자극하거나 폭력적인 것 등을 문학과 예술의 이름으로 포장하여 팔아먹기 시작한다. 이런 것에 무관심한 이들에게는 헐값에, 별나게 관심을 보이는 이에게는 고가로 장사하는 대중심리적 전술이 이용되면서 인간 심성에 대한 경험적 관찰 또한 유행하게 된다.

헤겔 철학의 성숙기인 1807년까지 유럽, 특히 영국과 프랑스는 착실하게 이성의 현실화로서 경험과학을 기술화하고 그 기술을 산업화함으로써 자본주의를 정치 이념으로 만들어간다. 물론 30년전쟁 이후 1800년대 후반까지 심각한 사회 · 정치적 갈등으로 신음하던 독일에는 봉건주의적 후진성이 지배하고 단지 소수의 지식인들과 철학자들만이 영국과 프랑스의 자본주의의 발전과 문화 이념을 비판적으로 흡수하고 계몽하는 형편이었다. 헤겔 철학의 정점으로 평가되는 1830년경에 이르러 유럽은 모든 분야에서 이전과는 판이하게 다른 양상을 보이게 된다. 이 시점(1830년)을 18세기의 끝이며 19세기의 시작으로 보는 데는 그만한 이유가 있음에도 오늘날의 많은 철학자들이 이 점을 간과하는 것은 기이한 일이다. 아르놀트 하우저는 문예사 관점에서 이렇게 강조한다. "19세기 혹은 '19세기라는 말'로 우리가 흔히 이해하는 시대는 1830년경에 시작하나 19세기의 토대와 윤곽—즉, 우리 자신이 속해 있는 사회질서, 그 원리와 모순이 여전히 계속되는 경제체제, 그리고 대체로 오늘날에는 우리 자신을 표현하는 형식으로 가지고 있는 문학—이 형성된 것은 겨우 7월왕정(시민왕정이라고도 함. 1830년 7월혁명 이후 1848년까지 루이 필립 재위 시기–옮긴이) 기간 중이다."[8] 괴테는 이 혁명 1년 전인 1829년에 유럽 정서에 대해 폴란드인 오디니츠(Odynic)에게 이렇게 말한다. "19세기는 단지 이전 세기의 계속이 아니라 새로운 기원의 단초로 정해진 것 같다. 이 세기의 초두에 세기를 뒤흔들었던 것과 같은 대사건은, 그것에 맞먹는 커다란 결과 없이는 지나가지 않는다 …… "[9] 대사건의 결과는 1830년의 7월혁명이다.[10] 이 혁명은 프랑스대혁명의 완성의 정치사적 사건이며 시민사회가 명실상부하게 주도권을 잡은 경제사적 사건이다. 프랑스대혁명의 와중에 쿠데타로 집권한 나폴레옹은 토지 개혁과 농노 제도의 폐지, 영주의 경찰권, 재판권, 농노의 부역 의무 등을 폐지하면서 시민계급의 인식을 등에 업고 봉건적 잔재를 허물었으나 그 이익은 농민들이나 민중이 아니라 부르주아계급에 돌아가게 된다. 국가의 행정과 군경을 유지하기 위한 비용은 이제 봉건 영주들이 아니라 토지와 금융자본을 소유한 이들이 제공했고 국가는 이들에게 유리한 경제제도와 사회체제를 만들어줌으로써 상호 결탁하면서 그들의 번영을 국가 자신의 번영으로 여기게 된다. 독일 관념론 철학은 대혁명을 의식하

8 아르놀트 하우저, 『문학과 예술의 사회사』 4, 백낙청 외 역, 14쪽.
9 칼 뢰비트, 위의 책, 51쪽에서 재인용.
10 W. Schmidt mit andern, *Die Bürgerliche Umwälzung von 1781~1871*, in: Deutsche Geschichte, 12Bde., Bd. 4, Köln 1984, 발터 슈미트외 『독일 근대사』, 강대석 역, 한길사, 1994 참조.

고 시작된 것은 아니지만, 이성을 통한 현상과 그 경험의 논리 완성이라는 칸트의 목표 자체가 사회는 물론 정치 · 경제적 대전환의 혁명을 예비하였고 피히테와 특히 헤겔은 그 목표를 인식적으로뿐 아니라 실천적으로 이루려 했다는 점에서 혁명을 수행하고 완결한다고 평가할 수 있다. 1807년 『정신현상학』은 나폴레옹을 역사적 절대이성의 현현이라는 내심의 생각을 이성의 역사적 발전 과정과 그 결과를 변증적으로 그려내고, 1812년부터 죽을 때까지 헤겔은 혁명 이념의 퇴조와 나폴레옹의 몰락, 봉건제도의 붕괴와 시민사회와 부르주아계급의 형성과 사회 갈등의 소용돌이를 목도하면서 역사이성의 자기실현의 필연적 현상으로 이해되는 관념론 체계를 완성한다. 여기에 특히 나폴레옹의 몰락을 주목할 필요가 있다. 유럽 전역을 전쟁의 폐허로 만들고 기존의 각국 국경선을 없애면서 혁명을 정복전으로 변질시킨 나폴레옹은 도처에서 싹트기 시작한 민족주의와 애국운동에 부딪히고 반대 세력들의 연합에 의해 1814년 몰락한다. 반(反)나폴레옹 연합국(오스트리아, 러시아, 프로이센, 영국)은 혁명 이전의 국경선으로 프랑스 영토 제한을 선언하면서 파리로 진군해 들어가자 프랑스는 나폴레옹을 폐위해 귀양 보내고 과도정부를 수립한다. 이 정부는 시민 봉기에 의해 곧바로 무너지고, 봉기의 주체 세력이 나폴레옹에 의해 사라진 부르봉 왕가를 복귀시켜달라는 애원을 연합국 왕들에게 한다. 이 청원이 받아들여져 1793년 처형된 왕의 동생인 루이 18세가 새로운 왕으로 옹립된다. 구시대의 새 왕과 더불어 권력을 장악한 것은 구시대의 유물인 귀족들이었고 이들은 복귀하여 무능한 왕을 움직여 예전의 특권을 차례로 되찾는 작업에 몰두하자 불과 몇 달도 안 되어 부르주아와 민중들과 퇴역 군인들은 쫓겨난 나폴레옹에 대한 향수를 갖게 되는 와중에 탈출한 나폴레옹이 다시 나타나 복귀한다. 그는 전쟁 대신 평화와 시민들의 복지를 약속하면서 부르봉 왕가를 없애고 입헌군주제를 확립하되 국제 평화와 질서를 존중하고 언론의 자유와 선거권 확대 등을 위해 헌신하겠다고 약속함으로써 국민들의 절대 지지 속에 다시 권력을 잡지만, 반프랑스 연합국 눈에 나폴레옹은 정복 전쟁광으로 비쳐졌고 그 타도를 위한 각국 병사들의 애국주의는 이 약속을 믿을 수 없었다. 특히 독일인들은 유럽 세계가 평화롭기 위해서는 나폴레옹 제거가 제일 조건이라는 신념으로 무장하고 있었다. 1815년 6월 18일 나폴레옹의 패배로 100일 천하가 막을 내리면서 헬레나 섬으로 유배된 그는 1821년 죽는다.

나폴레옹이 물러나자 루이 18세가 다시 권력을 잡으나 더 이상 아무것도 할 수 없었던 그는 비록 수동적이긴 하지만 오히려 프랑스혁명의 결과인 자유주의와 양원제(귀족원과 중의원) 의회를 인정하고 나폴레옹 법전을 시민법의 모범으로 남겨두게 된다. 1820년 왕위 계승자인 루이 18세의 조카 샤를 페르디낭이 암살되자 샤를 10세(재위 1824~1830)가 즉위하는데 그는 옛날 부르봉 왕가의 영화를 추억하면서 프랑스혁명 당시 몰수된 재산을 보상해달라는 귀족들의 요구를 들어주기 위해 반동적 정책으로 보상 자금을 마련한다. 피해는 자본가와 시민들에게 돌아가고 원성이 자자하면서 1829년 그나마 민주정치와 책임정치의 형식을 유지하던 의회마저 해산하자 참았던 시민들의 분노가 폭발한다. 이것이 1830년 7월혁명의 직접적 원인이다. (1830년부터 1850년까지 유럽은 개인의 자유와 평등을 요구하는 개인주의, 민족해방과 국가의 통일과 주권적 독립을 요구하는 민족주의가 강력하게 전개되고 경제적으로는 자본의 지배가 두드러지면서 계급 갈등이 첨예화하기 시작한다.) 시민들은 더 이상 새 왕 치하의 신문 검열, 언론 출판의 자유의 엄격한 제한, 귀족과 부유한 토지소유자와 부자들에게만 부여된 투표권, 오직 왕만이 법을 제정할 수 있도록 한 새로운 입법권 등의 반동 정책을 참아낼 수 없게 된 것이다. 결국 샤를 10세는 영국으로 망명하면서 부르봉 왕가는 영원히 정치사의 무대에서 사라져버린다.

대부분의 성공한 혁명에서처럼 프랑스 사회의 다양한 욕구가 도처에서 터져 나오는 상황에서 왕권이 대폭 축소된 입헌군주제를 받아들일 수밖에 없는 오를레앙 공(公) 루이 필립이 왕으로 추대된다. 대혁명 당시 귀족이었으나 평범한 중산층 시민처럼 조용히 생활하던 루이 필립은 '시민 왕'의 칭호를 얻은 만큼 부르주아는 물론 민중들의 기대 속에 즉위한다. 프랑스 7월혁명의 세계사적 의미는 단지 봉건주의와 왕권의 영원한 몰락의 예고나 자본주의와 부르주아의 명실상부한 승리에만 있는 것은 아니다. 우선 정치적으로 약소국들이 종주국으로부터의 해방과 자유를 선언하게 된다. 벨기에는 네델란드의 오라니에 왕가의 전제로부터 독립을 선언하고 폴란드는 러시아로부터 독립을, 독일 · 스위스 · 이탈리아는 군주정 대신 자유주의와 민주적 헌법을 요구하게 된다. 자본과 노동 사이의 모순을 다른 나라보다 먼저 체험하던 영국은 노동계급의 요구 조건을 대폭 수용하는 의회제도의 개혁을 통해, 그리고 부르주아들의 영향력을 인정하는 제도 개혁을 통해 사회 불안을 잠재우려 한다.

그러나 7월혁명의 가장 큰 파도는 독일에서 생겨난다. 독일 연방 여기저기서 군주와 관료 귀족과 토호들에 저항하는 시민운동이 일어나고 정치 · 사회 · 경제 · 문화 전반에 대한 개혁 요구가 봇물처럼 터진다. 또한 이 시기 영국과 프랑스의 경제 발전에 자극된 독일의 자본가들은 전 분야에서 괄목할 만한 성장을 이루어 대기업과 재벌이 형성되고 이에 따라 프롤레타리아 무산자계급이 형체를 보이기 시작한다. 7월혁명을 18세기의 결산이며 19세기의 시작으로 보는 시각은 이런 역사적 · 사회적 사건 이해를 토대로 하고 있다.

3
1830년대 문예운동

"일하면서 살든가 싸우면서 죽자." 이 격문은 1831년 11월 프랑스 리옹에서 일어난 견직공 노동자들의 시위 현수막 문구이다. 벌써 이 당시 일(노동)은 생존의 필수 조건이며 정당한 노동을 할 권리가 곧 삶의 진정한 권리라는 점을 파악하고 있었으며 이에 대해 파리의 부르주아 신문 〈주르날 데 데바(Journal des Debáts)〉는 1831년 12월 8일자에서 이 시위 사건을 "소유 계급과 무소유 계급 사이의 투쟁"으로 분석한다.[11] 이 소요는 독일에서도 민감한 반응을 보여 "굶주림 때문에 일어난 소요"로 혹은 "부자에 대한 가난한 자의 전쟁"으로 명명되어 여기저기 문학 잡지에서 기사화된다.[12] 이 시위 사건은 프랑스뿐 아니라 독일에서도 자본주의의 확고한 뿌리내림과 더불어 새로운 계급이 자기 목소리를 낸 기념

11 발터 슈미트 외, 『독일 근대사』, 강대석 역, 306쪽.
12 같은 곳.

비적 사건으로 평가될 만한 것이다. 시대에 민감한 문인들과 철학자들은 계급 갈등 속에서 이미 사회주의적 대안을 준비해야 한다고 믿게 된 사건이기도 하다. 파리의 7월혁명이든 그 여파로 독일 각지에서 일어난 민중 봉기든 그 실질적 주역은 무산자 대중이었지만 혁명과 봉기의 열매는 습성상 이권에 밝은 기회주의자인 부르주아들 차지였다. 그들은 자신들의 이익을 위해 언제나 퇴물이지만 아직도 방대한 토지와 막강한 문화적 · 정치적 권력을 가진 귀족들과 연대하거나, 귀족들이 자신들의 이익에 배치될 때는 자기들의 반대 세력인 무산자와 농민들에게 투쟁 자금과 무기를 댐으로써 권력과 세력을 확대하여 시대의 새로운 귀족으로 등극한다. 루이 필립의 입헌 군주제를 프랑스 부르주아지의 독재라고 폭로한 최초의 독일 작가인 뵈르네는 독일의 사회 변혁이 부르주아 계급의 자유정신이 아니라 민중계급의 혁명적 개혁 정신에 의해 이루어져야 한다고 강조한다.[13] 그는 사람들의 곤궁과 비참함의 원인이 군주제의 비합리적 · 반이성적 본성에 있다고 보고 혁명의 목표를 군주제의 타도를 통해 민주공화국의 체제를 확립해야 한다고 주장한다. 하이네는 공화제가 아니라 생시몽적 사회주의의 확립이 더 효과적이라고 생각하고 정치체제의 변혁보다 민중의 물질적 빈곤 상태를 구체적으로 해소하고 노동 상황의 열악함을 개선해야 한다는 입장에서 출발하지만 결국은 정치제도 개혁의 현실적 필요성을 절감하게 된다. G. 뷔히너 역시 민중들의 가난과 고통을 해결하는 민중 혁명의 필연성을 사회주의 관점에서 역설한다. 이 시기 문학적 · 정치적 노선의 차이에 상관없이 군주제 및 관료제에 대한 민중 저항 운동이라는 깃발 아래 하나로 뭉치게 된다. 항쟁과 저항, 거사와 실패, 도주와 체포와 투옥은 단순히 정치제도 개혁이나 빈곤 퇴치에 관한 것뿐만 아니라 인간과 사회의 관계 자체에 대한 입

13 같은 책, 309쪽.

체적인 반성을 요구한다. 1830년대의 문학과 작가들은 그 이전 그들이 차지했던 사회 계몽적 스승의 위치, 몽매한 민중들의 보호자이며 도덕 선생이던 위치를 잃어버리고 불평불만에 가득 찬 '쓸모없는 하인'으로 전락한다.[14] 그들은 시대를 이끄는 대신 다양한 사회적 욕구들에 의해 생겨난 이데올로기들의 대변인이나 선전인이 되어갔고 또 그럴 수밖에 없는 처지로 전락한다. 특히 문인들은 이제 그들을 후원하는 궁정이나 왕후장상에 의해서가 아니라 스스로 창작하고 작문한 작품들을 출판하고 팔아서 생계를 유지하는 처지가 된 것이다. 책을 팔자면 좋든 싫든 책을 살 만한 여력이 있는 부르주아들의 이념과 구미에 맞아야 했고, 가난뱅이들에게도 팔기 위해서는 그들의 인기를 얻으면서 싼값으로 내놓아야 하는 형편이었다. 계몽주의 · 이성주의 시대에 작가와 독자는 같은 진영의 동지 관계를 구축하고 있었고 초기 낭만주의 시대에도 비록 소수이기는 하지만 특정 계층과 동질감을 가지고 그들을 대변했다면 이 시대에 와서 그들은 이런 유대를 상실했다. "그러나 대체 스탕달이 독자 대중의 어느 부분과 유대감을 느끼는가? 고작해야 행복한 소수, 즉 아웃사이더, 추방자, 패배자들이다. 발자크는 어떤가? 귀족계급과 부르주아지와 혹은 프롤레타리아트와 자기를 동일시하는가? 그 자신이 상당한 공감을 느꼈던 귀족들을 그는 눈 하나 깜짝 않고 적에게 팔아넘겼고, 그 끈질긴 생활력에 감탄했던 시민계급에게는 곧 구역질을 느꼈으며, 무산 대중을 불처럼 두려워하지 않았던가? 단순히 부르주아지의 홍행사에 그치는 작가가 아니라면 누구나 자기의 고정된 독자층을 가질 수가 없었다. 상업적으로 성공한 발자크나 실패한 스탕달이나 이 점에서는 마찬가지였다."[15]

14 아르놀트 하우저, 위의 책, 18쪽.
15 같은 책, 19쪽.

1830년부터 1848년까지 생활 전반에 정치화가 진행되고 이 기간 동안 문학에서도 정치와 무관한 것은 거의 없을 정도로 상호 밀접하게 연관되어 있다.[16] 이때 정치는 문학적 재능과 작품의 인기에 의해 얻어지는 직업이기도 해서 문학은 정치적 수완과 경력의 전제 조건으로 여겨졌으니 이 둘은 동종 직업군에 속한다 하겠다.[17] 당시에는 문학뿐 아니라 인문사회과학의 전 분야 또한 정치와 관계된다고 할 수 있다. 철학적 이념이나 역사 발전의 과정, 농업·상업과 무역에 관계되는 경제적 측면들 역시 자국 또는 국제 관계 속의 정치적 상황과 밀접하게 얽매어 축조되고 해석되기 때문이다. 이 시기 신문은 옛날처럼 계몽 또는 각 지방의 문화적 사건 소개나 문예 비평이나 서평 등이 아니라 구독을 높이기 위한 재미와 정치적·경제적 선전과 광고를 통한 돈벌이 수단이고, 기사 작성자들은 의도적으로 정치적 성향과 사건 분석 등으로 자신의 능력과 지향점을 선전하는 수단으로 신문을 이용한다. "문학과 일반 신문의 결합은 …… 공업적 목적을 위한 증기의 사용처럼 혁명적인 효과를 가지며, 문학적 생산의 모든 성격을 바꾸어놓는다."[18] 구독자를 늘리기 위해 구독료를 낮추고 그 손실 및 이윤을 광고료로 충당하는 현대적 신문 기업 정신이 뿌리를 내리는 것도 이때이다. 많은 사람들이 신문을 사서 보기 위해서는 구독료만 낮아서는 안 되고 우선 재미가 있어야 하므로 온갖 술수를 동원할 뿐 아니라 연재소설이나 가십 등을 이용하여 호기심을 자극하는 수법이 발명된다. "모든 사람들은 이제부터 신문에서 자기 취미와 필요에 맞는 기사를 찾게 되었으며, 그리하여 신문은 모든 사람

16 같은 책, 25쪽. 1848년은 프랑스에서 루이 필립의 퇴위와 더불어 왕정이 영원히 종료된다. 독일은 같은 해 도처에서 민중 혁명이 발발한다.

17 같은 곳, 7월 왕정 시대에 문필과 정치를 겸한 이들로 미슐레(J. Michelet), 티에리(A.Thierry), 쿠쟁(V. Cousin), 주프루아(T. Jouffroy), 니자르(D. Nisard) 등이 유명하다.

18 같은 곳, 26쪽. Jules Champfleury, *Souvenirs et Portraits,* 1872, 77쪽.

에게 하나의 작은 가정 도서관, 하나의 백과사전 노릇을 하게 되었다."[19] 호기심을 자극하기 위한 가십 기사들, 여행가나 유명 인사의 동정 등과 더불어 멜로드라마풍의 연재소설이 등장하고 그 폭발적 인기에 힘입어 해당 기자와 작가들의 명성 또한 높아져 유명 인사가 되고 이것은 정치에 입문하는 지름길이 되기도 한다. 서술 기준은 과장과 허풍, 노골성과 자극성, 기괴성과 이국성 등으로 표준화되고 가장 인기 있는 주제는 "유괴와 간통, 폭행과 잔혹함"에 관한 것들이다.[20] 문학의 산업화는 창작의 기법을 고착화하고 독자들의 취향을 평준화하고 사회적 문화 의식을 통일하는 데도 기여한다.

19 아르놀트 하우저, 위의 책, 27쪽.

20 같은 곳, 29쪽. 1848년 키르케고르은 1846년 창간된 문학평론지 『코르사렌(Corsaren)』의 저속성을 어떤 책임의식도 없이 사람들의 호기심과 질투심, 저질과 퇴폐를 부추기는 도구라고 비판한다(Pap., IX, A 303 : J. P., IV, 4149). 이 평론지는 당시의 신문이나 잡지의 상업 저널리즘의 전형적 속성으로 대중들의 호기심으로 판매량을 늘리고 있었다.

4

1830년대 이후의 사실적 자연주의

다른 예술 분야들도 마찬가지이지만 특히 문학의 산업화는 '문학(예술)이란 무엇인가' 하는 근원적 물음을 던지고 있다.[21] 상품화하고 팔기 위한 것에 굳이 아름다움의 이념 추구와 그 작품화라는 고전적 의미의 예술이라는 이름을 붙일 수 있는가? 상품과 작품은 다른가? 작가와 제품업자는 무슨 기준으로 갈라지는가? 팔아서 생계를 유지하는 어떤 것도 상품이라면 그것이 산업 생산품인 한 예술품 역시 상품일 뿐이다. 상품은 철저하게 생산에서 판매에 이르는 일련의 상업적이고 산업적 메커니즘에 따를 수밖에 없다. 가끔 사고팔기는 하지만 그것이 유용성 때문이 아니라 예술성 때문이라고 주장하기 위해서는 대중에게는 물론 스스로에게도 예술성의 본성이 무엇인지를 밝히고 설득시켜야 한다. 이런 시

21 볼프강 보이틴 외, 『독일 문학사 – 사회사적 관점에서 본 문학적 술화』, 허창윤 역, 삼영사, 1998, 274쪽 이하 참조.

대적 요구와 맞물려 어떤 보편적 정의나 고전적 예술 인식을 거부하는 예술 무정부주의가 싹트게 된다. 산업혁명의 와중에 경작지를 떠나 도시의 떠돌이로 전락하면서도 옛것과 고향의 가치를 추억하고 그 아름다움의 감상을 고통과 연민과 향수로 달래려 했던 고전적 낭만주의는 1830년대를 지나 1840년대를 거치면서 체념적 낭만주의로 변질된다. 한때 "예술을 위한 예술", "작가 자신을 위한 예술"을 내세우며 팔리지 않는 작품을 쓰거나 그리면서도 사람들이 거들떠보지 않는 이유를 예술을 모르는 무식한 대중들의 미련함으로 돌리고 스스로의 도취 속에 살던 낭만주의자들 역시 예술의 본질을 학문적으로 밝히는 대신 멸시와 무시 속에 사라져갔다. 그들이 주장했던 순수예술은 예술미 이념의 객관화라는 고전 미학의 관점에서가 아니라 작가 자신의 감성적 주관성의 절대화에 그 본질이 있어서, 사실은 예술을 위한 예술도 아니고 순수예술은 더더욱 아니었다. 사회문제에 적극적으로 동참해서 정치적 선전 문구를 작성하거나 반대파를 매도하는 참여 대신 부르주아 구미에 맞는, 즉 한편으로는 멋스럽고 신사다움을, 다른 편으로는 천박한 오락과 취향을 그려내는 "세속적 살롱 낭만주의"가 이들 위를 덮어버린다.[22] 이런 경향과 더불어 소위 자연주의 사조가 등장한다.

후기 낭만주의에서 고전적 미 이념은 물론 스스로의 존립을 규정하는 시대 감정에 의한 자유와 사랑과 평등의 심미주의적 해석마저 포기한다. 자본주의 부르주아들의 세계관이기도 한 철저한 개인주의와 상대주의 세계관을 흡입하고 그들은 특수한 상황에 처한 특수한 개인들의 행동 양식과 의식의 현상 방식들을 서술함으로써 소위 자연주의의 경향과 하나로 통합된다. 여기서 말하는 자연주의는 동일한 물리적 자연에 동일한 반응을 보이는 동일한 종의 생명체에 대한 분석으로 일반 법칙을

22 아르놀트 하우저, 위의 책, 2쪽.

찾아내려는 과학적 태도와는 별 상관이 없다. 같은 조건의 물리적 자연의 본성은 언제나 동일하다는 점에서 자연은 객관적이지만 자연 중에서도 생명체로서 인간은 자극에 대한 반응 방식에서 그가 처한 실존적 상황에 따라 달리 행동한다. 더구나 인간은 각자 성격이나 감정에 특수 개성을 가지고 있어서 그 본성(자연성) 자체가 유동적이고 주관적이다. 각 개인의 특별한 의식 변화와 행동을 유발시키는 특수 현상들과 그런 의식과 행동의 개별적이고 구체적 사건 묘사를 자연주의라 한다.[23] 물론 이 경향은 감정과 의지를 중시하는 낭만주의와 전적으로 배척 관계는 아니다. 전자가 작가의 주관성을 강조한다면 후자는 현상의 객관성을 사실적으로 묘사하는 차이는 있지만, 사실적 묘사라는 것이 작가 자신의 관점을 1830년대 이후의 개별화하는 사회에 대한 역사 해석적 지평에 두고 있다는 점에서 이 둘은 같은 안경을 쓴 다른 관점이라 하겠다.

혹자는 자연주의를 1880년대 이후의 문예 전통으로 이해한다.[24] 문학계의 일반적인 이 이해는 1830년에서 1848년의 청년독일파와 1848년 이후 19세기 말까지의 독일 사실주의가 대상에 대한 객관적 묘사와 작가의 주관 개입이라는 특징을 가진다는 것, 그러나 이것은 그 이전의 고전주의와 낭만주의 경향성에서 완전히 독립적인 것은 아니라는 이해에서 작가의 주관성을 최대한 배제하고 대상의 자연성과 사실성을 있는 그대로 묘사하는 새로운 흐름이 19세기 말 시작된다는 평가에 토대를 두고 있다. 이 입장은 자본주의의 폐해에 대한 폭로와 여성 해방, 문학에 자연과학적 방법 도입 등을 강조하면서 이에 알맞은 문체인 "순간문체"

23 L. Feuerbach, *Über die Unendlichkeit, Einheit und Allgemeinheit*, LFW, Bd. 1, 47쪽.

24 조창섭, 『제국주의 시대의 독일 문학』, 서울대 출판부, 2002, 3쪽. M. Brauneck, Chr. Müller, *Naturalism. Manifeste und Dokumente zur deutschen Literatur 1880–1900*, Stuttgart 1987 참조.

나 "전보문체"를 개발하여 그것을 혁명적 문학이라 주장한다.[25] 이 경향은 특히 1880년대 사회주의자들과 동질적 유대감으로 대도시 노동자들의 비참한 생활상을 묘사하면서 사회주의를 "현대의 종교"로 받아들인다. 그러나 이 입장은 맑스가 자본주의에서 사회주의를 거쳐 공산주의로 발전하는 것이 과학적 자연주의라 규정하는 것과, 그리고 당시 찰스 다윈에 의해 생물 진화론이 창조론을 대치하는 과학혁명으로 규정되는 시대 상황과 깊은 연관성이 있다고 파악하면 약간은 수정되어야 한다. 왜냐하면 일체의 형이상학적 구속과 종교적 구속을 거부하는 자연주의가 니체에게서 깊은 영향을 받은 것으로 이해하지만, 사실은 이와 반대로 자연주의가 1830년 이래 전개되는 사실주의의[26] 변형된 한 형태라는 점에서 오히려 니체가 이전의 사실주의적 자연주의의 영향을 깊이 받기 때문이다. 요컨대 자연주의의 반형이상학과 반종교적 성향은 니체에서 시작되는 것이 아니라 1830년대 유물론에서 분명하게 선언되고 시작되는 것이다.

시민사회의 발전과 더불어 무산자 계급이 나타나자 예술 애호가 및 문학 독자층의 하향 평준화가 진행되어 작가들은 이들의 관심과 흥미를 끌기 위해 저속한 생활 잡사는 물론 범죄와 사회문제들을 사실적으로 자연스럽게 묘사한다. 범죄 소설과 빈곤층의 희로애락을 형상화하고 노래하는 것은 이중의 효과, 즉 상품성 있는 오락물의 생산이라는 것과[27] 그 내면적 모순에 대한 고발적 성격을 동시에 갖는다. 또 이 시대에 아동과 청소년을 위한 학교 교육이 대폭 확대되고 강화되면서 그들을 교육

25 같은 곳, 3쪽 이하 참조.

26 E. Sagarra, *Tradition und Revolution. Deutsche Literatur und Gesellschaft 1830–1890*, München 1972 참조.

27 에드거 앨런 포의 괴기소설이나 아서 코넌 도일의 추리소설은 그것이 저속하다 아니다의 평가에 관계없이 특정 계층을 겨냥한 특정 계층의 오락물이다.

하기 위한 청소년 문학과, 새로 눈뜬 여성 문제와 그 본성을 심리적 · 사실적으로 묘사하는 여성 문학 또한 꽃피우기 시작한다.

17세기 영국의 시민혁명이나 18세기 프랑스 시민혁명과 달리 19세기 전반 독일의 시민혁명은 봉건적 구체제와 절대왕권의 폐지를 통한 분파주의를 극복한 통일국가 형성을 목표로 한 것이었다. 따라서 봉건적 구체제와 절대왕권의 폐지가 곧 부르주아의 집권을 의미하는 것은 아니었다. 이 폐지를 위해 복잡한 이해관계로 대립되던 수많은 세력들이 하나로 단결되어 귀족적 반동 세력을 대변하는 프로이센 왕가(호엔촐레른)와 오스트리아 왕가(합스부르크)의 타도를 당면 과제로 삼게 된다. 물론 이 과제 해결의 선봉에 민중을 대표하는 노동자 · 농민이 서는데 그 추진력은 자신들에게 불리했던 당시의 개혁에 대한 반발과 권익 회복과 보호라는 요구와 열망과 행동이었다. 이 저항운동은 독일의 사회적 모순 극복을 지향한다. 독일 사회의 특수 모순은 봉건주의와 자본주의의 모순과 자본주의의 내적 모순이 뒤범벅으로 혼합된 것으로, 저항운동은 이런 상황을 동시적으로 해결하려는 일종의 사회주의 혁명의 성격을 띤 것이다. 적어도 혁명 주체 세력인 노동자 · 농민이 계급적 이해를 분명하게 요구하고 나선다는 점에서 그러하다.

1848년 2월의 파리혁명은 경제적 주도권(공장과 상품 판매망)을 가지고 있지만 정치권력에서 배제된 부르주아들이 자신들의 권익을 위해 당시 권력을 쥐고 있던 은행가와 주식 업자, 광산주와 대지주 등 화폐와 돈을 가진 금융 귀족의 제거를 요구한 산업 부르주아혁명이라 할 수 있다. 당시 선거제도는 시민 90퍼센트가 선거권을 갖지 못했고 따라서 그들은 모든 정치적 결정으로부터 소외되었는데 이를 시정하기 위한 개각을 요구하였으나 금지와 탄압이 가중되자 2월 22일 시민 봉기가 일어난다. 언제나 기회주의자인 부르주아 시민계급은 정부 탄압에 항복하나 노동자, 수공업자, 대학생 등의 대중은 무장하고 거리 전투로 돌입하면서 불과

하루 만에 자신들의 요구, 즉 반동적 기조(Guizot) 내각의 퇴진을 관철한다. 기세가 오른 혁명군이 루이 필립 왕의 미봉적 무마책에 항거하자 왕의 군대는 무자비한 살육으로 대량 학살을 감행했고 이에 분노한 시민군은 왕궁을 점거해 필립 왕을 몰아내고 공화국을 선포한다. 2월 22일부터 24일까지 불과 이틀 만에 금융 귀족에 의해 지배되던 프랑스 왕정은 역사에서 사라지고 민주공화국이 선포된다.[28] "노동자 혁명"으로 불릴 만큼 노동자들은 혁명의 실질적 행동대였지만 부르주아들의 요구인 "보통선거, 언론의 자유, 국민군, 공화제 등과 같은 민주적 자유나 권리를 아직 향유할 수 없기 때문에 주로 노동시간의 단축, 실업자 해소, 노동환경의 개선, 노동권의 보장과 같은 사회적인 문제"를 이슈로 들고 있다.[29]

프랑스 2월혁명은 유럽 전역을 민주적 공화제의 기치를 거는 시민혁명을 위한 신호탄이 되어 그 여파는 불과 며칠 만에 독일로 전파된다. 독일은 프랑스와는 다른 목적과 조건에서, 그러나 프랑스와 거의 같은 시기에 폭발을 예비한 혁명을 준비하고 있었고 파리의 승리가 전해지기 무섭게 봉기가 시작된다. 독일 내의 복잡한 상황은 대중들로 하여금 곧바로 민주공화국이 아니라 입헌군주제를 혁명의 목표로 설정하고 그 체제 아래 분열된 지역과 세력들을 통일한다는 기치 아래 뭉쳐 무장 투쟁을 전개하도록 이끌어간다. 1848년 2월 27일 만하임 사건을 시작으로 3월에는 빈과 베를린은 물론 지방 각지에서 다양한 규모의 시위와 투쟁이 수없이 전개된다.[30] 각 지방의 투쟁 방식과 요구 조건 역시 중구난방

28 발터 슈미트, 『독일 근대사』, 465쪽 참조.

29 같은 곳, 466쪽. 맑스와 엥겔스의 「공산당 선언」은 이 혁명 몇 개월 전 작성되고 1848년 2월 런던에서, 3월부터 독일에서 발표된다. 이 선언은 혁명의 성격과 본질을 적나라하게 보여준다.

30 3월 13일 빈 봉기의 결과로 메테르니히가 실각하고 그 성과가 베를린 봉기의 활력소로 작용한다.

이기는 했으나 농민과 노동자 시민들에 대한 봉건적 의무제의 폐지, 세금 감면, 지주들의 지나친 착취 금지, 언론 · 집회 · 양심의 자유, 자유시민 내각제, 선거권 확대, 배심원 재판 제도, 공산주의적 민주주의, 생존권 보장, 노동의 자유, 의무교육제 도입 등의 요구로 요약될 수 있다. 이 요구가 만족할 만큼 관철되지는 않았지만 독일 부르주아지를 권력의 심장부로 밀어 넣는 성과도 있었고 따라서 언론 · 집회 · 결사의 자유와 보통선거제, 시민 대표제가 상당 부분 이루어진다. 그러나 이런 성과들은 시민 전체가 아니라 부르주아계급에게 돌아갔고 아직 왕권과 귀족들이 사라진 것은 아님에도 부르주아들은 정부 조직을 서서히 잠식해 들어간다.

5

1830년대 이후의 산업화와 철학계의 동향

18세기 프랑스 『백과전서』를 모델로 로테크와 벨커 교수는 1832년 『국가 사전, 국가학의 엔치클로패디』를 편찬하기 시작하여 1843년까지 15권이 나오고 1848년에는 2판이 나온다.[31] 이 사전은 국가관에서 군주제뿐 아니라 공화제 이념도 비판하고 입헌군주제를 채택할 것을 제안함으로써 사회의 전 계층에 골고루 호응을 얻으면서 “온건파 자유주의자들의 기본적인 정치서”가 된다.[32] 이 시기 독일 역시 금융 자본이 경제권을 장악하고 대기업을 형성하면서 산업 분야에서 괄목할 만한 성과로 영국과 프랑스를 바짝 뒤따르고 있었다. 절제와 관용이라는 시민계급의 미덕은 말뿐이고 실제는 돈이 지배하는 사회가 된 것이다. 입헌군주제란 왕은 존립하되 통치에서 손을 떼고 시민들로 하여금 마음껏 자유로

31 Staatslexikon, *Enzyklopädie der Staatswissenschaften*, hrsg. v. Karl von Rotteck und Karl Theodor Welcker, Hammerich 1834–1843.

32 발터 슈미트, 위의 책, 326쪽.

이 돈을 벌도록 사회의 모든 정치·행정제도를 새로이 만들어달라는 것에 그 주장의 본질이 있다. 마음껏 돈을 벌 수 있는 계층은 소수였지만 누구에게나 그 가능성이 열려 있다는 착각 때문에 자유주의는 즉자적으로는 모두의 공유 이데올로기였다. 옛날에도 돈의 위력은 막강했으나 그렇다고 그것이 모든 것의 수단이며 목적인 적은 아직 없었고 문화와 물질적인 것뿐 아니라 정신의 모든 것들조차 돈으로 환원되고 계산되던 시대는 더더욱 없었다. 그러나 이제 권리도 의무도 돈으로 계산되고 관직도 계급도 사고팔며 "왕 자신이 교활하고 거리낌 없는 투기꾼"이며 "80년 동안 정부는 토크빌(A. de Tocqueville)의 말처럼 일종의 '상사(商社)'를 대변했는데, 왕과 의회와 행정부는 기름진 부분을 나눠 먹으며 정보와 충고를 교환하고 영업과 이권을 주고받으며 주식과 금리, 어음과 저당 증권에 투기를 했으니"[33] 분명 경제적으로만이 아니라 정치는 물론 사회 전반이 돈의 권력 아래 들어가게 된 것이라 하겠다. 이제 국가의 지배자는 금융 자본가와 대기업가들, 즉 필요할 때는 언제 어디서나 돈을 동원할 수 있는 이들이다. 이윤 추구와 이자놀이가 합당한 경제 원리에 따른 것이라는 주장이 거리낌 없이 보편화되자 윤리학은 그것을 떳떳한 돈벌이로 추어올리고 합리주의와 이상주의는 성실과 절제로 여윳돈을 모아 관용을 베풀 것을 역설한다. 생산성을 높이기 위한 기계화와 분업은 인간 노동을 소외된 노동으로 변질시키고 노동자는 점점 더 자유와도 멀어지고 자유로운 돈벌이와도 멀어지게 된다. 소수의 비판적 사회주의자들과 자신의 현실적 입장과 처지를 직접적으로 의식하게 된 수많은 무산자 계층은 자본과 노동의 심각한 모순을 깨닫고 그것을 해소하기 위한 이론적·실천적 투쟁에 적극적으로 몰입한다. 사회주의는 더 이상 꿈같은 공상이 아니라 자본과 노동의 과학적 합일을 통해 부르

33 아르놀트 하우저, 위의 책, 21쪽.

주아 사회의 지양과 몰락을 초래함으로써 확립될 것이라는 새로운 이상주의 모형을 만들어낸다.[34]

1830년 혁명은 문학이나 예술을 더 이상 인간성 계도를 위한 교육자적 위치에 안주하도록 내버려두지 않는다. 문학과 예술은 이제 정치적 참여의 전단지나 포스터 역할을 하거나 세속적 시민들의 오락물로 전락한다. 이 혁명은 19세기의 출발로서 부르주아적 정치 · 경제 시대를 열고 있다. 계몽적 예술 행위의 부정, 합리적 이성의 예술적 적용의 포기는 점점 심화되어 1848년 혁명에 이르러서는 일종의 체념과 허무주의가 문학과 예술 행위를 지배하게 된다. 이맘때쯤 헤겔 관념론적 경향은 반종교적 · 유물론적 정치철학화의 급진성의 엔진으로 탈바꿈한다.

허무주의는 고대로부터 반형이상학과 반종교적 성향을 띠고 특정 세계사적 사건과 만나면서 나타나는 일종의 유행병과 유사하다. 전쟁과 질병, 기근 등은 전통과 영혼과 초월에 대한 사고 대신 새로운 것과 순간과 경험과 체험에 집착하는 생활 태도를 가지게 한다. 중세를 마감하는 교권의 몰락은 십자군전쟁을 통한 선진 아랍 문화의 침탈과 수용, 또 이 과정에서 성장하는 지역주의와 세속적 왕권의 우위를 하나의 축으로 하고, 유럽 전역을 휩쓴 페스트와 기근을 다른 축으로 하여 진행된다. 근대의 과학과 합리주의는 형이상학의 전통적 주제들(영혼, 세계와 존재, 신)에 대한 사유에 의문을 제기하며, 대신 확실하게 믿을 수 있는 것으로 영혼이 붙어 있는 몸과, 없지 않고 구체적으로 있는 존재자와, 합리적 사유와 이성으로 무장한 인간과 그 경험이라는 것을 강조한다. 여기서 반형이상학과 비종교적 사유 경향이 생겨나고 정착된다. 비록 헤겔이 자연과 존재는 물론 초월자(신)에 대한 형이상학을 다시 복원한다고 해도 그

---

34 Marx, *Der Kommunismus und die Augusburger "Allgemeine Zeitung"*, 1842, MEW., Bd. 1, 105쪽 이하, *Die deutsche Ideologie*, MEW., Bd. 3, 445쪽 이하 참조.

의 형이상학과 신학은 논리학과 경험론의 체계로 변환 가능하도록 설계되어 있다는 점에서 더 이상 중세적 의미의 신비주의와는 다르다. 그의 형이상학과 신학을 이끌어가는 기본 단위는 이성이며 이성의 자기현현 상황과 조건에 따라 일련의 논리 역사를 완성해간다는 의미에서 전통 형이상학과 신이 그의 사유에서 반드시 필요한 것도 아니다. 헤겔 철학을 글자 그대로 믿는 노장 헤겔학파가 없지는 않았으나 헤겔 철학에 숨어 있는 반형이상학적 · 반종교적인 측면을 비판적으로 예리하게 관찰한 이들은 청년 헤겔파라 불린다. 진정한 헤겔학파의 한 사람으로서 포이어바흐는[35] 프로이센의 정치 · 종교적 이데올로기의 눈치를 보지 않고 헤겔 사유의 내면을 읽어내어 신성을 인간성으로 환원함으로써 추상적 신학을 거부하고 구체적 인간학을 전개한다. 그는 또 이 인간학의 존재론적 근거로 유물론을 확립하고 맑스 · 엥겔스와 함께 만든 사회주의 모임의 이론적 좌장 노릇을 한다. 이들이 목표로 하는 인간의 물질적 사회적 평준화는, 역시 헤겔 철학을 또 다른 방식으로 변형한 쇼펜하우어, 키르케고르 등이 추구하는 인간의 의식적 개별성의 특화와 대립각을 세운다.[36] 당시 교통수단과 신문 잡지의 발달은 이질적 문화를 직간접적으로 쉽게 체험시켜 각 개인으로 하여금 정신의 영역을 극적으로 확장시키게 하고 이것은 그가 속한 사회 전체를 변혁시키는 원동력으로 작용한다. 게다가 문필가로 활동하든 교수로 재직하든 학문상의 지식이 언론과 출판 활동을 통해 광고되고 상품화되는 시대 상황과 만나 더욱 자극적이고 극단적 저널리즘으로 표현된다. 그러니까 1830년 혁명에서부터, 또 헤겔의 죽음과 더불어 천박한 시대가 도래한 것이다. 이것은 전통

35 그는 헤겔 강의를 들으면서 작성한 1828년 박사 학위 논문 「이성의 무한성, 통일성과 보편성에 관하여(Über die Unendlichkeit, Einheit und Allgemeinheit der Vernunft, übers. v. M. Hiller, LFW, Bd. 1)」를 헤겔에게 보내며 자신이 '헤겔의 직계 제자'라는 것을 강조하는 편지를 동봉한다.

적 정치체제의 붕괴이며, 전통 철학의 붕괴이며, 전통 기독교의 와해이다. 하지만 동시에 이 천박한 시대는 새로운 정치 · 경제체제의 시작이며 새로운 유물론의 시작이며 실존적 무신론과 허무주의의 시작이다. 이제부터 무한한 것, 초월적 절대자는 무(無)이며 실재하지 않는 것이요, 유한하고 우연적인 사건들, 비본질자들이 본질로 여겨진다. 죽을 수밖에 없는 인간, 실체 없는 익명적 인간이야말로 철학의 진정한 대상으로 선언되고 이런 인간 본성을 토대로 사회의 모든 체제들이 재구성되어야 한다고 사람들은 믿게 된다. 이 모든 시대 경향성이 후에 니체에게 별 여과 없이 직접적으로 상속된다.

무신론이 신 존재에 대한 이론적 부정만을 뜻하는 것은 아니다. 무신론의 위력은 이론이 아니라 실천적 삶의 영역에서 더욱 위력을 발휘한다. 이 시기의 저널리즘적 학자들에게 신 존재 증명의 불가능성에 대한 논리나 이론은 주목 대상이 아니다. 오히려 신이 아니라 신에 대한 믿음과 신앙의 부정, 다시 말해 하느님에 대한 절망이 인간에 대한 믿음과 신앙으로 전도되는 실천적 결단이 문제였다. "인간의 신으로서의 인간에 대한 신앙"은 새로운 인간 교체, 즉 "국가의 기원"이라는 포이어바흐의

36 청년 헤겔학파 또는 소장 헤겔학파와 노장 헤겔학파를 나누고 전자를 헤겔 좌파, 후자를 헤겔 우파로 명명하는 것은 헤겔 철학을 해석하는 데서 생겨난 것이 아니라 그들이 고수하는 정치적 · 종교적 입장의 차이에서 유래된다. 이 구분은 D. F. 슈트라우스에서 시작되고 몇몇 영향력 있는 학자들에 의해 부연되면서 정착된다. 가블러, 바우어 등으로 대표되는 우파는 헤겔 종교철학에서 이념의 형식과 내용의 상호 부정을 통한 통일 과정에서 신 본성과 인간 본성의 동일성을 토대로 기존의 기독교를 해석하는 데 비해 포이어바흐, 맑스, 엥겔스 등으로 대표되는 좌파는 종교와 신학은 인간학이 되어야 하면서 동시에 사회과학이 되어야 한다는 전제에서 헤겔을 해석하고 비판한다. 소장(청년) 헤겔학파라는 말은 처음에 헤겔 문하생 중 젊은 층을 지칭하는 것으로 사용되나 정치와 종교에 자유로우면서도 혁신적 태도를 보이는 이들로 확대된다. 어느 경우든 헤겔 고유의 철학은 좌우적 본성을 동시에 가지는 일종의 모순 철학이므로 인간 부정으로서의 신과 신 부정으로서의 인간과 인간성과 신성의 동일성 측면을 함께 내포한다는 점에서 그들은 헤겔 학도들이다.

사유는 이 시대의 일반적 경향이었다.[37] 사람들이 이제 정치적일 수밖에 없는 것은 교회가 인간을 믿지 않는다는 확신과, 그러하므로 인간을 믿고 인간에 의해 인간을 구원해야 한다는 당위가 자연스럽게 결합한 결과이다. 이로부터 신학은 인간학으로 바뀌어야 한다는 것,[38] 또 인간학은 물질적 토대 위에서 정치학과 경제학으로 재구성되어야 한다는 것이 사회운동권의 신념으로 자리 잡는다. 이런 생각은 바로 1848년 혁명을 겪으면서 점점 더 대중화된다. 이때쯤 사람들은 시대정신이나 이념은 애매모호한 추상화가 아니라 누구나 쉽게 파악할 수 있는 구체적 그림이어야 한다고 믿는다.[39] 이 그림을 가장 설득력 있는 필치로 그려낸 이 중 하나가 맑스이다.

맑스는 헤겔 방법론의 새로운 해석으로 실천적 무신론, 실천적 인간학에 입각한 정치경제학으로 그 시대를 설계하면서 고유의 방향타를 만든다. 1830년 혁명 시 김나지움 입학과 함께 시대의 변혁을 직감한 그는 벌써 사회문제와 종교 문제에 주목하고 1841년 대학 졸업과 함께 고대 그리스 유물론을 주제로 학위를 받고, 원하던 교수의 꿈이 좌절되자 신문기자로서 사회 개혁과 언론 · 출판의 자유를 쟁취하기 위한 투쟁에 참여한다. 1848년 2월의 파리혁명 시기에는 브뤼셀의 노동자 무장봉기를 도울 정도로 확고한 공산주의 동맹의 지도자로 발돋움한다.[40] 그는 혁명의 현장을 누비면서 전통적 형이상학과 신에 대한 부정으로 대표되는

37 *Feuerbach in seinem Briefwechsel und Nachlass sowie in seiner philosophischen Charakterentwicklung*, Bd. 1, (2Bde), hrsg. v. K. Th. Ferdinand, Leipzig 1874, 409쪽.

38 L. Feuerbach, *Das Wesen des Christentum*, Leipzig 1841, LFW, Bd. 4, 369쪽.

39 이런 사정을 헤겔의 다음과 같은 말과 연관하여 생각해보는 것도 의미가 있는 일이다. "개인에 관한한 각자는 그 시대의 아들이다. 철학 역시 자기 시대를 사유로 파악할 것이다." Hegel, Rechtsphil., 26쪽.

40 1848년 2월의 맑스 · 엥겔스의 「공산당 선언」은 국제 노동자 운동의 최초의 강령이다.

무정부주의적 니힐리즘을 몸소 실천적으로 증명한다. 그는 자기 시대 전 유럽의 사회운동과 혁명에 행동으로 참여했을 뿐 아니라 예리한 통찰력으로 자본주의의 근본적 모순과 노동의 인간소외를 통해 새로운 인간학으로 "정치경제학 비판"인 『자본론』을 이론적으로 서술한다. 그 첫째 권이 출판된 것이 1867년이니 니체의 『비극의 탄생』(1872)이 나오기 5년 전이다.

반형이상학과 반기독교(반종교)를 그 시대의 주도적 사유 유형이라 한다면 시빗거리가 될 수 있다. 왜냐하면 그 시기에도 많은 위대한 신앙인도 있고 또 종교 이론가도 있기 때문이다. 그중에서도 시대의 사회주의에 맞선 신앙인이며 기독교 이론가로 쇠렌 키르케고르를 들 수 있다. 그는 하느님에 대한 절망에서 인간에 대한 희망 대신 절망을 체험하고 그 절망을 극복하기 위해 다시금 실존적 단독자를 설계한다는 점에서 사회주의자들과 반대 방향으로 나아간다.[41] 그래서 그는 모든 것이 정치색을 띠고 진행되는 사회상을 비판과 우려의 시각으로 바라보면서 잃어버린 초월적 영원자를 되찾고 그와 마주해야 한다고 강조한다.[42] 천박하게 타락해가는 시대정신의 부패 속에서 더 이상 성령을 믿는 이는 없지만 그러나 이런 시대가 옳은 것은 아니라고 생각하고 이것을 비판하는 자기 자신을 "시대의 교정제"로 이해한다.[43] 그는 기독교나 하느님에 대한 믿

41 그는 사회적 공산주의뿐 아니라 민주주의도 반대한다. 그에게 공동체나 대중(민중) 역시 무책임하고 어리석은 반진리 편의 무리들일 뿐이다. S. Kierkegaard's *Journal and Papers*, I–VII, ed., H. V. Hong, Indiana Uni. Press 1967ff.에서 일기와 유고들과, 표재명, 『키에르케고어 연구』, 지성의 샘, 1995, 124쪽 이하 참조. 후에 루카치가 그를 반동 철학자라 평한 이유가 여기에 있다. G. Lukács, *Die Zerstörung der Vernunft*, Luchthand 1962, 16, 177쪽.

42 Kierkegaard, *Zur Selbstprüfung der Gegenwart Anbefohlen*, 1851, übers. E. Hirsch, Regensburg 1953, 54쪽 이하.

43 Kierkegaard, *Einübung im Christentum*, übers. v. E. Hirsch, Regensburg 1955, 76쪽.

음이나 불신앙을 문제 삼기보다 그 주체로서 유일자 "개별자(der Einzelne)", 자신의 행동과 삶의 순간순간을 결정하고 결단하는 실존적 개별자를 문제 삼는다.[44] 헤겔 철학 타파를 평생 자신의 과제로 할 만큼 개성 강한 그는 사실 실존적 개인과 개성의 강조를 통해 사회가 아니라 사회 구성의 기본 단위로서 단자(헤겔에서는 생의 개별자)의 위치를 간파한다. 그러나 이 개별적 단독자는 자기의 내면에서 결단을 위한 부정자라는 점에서 헤겔에게 날린 자신의 화살에 되맞는 부메랑 아이러니를 연출한다. 사회 전반의 변혁의 소용돌이에 휩싸여 그 속에 살고 있는 개인들은 자신의 구체적 실존은 물론 단독자로서의 체험을 방해받는 시대적 상황에 서 있다는 사실조차 인식하지 못하는 것을 키르케고르는 개탄한다. 비록 단독자로서 개인의 실존이 온갖 우연에 착색되어 어떤 불변직 본질도 가지지 못한 외롭고도 기련한 처지에 있더라도 그에 대한 직시와 반성만은 인간성을 되찾는 첩경이며 첫걸음이라고 그는 가르친다. 그러나 개인들은 스스로가 실존적 단독자로 존재하는 사실을 단순히 도외시하는 것이 아니라 그런 존재는 자기와 무관한 이방인으로 치부하고 거부한다. 아마도 이런 경향성은 실존적 단독자라는 인간 본성을 깨닫는 순간 세계와 역사 속에 무능한 자신을 보고 절망하는 것을 두려워하기 때문일 수 있다. 이 두려움이 세계와 역사의 진행과 생성 자체가 하나의 싱겁고도 한심한 우연의 늪이라는 것을 깨닫자마자 절망의 강도는 절정에 이른다. 이러한 생각 역시 니체 사유의 중요한 배경으로 채색된다.

44 Kierkegaard, *Der Gesichtspunkt für meine Wirksamkeit als Schriftsteller*, übers. E. Hirsch, Regensburg 1964, 33, 109쪽. 인간 실존 자체의 고통의 전형으로서 그리스도는 "진리의 고뇌"이며 삶의 고뇌로 이해된다. Kierkegaard, Pap., XI, A.657, 표재명, 위의 책, 115쪽.

6

1848년 혁명 이후의 실존적 염세주의의 심화

1848년 이래 유럽 사회는 개인의 평준화 문화의 평준화를 이념으로 하는 사회주의의 강령 아래서 의식화되고 있었다. 아직 정치제도들이 그 체제와 질서의 틀에서 완전히 벗어나지는 못했고, 따라서 현실적으로 아직 사회주의 혁명은 요원해 보였음에도 불구하고 도처에서 개인의 자율성과 평등성을 기치로 내건 온갖 팸플릿, 기사, 소설 등이 판을 치고 특수 이해관계에 걸린 몇몇을 제외하고는 이 흐름에 자연스럽게 떠밀려 표류하게 된다. 이 표류하는 인간 세상에 대한 일종의 경고판, 즉 이 사회와 역사의 근원적 원동력은 이리저리 표류하는 사회나 역사 그 자체가 아니라 개인, 그것도 철저히 실존적인 단독자로서 개인이라는 것, 또 이 단독자야말로 유일한 절대 하느님의 개별화한 모습이며 그러므로 단독자는 자신의 깨달음과 순교를 통해 영원자를 부활시켜야 한다는 것, 그리고 이 부활을 통해 새로운 삶의 종교를 수립해야 한다는 것이다.[45] 이 종교는 맑스를 위시한 당시 사회주의자들이 제시한 개인 실존성에 대한 사회적 · 역사적 회복을 강령으로 하는 신흥 종교에 대한 반동의 성격을 가지지만 구원의 주체도 객체도 인간 실존이라는 점에서 같은 종교의 다른 예배처인 것처럼 여겨진다. 실존의 유신론적 성격과 마찬가지로 실존의 무신론적 성격 또한 개념이 합리성을 가지고 스스로 생성하고 창조하는 능력이라는 규정과 함께 폭로된다. 생성과 창조가 더 이상 초월적 창조신이 아니라 개념이라면 신 역시 이 개념의 능력 안에 내재할 뿐이다. 헤겔 자신이 의도하지 않았어도 그의 사상의 결말은 실존적 생철학과 미친기지로 무신론으로 전환하는 필연성을 함축한다. 다소 설명의 비약이 있기는 하지만 순수 존재와 순수 무의 동일성 체계는 이 점을 분명하게 보여준다. 완전무결한 추상으로서의 순수한 존재는 비록 그것이 모든 존재자의 시원이며 창조자라 해도 현실 속에 실재하지 않는다. 논리적으로 그것은 규정 이전의 것이므로 인식 안에 들어올 수도 없고 실존을 가질 수도 없다. 이 점에서 그것은 완전무결한 추상으로서의 순수한 무와 같은 것이다.[46] 현실의 실재 세계는 구체적 존재자들의 영역이며 그 존재자들의 실존적 상황의 다양한 규정과 연결의 세계이다.[47] 이 세계에 초점을 맞출 경우 추상이나 순수라는 형식을 가지고 사는 초월자는 존재하지 않는다. 구체적 어떤 실존물의 그렇게 있음과 특정 방식으로 사라짐이나 없어짐, 이것이 감각과 경험을 동원하는 실제 생세계의 인식 틀이다. 실재 없는 존재와 무를 개념적 사유의 시초로 하고 실재 세계의 구체적 존재자들을 그로부터 파생되는 결과물로 해석하면 초월적 절대자를 부정하지 않아도 되고, 구체적 존재자들 일반을 통틀어 순수 존재 또는 순수 무로 보면 초월적 절대자를 인정할 필

45 Kierkegaard, *Erbauliche Reden in verschiedenen Geist*, übers. H. Gerdes, 1947, 473쪽 이하 참조.

46 Hegel, LI, 43쪽 이하, Enzy. GW., Bd. 13, §38~§40.

47 Hegel, LI, 59쪽 이하.

요가 없으니 이런 점에서 유물론과 관념론, 유물론과 유심론 논쟁은 이미 헤겔 철학에서 예견된 바나 진배없다.

일단 현실과 실재와 경험과 감각이 존재와 생의 본질적 요인이라는 믿음을 가지면 영원이나 불변 또는 초월과 절대에 관한 고전적 이해 대신 우연하고 덧없는 것, 무의미하고 하찮은 것이나 있어도 그만 없어도 그만인 것과 같은 자질구레하고 무가치한 것처럼 보이는 일체의 것들이 새롭게 돋보인다. 고전적 전통에서는 사유나 실천에서 쓸모없는 것들로 폐기되었던 이런 것들이 이제 당당하게 이성적인 것의 자기 생성태로 격상된다. 『법철학』에서 헤겔이 말한 "이성적인 것이 현실적인 것이고 현실적인 것이 이성적인 것이다"라는 명제의[48] 다양한 의미 중 하나는 삶의 현상을 규정하는 무수한 문화 · 역사적 제도들뿐 아니라 각 개인의 실존을 규정하는 복잡다단한 실제적 사건들이 그냥 우연에 내팽개쳐진 부유물이 아닌 이성의 현실적 조각들이라는 것이다. 이것은 현실과 현상의 옹호이기도 하고 세속적 이승에서 이성의 자기실현 방식을 강조하는 말이기도 하다. "나는 생각한다. 그러므로 나는 존재한다"라는 명제 대신 "나는 배고픔을 느낀다. 그러므로 나는 먹어야 한다"라거나 "나는 정열적으로 그를 사랑한다. 그러므로 나는 그와 함께 살림을 차리고자 한다"라는 말이 더욱 심금을 울리며 다가온다. 이 지평에서 맑스나 키르케고르나 니체는 구분되지 않고 하나로 겹쳐 보인다.

새로운 시대의 성숙과 함께 전통 가치관은 물론 진리관 역시 정치적 성향을 띠게 된다. 경제적 부와 편리한 기술들이 겉으로 유럽 사회를 기름지게 함에도 불구하고 귀족은 귀족대로 더 이상 전통을 고수할 수 없었고 자본가는 자본가대로 자신이 자본을 자유롭게 운용할 수 없었으며

48 Hegel, *Grundlienen der Philosophie des Rechts*, TA., Bd. 7, F/M 1970 (=Rechtsphil.) 24쪽.

가난뱅이와 노동자는 곤궁과 체념에서 벗어날 수 없었다. 이 세상을 지배하는 것은 이제 불만과 체념과 순간이요, 불변의 절대진리는 존재하지 않는다는 사실뿐이었다. 존재는 그것이 있어야 할 필연적이고도 현실적 이유가 있어서 존재하는 것이 아니라 그냥 맹목적으로 우연히 존재할 뿐이며 진리 역시 그것이 언제나 참이요 거짓 아님이 아니라 그때그때 상황에 맞추어 의지의 욕망에 따라 변화무쌍한 평가를 가능케 하는 상대적 진리요, 선 역시 마찬가지의 특징을 가지게 된 것이다.[49] 인간 실존은 고뇌와 허무와 맹랑한 심연으로 둘러싸여 어느 때고 순간적으로 나뒹굴지 모르는 유한의 잿더미로 여기고 그가 사는 사회와 역사는 이 잿더미의 방향 없이 흩날리는 흙먼지 놀이터이다. 쇼펜하우어가 칸트 철학으로 돌아가려 한 것은 한갓 몽롱한 생각뿐이었고 몸은 이 잿더미 놀이터의 먼지놀이에 파묻혀 있었다.

쇼펜하우어의 개인적 성격과 사상은 타고난 측면이 없지는 않지만 그 시대 상황에 대한 감성적 · 지적 수용의 산물임을 주목할 필요가 있다. 그는 자기 시대 통찰에서 하나의 확신, 즉 '삶은 불확실한 것이다'라는 명제를 이끌어내고 그 입증을 위해 평생을 바친다.[50] 인간 인식의 한계에 대한 칸트의 경고가 무시되고 이성의 무한 확장으로 낙관주의 세계관이 생각 없이 도처로 전파되는 것에 대해 우려 대신 확신에 찬 염세주의를 선언한다. 그는 인식과 존재의 기초에는 우리가 알 수 없는 객관적 물자체가 아니라 무의식적 의지가 도사리고 있으며 이것이 객관세계의 모든 것을 결정하는 근본 동인으로서 물자체라고 강조한다.[51] 물리적 현

49 Schopenhauer, *Die Welt als Wille und Vorstellung*, 317쪽 이하, 334쪽 이하, 451쪽 이하 참조

50 키르케고르 역시 이 점에서 같은 생각이다. Kierkegaard, *Abschließende unwissenschaftliche Nachschrift zu den philosophischen Brocken* I, übers., Düsseldorf 1957, 194쪽 참조.

상계에 대한 과학적 인식의 확실성은 맹목적 생의 지속을 위한 의지의 불확실성을 담보하면서 그것에 기여하는 수단 이외에 아무것도 아니다.[52] 이 세상과 존재가 그 값을 가지는 것은 불확실한 생의 전 내용을 채우는 한에 있어서이며 이것은 논증이 아니라 체험에 의해 입증된다.

의지는 어떤 대상도 하나의 고정된 감정으로 느끼지 않는다. 그것이 자유든 아니든 의지는 감정으로 세계를 받아들이되 개념을 산출하지 않으며 이 때문에 소크라테스 이래 근대에 이르기까지 진리 추구의 기관에서도 그 방법에서도 소외된다. 오성적 세계 인식의 근원에 도달하는 것은 오성이 아니라 이성이고 그 이성은 그 근원의 인식에서 의지를 요청한다는 것은 칸트의 사유였다. 여기서 의지는 자연 필연성이 아니라 자유 필연성에 따르는 생과 실천의 원리이다. 만일 그 근원 역시 필연성의 지반이라면 그것은 맹목일 수밖에 없고 그 현상은 의지의 드러냄으로서 생의 현상이다. 이런 생각을 사회와 문화에 응용하면 시대 해석으로 나타난다. 왜 생을 지속해야 하는가의 물음 자체를 거부하고 맹목적으로 그것을 따르는 것, 이것이 살아 있는 개인의 특징이다. 방향 없는 맹목성은 어떤 고정적인 것도 요구하지 않는다. 개인에게나 사회에서나 의지의 활력소는 욕망이되 이 욕망의 결과는 채워지지 않는 깨진 그릇 같은 것이다.

쇼펜하우어가 고등학교를 졸업할 무렵 세상은 걷잡을 수 없이 바뀌어 공부를 열심히 하여 대학을 졸업하고 학자나 문인이 되는 것을 바라는 이들보다 장사나 무역에 뛰어들어 큰돈을 벌면 웬만한 공직을 살 수도 있다고 믿는 이들의 수가 점점 많아진다. 인문학 특히 철학이 대학의 인

51 Schopenhauer, *Über die vierfache Würzel des Satzes vom zureichenden Grunde*, SW, Bd. III, §43, §44, *Die Welt als Wille und Vorstellung*, 255, 259쪽.

52 확실하게 인식했다고 우리가 상상하는 것은 단지 표상 내용일 뿐 객관세계 자체는 아니다. Schopenhauer, *Die Welt als Wille und Vorstellung*, 16쪽.

기 학문의 자리에서 밀려난 것도 이미 오래된 일이었다. 갑부 쇼펜하우어의 부친이 자식을 대학 대신 장사를 시키려고 한 것은 결코 이상한 일이 아니며 쇼펜하우어가 아버지 뜻을 어기고 대학에 입학한 것 역시 학자가 되기 위해서가 아니라 아버지의 그늘을 벗어나고자 하는 괴팍한 개인적 열망 때문이었고 이것이 그를 의대에 진학해서 해부학과 생물학 등 당시의 자연과학에 몰두하게 만든다. 3년여의 괴팅겐 대학 시절 그는 넉넉한 유산 상속으로 굳이 돈벌이에 유용한 학문이 아니라 자신의 취향에 맞는 학문을 두루 섭렵하면서 철학으로 탈출구를 찾는다. 그가 고전 철학에서 얻은 나름대로의 결론은 인간 이성도 세상도 믿을 만한 것이 못 되며 철학은 종교와 양립할 수 없다는 것, 진정한 철학자는 회의적 염세주의자이며 반종교적이어야 한다는 것이다. 요컨대 세상은 눈먼 우연에 의해 짜어져 있어서 여기에 어떤 고유의 목적도 지향점도 있을 수 없다는 것, 그리고 이것을 알면 창조자로서의 신은 부정될 수밖에 없다는 것이다. 이것은 그의 고유하고 독특한 사상이기보다 그 시대의 자연스런 사유 전형이다. 즉, 세계나 종교는 모두 의지의 자기 인식일 뿐이라는 것이다.

그 시대는 머리보다 감각과 손발의 노동이 더 가치 있다고 여기는 상황이었다. 손발은 정신에 대한 육체의 상징적 표현이며 상부구조에 대한 하부구조의 우위에 대한 직접 표현이기도 하다. 쇼펜하우어에서 노동은 삶의 필연적 방식이기는 하지만 근원적인 것은 아니다. 삶의 근원적 추진력은 욕망과 그 충족을 추구하는 의지의 긍정성이며 이 긍정성이 삶의 맹목적 지속의 원천이다. 이때 머리는 단순히 정신이 아니라 의지로 충만되며 의지 충족의 수단이 노동이기 때문에 삶이 고통인 것은 아니다. 삶을 지탱하는 의지는 욕망을 본성으로 하는 충동에 의해 채워지며 욕망은 충족을 통해 만족된다. 그러나 욕망은 주체 자신에게는 없는 대상에 대한 열망이고 이 타자(他者)를 획득하자마자 채워지는 만족은 일시적이며 새로운 욕망의 출현으로 이행된다. 의지 자체가 진정한 고통이며 고난인 이유가 여기에 있다. 즉, 욕망은 채워지지 않는 그릇이기도 하고 쉬이 채워진다 해도 금방 허기짐을 느끼는 권태로운 놀이처럼 보인다. 이것이 진정한 고통의 체계인 것이다. 따라서 생은 욕망과 의지의 본성에서든 구체적 생활의 과정에서든 고통일 뿐이다. 그는 『의지와 표상으로서의 세계』의 여러 곳에서 불행과 고통에서 벗어나는 다양한 방법을 예시한다. 흔히 생각하기 쉬운 자살은 진정한 대안이 될 수 없다. 그냥 내버려두어도 죽을 인생을 굳이 인위적 자의적으로 마감한다 해서, 다시 말해 현상적 육체의 종말을 앞당긴다고 해서 살려고 하는 생의 영원한 의지를 꺾을 수는 없으므로 참된 자아의 종말을 실현할 수 없다. 자살이 어리석고 천한 것은 이 때문이다. 고통과 불행에서 벗어나는 진짜 해탈은 일상생활을 담보하는 현상적 대상의 관념, 즉 감각 경험의 내용이 되는 관념에서 벗어나 영원한 관념들, 다시 말해 어떤 구체적 현상에도 영향을 받지 않는 이념들에 대한 명상에 몰두하는 데서 얻을 수 있다. 영원한 관념에 몰두하고 집중하는 데는 하나의 '기술(Technik)'이 필요하다. 이 기술은 예술과 예술 탐구에 대한 정신 집중이다. 참된 예술은 보는 이로 하여금 세속적 욕망의 증진이 아니라 불변의 아름다움에 대한 표상을 일깨우는 것이어야 하는데 이에 가장 적합한 것이 바로 음악이다. 작품 하나하나는 특정 대상과 주제를 형상화하나 그 각각의 본성 안에는 영원한 미의 관념이 내재하고 그것을 명상토록 할 때 우리는 그것을 진정한 예술품이라 한다.

그러나 쇼펜하우어에서 예술은 삶의 고뇌로부터의 완전한 해방에 이르는 수단은 아니다. 예술은 그 특성상 우리를 일시적으로 해방시킬 뿐이다. 고난의 진정한 해방자는 자신의 생의 본질이 타인의 생의 본질과 동일한 고통이라는 것을 직시하고 그 공감을 연민으로, 또 그 연민을 윤리적으로 실천하는 행동을 통해 가능하게 된다. 이 연민이 인류에 대한 보편적 전우애, 보편적 동정의 수준으로 격상될 때 비로소 개인은 자신의 개별적 고난과 불행에 낙담하지 않고 생의 무수한 어려움에 주눅 들지 않으면서 고요한 열반의 즐거움을 체험하게 된다.

생이 욕망 충족의 자연적 사회적 체계로 되어 있다는 말은 새로운 것은 아니다. 그에게 새로운 것은 욕망 충족의 체계를 결정하는 본래적 요인이 생의 맹목성에 있다는 것이다. 헤겔은 욕망 충족을 해소하는 고전적 방식인 노동을 중시함으로써 전통 사유의 입장을 취하면서 노동이야말로 개인의 사회화와 인간화를 동시에 완수하는 중요한 덕목으로 칭송한다. 동시에 그는 노동의 부정적 측면인 소외와 비인간화와 계급 갈등의 가능성을 경고한다. 이 경고를 경청하고 비판적 관점에서 부르주아 사회를 분석하면서 소외 극복의 대안을 제시한 이들은 맑스를 위시한 사회주의자들이다. 그들 역시 생의 본질과 그 고통이 물질로 채워져야 하는 생명성의 유물론적 성격에 있다는 데 공감한다. 다만 이 성격이 왜곡된 생산양식을 산출하고 그것을 고수하는 사회에 의해 더욱 극단화된다는 평가에서 쇼펜하우어와는 반대의 길을 갈 뿐이다. 사회주의자들이 왜곡된 생산양식의 혁명적 수정을 요구하고 그 혁명을 수행하는 주체 세력으로 노동자 · 농민을 설정하여 민중주의를 믿으며, 그리고 혁명이 성공할 경우(또 반드시 성공할 것이지만) 생의 세속적 고통이나 노동의 소외는 사라진다는 낙천주의를 믿는 데 비해, 그는 생의 근원적 고통을 잠정적으로 해결하는 데 예술을(그것도 음악) 말한다는 점에서 낭만적 귀족주의를 믿으며, 그 예술조차 생의 근원적 고통을 잠재울 수 없다는 점에서 염세주의를 확립한다. 특히 예술적 귀족주의의 이 관점은 니체에게 그대로 이어진다. 천한 무리들의 사회적 소란(사회주의 운동)을 경멸하는 점에서도, 또 그 무리들이 신성시하는 노동이야말로 기도와 명상을 완강하게 붕괴시키는 방해물로 이해하는 점에서도, 예술 그중에서도 술과 음악이야말로 속된 세상과 그 안의 이런 무리들로부터 인간을 해방시킨

다고 믿는다는 점에서 그러하다.[53]

역사적으로 귀족은 통치권자를 도우면서 권세와 부를 축적하고 그것을 세습하면서 생활하는 계층으로 이들은 시간이 지나면서 특정 신분의 위치를 확고히 한다. 그들은 언제나 권력의 편에 있을 때만 보호받을 수 있다고 믿는다. 또 그들의 부와 권력이 기존 권력을 제압할 수 있다고 여기면 같은 입장의 세력들을 규합하여 가차 없이 옛 왕조를 몰락시키기도 하고 새 왕조를 만들어내기도 한다. 어느 경우든 그들은 구전통과 전통의 권위를 등에 업고 자신의 위치를 고수한다. 프랑스혁명에서 새로운 계층인 부르주아와 연대하지만 부르주아들은 귀족과 근본적 차이를 가진다. 그들은 전통이나 구제도가 자신들의 입지에 불리하다는 것을 인식한다는 점에서 왕이나 귀족과 대립한다. 귀족들이 부르주아와 연대하여 혁명으로 얻은 것은 더욱 위태로워진 자신들의 신분 특권일 뿐이었다. 일단 혁명이 끝나자 실질적 권한은 서서히 부르주아 쪽으로 이동하기 시작한 것이다. 귀족들은 옛날의 안정적인 자신의 위치로 되돌아가기를 원했지만 사회는 더 이상 구질서가 아니라 돈과 자본을 장악한 이들의 욕망 체계로 재편되기 시작하고 이 재편과 더불어 부르주아들은 새로운 귀족으로 등극하면서 낡은 귀족들을 자신의 그림자 속으로 흡수한다. 이때쯤, 그러니까 1848년을 기점으로 하여 유럽의 선진국들의 정치 · 경제는 물론 문화 전반을 이끌어가는 주도 세력은 자본가계급이었고 이와 동시적으로 프롤레타리아계급 역시 격렬한 저항을 시작하게 된다. 이 무산자 노동자계급의 정착은 부르주아들을 확실하게 새로운 신흥 귀족으로 등극시킨다.

신흥 귀족 부르주아의 근본 이념은 자유이다. 전통으로부터의 해방,

53 사회주의는 물론 민주주의, 대중, 공중, 다수 등을 반대하고 부정적으로 평가하는 점에서 키르케고르의 문화 귀족적 성향 역시 니체에게 상속되는 유물 중 하나이다(Kierkegaard, Pap., VIII, A 667 : J. P., IV, 4114).

관습과 풍습으로부터의 자유는 돈을 모을 수 있는 하나의 통로에 도열하고 그 통로에서 자본 축적의 목표를 효과적으로 달성한 이들에게 다시 훈장처럼 목에 걸린다. 이 통로와 목표는 죽느냐 사느냐의 생존 경쟁으로 점철되며 여기서 살아남아 부르주아의 도장을 받는 이는 소수일 뿐이다. 이 소수들이 자기 권익을 위해 정초한 국가와 정부는 시민 모두가 자신의 권리와 이익을 평등하게 주장하고 달성하는 민주주의와 근본적으로 다르다. 여기서 시민 모두가 자본과 권리 앞에 평등하고 자유롭다는 말은 내용 없는 형식이 되고, 소수의 자본 귀족과 다수의 무산자 계급을 하나로 묶는 끈은 자본가 쪽에 쥐어지고 그 대립자들은 이 끈을 강요로 인식하게 된다. 노동계급의 성장과 더불어 유랑 계급도 생겨난다. 그들은 마음은 새로운 귀족인 자본가계급에 두고 몸은 노동자계급에 속하는 이들과, 반대로 몸은 자본가 토양에 살면서 정신은 노동자계급에 거주하는 이들로 나누어진다. 이들은 전문적 대학 교육을 받은 지식인과 예술가 또는 문인들이 대부분이다. 사회개혁운동에 뛰어든 이들은 새로운 계급인 프롤레타리아에 의한 정치·경제의 재편만이 진정한 민주주의의 완성이라고 강조한다. 이들은 자신들의 의식이 프롤레타리아의 권익을 대표한다고 믿고 그렇게 행동함으로써 계급 유랑인에서 확실하게 벗어나지만, 또 다른 부류인 일부 예술가 본인이나 자유사상가들은 급변하는 사회 상황이 이미 하나의 무정부적 우민 민주주의를 지향한다고 보고 문화 귀족주의 관점을 취한다. 그들은 지속적으로 구체적 경제활동에 참여하지 않는다는 점에서는 일종의 룸펜들이지만 당대를 면밀하게 관찰하고 그 내용을 작품화한다는 점에서는 예술가이다. 이들의 작품은 대부분 상품화에 실패하지만 그러면 그럴수록 자존심만은 하늘을 찌를 듯 높아져 자신들을 몰라보는 일반 대중들을 멸시하는 경향을 띠게 된다. 이 환상적 예술가 집단을 낭만적 귀족주의라 부를 수 있다. 쇼펜하우어 자신은 예술가가 아니었지만 그들에게 예술적 자존심과 궁지의 이데올로기를 제공함으로써 깊은 존경을 받는다. 그를 시대의 진정한 선각자로 이해한 니체 역시 낭만적 귀족주의의 상속인으로 보아도 좋을 것이다. 진정한 귀족은 정부나 생계에 시달리지 않으며 오로지 자기 자신이 하고자 하는 일을 할 수 있어야 한다. 물론 이 할 수 있음은 현실이 아니라 상상 속에서 가능한 일이다. 정신을 비방하되 의지와 감정의 자유를 무제한으로 누리면서 현실 생활의 무능과 권태를 전도시킬 수 있는 곳은 미적 상상의 세계이기 때문이다.[54] 어느 하나에도 안주할 수 없는 방황을 자유라는 이름으로, 어느 하나도 확고한 것으로 믿을 수 없는 불신을 상대적 허무주의로 정착시킬 수 있는 곳은 생과 역사를 하나의 과정이요 흐름으로 해석하고 그 해석의 지평을 언제나 실존과 문화의 무수한 그물망의 조건에 의해 제한된다는 세계관에 묶어놓는 것이다. 감수성 예민한 예술가와 지식인들은 이 해석적 세계관을 더욱 미화하면서 다양한 색조로 그려내고 있었다. 이 그림들의 탁월한 대표자가 나타나는 것은 시간문제였고 그 시간을 가리키는 대표적 사건이 『비극의 탄생』, 즉 니체 사유 탄생의 중요 배경 색조로 자리 잡는다.

54 이 자유롭지만 권태로운 세계야말로 여유 있는 신의 실존이며 어떤 생계도 걱정할 필요 없는 귀족적 인간 실존이다. 이것은 궁극적으로는 유랑인으로서 개인 자신의 실존적 본질로 이해된다. Kierkegaad, *Entweder/Oder*, 395쪽과 비교.

제8장

니체와 보불전쟁

니체 서거 100주년 기념물

1
보불전쟁에 대한 니체의 평가

흔히 쇼펜하우어를 근대 독일의 비합리주의 철학의 원조로, 그리고 반헤겔주의의 시조로 생각한다. 맞는 말이다. 그러나 그는 논리적 합리주의인 독일 관념론 철학에서 학문을 시작하고, 헤겔이 주도하던 프로이센 베를린 대학에서 학자로서의 길을 내딛는다는 점에서, 그리고 동시에 의도적으로 반헤겔주의를 선언하고 의식적으로 헤겔 사유를 반대로 바꾼다는 점에서, 헤겔의 사생아 루드비히 헤겔을 연상시킨다. 헤겔의 자식이지만 철들고 나서 단 한 번도 그를 아버지라 부르지 않고 욕하고 원망하다가 외국군 용병으로 입대해 젊은 날 열병으로 생을 마감한 루드비히와 마찬가지로, 쇼펜하우어 역시 칸트 철학으로 학위를 하고 헤겔의 도움으로 직업적 교수 생활을 시작하지만 죽을 때까지 헤겔을 욕하고 의도적으로 그와 반대적인 사유를 발전시킨 반항아였다. 헤겔과 그 학파가 당시 시대 사유의 대표였다는 점에서 그는 시대 사유의 반항아, 반시대적 철학자라 할 수 있겠다. 그는 이성이 아니라 삶이 인간과 역사를 이끄는 힘이며 이 힘은 맹목적 의지인 충동(Trieb)에 의해 발현된다는 것, 따라서 이기주의는 인간의 본성일 뿐 아니라 생명체의 본성이어서 인간의 도덕적 · 실천적 생활 자체를 결정한다는 것, 또 생의 과정은 끊임 없는 고통이며 고통의 연속이라는 것, 이 고통으로부터의 해방이 구원인데, 구원은 미(음악)에 대한 직관과 이기적 의지의 포기를 통한 도덕적 연민의 확립이라는 것을 가르친다. 특히 구원에 대한 음악(미적 직관)이나 도덕적 행위의 역할은 어느 것이나 한정된 체험일 수밖에 없기 때문에 궁극적인 것이 못 된다. 삶의 불행을 일시에, 그리고 영원히 없애는 길은 자기 의지의 완전한 소멸일 뿐이다. 이것은 이성적 인식과 행위의 가능성도, 생과 역사의 진보 가능성도, 도덕이나 종교(기독교)가 제시하는 희망도 모두 다 거부하고 무시한다는 점에서 비합리적 염세주의라 불린다.

본 대학 입학(1864) 2년 후 라이프치히 대학으로 옮긴 니체는 본격적으로 쇼펜하우어를 공부하고 심취하면서 1867년에는 프로이센 군에 입대하는데, 그 시기에 보오전쟁으로 독일 통일의 야심과 주도권을 가진 비스마르크 휘하의 프로이센은 그야말로 떠오르는 태양이었다. 그가 군이 라이프치히로 간 것과 거기에서 군에 입대한 것은 프로이센의 위용과 장래성에 대한 안목과 기대가 큰 몫을 했을 것이다. 입대 얼마 후 친구 로데(E. Rode)에게 이런 글을 보낸다. "나의 철학이 이제 실천적으로 응용될 수 있는 기회를 얻었다네. 지금까지 나는 단 한순간도 비굴함을 느끼지 않았으며 때로는 동화 같은 어떤 것을 떠올리고는 웃음을 짓는다네. 때때로 말의 배 밑에 숨어서 중얼거리기도 하면서 말이야. '쇼펜하우어여, 도와주십시오' ……." 당시 니체가 무엇을 '나의 철학'이라 말했는지 확실치 않으나 쇼펜하우어의 심미주의 · 비합리주의 생철학과 염세주의일 공산이 크다. 그는 낙마 사고로 몸을 다쳐서 1년 기간을 못 채우고 전역한다. 3년 후 터진 보불전쟁(1870~1871)에 니체는 또 한 번

자원입대하여 의무병으로 근무하는데, 이것은 니체가 인명을 중시하거나 부상병들의 간호와 치료에 깊은 관심을 가졌기 때문이 아니라 교수가 되기 위한 스위스 국적 취득 조건에 프로이센 전투병 지원 금지 조항 때문이다. 니체가 두 번이나 군에 자원입대한 것은 애국주의와 영웅주의 때문이다. 당시 프랑스는 나폴레옹 3세가 집권하여 보나파르티즘, 즉 영웅 나폴레옹 시절의 세계사적 명성과 프랑스 영광주의로 스스로는 물론 전 프랑스 국민을 세뇌하고 또 그것이 먹혀들어 가고 있었다. 프로이센 역시 독일 통일을 놓고 오스트리아와 벌인 주도권 쟁탈전에서 승리하여 북부 독일 연방을 결성하면서 자국민들에게 희망과 역사 발전의 필연성을 전도하면서 그 방해물로 암암리에 프랑스를 지목하는 터였다. 결국 보불전쟁은 애국적 민족주의로 무장한 두 나라가 자국의 세력과 이익을 확대하기 위해 벌인 것이다. 전쟁이 터지자 당시 프로이센의 거의 모든 대학에 '가자! 파리로'라는 격문이, 프랑스의 거의 모든 대학에 '가자! 베를린으로'라는 격문이 걸린 것은 이 사실을 극명하게 보여준다. 니체는 이 전쟁에 참전함으로써 당시의 거대한 역사적 흐름에 동참한 것이다. 1871년 『비극의 탄생, 혹은 그리스 정신과 염세주의(Die Geburt der Tragödie, oder Griechentum und Pessimismus)』는 이 사건에 대한 시대적 해석으로 읽어도 무방할 것이다. 이 책은 의무병 복무 중 몇 개월도 못 되어 질병으로 제대한 니체가 보불전쟁의 치열한 포성을 들으면서 집필하고, 베르사유에서 독일 제국의 선포라는 승전고를 접하면서 완성한 것이다. "유럽을 지배할 의지와 유럽을 지도할 힘을 가지게 된 독일 정신"(『비극의 탄생』, 자기비판의 시도, 6), 이것이 보불전쟁 승리에 대한 니체의 평가이다. 1873~1876년 사이에 쓴 『반시대적 고찰』은 이 승리를 어떻게 진정한 독일 문화로 승화시킬 것인지, 또 이것을 부정적으로 유도하는 잘못된 사상과 철학은 무엇인지를 비판하는 글이다. 겉보기에 이것은 당시 승리에 들뜬 독일인들과 승전 성과를 위한 정초로 기여한 철학과 문화에 대한 비판이지만 내심 보다 더 강한 나라(초강대국), 보다 더 강한 독일인(비스마르크)을 염원하는 반시대적 독일 이데올로기이다.

니체는 「반시대적 고찰 I－다비트 슈트라우스, 고백자와 저술가」에서 이렇게 말한다. "독일의 여론은 전쟁(보불전쟁－필자), 특히 승리로 끝난 전쟁의 끔찍하고도 위험한 결과에 대해 말하는 것을 거의 금지하고 있는 것처럼 보인다."[1] 이 전쟁을 찬양하고 그것이 윤리, 문화, 예술에 미치는 영향과 적극적이고 긍정적 위력을 연구하고 강조하는 것이 "이 거대한 승리의 거대한 위험"[2]이라고 그는 경고한다. 그는 또 이런 식의 자만이 "독일 제국"을 위한 "독일 정신의 패배"를 몰고 올 수 있다고 경종을 울린다. 오히려 이 전쟁의 승리를 문화의 참담한 패배로 읽는 것이 더 타당하다고 강조한다. 승리의 주역은 문화가 아니라 엄격한 군기, 타고난 용기와 지구력, 지휘관의 뛰어남과 그 휘하 병사의 단결과 복종심과 같은 군인 정신이지 흔히 말하는 예술적 심미안이나 미적 상상력이 아니다. 프랑스가 패한 것은 이 같은 군인 정신의 결여이지 그들의 문화가 아니며 그럼에도 이것을 독일 문화가 프랑스를 정복했다고 믿는 것은 잘못이다.[3] 무기가 좋고 군인 정신이 투철한 것은 전쟁 승리의 제일 조건이지만, 그래서 그런 것이 없었던 프랑스가 철저하게 무너졌지만 그들의 문화까지 패한 것은 아니다. 그럼에도 독일 지식인들은 승리에 도취해서 독일의 문화 일반이 적에게 승리했다고, 또 그것을 아는 것이 국민윤리라 함으로써 독일 정신을 좀먹고 있다는 것이다. 요즈음 가장 훌륭한 독일의 씨앗이 이미 오래전에 성장과 발전을 거듭해서 이제 세상을 자유와 평화로 평정하여 태평성세를 구가한다고 온갖 매체들, 신문,

1 KGW, Bd. III－1, 155쪽.
2 같은 곳.
3 같은 곳, 156쪽.

소설, 시, 역사, 철학이 앞다투어 광고하고 선전한다. 독일 문화의 성과에서 도래한 행복과 발전의 기쁨을 전도하는 근거 없는 낙천주의의 폐허가 전 독일에 확산되고 있다. "학(Kunde)이 아니라 예술이 문제 되는 곳, 즉 삶이 교양(Bildung)의 종류에 관해 증언을 해야 하는 곳에서는 어디서나 단지 하나의 독일적 교양만이 존재할 뿐이다. —그리고 이 교양이 프랑스에 대해 승리했다는 것인가?"[4] 니체는 이어서 다음과 같이 말한다. " …… 사실 독일 장교가 좀 더 해박한 지식이 있으며, 독일 군대가 좀 더 높은 학식을 가졌다는 것, 또 과학적 작전에서 좀 더 결정적으로 우월성을 지녔다는 것은 모두 공평한 심판자와 프랑스인들도 인정한 바 있다." 이 낙천주의는 문화를, 즉 교양이나 학술(학문)과 혼동한 데서 온 무식의 소치이다. 이런 비판으로 니체는 문화를 "어떤 민족의 삶의 표현에서 나타나는 예술적 양식의 통일"이라는 것, 따라서 독일인이 내세우는 "많이 안다는 것과 많이 배웠다는 것은 문화의 필수 수단도 아니고 징표도 아니"라는 것, 그래서 독일인들은 실상은 문화가 아니라 "야만" 또는 "혼돈스럽게 뒤죽박죽인 양식과 잘 조화"한다고 비판한다.[5]

니체는 독일 지식인들이 문화의 순수 개념이 무엇인지 모르면서 많이 알고 많은 것을 양적으로 긁어모으면 그것이 학문이고 교양이며 문화라 착각해서 개인이건 사회건 온갖 잡동사니를 긁어모아 자기 주위에 쌓아놓거나 남에게 자랑하고 보여주는 것으로 생각하는 데 비해 프랑스인은 예술적 문화, 삶의 표현에 대한 심미적 양식의 생산과 그 조화로운 통일을 교양이요 문화라 믿는다고 이해한다. 독일인들이 끊임없이 프랑스 문화를 배우고 모방한 진정한 이유가 여기에 있는데 이제 전쟁 승리의 기념비처럼 이 배움을 망각하고 자만하여 얻어지는 것은 문화의 멸망밖

4 같은 곳, 158쪽.
5 같은 곳, 159쪽.

에 없다. 독창적 문화를 건설하는 것만이 이 멸망에서 구제되는 것이며 이것은 전쟁의 승리를 패배로 깨닫는 데서 시작되는 것이다. 이것은 당시 프로이센의 전승과 통일과 진보의 역사적 주역은 물론 독일적 문화의 주역이 이성이라는 것, 즉 이성에 대한 전폭적 믿음이 이런 찬란한 결과를 가져왔다고 주장하는 헤겔학파에 대한 비판이다. 이성을 궁극적 문화 발전의 원동력으로 삼아야 한다는 것이 철학계의 주류 사고였고 전쟁 승리 역시 이것을 믿었던 대다수 독일인들의 합리적 과학주의 결과라는 것이 헤겔 학도인 다비트 슈트라우스의 생각이었다. 이런 성격의 소유자들을 니체는 "교양의 속물(Bildungsphilister)"이라 비판한다. 이들에 의해 학교와 교육기관과 문화예술계 전체가 우롱당하고 있으며 이것이 바로 근거 없는 독일 문화의 우월성을 믿는 어리석음이라는 것이다. 슈트라우스를 비판하는 의도는 자명하다. 전쟁의 승리에 도취해서 지켜야 할 것을 버리고 배워야 할 것을 경멸하는 것은 머지않아 건강한 생명력으로 충만해야 할 독일적인 것을 부패시키는 것이다. 이 독일적인 것을 세우기 위해서는 근원적 독일 문화에 대한 지속적 탐구와 프랑스 문화에 대한 존경과 배움으로 무장해야 한다. 전쟁의 승리가 독일의 모든 것, 독일적인 모든 것을 역사 발전의 당연한 결과라는 낙천적 자만으로 배를 두드리는 당시 독일 지성계의 속물근성을 비판함으로써 니체가 의도한 것은 보다 더 강하고 활기롭고 다양한 독일 문화를 형성하고 재창조하는 것, 그러기 위해 현재의 수준 높은 프랑스 문화 앞에 겸허해야 한다는 것, 그리하여 그 수준을 능가할 때 비로소 전쟁의 진정한 승리가 주어진다는 것이다. 이것은 독일 이데올로기의 또 다른 표현 방식이다. 이런 이데올로기를 제공한 바로 그 전쟁은 역사적으로 어떤 모습이었던가?

2

보불전쟁의 배경

1848년부터 1871년까지 독일의 역사를 제국의 형성기로 이해하는 데 별 이의가 없을 것이다. 이 시기에 축조된 다윈의 진화론과 의도적 반헤겔주의로서 비합리주의가 독일 제국주의 형성을 돕는 일등 공신이라면, 마찬가지로 활기 있게 이론적 완성을 끝낸 맑스·엥겔스 사회주의 이론은 그 타도를 예비하는 혁명적 성향으로 주목을 받는다. 정치사적으로 이 제국주의의 초석을 놓는 사건은 1870년 터진 보불전쟁이다.

영국과 프랑스에 비해 늦게 시작한 독일의 산업화는 불과 30년도 지나기 전에 온갖 사회적 모순을 그대로 안은 채 프랑스 수준을 능가하고 있었다. 교통과 통신의 발달에 기술과 경영 혁신이 더해져 1860년대에 들어서면서 엄청난 호황을 누리게 되고 이에 따라 판매망 확충에도 불구하고 1865년에는 소비가 급격히 감소하면서 생산 역시 급격히 둔화된다. 과잉생산에 의한 공황의 징조가 나타난 것이다. 이것은 프로이센의 문제만이 아니었다. 이미 은행과 주식시장은 유럽 선진국 전역에 개방

되어 있었고 따라서 호황 때 국제적으로 비싼 이자로 빌린 돈들이 갑작스런 경제 침체 현상으로 갚기 힘든 상황이 도래해 주가가 폭락하면서 런던 굴지의 은행들이 파산하면서 독일의 산업이 가동을 멈춘 것이다. 이제 더 이상 돌파구가 없는 공황인가 했는데 대(對)오스트리아 전쟁에서 프로이센이 승리함으로써 산업계 역시 다시 정상화되는 듯했다.

자본주의의 발전에 나타난 최초의 공황은 크림전쟁(1855년) 종결의 후유증으로 1857년에 일어난다. 이 전쟁은 오스트리아와 프로이센의 산업화가 본궤도에 들어서면서 안정적인 상품 판매 시장과 원료 공급지의 확보가 필요해진 상황에서, 러시아가 쇠약해지는 터키 제국 분할과 영향력 확대를 목적으로 진출하자 국제전으로 발전한 것이다. 이미 지중해 연안과 터키 시장을 지배한 영국과 터키 속국인 이집트 장악에 눈독을 들인 프랑스까지 연합하여 대러시아 전쟁을 벌이게 된다. 독일 통일의 헤게모니 장악을 놓고 각축을 벌이던 오스트리아와 프로이센은 열심히 국익을 계산한 끝에 중립을 지키기로 하면서 프랑스와 영국 연합군은 농민 반란에 휩싸여 더 이상 전쟁을 수행하기 어려운 러시아를 몰아내고 승리를 거둔다. 이 전후 처리 협상이 1856년의 파리조약이다. 이 조약으로 유럽의 주도권을 프랑스가 가지게 되고 러시아와 연대하던 오스트리아, 프로이센은 전쟁에 참여하지 않은 대가로, 또 전쟁 피해 없이 부리나케 군수품을 이쪽저쪽에 판 대가로 광공업 분야의 눈부신 발전을 담보할 수 있었고 그 후광으로 은행과 주식시장이 비대해지게 된다. 은행의 주식 투기, 일확천금에 대한 열망, 과잉생산 등이 겹쳐진 것은 비단 독일만이 아니고 유럽 전역, 특히 승전국과 그에 협력한 나라들에 동시적으로 일어난다. 이미 경제적으로 유럽과 하나의 영역권을 이루던 미국 주식시장과 은행의 도산은 유럽 자본과 시장 과잉과 혼란을 가져오고 이것은 다시 미국 산업의 와해를 초래하면서 자본주의 최초의 교과서적 공황 드라마를 연출한다. 이 공항은 2년여 후인 1859년을 기점으로 새로운 활황을 서서히 준비하지만 그에 따르는 피해 역시 심각하였다. 중공업이나 상업 분야의 타격은 물론 공황의 전형적 결과물인 생산 위축은 실업자 양산과 임금 하락을 초래하고, 해고와 임금 하락에 반대하는 노동자 저항운동이 불길처럼 나타나고 이를 억압하는 정부와의 충돌은 사회를 엄청난 혼란으로 몰아넣는다. 이러한 일련의 사건들이 역사 속의 일회적 사건이 아니라 자본주의 자체가 가진 모순 때문이라는 생각 역시 확고하게 사회철학자들의 의식 속에 자리 잡아간다. 이 공황을 기점으로 대부분의 경제활동은 정치 활동으로 전환되듯가 상호 중첩 관계 속에서 진행되는 일정한 전형을 형성하게 된다. 국가는 국가대로 대내적으로는 노동운동과 사회주의운동을 탄압하면서 부르주아들과 연대해 산업 기반을 확충 발전해야 하는 과제와, 대외적으로는 자국의 상품과 금융자본의 보호를 위해 강력한 힘을 구축해야 하는 과제를 동시에 가지게 된다. 물론 이 과제는 자국의 왕권 체제를 해치지 않는 범위 내에서 해결되어야 한다. 각국이 군비 증강에 혼신의 힘을 쏟는 것은 이런 이유 때문이었다. 1848년 부르주아 시민혁명의 훈장처럼 수여된 이 공황은 프로이센에 새로운 기회를 안겨준다. 프로이센은 비록 내적으로는 반동적 왕권을 강화하지만, 그 강화를 위해서는 생산, 소비, 판매에 대한 부르주아들의 요구를 적극적으로 수용해야 한다는 것, 또 그것을 통해 통일 독일 제국의 궁극적 목적을 실현할 수 있다는 믿음과 깨달음을 가지게 된 것이다. 이 목적 실현의 가장 효과적 방법은 산업화와 군비 강화 및 민족적 애국주의의 교육이다. 물론 이 방법들을 확립해감에 따라 그 대립물들, 즉 평화주의와 세계시민주의, 즉 공산주의 활동과 산업화의 부정적 측면에 대한 철학적 반성 역시 동시적으로 발전 강화된다.

크림전쟁의 뒷마무리도 끝나기 전인 1859년에 프랑스-오스트리아 전쟁이 또 발발한다. 이 전쟁에서 프로이센은 중립을 지킨다. 역사적으로 자신의 라이벌인 이 국가들과 언젠가는 한판 붙을 것을 예견하고, 한

편으로는 양쪽에 군수품을 팔고 한편으로는 그들의 힘이 빠지기를 기다리는 즐거운 중립인 셈이다. 중립으로 힘을 비축한 흑곰 프로이센은 몇 년 후(1864) 덴마크 왕의 지배를 받던 북부의 슐레스비히와 홀슈타인 공국을 간단하게 제압 병합하여 더욱 세력을 키운다. 게다가 미국의 내전(남북전쟁 1861~1865)은 유럽 상품의 생산과 판매를 더욱 활성화하여 활황을 최고조에 달하게 하지만 전쟁이 끝나자 과잉생산된 재고가 쌓이고 판매가 위축되면서 주식이 휴지가 되고 금값이 뛰는 대공황이 일어난다. 런던과 뉴욕은 물론 프랑스, 프로이센 은행들이 파산하고 공장이 문을 닫고 대량 실업자가 생기고 물가는 폭락하는 자본주의 체제가 내포한 위기인 공황의 두 번째 사건이었다. 이번에도 구세주는 전쟁, 즉 대오스트리아 전쟁이었다. 이 전쟁은 독일의 통일과 그 주도권을 놓고 시작되지만 주도면밀한 전략가 비스마르크의 지략에 의해 프로이센에 일방적 승리를 안겨주고 이에 따라 군수 공장은 물론 일상 용품에 대한 수요 증가에 힘입어 경제 불황을 호황으로 바꾸어놓는다. 이 전쟁이 국제전으로 확대되지 않고 독일 내로 제한된 것 역시 프랑스와 이탈리아와의 동맹으로 그들을 중립시키면서 오스트리아를 공격한 비스마르크의 전략이 주효한 덕이었다. 그는 또 대내적으로 선거에 의한 의회 진출과 투자와 생산에 대한 규제 완화, 보통선거제 인정 등을 통해 부르주아들은 물론 소시민들의 지지를 얻어내는 데 성공하고 차근차근 주변 지역의 공국들을 합병해나간다. 프로이센의 이런 성과 내부에는 강력한 제국주의적 반동 의도가 감춰져 있다는 것을 간파한 공산주의자들, 특히 맑스와 엥겔스의 통찰을 무시할 수 없다. 이 통찰의 이면에는 프로이센, 오스트리아 대결에서 어느 쪽이 승리하든 상관없이 강력한 제국이 출현할 것이고 이것은 자신들의 권익을 무력화시킬 것이라는 노동 주축 민주화 운동 지도자들의 반성이 깔려 있다. 비스마르크가 이들을 위험 세력으로 보는 것은 너무도 당연했다. 맑스와 엥겔스는 노동자들의 단결된 봉기가 이 전쟁을 막을 수 있다고 생각했고 전쟁을 막지 못한다면 차라리 프로이센이 패배하기를 염원하게 된다. 프로이센의 패배야말로 그에 속해 있거나 영향 아래 있는 모든 지역의 민중 봉기와 정치체제의 변화를 불가피하게 가져올 것으로 확신했기 때문이다. 그러나 민주 세력이나 노동자 세력은 분열되어 있었고 행동 강령이나 지침 역시 통일되지 못했으며 부르주아들은 전쟁만이 자신들의 위기 탈출의 돌파구라고 생각하게 된다. 군사력에서 우위인 오스트리아가 이길 것이라는 유럽의 여론과는 달리 실제 전투에서는 독일 통일이라는 명분과 애국심으로 뭉친 병사들과 주도면밀하게 전쟁을 분석, 현대적 작전을 개발하고 신무기를 개발 적용한 지휘부의 전략이 하나로 합쳐지면서 프로이센의 확실하고도 분명한 승리로 끝난다.

프로이센의 전쟁 승리(1866)는 오스트리아가 주도하던 독일 연방을 해체시키고 북독일 연방과 중부 독일의 합병에 대한 프로이센의 주도권을 인정하고, 승리자가 상당한 전쟁 배상금을 받아내는 것으로 결말을 내게 한다. 이 전쟁은 우선 프로이센을 경제공황에서 구했을 뿐 아니라 오스트리아를 제외한 전 독일의 통일이라는 프로이센의 염원을 더욱 강화시킨다. 비스마르크는 전승국으로 누릴 수 있는 모든 것을 강압적으로 얻는 대신 여론을 움직이면서 현 상황에서 반드시 필요한 것과 곧 닥쳐올 상황에 열쇠가 될 만한 것들만을 우선적으로 챙긴다. 그는 빈을 함락시킬 힘이 있었음에도 불구하고 살려놓음으로써, 또 남부 독일을 완전히 강제 합병할 수 있었음에도 포기하거나 유보함으로써 자기 정책의 반대 세력과 적대 세력을 자신의 편으로 끌어들이고 또 그 대가로 외국, 특히 프랑스와의 전쟁 시 자기 지휘 아래 통합할 약속을 받아낸다. 그는 보불전쟁의 필연성을 믿고 그것에 대비하기 위한 대내적 준비를 완벽하게 갖춘다.

수백 년 동안 지속된 독일의 두 세력인 합스부르크 왕가와 호엔촐레른 왕가의 전쟁에서 프로이센의 승리는 독일의 제국 통일 국가 형성에서 오스트리아를 배제하게 되고 프로이센은 통일의 더욱 강력한 추진력을 얻는다. 이 통일은 부르주아들과 자유 시민주의자들의 이해관계에도 일치하기 때문에 더욱 가속화된다. 이제 프로이센의 중앙집권적 국가를 형성하는 목적을 달성하게 되는 데 방해가 되는 요인들은 서서히 힘을 잃게 된다. 패전국 오스트리아 제국은 그 속국이던 헝가리 왕국의 실질적 독립과 피압박 민족들의 해방운동에 의해 쇠락의 길로 접어들면서 독자적 길을 간다. '북부 독일 연방'의 창설(1866)은 온갖 사회적 · 정치적 불합리와 모순을 내포하는 비스마르크 정부의 합법화와 위력의 결산이다. 이 연방은 분파주의를 극복하면서 부르주아의 이익은 물론 민주세력과 노동자들의 요구에도 부합하는 조치들을 취하면서 그 구성원들에게 독일적 애국주의를 강화해나간다. 이 시기 사회주의자들과 노동자들의 조직 역시 강화된다. 독일, 프랑스, 영국, 스위스 대표들로 조직된 국제 노동자 연합은 1866년 주네브에서 총회를 개최하여 세를 과시하고 여기 참여한 맑스는 전 세계 노동자들의 단합과 계급투쟁을 역설하고 노동시간의 단축과 아동 및 부녀자에 대한 노동 보호를 요구하면서 프루동과 라살레의 허무적이고 공상적인 사회 이념 대신 과학적이고 역사적 신념을 확립 실천할 것을 요구한다. 베벨과 리브크네히트는 작센에 프롤레타리아 인민당을 결성하고 북독일 연방 제헌의회 의석을 얻자 프로이센의 군국주의적 독재 경향을 의회 안팎에서 비판하면서 맑스와 엥겔스의 지지를 이끌어낸다. 프롤레타리아 의식이 성장하면서 각 지방의 복잡한 상황과 그에 따르는 다양한 요구들이 하나의 계급의식으로 통일되는 데 결정적 기여를 하는 맑스의 『자본론』 1권이 이때(1867년 9월) 함부르크에서 출간된다. 이 책은 자본주의 발생과 발전을 결정하는 조건들과 법칙들을 규명하고 그 사회의 모순에 의해, 그리고 노동계급의 투쟁에 의해 자본주의가 필연적으로 몰락한다는 예언서이며 철학서이다.

이 책은 자본주의 시민혁명이 완성되기도 전에 자본주의 본질은 물론 그 종말을 분석하고 밝혀낸 최초의 글이며 프롤레타리아 혁명이 시작되기도 전에 그 역사적 완성을 예견한다는 점에서 당시 염세주의와 회의주의, 자본주의와 무정부주의를 극복하려는 낙천적 유토피아 안내서이다. 이 책은 당시 유럽 선진국들의 반동적 자본주의 체제 확립의 내면적 의도를 은폐하는 대신 오히려 그 체제를 자신의 목적으로 지향할 수밖에 없는 필연성을 제시한다. 지금까지 사회와 역사에 어떤 역할도 부여받지 못한 무명씨로서 여겨지던 프롤레타리아가 이제 세계사의 주역으로 등극한다. 『자본론』 출간은 독일 노동운동에 일대 전기를 이루며 그 지도자들로 하여금 실천에 못지않게 사회체제에 대한 이론적 탐구를 요구하는 계기가 된다. 또 제1인터내셔널의 회원이 늘어나고 조직이 커지면서 유럽 전역은 물론 미국까지 그 세력이 확대된다. 1869년에는 맑스 이론에 기초를 둔 '독일 사회민주주의 노동자당'이 인터내셔널 회원들의 지지 아래 잡다한 노동운동과 동맹들을 하나로 통일하는 역할을 자임하면서 창당된다.

3
보불전쟁의 발발과 결과

보오전쟁 이후 북독일 연방의 맹주 프로이센의 경제력과 군사력이 커지고 사회적 갈등을 조정하는 비스마르크의 정치력의 탁월함에 매료된 남부의 비연방 도시국가들은 독일주의를 내세우며 프로이센에 병합하자는 여론을 조성한다. 보오전쟁 당시 비록 분열되긴 했어도 프로이센과 그 동맹 세력은 경제력과 군사력에서 프랑스에 뒤지지 않는 수준이었다. 다만 1848년 2월혁명에서 어부지리로 권력을 잡은 루이 나폴레옹(3세)은 유럽 사회를 보는 안목 덕택에 국제정치적 지위에서 주도권을 쥐고 있는 상황이었다. 프로이센은 국가의 목적 자체가 통일된 독일 연방의 구축이었고 이 연방에서 오스트리아가 대(大)독일주의를 주장하지 않는 범위 내에 있기를 바라고 있었다. 그 이유는 오스트리아 제국의 복잡한 국내 · 국제관계 문제에 말려들면 그 해결은커녕 독일 통일이라는 명분 자체를 잃을 확률이 컸기 때문에 최소한 오스트리아를 배제하고 독일 전역을 통일하려 했기 때문이다. 오스트리아와 프랑스의 관계는 혼인과 조약과 약정으로 뒤얽혀 있어서 오스트리아는 독일 또는 독일 민족을 내세워 통일을 주장할 수 없는 형편이었다. 게다가 벨기에와 룩셈부르크는 물론 네덜란드와 덴마크처럼 종족으로는 독일인(게르만인)에 가깝지만 종교적·정치적으로는 프랑스에 가깝거나 유사한 나라들에 대한 세력 확장에서 프로이센과 프랑스는 대립하였고 비스마르크는 정계에 입문하면서부터 프랑스와 한판 붙는 것이 불가피하다는 생각을 가지고 있어서 권력을 잡자마자 주도면밀하게 그 준비를 하는 터였다. 이에 비해 프랑스의 나폴레옹 3세는 큰아버지 나폴레옹의 역사적 영광에 도취되어 그것을 회복하려는 환상에 사로잡혀 있었고 그 회복을 위해 프랑스의 영광, 프랑스 황제와 프랑스 국민의 위대성을 구두선처럼 외침으로써 시민에게 민족주의 감정을 부추기고 있었다. 프로이센 역시 오래전부터 독일 통일의 성패는 민족주의 고취 여부에 있다는 것을 알고 신문, 잡지 등을 통해 여론몰이로 선전하는 중이었다. 이런 와중에 1866년 프로이센에 가까운 네덜란드 속국인 룩셈부르크 대공국을 나폴레옹 3세가 프랑스에 귀속시키고 이에 대한 프로이센의 동의를 요구하였다. 비스마르크는 이것을 선전포고와 다름없다고 여겼지만 유럽 국가들의 국제관계가 자기에게 유리하지 않다고 생각하고 유럽 강대국 회의를 소집하여 룩셈부르크를 열강의 보호 아래 중립국으로 만들자는 결정을 얻어낸다. 곧바로 전쟁에 돌입할 수 없는 이유는 아직도 남부 독일의 많은 공국들이 오스트리아와 함께 프로이센에 반감을 가지고 있어서 개전 시 그들의 도움을 받을 수 있을지, 도움은커녕 배후에서 뒤통수는 치지 않을는지 확신할 수 없기 때문이었다. 언론 매체를 통해 지속적으로 애국주의와 민족주의를 전도하던 프로이센에 드디어 기회가 온 것은 1870년이다. 그 사건은 이러하다. 1868년 9월 스페인에서 시민혁명이 터지면서 이사벨라 여왕이 쫓겨나고 혁명 정부가 입헌군주제 헌법을 채택하자 비스마르크는 프로이센 왕가의 방계인 호엔촐레른-지그마링겐

가의 레오폴트 왕자를 스페인 새 왕으로 추천하는데 프랑스는 이에 강력 반발한다. 애국심으로 무장한 프랑스 언론 역시 프로이센은 프랑스 왕위 계승권을 포기해야 한다고 연일 보도하고 나폴레옹 3세는 주독 프랑스 대사를 프로이센 왕 빌헬름 1세에게 보내 호엔촐레른 왕가는 스페인 왕위 계승권에 일체 개입하지 않는다는 확답을 받아내게 하지만 거절당한다. 이 사실을 전해들은 비스마르크는 프로이센 왕이 참을 수 없는 모욕을 당했다는 것을 대대적으로 신문에 보도토록 하여 프로이센 시민과 파리 시민을 동시에 분노케 한다. 물론 성질 급한 프랑스가 선전포고를 먼저 하지만 그것은 비스마르크의 계획적 책략인 셈이었다.

애국적 민족주의로 무장한 양국의 전쟁은 영토 확장과 유럽과 세계에서 영향력 확대를 목적으로 수행된 것이다. 정복자 나폴레옹을 포스터로 내건 프랑스와 나폴레옹 3세에게 전쟁에서 자기편을 들 것으로 여겨졌던 오스트리아와 이탈리아, 영국이 중립을 지켰고(이것은 비스마르크가 쳐놓은 외교 공작의 결과였다), 또 프랑스는 전략과 전술 면에서 프로이센의 적수가 되지 못했다. 더구나 프로이센 군은 독일이 무엇인지도 모르면서 1807년 나폴레옹 군에 점령당했던 치욕을 되씹으면서 이것을 되갚겠다는 애국적 정열로 사기충천이었다. 이 전쟁에서 공산주의 극좌파를 제외하고 아마도 모든 독일인들이 하나로 통일되었다 해도 과언은 아니다. 극좌파들이 자기 조국 프로이센을 편들 수 없었던 이유는 국제 프롤레타리아 연대에서 프랑스 노동자들을 누구보다 중요한 동지들이라 생각했고, 또 이 전쟁을 역사적 반동 세력의 계획된 책동이라고 확신했기 때문이다. 좌파들은 전쟁을 치르더라도 침략전이 아니라 방어전이라야 정당성을 갖는다는 것과, 프랑스 인민에 대한 증오심이 표면화되어서는 안 된다는 조건을 달고 그 찬반에 따라 분열되어 적극적 참전파와 반대파로 나뉜다. 1870년 3월 맑스는 이 전쟁이 방어전에 그쳐야 하며 프랑스 침략전으로 비화되어서는 안 된다고 선언한다. 그는 이 전쟁이 조국의 방어전인 한 노동자들도 전쟁에 참여해야 한다는 것, 또 이것이 독일 통일에 기여한다면 기꺼이 참전하되 현 정권이나 프로이센 왕가의 정책과는 근본적으로 차이가 있는 참전이라는 것을 분명히 한다고 강조한다. 그는 프로이센 영토 확장 음모가 드러나는 순간 이 전쟁은 불법이며 프랑스에 공화주의적 민주 정부가 수립되는 순간 전쟁을 끝내야 한다고 역설한다. 맑스와 노동자들은 나폴레옹 3세의 반동을 반대하는 데는 거의 한목소리를 내고 그것을 붕괴시키는 데 프로이센의 역할 역시 중요하다는 것을 알고 있었다. 1870년 8월 개전은 군사력으로나 전략과 전술 모두에서 우세한 프로이센의 일방적 공세를 보여준다. 게다가 산업화로 놓인 최신 철도는 군 병력과 보급품을 신속 정확하게 목적지에 수송하고 일사불란한 명령 체계는 전쟁의 양상을 독일 쪽에 유리하게 전개시킨다. 개전 한 달도 못 되어 프랑스는 퇴각과 항복으로, 프로이센은 전진과 승리로 장식하더니 스당(Sedan)에서 프랑스 군대를 구출하려던 나폴레옹 3세 이하 8만여 명을 포로로 잡는다. 황제가 포로로 잡히자 1870년 4월 파리에서는 민중이 봉기하고 프랑스 왕정은 붕괴되지만 영국과 미국 등으로부터 무기 공급을 받은 프랑스 군이 저항을 계속하자 중립을 지키던 러시아가 프로이센을 지지하면서 국제전 비화 가능성을 보이기 시작한다. 독일의 좌파 지식인들은 프로이센의 알자스로렌 지방(이 지방은 17세기 이전에는 독일령이고 주민 대부분이 독일인이지만 프랑스의 자유 분위기에 편승해 1789년 혁명 시 프랑스에 스스로 합병되고 그 이후에도 독일로의 귀속을 원하지 않은 터였다) 반환과 전폭적 전비 배상을 요구하는 프로이센을 침략자로 규정하고 규탄한다. 게다가 이들은 프랑스 민중 및 파리 코뮌과 연대하여 프로이센의 강압적 침략에 반대할 것을 역설한다. 그러나 1871년 1월 프랑스는 참담한 패배를 인정하지 않을 수 없게 되자 프로이센에 막대한 배상금을 지불하는 조건으로 평화조약을 맺는다. 프로이센은 승리의 깃발 아래 아직 분열되어 대립하던 상당

수 남부 지역을 독일 연방으로 흡수시킨다. 프로이센 왕국 건국 170주년인 1871년 1월 18일 파리 근교의 베르사유 궁전에서 드디어 호엔촐레른 왕 빌헬름이 우리가 흔히 '제2제국'이라 부르는 '독일 제국'을 선포하고 그 첫 번째 황제로 등극한다. 이 제국은 군과 경찰력으로 무장하여 민중과 민주주의 요구를 묵살하면서 내부를 통제하고 외부를 침략한 군주 군국주의의 한 전형으로 이해되지만 실은 그 배후에는 처음부터 끝까지 사회 최고의 위력으로 부상한 부르주아의 경제적 지배 그물망이 깔린 것이어서 나라의 권력 구조 역시 귀족, 대지주와 연대한 부르주아의 의도대로 재편된 결과물이다. 어쨌거나 프로이센은 독일 제국과 동의어로 빌헬름은 '신의 은총에 의한 독일 황제이자 프로이센 국왕'이 되어 국내적으로 제국의 건국과 칭제의 권한을 함께 인정받는다.

이것은 독일사에 가장 괄목할 만한 혁명이라 하겠다. 전쟁과 승리는 물질적 힘에 대한 예찬, 힘에 대한 의지로 열광하였고 이것은 독일 부르주아 사회 문화에 엄청난 영향을 미치게 된다. 독일 관념론 철학과 계몽주의 및 고전주의 문학이 부르주아계급의 국가 통일 의식과 자기의식을 정립했다면 낭만주의 경향의 문학과 철학은 그것을 완성시키는 데 결정적 역할을 한다.

참고 문헌
논문 발표지
찾아보기

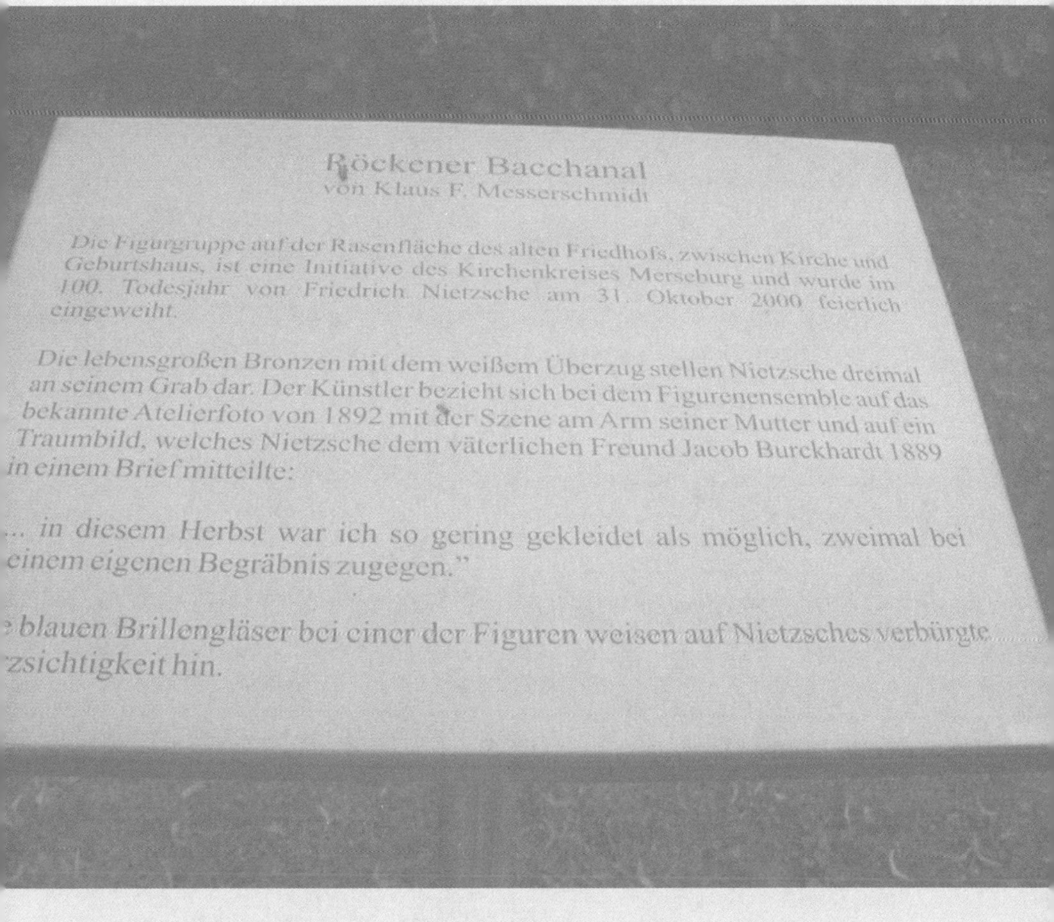

참고 문헌

1. 일차 문헌

니체 전집, 전 21권, 정동호 외 편집, 이진우 외 번역, 책세상, 2000ff. (=니체 선십)

피히테, 『학자의 사명에 관한 몇 차례의 강의』, 서정혁 역, 책세상, 2002.

헤겔, 『교수 취임 연설문』, 서정혁 역, 책세상, 2004.

소포클레스, 『소포클레스 비극』, 천병희 역, 단국대학교 출판부, 2005.

아리스토텔레스, 『시학』, 천병희 역, 문예출판사, 1997, 2002.

아리스토파네스,『아리스토파네스 희극』, 천병희 역, 단국대학교 출판부, 2004.

아이스킬로스, 『아이스킬로스 비극』, 천병희 역, 단국대학교 출판부, 2004.

에우리피데스, 『에우리피데스 비극』, 천병희 역, 단국대학교 출판부, 2005.

헤로도투스, 『역사』, 박광순 역, 범우사 1989.

헤시오도스, 『신통기』, 천병희 역, 한길사, 2004.

Aristoteles, *Nikomachische Ethik*, übers. von Franz Dirlmeier, in: *Aristoteles Werke* in deutscher Übersetzung, Bd. 6, Akademie Verlag, Berlin 1991.

____, *Poetik*, übers. von Olof Gigon, Stuttgart 1976.

Baglivi, G., "Dissertatio de Anatome, Morsu, dt Effectibus Taratulae", reprinted in the various editions of the Opera Omnia Medico-Practica et Anatomica, 1695(eng.), *A Dissertations of the Anatomy, Bitings and other Effects of the venemous Spider, call'd Tarantula*, London 1723.

Burkhardt, J., *Weltgeschichtliche Betrachtungen*, Stuttgart, 1955.

Champfleury, J., *Souvenirs et Portraits*, Paris 1872.

Ferdinandus, E., Centrum Historiae seu Observationes et casus Medici, venetiis, 1621. Histonia LXXXI, seu Casus octuagesimus primus, Demorsu Tarantulae.

Feuerbach, *Gedanken über Tod und Unsterblichkeit*, Nürnberg 1830, Ludwig Feuerbach Werke in sechs, (=LFW), Bd. 1, Frankfurt/ M. 1975.

____, *Über die Unendlichkeit, Einheit und Allgemeinheit der Vernunft*, LFW, Bd. 1.

____, *Das Wesen des Christentum*, 1841, LFW, Bd. 5.

Feuerbach in seinem Briefwechsel und Nachlass sowie in seiner philosophischen Charakterentwicklung, Bd. 1, (2Bde), hrsg. v. K. Th. Ferdinand, Leipzig 1874.

Fichtes Werke, hrsg. v. I. H. Fichte, Bd. 1, 8Bde., Berlin 1845/56.

Hegels Werke, hrsg. v. Rheinisch-Westfälischen Akademie der Wissenschaften, Bd. 18, hrsg. v. W. Jaeschke, Hamburg 1968ff. (=GW)

Hegel, *Phänomenologie des Geistes* (1807), GW, Bd. 9. (=PhG)

____, *Wissenschaft der Logik*, GW, 2Bde. (=LI, LII)

____, *Der Geist des Christentums und seim Schicksal* (1798/1800), in: *G. W. F. Hegel, Werke in 20 Bänden*, neu edit. von Eva Moldenhauer und Karl Markus Michel, Frankfurt/ M. 1971, (=TW) Bd. I.

____, *Grundlienen der Philosophie des Rechts*, TW, Bd. 7, Frankfurt/ M. 1970. (=Rechtsphil.)

____ , *Vorlesungen über die Ästhetik*, TW, Bd. 13(=Ä I), Bd. 14(=Ä II), Bd. 15(=Ä III).

____ , *Vorlesung über die Philosophie der Geschichte*, TW, Bd. 12, Frankfurt/M. 1970. (=Geschichsphilosophie)

___ , *Philosophie der Weltgeschichte* I-Die Vernunft in der Geschichte, hrsg. von J. Hoffmeister, Hamburg, 1955.

Herodotus, *Historien*, hrsg./bearg./übers. von Josef Felix, Düsseldorf 2004.

Homer, *Illias und Odyssee*, Deutsch übers., von Johann Heinrich Voß, Frankfurt/M. 2008.

Kant, "*De mundi sensiblis atque intelligibilis forma et principiis*" (1770), in: *Kants Werke*, Bd.2(1905), dt. *Über die Form und die Prinsipien der Sinnen- und Geisteswelt*, lat.-dt., hg. u. übers. v. K. Reich, Hamburg 1958.

____ , *Kritik der reinen Vernunft*, hrsg. von Jens Timmermann, Hamburg 1998. (=KrV)

____ , *Kritik der Urtelskraft*, hrsg. von K. Vorländer, Hamburg 1968.(=KU)

____ , *Über Pädagogik*, hrsg. von F. Th. Rink, Kant' s gesammelte Schriften, hrsg. von der Königlich Preußische Akademie der Wissenschaften, Bd. 9, Berlin/ Leipzig 1923.

Kierkegaard, *Abschließende unwissenschaftliche Nachschrift zu den philosophischen Brocken* I, übers., v., A. Junghans, Düsseldrf 1957.

____ , *Der Gesichtspunkt für meine Wirksamkeit als Schriftsteller*, übers. E. Hirsch, Regensburg 1964.

____ , *Einübung im Christentum*, übers. v. E. Hirsch, Regensburg 1955.

____ , *Entweder/ Oder*, 2Bde., Düsseldorf 1957.

____ , *Erbauliche Reden in verschiedenen Geist*, übers. H. Gerdes, Düsseldorf 1947.

____ , *Zur Selbstprüfung der Gegenwart Anbefohlen*, 1851, übers. E. Hirsch, Regensburg 1953.

Kierkegaard's Journal and Papers, I-VII, ed., H. V. Hong, Indiana Uni. Press 1967ff.

Kircher, A., *Magnes sive de Arte Magnetica Opus Tripartium*, Roma, 1641, Editio Secunda Post multo Correctior, Coloniae Agrippinae, 1643.

Lambert, J. H., *Neues Organon oder Gedanken über die Erforschung und Bezeichnung des Wahren und dessen Unterscheidung von Irtum und Schein*, Leipzig 1764.

Marx Engels Werke, 43Bde., Berlin 1956.(=MEW)

Marx, K., *Der Kommunismus und die Augusburger "Allgemeine Zeitung"*, 1842, MEW, Bd.1.

____ , *Zur Kritik der Hegelschen Rechtsphilosophie*, MEW, Bd. 1.

Marx, K., Engels, F., *Die deutsche Ideologie*, MEW, Bd. 3.

M. Mendelssohn, *Schriften zur Philosophie*, hrsg. von M. Brasch, Breslau 1880.

Nietzsche Werke, Kritische Gesammtausgabe, begrdt. von Giorrio Colli und Mazzino Montinari, weitgf. von Wolfgang Müller-Lauter und Karl Pestalozzi, hrsg. von Johann Figl mit anderen, Berlin 1967ff. (=KGW)

Nietzsche, Das griechische Musikdrama, KGW, Bd. III-2.

____ , Die Dionische Weltanschauung, KGW, Bd. III-2.

____ , Die Geburt des tragischen Gedankens, KGW, Bd. III-2.

____ , *Die Geburt der Tragödie aus dem Geiste der Musik*, KGW, III-1.(=Die Geburt der Tragödie)

____ , *Nachgelassene Schriften 1870-1873*, KGW, Bd. III-2.

____ , *Nachgelassene Schriften 1872-1874*, KGW, Bd. III-4.

____ , *Nachgelassene Fragmente von Anfang 1875 bis Frühling 1876*, KGW, Bd. IV-1.

____ , *Unzeitmäßige Betrachtungen*, KGW, III-1.
____ , Das griechische Musikdrama, KGW, Bd. III-2.
____ , Der Fall Wagner, KGW, Bd. VI-3.
____ , Die Geburt der Tragödie, KGW, Bd. III-1.
____ , Die Philosophie im tragischen Zeitalter der Griechen, KGW, Bd. III-2.
____ , Fünf Vorrede zu fünf ungeschriebenen Büchern, KGW, Bd. III-2. (=Fünf Vorrede)
____ , Menschliches, Allzumenschliches I, KGW, Bd. IV-2.
____ , Menschliches, Allzumenschliches II, KGW, Bd. IV-3.
____ , Unzeitgemässe Betrachtungen I- 'David Strauss der Bekenner und der Schriftsteller, KGW, Bd. III-1. (=UB I, Strauss)
____ , Unzeitgemässe Betrachtungen II - Vom Nutzen und Nachteil der Historie für das Leben, KGW, Bd. III-1. (=UB II)
____ , Unzeitgemässe Betrachtungen III-Schopenhauer als Erzieher, KGW, Bd. III-1. (=UB III, Schopenhauer als Erzieher)
____ , Unzeitgemässe Betrachtungen IV - Richard Wagner in Bayreuth, KGW, Bd. IV-1. (=UB IV)
____ , Über die Zukunft unserer Bildungsanstalten, 1872, KGW, Bd. III-2. (=ÜZB)
Nietzsche-Studien 31, Berlin 2002.
Platon, *Symposion*, Gastmahl, übers., F. Schleiermacher, in: *Platon Werke* (=PW), Bd. III, Darmstadt 1977.
____ , *Protagoras*, übers., F. Schleiermacher, in: PW, Bd. I, Darmstadt 1977.
, Phaidros, Platon Werke, übers. von F. Schleiermacher, hrsg. von Gunther Eigler, Bd. V, Darmstadt 1990.
J-J Rousseau, Discours sur les sciences et les arts, ed., D. Musset-Pathay, in: Euvres completes, Vol. 3, Paris 1823.
Schelling, F. W. J., *Philosophie der Kunst*, 1859, Darmstadt 1989.
____ , *Philosophie der Mythologie* I, II, in: *Schellings Ausgewählte*

Werkes, hrsg v. K. F. A. Schelling,(1856~61), Bd. 4, Bd.5, Darmstadt 1986.

Schopenhauer, A., *Die Welt als Wille und Vorstellung*, in: *A. Schopenhauer sämtliche Werke* (=SW), Bd. II, Frankfurt/ M. 1986.

____ , *Parega und paralipomena, kleine philosophischen Schriften*, 2Bde, Berlin 1851.

____ , *Über die vierfache Wurzel des Satzes vom zureichenden Grunde*, SW, Bd. III.

Srauss, D., *Das Leben Jesu für das deutsche Volk*. 2Bde, Leipzig 1864.

____ , *Der alte und neue Glaube*. Leipzig 1872.

Staatslexikon, *Enzyklopädie der Staatswissenschaften*, hrsg. v. Karl von Rotteck und Karl Theodor Welcker, Hammerich 1834-1843.

Wagner, R., *Oper und Drama*, Stuttgart 1984.

Willanowits-Möllendorf, U. v. *Zukunftphilologie-Eine Erwiderung auf die Rettungsversuche für Friedrig Nizsches "Geburt der Tragödie"*, Berlin 1974.

Winckelmann, J., *Gedanken über die Nachahmung der griechischen Werke in der Malerei und Bilhauerkunst*, Berlin 1775, in: *Johann Winkelmanns sämliche Werke*(=JWS) in 12 Bde., Bd. 1, Osnabrück 1965.

____ , "*Von der Grazie in der Werken der Kunst*", Berlin 1759, in: JWS, Bd. 1, Osnabrück 1965.

2. 이차 문헌

기정희, 『빈킬만 미학과 그리스 미술』, 서광사, 2000.

김상봉, 『그리스 비극에 대한 편지』, 한길사, 2003.

김정현, 『니체, 생명과 치유의 철학』, 책세상, 2006.

백승영, 『니체－디오니소스적 긍정의 철학』, 책세상, 2005.
윤병태, 『청년기 헤겔 철학』, 용의 숲, 2007.
이진성, 『그리스 신화의 이해』, 아카넷, 2004.
이진우, 『실험적 사유와 극단의 사상』, 책세상, 2009.
임철규, 『그리스 비극－인간과 역사에 바치는 애도의 노래』, 한길사, 2007.
정동호 외, 『오늘 우리는 왜 니체를 읽는가 』, 책세상, 2006.
조우현 외, 『희랍비극 1』, 현암사, 1995.
조상식, 「훔볼트의 Bildung 개념에 대한 교육학적 이해」, 『헤겔연구』 16, 한국헤겔학회, 2004.
조창섭, 『예술시대의 독일문학』, 서울대출판부, 1993.
____, 『제국주의 시대의 독일 문학』, 서울대 출판부, 2002.
천병희, 『그리스 비극의 이해』, 문예출판사, 2002.
표재명, 『키에르케고어 연구』, 지성의 샘, 1995.
홍사현, 「니체의 음악적 사유의 현대성－바그너, 한슬릭, 쇤베르크와의 관계를 중심으로」, 『현대성의 철학 : 니체 －하버마스－들뢰즈』, 연세대 철학연구소 / 명지대 리서치 아카데미. 동서철학연구비교센터 공통심포지움, 3～20쪽, 2007.
뢰비트, 칼, 『헤겔에서 니체로』, 강학철 역, 민음사, 2006.
보이틴, 볼프강 외, 『독일 문학사－사회사적 관점에서 본 문학적 술화』, 허창윤 역, 삼영사, 1998.
쇼이얼, 한스 외, 『교육학의 거장들』 2, 전 4권, 정영근 외 역, 한길사, 2004. (=H. Scheuerl)
슈네델바흐, 『헤겔 이후의 역사철학』, 이한우 역, 문예출판사, 1993. (=H. Schnädelbach)
슈미트, 발터 외, 『독일 근대사』, 강대석 역, 한길사, 1994.
윌킨스, 『헤겔의 역사철학』, 최병환 역, 서광사, 1995.
지거리스트, 『문명과 질병』, 황상익 역, 한길사, 2008.
프렌첼, 이브, 『니체』, 강대석 역, 한길사 1977.
하우저, 아르놀트, 『문학과 예술의 사회사』 1～4, 백낙청 역, 창작과비평사, 1986, 1999.

화이트, 『19세기 유럽의 역사적 상상력-메타역사』, 천영균 역, 문학과지성사, 1991.

Baumgartner, H. M., *Kontinuität und Geschichte - Zur Kritik und Metakritik der historischen Vernunft*, Frankfurt/ M. 1961.

Benner, D., *Wilhelm von Humboldts Bildungstheorie-Studie zum Begründungszusammenhang neuzeitlicher Bildungsreform*, Weinheim/ München 1990.

Creuzer, F., *Symbolik und Mythologie der alten Völker, besonders der Griechen*, 6Bde., Darmstadt 1822.

Dodds, E. R., *Euripides: Baccae*, Oxford, University Press, Oxford 1960.

Landerer, Chr./ Schuster, M.-O., Nietzsches Vorstudien zur Geburt der Tragödie in ihrer Beziehung zur Musikästhetik Eduard Hanslicks, in: *Nietzsche- Studien* 31, 2002.

Dahlhaus, C., *Zwischen Romantik und Moderne. Vierstudien zur Musikgeschichte des späteren 19. Jahrhunderts*, München 1974.

Hanslick, E., *Vom Musikalisch-Schönen*, Wiesbaden 1989.

Hübner, K., *Die Wahrheit des Mythos*, München 1983.

Löwith, K., *Von Hegel zu Nietzsche*, Hamburg 1995.

Lukács, *Die Zerstörung der Vernunft*, Luchthand 1962.

Marcuse, H., *Hegel' s Ontologie und die Grundlage einer Theorie der Geschichtlichkeit*, Frankfurt/ M. 1932.

Sagarra, E., *Tradition und Revolution. Deutsche Literatur und Gesellschaft 1830-1890*, München 1972.

Murray, G., *A History of Ancient Greek Literature*, London 1937.

Salin, E., *Vom deutschen Verhängnis-Gespräch an der Zeitenwende: Burkhardt- Nietzsche*, Hamburg 1959.

논문 발표지

1부 예술론

1. 「초기 니체의 예술론」, 『헤겔연구』 20, 용의 숲, 2006. 12.
2. 「니체의 『비극의 탄생』에 나타난 음악론」, 『헤겔연구』 21, 용의 숲, 2007. 6.
3. 「니체의 사티로스 예찬론 비판」, 『헤겔연구』 22, 용의 숲, 2007. 12.
4. 「아리스토파네스와 니체의 반소크라테스주의의 본질」, 『헤겔연구』 23, 용의 숲, 2008. 6.
5. 「그리스 비극에서 오이디푸스와 프로메테우스의 운명론」, 『인문과학』 87, 2008. 2.
6. 「니체 사유에서 디오니소스의 정체」, 『헤겔연구』 24, 용의 숲, 2008. 12.

2부 문화론

1. 「니체의 슈트라우스 비판과 그 대안」, 『헤겔연구』 27, 용의 숲, 2010. 6.
2. 「초기 니체 사유에서 속물 교양 비판」, 『인문언어』 12권 1호, 2010. 6. 30.
3. 「니체의 청년 교육론」, 『니체연구』 19집, 2011. 4.
4. 「니체의 역사 이해」, 『니체연구』 20집, 2011. 10. 30.
5. 「학자의 사명과 학문의 태도」, 『헤겔연구』 28, 용의 숲, 2010. 12.
6. 「생명에 이르는 병」, 『헤겔연구』 27, 용의 숲, 2010. 6.
7. 「니체 사유를 결정하는 19세기 중엽 시대 상황의 색조」, 『헤겔연구』 26, 용의 숲, 2009. 12.
8. 「니체와 보불전쟁」, 『헤겔연구』 26, 용의 숲, 2009. 12.

찾아보기

청년 니체

예술과 문화 비판

1판 1쇄 인쇄 2012년 2월 25일
1판 1쇄 발행 2012년 2월 28일

지은이 윤병태
발행인 강영선
발행처 도서출판 용의 숲
주소 서울시 마포구 서교동 361-9 3F
전화번호 02-338-5113
팩시밀리 031-914-5113
휴대폰 011-9177-8210
E-mail dragonpc@hanmail.net
출판등록 2004년 3월 29일 제 313-2004-00078호

주문처 한국출판협동조합
전화 070-7119-1741 | 팩스 031-944-8234~6

ISBN 978-89-93703-27-6 93160